丽水市莲都区工会志

《丽水市莲都区工会志》编委会 编

方志出版社
Publishing House of Local Records

图书在版编目(CIP)数据

丽水市莲都区工会志/《丽水市莲都区工会志》编委会编.—北京:方志出版社,2023.10

ISBN 978-7-5144-5771-1

Ⅰ.①丽… Ⅱ.①丽… Ⅲ.①工会工作－概况－丽水
Ⅳ.①D412.855.3

中国国家版本馆CIP数据核字(2023)第190566号

责任编辑:刘方圆
责任校对:刘玉霞
责任印制:梅中英
出 版 者:方志出版社
地　　址:北京市朝阳区潘家园东里9号(国家方志馆4层)
邮　　编:100021
网　　址:http://www.zgfzcb.cn
发　　行:方志出版社图书营销中心(010-67110500)
印　　刷:丽水市新时代教育印刷有限公司
开　　本:889毫米×1194毫米 1/16
印　　张:19.25
字　　数:468千字
版　　次:2023年10月第1版
印　　次:2023年10月第1次印刷
定　　价:180.00元

《丽水市莲都区工会志》编委会

第一届编委会

主　任：赵秀峰

副主任：李丽革　王　琳　朱千国

委　员：魏佳莹　李海飞　程美双　朱睿晔　戴小丽　张　可

第二届编委会

主　任：刘　华

副主任：吴　俊　陈靖晶

委　员：魏佳莹　李海飞　程美双　朱睿晔　戴小丽　张　可

下设办公室

办公室主任：魏佳莹

成　　　员：姚哲伦　叶明宇　虞世霞　徐子奕　周　婷

《丽水市莲都区工会志》编辑部

主　　审：刘　华

主　　编：陈靖晶

执行主编：叶剑平

编　　辑：孙慧君　吴伯卿　叶松青　姚哲伦　吴俊慧

莲都区总工会大楼(摄于2020年7月)

莲都区总工会大楼北门(摄于2020年7月)

莲都区总工会职工书屋 (摄于2020年7月)

莲都区总工会职工服务中心(摄于2020年7月)

1951年5月，祥兴化工厂出席省首届工模大会俞志清（前排中间）受奖纪念合影

1951年，丽水汽车工会乐队国庆节摄影纪念

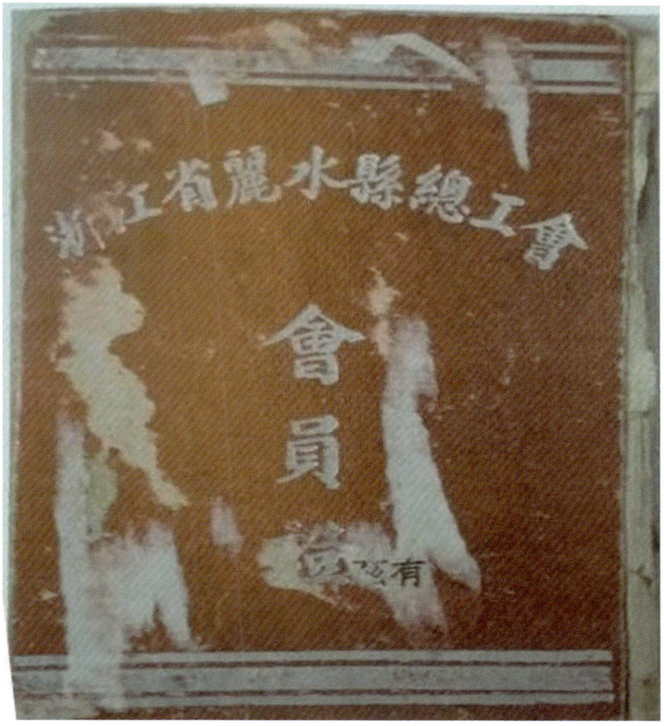

1952年,浙江省丽水县总工会会员证

1954年12月10日,丽水县工会第二届委员会经济审查委员会全体合影

1955年,庆祝公私合营丽水汽车运输公司成立增产车竣工出厂摄影纪念

20世纪50年代,出席专区工业劳模代表大会的丽水县代表合影

20世纪50年代的省劳模——赵雨亭(左)

20世纪50年代,中国店员工会丽水县
首届店员代表大会合影

20世纪50年代,丽水县城区工会成立大会会员合影

1960年，工人业余文工团表演文艺节目
（摄于1960年3月）

20世纪60年代，丽水县电信工会
成立大会合影

1986年，丽水市召开广泛开展社会主义劳动竞赛动员大会（摄于1986年9月）

1988年7月，市总工会举办车刨床技能大赛(摄于1988年7月)

1988年10月8日，丽水市总工会开展财务知识答题游戏活动

20世纪80年代的丽水市工人文化馆影剧院（摄于1987年6月）

20世纪80年代的丽水市总工会旧址
（摄于1988年4月）

20世纪80年代的职工教育大楼
（摄于1988年12月）

1990年，丽水市车工技术比武

1990年，丽水市车工技术比武表彰会

1990年，丽水市车工技术比武团体第一名合影

1992年，工会会员月文艺演出

1992年，丽水市召开纪念“五一”暨劳模表彰事迹报告会

1992年，为民服务一条街

1992年，钳工技术比赛

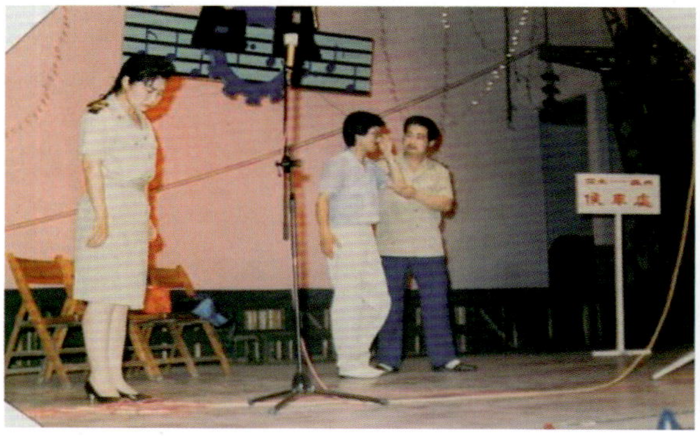

1992年，职工文艺演出

1994年，丽水市总工会法律咨询服务站(摄于1994年3月)

1994年，丽水市总工会女职工庆祝“三八”妇女节合影(摄于1994年3月)

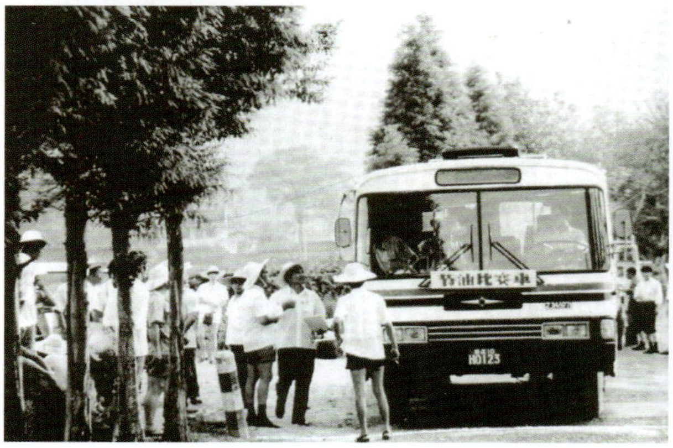

20世纪90年代，职工技能表演（摄于1993年6月）

20世纪90年代，工人文化宫

2000年，南山工业区劳动车间

2017年5月,“职工好食堂”技能比赛

2017年10月,莲都区职工疗休养推介会

2017年10月，丽水工业园区总工会授牌仪式

2018年，劳模志愿服务队慰问革命老军人

2018年6月，莲都区职工参加丽水市首届“绿谷工匠”焊工比赛

2018年6月，举行劳模志愿活动

2018年7月，党员活动日重温入党誓词

2018年7月，“同心知联•共享阳光”小候鸟开班

2018年10月，举办丽水市围棋“棋王”赛

2018年11月，莲都区职工技能培训班

2019年3月7日，灯塔公园法律服务宣传

2019年6月，组织“安康杯”安全生产知识竞赛

2019年7月，举办职工古筝公益培训班

2019年7月，举办第一期职工公益花艺培训班

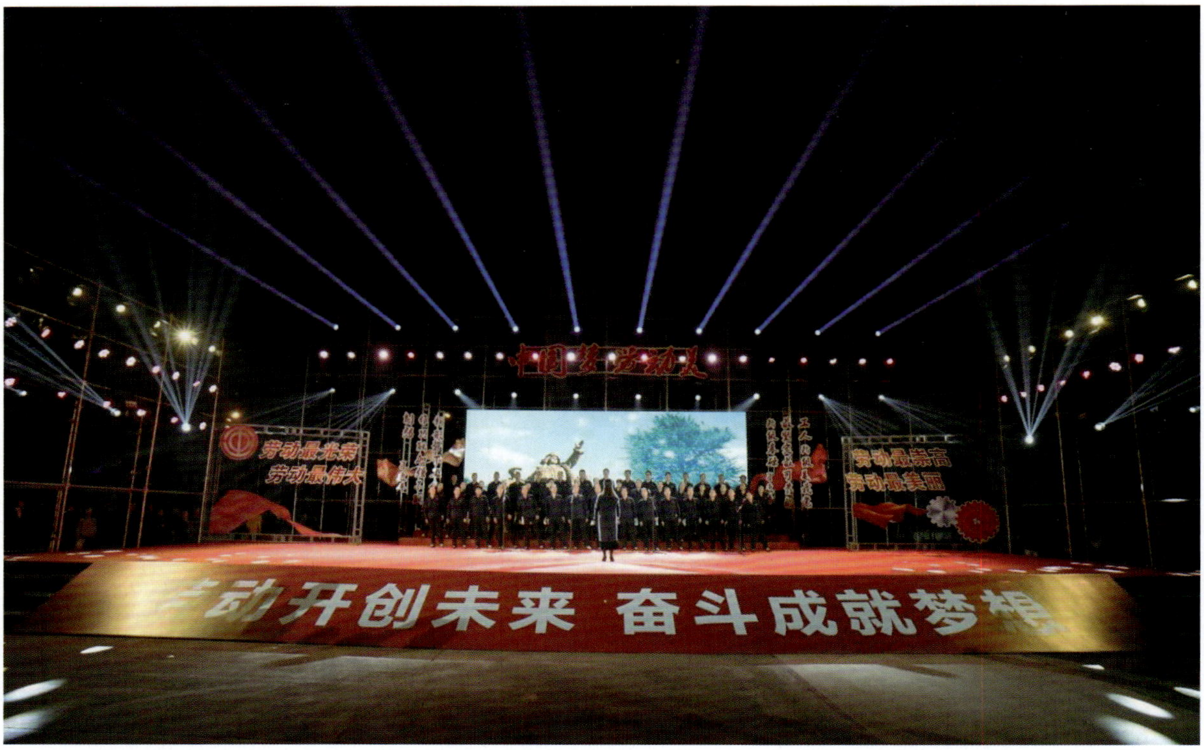

2019年10月，南山工业园区举办文艺会演

2019年11月，莲都区首届职工十佳歌手大赛

2019年11月6日，省总工会干部学校“红+绿”融合发展理念教学基地在莲都区举行授牌仪式

2019年12月，莲都区职工合唱团在莲城剧场演出

2020年1月，丽水市总工会、莲都区总工会联谊会

2020年4月，机关工会活动

2020年6月，组织劳模赴景宁疗休养

2020年6月，“名师工匠团队”成立暨“名师带徒”签约仪式举行

2020年7月，丽水市莲都区美发美容行业联合工会第一次代表大会成立

2020年8月，走访慰问贫困户

2020年9月，慰问一线教师

2020年11月，举行基层工会主席培训班

2020年11月，调解企业矛盾纠纷

2020年12月，举行送万福进万家书法公益活动

2020年12月，开展女职工维权行动月活动

张健的油画作品《乡村》(区总工会)

陈江洪的油画作品《厦河塔》(丽水市文联)

张树才的国画作品《花影丛中细语》(丽水市总工会)

卓素梅的国画作品《古木参天》(教育工会)

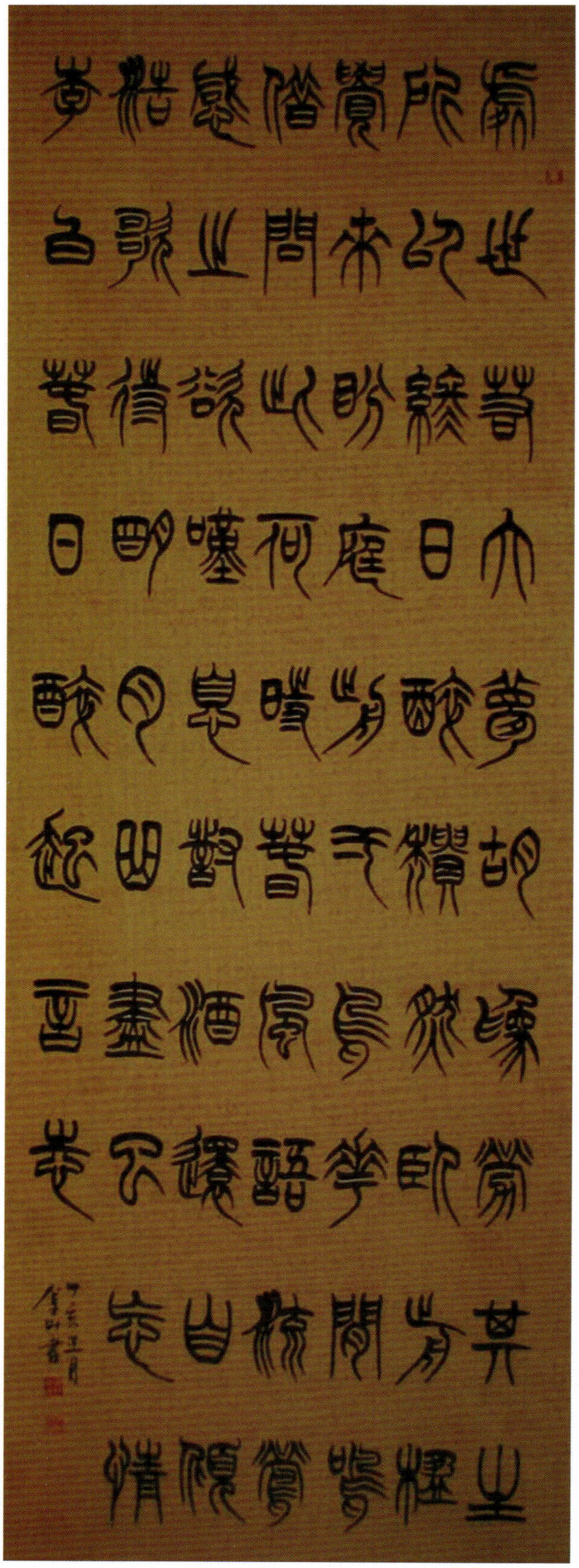

金叶的篆书作品李白《春日醉远言志》(区水文站工会)

陈碧瑜的隶书作品(区总工会)

序　言

盛世修志，志载盛世。《丽水市莲都区工会志》是莲都区撤市设区后修编的首部工会志，是开展第二轮修志和文化建设的丰硕成果，全面反映了莲都区工会发展的历史，具有存史、资政、教化之作用。

莲都工会历史悠久，早在民国16年(1927)大革命期间，就诞生了工会组织。在新民主主义革命时期，丽水县工会组织在中共丽水县委的组织领导下，组织职工反抗压迫，开展革命斗争，为丽水县的解放事业作出积极贡献。中华人民共和国成立以后，县总工会积极组织各级工会组织参加党所领导的各项中心工作，工会组织不断发展壮大。改革开放以来的40年，莲都工会组织如雨后春笋般茁壮成长，工作领域不断拓展，工作方式不断创新，工作内涵不断丰富，工作机制不断完善，其组织职工、团结职工、服务经济和社会建设、维护职工权益的作用越来越大，莲都工会组织在全区乃至全市的影响力也越来越广泛深入。

存史以资政，鉴往而知来。为了让广大工会工作者了解莲都工会发展的历史，借鉴历史经验，激发工作热情，莲都区总工会肩负起编纂《丽水市莲都区工会志》之重任。志书编纂工作始于2021年春，历时两年终于成书。全志从纲目设置到编纂完成，始终得到市、区两级地方志专家悉心指导与帮助。全志采用编、章、节、目形式，横陈门类，纵叙史实，观点正确，体例完备，是一部集思想性、科学性、史料性于一体的专业志书，具有十分重要的史料价值。

值此付印出版之际，向关心支持本志编纂工作的各位领导和专家学者表示崇高的敬意，向全体编纂人员表示诚挚的感谢。让我们在史志互鉴中探知工会历史兴替，固本培元，合时应运，为高质量发展建设共同富裕示范区贡献工人阶级的智慧和力量。

中共丽水市莲都区总工会党组书记
丽水市莲都区总工会　　　主　席　　刘　华

凡　例

一、本志编纂以马克思列宁主义、毛泽东思想、邓小平理论、“三个代表”重要思想、科学发展观、习近平新时代中国特色社会主义思想为指导，坚持辩证唯物主义和历史唯物主义的立场、观点和方法，以实事求是为原则，力求全面、系统、客观地记述莲都区近100年工人运动发展的历史，做到思想性、科学性和资料性的统一，力求突出时代特点和地方特色。

二、本志记述年限上起民国16年(1927)丽水县总工会建立，下迄2020年底。为保持某些事物的连续性，反映事物发生、发展全过程，对有些内容的记叙时间予以上溯和下延。

三、本志记述的莲都区(丽水县、市)地域范围，除人物外，均以当时莲都区(丽水县、市)所辖范围为界。

四、本志按志书体例要求设计篇目，采用述、记、志、传、图、表、录等体裁，志为主体，编、章、节、目为结构。横陈门类，纵述史实，以事分类，纵横结合。

五、本志采用规范化现代汉语书面语言，表述力求准确、朴实、流畅。标点符号用法、数字用法、计量单位使用等按国家有关规定执行。

六、因行政区划及名称的变化，为避免读者对地级丽水市和原县级丽水市(莲都区)在概念上的混淆，本志中的“丽水市”，2000年6月6日前为县级市，6月6日后为撤丽水地区而设的地级市。文中的机构名称，一律以当时称谓为准。

七、本志纪年，中华民国成立之前采用中国历史纪年，用汉字书写，括注公元纪年。中华民国成立至1949年10月1日中华人民共和国成立期间采用民国纪年，用阿拉伯数字书写，括注公元纪年。中华人民共和国成立后按公元纪年。本志所称“解放前”“解放后”均以1949年5月丽水解放之日为界。

八、本志人物坚持“生不立传”原则，记述有代表性、有突出贡献的莲都籍工运史上知名人士及劳动模范。

九、本志文字材料均来自旧志、档案资料、报刊和专著及有关人士的回忆材料，本志彩页图片由承编单位核实提供，一般只注明人、事、地及拍摄时间，不注明拍摄者及出处。

目　录

第三编　人物与荣誉

附　件

概 述

丽水市莲都区(丽水县、县级丽水市)地处浙西南西部,瓯江流域中游。北纬28°06′—28°44′、东经119°32′—120°08′。东邻青田县,西接松阳县,南与云和、景宁相连,东北界缙云县,西北与武义县接壤,历为州、郡、府、行署、市所在地,是浙西南政治、经济、文化中心。全区总面积为1502.10平方千米,至2020年底,全区辖4个镇、5个乡、5个街道、208个行政村,总人口42万人。

莲都全境矿产资源丰富,有金、银、铁、钼、叶蜡石、萤石等,这些矿产的开发,形成了早期的工人队伍。据清道光《丽水县志》记载,明洪武十九年(1386),丽水置银场局,在枫树湾银场村开冶银矿,形成了以矿冶工人为主的产业工人队伍。

明正统十四年(1449),宣慈矿工陶得二率数千名矿工围攻处州城,为古代处州重大矿工斗争运动之一。随着明末政权的消亡,处州冶银业及产业工人队伍随之消失。

清光绪年间(1875—1908),丽水县工业多为亦工亦农的手工业,工人队伍规模极小。光绪三十一年(1905),丽水县创办利用织布公司,招女工300人,丽水始有近代工业和近代产业工人。至民国初,相继建立了丽水普明电灯厂、燧昌火柴公司、普生冶铁厂、鼎丰石灰厂、群益软席厂,航运、汽运、邮电、印刷等行业也逐渐兴起,现代工人阶级队伍有了一定的发展。

民国以后的丽水工业虽然有了一定的发展,但由于战乱和地理位置等诸多原因,仍很落后。抗日战争期间,省会杭州沦陷以后,省建设厅迁到丽水,同时迁到丽水的还有铁工厂、化学厂、电力厂、汽车修理厂、造纸厂、印刷厂、制革厂等,随着这些工厂的迁入,商业和服务行业也得到发展,产业工人的队伍迅速得到壮大,丽水一度成为浙江敌后抗战的政治、经济、文化中心。抗战胜利后,外来工商企业纷纷迁回杭嘉湖地区,但企业为丽水培养的许多产业工人却留在丽水,这为以后丽水民族工业的发展奠定了一定的人才基础。

在新民主主义革命时期,中国共产党在领导丽水县工人运动的发展过程中,发挥了至关重要的作用。民国16年(1927)1月,随北伐军入浙的中共党员张新锦,受中共杭州地委的指派,到丽水开展工人运动,根据国民革命军的工会章程,发动职工组建工会,先后建立织布业、火柴业、木匠业、泥水业等8个行业工会和丽水县总工会,制定《丽水县总工会章程》,发展会员423人。民国27年(1938)5月中共丽水县委成立后,设立县委职工部,领导全县的工人运动。民国28年(1939)5月,县委职工部先后在城东厦河开办工人夜校,在省电话局修造厂办劳工夜校,通过夜校建立厦河码头工会和码头工人党支部。同年7月,在中共丽水县委的部署下,丽水印刷厂工会印制《中共中央为抗战两周年告全国同胞书》,在处属10个县散发。民国29年(1940)5

月1日，中共丽水县委职工部组织2000多名职工在公共体育场集会庆祝“五一”国际劳动节，呼喊“打倒日本帝国主义”“坚持抗战，反对投降”等口号。会后，丽水印刷厂和利用、祥和两厂的工人，因不堪当局的政治、经济迫害，先后罢工。民国29年(1940)10月，浙江铁工厂工人在中共丽水县委职工部的领导下，为反抗当局在政治上干涉工人抗日，在经济上压迫工人，举行1000多人参加的罢工，迫使国民党当局与工人代表进行谈判。丽水的工人阶级在党的领导下为抗日斗争的胜利做出了积极的贡献。

工人运动的发展是艰难曲折的。民国16年(1927)“四一二”反革命政变后，国民党先后建立“工会管理委员会”“工会改组委员会”等组织，对工人群众及工会组织进行迫害和控制。民国18年(1929)6月，浙江省国民政府颁布《浙江省各县市各级工会暂行章程》，次年又实施《浙江省工人团体改组办法》，丽水县总工会被改组，为国民党所控制。抗日战争期间，国民党进一步加强对工会的控制。民国28年(1939)1月，国民党公布《非常时期人民团体组织纲领》《非常时期管制工会暂行办法》《修正工会法》等一系列旨在控制工人组织，打击工人抗日活动的法令和条例，将丽水县列为重点区域非常时期工会管制县。

1949年5月，丽水县解放，国民党控制的工会组织得以解体，在中共丽水县委和省总工会(筹)丽水专区办事处的领导下，贯彻执行第六次全国劳动大会制定的工会工作方针和中共七届二中全会提出的大城市工作中必须全心全意依靠工人阶级指示，开展工人运动和恢复工会工作，广大工人以空前的政治热情，恢复生产并开始建立自己的组织。1949年下半年，丽水县先后建立了40个基层工会，是年12月，县总工会(筹)成立。

解放初期，县总工会对职工广泛进行劳动创造世界和形势、任务及党的政策的教育，使广大职工树立起当家作主的主人翁思想，以极大的政治热情协助政府迅速发展国民经济，对失业工人进行救助，提出“整顿巩固组织，开展生产自救，开展政治文化教育和生产竞赛”等4条措施，贯彻“发展生产、公私兼顾、劳资两利”政策，教育工人降薪支持停产、半停产工厂以复产复业。城区工会成立后，发动工人积极投入抗美援朝、镇压反革命和“三反”“五反”运动。1952年，丽水县基层工会发展至164个，会员5213人。是年12月，召开丽水县工会第一次代表大会，正式成立丽水县总工会。在新民主主义向社会主义的过渡时期，丽水县的工人阶级以主人翁的姿态，艰苦奋斗，克服困难，在建设和巩固人民政权的各条战线上，发挥了工人阶级的主力军作用。

1953年至1957年是中国第一个国民经济五年计划建设时期。1953年5月，中国工会第七次全国代表大会在北京召开，大会确定了中国工人阶级在新的历史时期的任务和工会工作方针。9月，中共中央提出党在过渡时期的总路线和总任务后，全县各级基层工会组织运用各种形式学习、宣传、贯彻、执行党在过渡时期的总路线、总任务。在此期间，县总工会积极组织广大职工开展各种劳动竞赛、技术革新运动，积极推动和投入对手工业、资本主义工商业的社会主义改造，为恢复和发展国民经济，完成和超额完成第一个五年计划做出了积极贡献。在“大跃进”“人民公社化”运动中，由于受“左”的思潮影响，一度出现了“工会消亡”论，各级工会干部参加“大炼钢铁”运动，一些工会组织无人负责，工会活动大为减少。

1959年至1961年三年困难时期，丽水县各级基层工会组织配合党和政府在职工中开展“三史”教育，召开老工人报告会；组织工人开展新旧社会的对比，在调整、巩固、充实、提高的方针指导下，开展精减下放、支援农业的运动，同时在各工厂企业继续开展以“五好”为目标的

“比、学、赶、帮、超”增产节约运动。

1966年“文化大革命”开始，全县各级工会组织遭受破坏，工会活动停止，县总工会的职权被所谓的“工代会”所替代。

1973年6月，中共丽水县委决定恢复整顿工会组织，但由于文革的干扰破坏，整顿工作被迫中断。

1976年10月粉碎“四人帮”以后，丽水县陆续开始恢复整顿各级工会组织工作。

1977年10月，召开全县工会第八次代表大会，恢复建立县总工会。在中共十一届三中全会路线精神的指引下，县总工会积极组织各级基层工会开展真理标准大讨论，贯彻中国工会第九次代表大会制定的新时期工会工作方针，坚持工会的一切工作服务和服从于社会主义现代化建设这一中心任务，并教育职工以国家主人翁的姿态积极投入工业、农业、国防、科学技术“四个现代化”建设，工会工作也进入了一个崭新的阶段。在此期间，工会组织逐步发展，职工人数逐渐增加，工会活动逐年加强。县总工会组织各基层工会进行了会员登记换证和发展新会员工作，各企业相继建立和恢复职工代表大会制度，开展“五讲四美三热爱”文明礼貌活动，提倡职业道德，做“四有”职工，组织劳动竞赛。

1982年至1988年丽水县总工会第九次、第十次代表大会之后，围绕以经济建设为中心这个主题，县总工会贯彻执行中共十二届三中全会通过的经济体制改革的决定，发动职工积极支持和投身改革之中。同时，积极落实中共中央提出的“工会是在党的领导下，代表工人阶级利益，为工人阶级办事的群众组织”的指示精神，对青壮年职工进行文化补课、技术补课，开展“振兴中华”读书活动。1986年，对职工进行普法教育，全县近1万名职工参加普法培训，并取得普法教育合格证书。1987年至1988年，全县各级工会进行以经济建设为中心，坚持四项基本原则，坚持改革开放，反对资产阶级自由化以及党的十三大与中国工会十一大会议精神的宣传教育，完成了整顿基层工会组织、建设“职工之家”的任务，并开展评优和“双增双节”活动，建立职工技协组织，开展技术协作活动，民主管理在改革实践中得到发展和提高，县总工会还会同政府职能部门对贯彻执行女工保护、安全生产、辞退违纪职工和劳动福利待遇等政策，作出了一些具体规定，切实加强和维护了工人的权益。这一时期，丽水县国营工业企业的发展达到顶峰时期。据《1990年丽水县国民经济统计年报》显示，全县国营工业企业达38家，在业工人数达9875人，总产值达1.5亿元。

20世纪80年代末至90年代初，社会上出现了淡化党的领导、淡化工人阶级、淡化思想政治工作的错误思潮。在这种错误思潮的影响下，某些企业和部门的领导，依靠工人阶级的思想淡薄了，对职工主人翁地位的认识模糊了。针对这种错误认识，市总工会组织各级工会干部认真学习中共中央于1989年12月发出的《关于加强和改善党对工会、共青团、妇联工作的领导的通知》，增强了各级工会组织进一步坚持和改善党的领导，密切联系群众和全心全意依靠工人阶级的信心和决心。

20世纪90年代，丽水国有、集体企业经历了承包经营、厂长负责制、租赁经营、组建集团公司、兼并、出售、破产、解散等各种形式的企业改制工作。在这一系列的工作过程中，丽水市总工会紧紧依靠工人阶级的力量，发挥基层工会组织的主导、核心作用，为增强企业活力，扩大企业经营自主权，维护工人的合法权益，为国家纾难解困做出了积极的贡献。

进入建设中国特色的社会主义新时期以来，莲都区的工会工作更是亮点纷呈，精彩不断。从厂务公开试点到全面推进；从职工代表大会制度的形成到实现民主管理的步步深化；从建立和谐的劳动关系到平等协商、签订集体合同和工资集体协商协议制度的完善；从“三级联创”到“党建带工建”活动的深入；从企业工会规范建设试点到“合格职工之家”“先进职工之家”的全面建成；从提高职工的政治思想觉悟、科学文化素质到开展劳动竞赛，搞好职工福利，各级工会组织团结拼搏，开拓进取，谱写了工会工作崭新的一页。

特别值得一提的是莲都区在改革开放以来，开展非公企业的工会工作，在全区乃至全市更有一种典型意义。

改革开放以来，莲都区的民营经济发展较为迅速，民营经济总量占全区经济总量的90%以上，非公企业的职工队伍不断壮大，至2020年，全区有外来务工人员3万多人。面对工作对象、领域、内容发生的变化，莲都区总工会大胆进行理念、机制、方式的创新与变革，使非公企业的工会工作呈现良好的发展势头。

经过30多年的努力，全区非公有制企业的工会工作在组织体系、领导体系、维权机制、工作对象、工作方式等方面都有诸多的创新，工作水平也有了大幅提高，非公企业工会工作步入良性发展轨道。

——至2020年底，莲都区有159家非公企业建立工会组织，工会会员达21872人，分别占全区非公企业总数和职工总数的100%和93%。在全区范围形成了以非公有制企业工会为主体的基层工会组织新格局。

——基本形成了适应社会主义市场经济体制的非公有制企业工会工作格局。工作对象由以前的公有制企事业为主，发展为多种所有制共同推进，以两大工业园区为主覆盖全区整个城乡，会员由原来的城镇固定职工拓展至流动性较大的外来务工人员。

——基本实现非公有制企业工会领导体制的重大调整。全区普遍形成“党委领导、政府支持、工会运作、各方配合”的领导机制，坚持“党建工建一起抓”“党建带工建，通过工建为党建创造条件”。

——健全和完善非公有制企业工会组织体系。在原有的区总工会产业、系统工会基层工会的组织体系基础上，进一步加强乡镇（街道）、社区联合工会组织建设，形成更加贴近企业、贴近职工的非公有制企业工会的工作组织网络。

——建立和完善维护非公有制企业职工合法权益的有效机制。全区各级工会组织积极借助社会力量，建立健全与各级人大、政府及有关部门的沟通渠道，努力推进合力维权工作格局。一是建立工会与政府的联席会议制度；二是发挥工会界人大代表、政协委员参政议政作用，通过人大、政协渠道表达广大职工的利益诉求；三是建立劳动关系三方协调机制和集体合同、工资平等协商制度；四是建立职工（农民工）日常帮扶和紧急救助机制；五是鼓励和支持基层工会大胆探索创新，有序推进非公企业工会主席直选制和非公企业工会干部推荐委任制。

丽水县（市、区）总工会自民国16年（1927）始建，至今已有近百年的历史，总结和借鉴历史经验将有助于我们继承和发扬工人阶级和工会组织的光荣传统，坚持有中国特色的社会主义工运方向，为建设中国特色的社会主义做出更大贡献。

大 事 记

民国16年(1927)

3月,中国共产党党员张新锦以国民党省党部处州政治监察员的身份到丽水开展工人运动,建立丽水县总工会,并制定《丽水县总工会章程》。会址设在县城鲁班师庙,有会员423人。

民国19年(1930)

《浙江省工人团体改组办法》实施,丽水县总工会被改组,褚肇吉任常务委员,县总工会为国民党所控制。

民国22年(1933)

丽水县已立案的职业工会有4个,会员462人;未立案的有5个,会员191人,合计653人。

民国27年(1938)

8月27日,丽水县总工会改选理监事会。

民国28年(1939)

2月,利用织布公司女工举行为时一周的罢工要求增资。

7月,丽水印刷厂工人印制散发纪念抗战两周年传单。

10月,中共丽水城区区委秘密组织印刷、散发纪念抗战两周年传单。

是年,中共丽水县委职工部在厦河村创办厦河码头工人夜校,在镇东门城楼创办省电话局修造厂劳工夜校;火柴厂、电厂、织布厂创办夜校、歌咏队、读书班。

民国29年(1940)

3月,浙江省邮务工会第七次代表大会在丽水召开。

5月1日,丽水工人和各界民众2000余人在公共体育场举行庆祝“五一”国际劳动节大会,会后火炬游行。

5月15日,厂址在丽水的浙江印刷厂工人举行为时一周的罢工。

11月,全国邮务总工会派朱学范出席在丽水召开的浙江省邮务工会第八次代表大会。

民国31年(1942)

4月23日,浙江邮政管理局丽水办事处和丽水邮局防空壕被日本侵略军飞机炸塌,死亡邮电职工及家属60余人。

是年,丽水县总工会改选,徐志明为理事长。

民国32年(1943)

是年,丽水县被国民党列为非常时期工会管制县,丽水县总工会称“示范总工会”,受国民党县党部社会科直接控制。

民国33年(1944)

7月,丽水县示范总工会有会员623人。

民国34年(1945)

8月15日,日本宣布无条件投降,全县职工群众相继举行集会游行,欢庆抗战胜利。

民国35年(1946)

10月18日,丽水县总工会举行会员代表大会改选理监事,徐志明为理事长。

民国36年(1947)

9月,丽水县有木匠业、泥匠业、缝纫业、轿夫业、埠夫业、鞋匠业、篾匠业、理发业、人力车夫业、铁匠业、织布业11个职业工会。

民国37年(1948)

10月,第一家国营工业企业丽水新华印刷厂建立。

12月,丽水县总工会有会员640人,职员16人。

1949年

5月10日,丽水解放,民国时期工会解体。

7月,大水门、小水门、丽阳门、虎啸门四个码头工会和瓯江民船工会及电信局、邮政局、利用织布公司、祥兴化工厂、城关国(西)药业等基层工会先后成立。

11月6日,丽水县第一届第一次各界人民代表大会召开,出席大会的代表有80人。

12月9日,丽水县总工会筹备委员会成立。

12月,县总工会(筹)传达中央财委和全国总工会关于减薪的号召,全县公营企业职工积极响应,放弃年奖双薪。

是年,基层工会成立后,各工厂先后建立工人核察队。

1950年

2月8日,城区工人消费合作社开始营业。

3月,按照《中华人民共和国工会法(草案)》规定,开始整顿基层工会组织。

4月,县总工会(筹)随同县机关迁碧湖镇。城区工会工作由省总工会(筹)丽水专区办事处直接领导。

是月，国营丽水贸易分公司撤销，成立土产、粮食、煤建、油脂、百货、盐业专卖公司和专区供销合作总社。

5月1日，全县工人响应全国总工会“捐献一天义务劳动救济失业工人”的号召，开展捐献活动。

6月，8名工人代表参加丽水县第一次各界人民代表会议。

是月，《中华人民共和国工会法》贯彻实施。

9月，城区和碧湖镇职工业余学校创办。

1951年

3月，发动职工制定爱国公约，增加生产，支援抗美援朝。1950年，朝鲜内战爆发。美国随即进行武装干涉，并派遣海军第七舰队侵略中国台湾海峡。同时，美国飞机多次侵入中国领空，轰炸丹东地区，战火即将烧到鸭绿江边，威胁新中国的国家安全。中国政府发表声明，对美国侵略行径进行严厉谴责和抗议。在此危急关头，中共中央应朝鲜党和政府的两次请求，作出“抗美援朝，保家卫国”的战略决策。全县有46名工人参加志愿军。

4月，城区工人筹建工人俱乐部。1952年10月建成开放。

是月，全国总工会发出《为拥护政府坚决镇压反革命告全国工人书》，全县各级工会发动职工协助政府进行镇压反革命运动。

5月1日，响应全国总工会号召，县总工会(筹)组织职工参加反对美国武装日本的爱国大示威。

是月，丽水县有7人分别被省人民政府授予一、二、三等省工人劳动模范称号。

7月19日，城区工会成立。

11月1—10日，丽水县搬运工会代表赴京出席中国搬运工会工作会议。

12月，城区3152名工人捐献支援抗美援朝飞机大炮款25046.55万元(旧币)。

冬，发动职工参加反贪污、反浪费、反官僚主义的“三反”运动和打退资产阶级进攻的反行贿、反偷税漏税、反盗骗国家财产、反偷工减料、反盗窃国家经济情报的“五反”运动。

1952年

5月，县总工会(筹)随同县机关由碧湖镇迁回丽水城区，城区工会并入县总工会(筹)。

是月，丽水专区建制撤销，县总工会(筹)归属省总工会温州专区办事处管辖。

7月，开始在全县职工中推广速成识字法，开展扫除文盲活动。

8月，丽水县店员工会贯彻执行中国店员工会《关于在各级组织中建立协助税收工作的指示》，建立协助税收委员会。

9月，丽水县教育工会第一次代表大会召开。

10月，发动职工参加民主改革。

11月30日，丽水县第二届一次各界人民代表会议召开，出席代表180人，列席代表30人。

12月12日，丽水县工会第一次代表大会召开，正式成立丽水县总工会。主席牛梦松。

1953年

1月，全县贯彻过渡时期总路线，开始对手工业、资本主义工商业进行社会主义改造。

3月，创办职工政治夜校。

6月29日，丽水县店员工会第一次会员代表大会召开。

8月，丽水县总工会改称丽水县工会联合会，至1958年恢复称县总工会。

12月14日，丽水县职工代表会议召开，学习国家过渡时期总路线和讨论工会今后任务。会议通过将县工人俱乐部改名为县工人文化宫。

是年底，全县10人以上工厂的民主改革工作结束。

1954年

1月，省总工会发出《关于开展春节宣传工作的通知》，县总工会组织工人代表团到农村进行慰问联欢活动。

4月29日，上缴结余文教费5000万元（旧币），资助兴建省工会干校。

4月，《丽水工人》创刊。至1956年4月停刊。

是月，县总工会举办工人技术革新展览会，展出革新成果20项，其中两项被省总工会列为全省较大技术革新项目。

5月1日，县第一届工人体育运动大会举行。

是日，工人技术革新展览会举行。

7月28日，组织选调私营汽车业工人14人，赴西康省运输公司工作，支援边远地区。

8月7日，丽水县首届工业劳模代表大会召开。

9月，县工会职工政治夜校创办私营工商业社会主义改造骨干业余训练班。

是月，县总工会组织职工学习第一部《中华人民共和国宪法》。

11月20日，碧湖镇工会联合会正式成立。

12月10日，丽水县工会第二次代表大会召开，主席郑炳湘。

是年，全县工人认购公债108553万元（旧币），超过任务数的5倍。

1955年

2月20日，丽水县工会第二次代表大会第二次会议召开，选举出席浙江省工会第二次代表大会代表。

8月，丽水县第一次青年社会主义建设积极分子代表大会召开。

12月25日，私营企业职工代表会议召开，宣传国家对资本主义工商业社会主义改造政策，发动私营工商企业职工积极参加改造，迎接全行业公私合营。

1956年

1—6月，丽水县实现私营工商业社会主义改造。

2月，丽水县开始撤区并乡运动，4月结束。

是月，组织工人春节慰问团，慰问高级农业生产合作社。

3月22日，丽水县工会第三次代表大会召开，主席王继武。

4月1日，企事业单位和国家机关工作人员实行货币工资制，全民企业职工平均工资从32.83元增加到41.21元。

4月11日，中共丽水县委机关报《丽水报》创刊。1961年2月16日停刊。

5月，丽水县电信局实行职工代表会议制度。

6月，公私合营丽水汽车运输公司修理车间3名技工为庆祝“七一”，利用废弃材料先后装配了3辆名为“增产号”的汽车。

10月，协同政府做好国营企业职工工资改革和国营工业职工推行八级工资制及职务工资制。

12月9日，丽水县首次优秀工会积极分子表彰会召开。

1957年

7月10日，丽水县工会第四次代表大会召开，大会选举产生县工会第四届委员会和出席省工会第三次代表大会代表。主席王寿荣。

1958年

4月1日，1957年度丽水县先进生产（工作）者代表会议召开。

4月3日，丽水县工会创办《职工生活》，至是年10月4日停刊。

是月，赵雨亭被省人民委员会命名为浙江省第一个五年计划劳动模范。

是月，国务院批示撤销宣平县，原宣平县曳岭区并入丽水县。

5月上旬，县工会作出《关于组织全县职工学习赵雨亭的决定》。

5月中旬，技术革新展览会举办，省工会温州专区办事处在丽水县召开全区工会工作现场会议，与会代表参观展览会。

7月，云和县建制撤销并入丽水县，云和县工会（筹）并入丽水县工会。

9月，丽水县工会积极分子代表会议召开。

1959年

6月24日，丽水县工会联合会复称丽水县总工会。

7月5日，省总工会组织的老工人报告团向丽水县职工作革命传统报告。

11月23日，省出席全国群英会代表报告团一行5人到丽水县作报告。

是月，县城关米厂赵雨亭被国务院评为全国先进工作者。

1960年

2月，丽水县22名代表出席浙江省工业基建交通技术革新和技术革命经验交流大会及炊事人员比巧大会。

是月，丽水县社会主义建设积极分子代表大会召开。

是月，景宁县建制撤销并入丽水县，景宁县总工会并入丽水县总工会。

7月，浙江省文艺代表团在参加全国职工文艺会演后，到丽水进行巡回演出。

是年，贯彻“一手抓生产，一手抓生活”方针，发动职工开荒种菜，养禽养畜，办好以食堂为中心的集体福利事业。

1961年

2月，丽水县1960年工业成就展览会在县工人文化宫展出。

3月，贯彻中共中央对国民经济实行“调整、巩固、充实、提高”的方针，全县精简职工，支援生产第一线，共12226人下放农村。

4月25日，丽水县工会第五次代表大会召开。主席秘天堂。

5月，丽水县总工会对全县37个工矿企业和交通运输单位的职工生活福利工作进行检查。

是月，丽水县总工会随同县机关迁到云和镇办公。

1962年

4月，云和县建制恢复，丽水县总工会由云和镇搬回丽水县城关镇。

7月，丽水县总工会对职工月收入人均8元以下的困难户，分别给予临时或定期补助。

是年，丽水棉织厂、搬运公司、水作厂实行男60周岁、女50周岁退休制度。

1963年

3月，丽水县总工会发动职工开展向雷锋学习活动。

4月20日，丽水县工会第六次代表大会召开，主席巴殿春。

5月，丽水专区建制恢复，丽水县总工会由省总工会直接管辖。

8月，全国总工会歌舞团到丽水慰问演出。

10月21日，丽水县建立县工会协作组。

11月，桃山电厂动工兴建，1965年元旦发电，1981年7月停止发电。

是年，工业、交通运输企业职工开展以“五好”为目标的先进生产者运动。

1964年

12月，全县优秀工会积极分子代表会议召开。

是年，邮电、交通运输、地质等部门相继建立和健全职工代表大会制度。

1966年

1月31日，丽水糠醛厂动工建设，1971年投产。

6月16日，全县各级工会发动职工参加“文化大革命”运动。

9月20日，县工会六届六次委员扩大会议召开，各级工会主席改称工会主任。

10月，丽水县国营商业公司与县供销社合并。

1967年

4月，丽水工人革命造反总司令部(工总司)进驻县工人文化宫，县总工会被迫停止活动。

7月，“丽水县无产阶级革命派联合总指挥部”(简称丽联总)和“丽水县革命造反派联合总部”(简称革联总)相继成立。

1968年

6月，丽水县革命造反派联合总部（革联总）在丽水剧院召开“丽水县革命工人代表大会”，产生“丽水县工代会”，取代县总工会。

8月4日，丽水县“革命委员会”成立。

1969年

2月3日，创办地区化肥厂，1977年8月1日下放丽水县管理。

5月1日，贯彻省“革委会”4月15日发出的《关于接管旧工会财权等有关事项的通知》，工会停止一切财务活动，原各级工会所有的房屋、财产移交给同级“革委会”。原工会人员被安排调离。

是年，省总工会机关部分工作人员下放到丽水县农村参加劳动。

1973年

3月，全县举行省优选法成果展，数学家华罗庚到丽水毛巾厂指导使用优选法，提高产品质量。

6月11日，中共丽水县委公布成立丽水县工会第八次代表大会筹备小组名单。

7—9月，全县应建基层工会的64个单位中有32个恢复了工会组织。

1977年

1月5日，中共丽水地委同意丽水县委关于暂停“县工代会”活动的报告，工作人员回原单位。

4月20日，丽水运输段职工陈再新出席全国工业学大庆会议，被国务院授予全国先进生产者称号。

8月11日，中共丽水县委公布建立丽水县工会筹备领导小组名单。

10月27日，丽水县工会第八次代表大会召开。主席袁均惠。

1978年

4月，县退休工人管理委员会成立。

6月12日，县总工会八届常委会召开，推荐丽水县出席省工会第七次代表大会代表。

7月，丽水县邮电局恢复职工代表大会制。

9月4日，县总工会八届委员扩大会议召开，传达省工会第七次代表大会会议精神。

11月8日，县总工会八届五次委员扩大会召开，传达中国工会“九大”和省工会七届二次常委扩大会议精神。

11月10日，丽水地县工会联合召开传达贯彻中国工会第九次代表大会会议精神大会，地委副书记应益强到会并讲话。

12月，全县劳动竞赛经验交流会召开。

1979年

2月1日，县财税局与县总工会转发财政部和全国总工会《关于职工工会经费管理的联合通知》,从1979年1月起,恢复拨交工会经费。

3月,"文化大革命"以来停办的县职工业余学校恢复办学。

是月,全县2500多名地主、富农分子摘帽,恢复公民权利。

4月23日,中共丽水县委批转县总工会《关于建立教育工会和按系统建立工会工作委员会的请示报告》。

4月30日,举办全县"五一"职工业余文艺创作会演。

5月11日,在丽水印刷厂开展换发工会会员证试点工作。至年底,共换发和新发会员证12742本。

10月,丽水油嘴油泵厂开展扩大企业自主权试点工作。

是年,开展职工生活后勤"一条龙"竞赛。

是年,丽水金笔厂实行经济责任制。

1980年

1月1日,雅溪二级电站建成发电。

3月,1979年度工会积极分子代表大会召开,恢复奖励优秀工会积极分子制度。

是月,县总工会被省总工会丽水地区办事处评为"积极开展文化馆活动、贯彻业余文艺方针"先进单位。

4月,全国总工会文工团到丽水演出大型话剧《爱情之歌》。

5月,县总工会与省总工会丽水地区办事处在丽水动力厂开展立功竞赛活动试点工作。

是月,全县贯彻全国总工会等十部门联合通知,开展"生产安全月活动"。

7月,县总工会与共青团丽水县委、县妇联联办丽水县婚姻介绍所。1983年7月停办。

10月15日,全区物资交流大会在丽水城关镇举行。

1981年

4月4日晚上,强龙卷风袭击瓯江两岸,全县死亡17人,重伤32人,部分工厂厂房和职工住宅倒塌。县总工会组织四个小组,分赴受灾单位协助基层工会做好救灾工作。

6月5日,丽水县总工会女工委员会成立。

6月27日,县职工业余学校经丽水县人民政府批准备案。

10月24日,《浙江工运简讯》转发"丽水县总工会抓基层工会思想政治工作经验介绍"的长篇文章。

10月15日,中共丽水县委批转县委组织部、县经委、县财办、县总工会关于推行职工代表大会制的报告,并由四个单位成立联合办公室。

12月30日,丽水县供销社工会工作委员会恢复。

是月,省总工会组织的热爱党、热爱祖国、热爱社会主义报告团到丽水作巡回报告。

1982年

2月,县总工会中共党组建立。

3月,县总工会与中共丽水县委组织部联合转发省总工会《关于基层工会主席配备管理问题的通知》。

6月，省总工会优秀工会积极分子报告团到丽水作巡回报告。

8月，全区职工教育工作会议在丽水召开，部署全区职工文化补课与技术补课工作。

9月，组织全县职工开展学习全国商业特级劳动模范赵春娥事迹的活动。

10月7日，丽水县工会第九次代表大会召开。主席曾石祥。

11月18日，县总工会召开全县群众生产、生活工作会议，提出要加强劳动模范档案建档和管理工作。

11月，浙江省人民政府授予丽水县职工业余学校“浙江省职工教育先进单位”称号。

1983年

4月1日，省总工会主席赵景棠到丽水检查工作。

4月，丽水县人民政府批复，县体育场乒乓球室南面495平方米地基建造工会“同乐楼”。

是月，开始改变“政社合一”的人民公社体制，恢复乡人民政府，生产大队改为村民委员会。

5月，丽水县总工会开展以中国近代史为主要内容的“振兴中华”职工读书活动，并在丽水电池厂进行试点。

7月1日，县总工会法律顾问室成立。

7月9日，中共丽水县委批转县总工会党组《关于组织和引导职工群众开展读书活动的请示报告》。

8月，县总工会与中共丽水县委组织部等单位在丽水火柴厂开展民主选举厂长、车间主任的试点工作。

1984年

5月，丽水县职工业余学校被省总工会评为1983年度“职工教育先进单位”。

5月24日，召开县总工会九届三次常委扩大会，决定开展整顿工会基层组织，建设“职工之家”活动。

7月，开始对国营商业、大型企业实行“改、转、租”。

8月10日，县总工会与中共丽水县委组织部、县企业整顿领导小组联合发出《关于在企业整顿中抓紧调整基层工会领导班子的通知》。

是日，县婚姻介绍所恢复。

9月13日，县职工男子篮球队获丽水地区职工篮球赛第一名。

11月15日，召开县总工会九届四次委员扩大会议，通过《整顿工会基层组织，建设“职工之家”考核验收细则》。

11月，县财贸系统代表7人出席浙江省财贸工会第一次代表大会。

12月15日，第一个乡镇企业工会——丽水县城关镇大众电器厂工会成立。

是年，改革全民所有制企业用工制度，一律招收合同制工人。

1985年

1月5日，城关50多个基层工会捐献冬衣裤鞋帽5000多件及现金粮票等支援贫困山区农民。

1月10日，中共丽水县委和县政府成立县机关工会。

3月，丽水动力机械厂开始实行厂长负责制。

4月，丽水地区首届工人运动会召开，丽水县代表队获26个项目第一名，10个项目第二名，4个项目第三名，并获得田径比赛团体总分第一名。

5月18—23日，全国总工会信访处、省总工会信访室和《工人日报》《浙江日报》《浙江工人报》一行6人到丽水县考察职工信访工作。

9月10日，庆祝第一个教师节，召开教师座谈会和举办电影招待会。

9月18日，丽水县总工会组织12名技术工人赴桐庐县参加金属切削技术交流操作表演、技术讲座等活动。

是月，丽水羽绒厂天鹅绒牌羽绒被载入日本《世界一流产品大图鉴》。

10月10日，丽水县工会第十次代表大会召开。主席徐永武。

11月，县动力厂、火柴厂、化工厂、油嘴油泵厂实行工效挂钩工资制，羽绒厂实行国营企业集体经营试点。

12月31日晚，浙江省副省长吴敏达在丽水观看庆祝元旦职工文艺联欢晚会演出，与演员们合影留念。

12月，县职工业余学校被评为全省工会系统职工教育先进集体。

是月，县总工会、县妇联、团县委联合成立丽水县保姆介绍所。

1986年

1月，全县2000多名职工参加普法培训，并领到普法教育合格证。

4月2日，丽水撤县设市，县总工会改称丽水市总工会。

4月29日，地、市纪念“五一”国际劳动节100周年座谈会在市工人文化宫举行。

4月，丽水市事业单位开始进行职称改革。

5月28日，丽水市建立劳动竞赛委员会。

5月，95个基层工会的职工捐款7181.34元，粮票514.5斤(1斤=0.5公斤)，支援遭受风灾的石牛、水阁两乡。

是月，中共丽水市委、市人民政府批转市总工会动员全市职工开展劳动竞赛的报告，成立市劳动竞赛委员会、市劳竞委办公室，恢复评选市劳动模范。

7月9日，全国总工会宣教部文艺处处长冯磊到市工人文化宫指导工作。

9月22日，丽水市职工物价监督总站成立。

9月30日，市工人文化宫“同乐楼”举行落成典礼。

12月2日，丽水市第一个区乡机关工会——雅溪区机关工会成立。

12月8日，举办“丽水市劳动竞赛成果图片展览”。

12月，市总工会被评为丽水地区工会工作目标管理对口赛1986年度全面工作优胜单位。

市工人文化宫被评为1986年度地区先进文化宫。

是月，市职工业余学校被评为1986年全省工会系统职工教育先进集体。

1987年

1月4日，《工人日报》专版报道丽水啤酒厂开展职工工会工作的先进经验。

3月，组织5个调查组，到26个单位进行民主管理工作抽样调查。

4月3日，市车工技术比武在丽水机床厂举行，有12个队38人参加。

4月，邀请省先进刀具技术推广队等4单位47人，到丽水举行讲座，并作技术表演与技术传授。

5月28日，县(市)上交工会经费实行"核定上解定额，超收回拨奖励"制度。

5月30日，丽水市职工技术协作委员会成立。

8月，丽水市毛巾厂实行承包生产责任制。

9月11日，丽水市编制委员会批准市总工会《关于调整机构设置的请示报告》，设立总工会办公室、组宣部、生产生活部、财务部。

10月，市工会代表会议召开，选举出席省工会第九次代表大会的代表。

12月22日，市总工会与中共丽水市委组织部等单位联合召开工业企业民主管理经验交流会。

12月27日，省总工会副主席胡永吉到丽水市调研工会工作。

1988年

1月，市工人文化宫实行"双文明"经营承包责任制。

是月，丽水市试行企业党政分开试点。

3月9日，市总工会十届六次委员扩大会召开，通过召开丽水市工会十一次代表大会的决议。补选王宗祥为市总工会十届委员会委员、常委、主席。

3月，市总工会被评为丽水地区1987年度县级工会竞赛第一名。

5月13日，省人民政府批准丽水市为革命老根据地县。

6月15日，试行《工会劳动安全监督意见通知书及回执》制度。

7月10日，建立丽水市工运史办公室，并召开全市工运工作会议。

7月21日，召开市总工会十届委员扩大会，推选出席省工会代表会议代表。

7月，全市各级工会组织为遭受洪灾的困难职工群众募捐，共发放捐助款17800元。

8月12日，丽水市女工工作协会成立。

10月，市总工会与市人大法工委等单位对21个企业执行《中华人民共和国全民所有制工业企业法》情况进行调查。

11月27日，丽水市工会第十一次代表大会召开。主席王宗祥。

12月，市职工业余学校被省总工会评为1988年度浙江省职工教育先进集体。

1989年

3月4日，市政府、市劳动竞赛委员会、市总工会在市府小礼堂召开"双增双节"劳动竞赛经验交流和表彰大会。

4月10日，市总工会女职工委员会成立。

4月，在全市工会系统向人民教育基金会捐资活动中，各基层工会和职工个人共捐资1.8万元。

7月25日，市人大、市政协、市总工会抽调干部到20个厂矿企业检查防暑降温工作。

8月23日，召开市总工会常委扩大会议，学习贯彻全总十一届三次主席团扩大会议精神，讨论进一步发挥工会民主参与和社会监督作用问题。

9月28日，舒里红、陈晓获全国先进工作者称号。

9月，举办庆祝中华人民共和国成立40周年职工文艺会演。

10月8日，制定市总工会廉政建设八项规定。

10月15日，基层工会改革试点单位丽水羽绒厂工会与厂部签订企业利益共同体"双包"协议。

11月，省总工会副主席顾秀秀到丽水市考察工会工作。

1990年

4月，建立基层企业召开职工代表大会申报制度。

是月，全市工交、建筑企业建立停产半停产情况申报制度。

5月，制发《关于全市各级工会参与和完善新一轮承包经营责任制的工作意见》，建立新一轮承包指导工作小组。

是月，建立主席接待日制度和常委联系一厂一户制度。

7月，市总工会十一届五次委员(扩大)会议，补选黄娇翠为市总工会第十一届委员会委员、常委、副主席。

是月，经市编委批准，撤销市总工会生产生活部，建立生产保护部和生活女工部。

8月，发出《关于贯彻落实中共丽水市委〈关于进一步加强和改善党对工会工作领导的意见〉的具体意见》。

9月，建立市政府与总工会每年两次联席会议制度。

是月，制定《丽水市基层工会建设"职工之家"的考核实施细则》和《评选先进"职工之家"办法》。

10月，组织10人到长春、沈阳等市学习开展"工会会员活动月"经验。

12月，市总工会拨出2540元补助停产企业生活困难的职工，市委、市政府领导参加慰问活动。

1991年

1月29日，市总工会十一届六次全体委员(扩大)会议召开。会议通过决议，决定从1991年起，把每年5月定为"工会会员活动月"。

2月8—9日，市总工会领导陪同中共丽水市委及省总工会丽水地区办事处有关领导对45名劳模进行慰问。

3月5日，市总工会举行庆祝"三八"妇女节女劳模、女先进工作者座谈会。

3月20日，全国总工会、国家计划委员会授予丽水毛巾厂包聪发“全国合理化建议和技术改进活动积极分子”称号。

4月27日，举行丽水市庆祝“五一”国际劳动节暨表彰劳模大会，开始为时一个月的“工会会员活动月”活动。

6月1日，市总工会举办“六一”幼儿书法、绘画比赛，有机关、厂矿8所幼儿园41名幼儿参赛。

6月19日，省总工会副主席顾秀秀一行5人到丽水考察工会工作。

是日，盛纯乐获“浙江省最佳合理化建议和创造发明奖”。

7月3日，省总工会批复将原地区工会办事处委托丽水市总工会代管的地直基层工会收归地区管理。

8月30日，市总工会执行省总工会“关于丽水地属单位基层工会收回地区管理的批复”，召开十一届七次全体委员（扩大）、会议，欢送6名市总工会十一届委员会委员和经费审查委员会委员离任。

9月，全市工人募集救济洪灾款人民币224464.16元，粮票7328斤。

同月，丽水市企业退休职工管理服务工作委员会成立。

10月1日，丽水市职工业余歌手许春生的男声独唱《山乡歌手》和金杭的《快把月亮背回来》，分获浙江省第二届职工文艺会演一等奖和创作一等奖。

10月5—7日，浙江省职工教育研讨会在丽水市职工业余学校召开。

10月30日，丽水市财贸工会第一次代表大会召开。

11月16日，丽水市职工足球协会成立。

11月26日，丽水市职工业余作者创作的被誉为“丽水巴比松”的50余幅丽水风情油画，在浙江美术学院展出。

11月，在“七五”全国星火计划成果博览会上，丽水市压铸厂的代铜新型压铸材料获金牌奖。

1992年

1月20日，市总工会的《丽水市总工会调查企业职工生活情况》一文，在省总工会政策研究室《工会信息》第一期（1992年）刊登。

1月27—29日，市总工会主席、副主席，为5家停工企业41名生活特殊困难户发放春节慰问款3000元。

3月24日，省总工会副主席娄有生、办公室副主任张彤、省总工会丽水地区办事处主任黄伍根到丽水市总工会检查、指导工作。

4月16—18日，浙、闽两省毗邻县市工会联谊活动在云和县举行，研讨职工业余教育工作，丽水市总工会作典型发言。

5月1日，中共丽水地委副书记徐培金在《丽水日报》发表署名文章并发表电视讲话，号召广大职工开展学习贯彻新《中华人民共和国工会法》。

6月15—22日，市总工会举办实施新《中华人民共和国工会法》适应性岗位培训班，产业工会、基层工会主席、委局工委主任和专职工会干部参加。

6月，中共丽水市委宣传部、市总工会、市司法局联合发出《关于认真贯彻中共中央宣传部、中华全国总工会、司法部“关于认真学习、宣传〈工会法〉的通知”的意见》。

9月29日，市企业退休职工管理服务委员会为27名80—100岁长寿职工祝寿。

9月19日，省长葛洪升到丽水市考察油嘴油泵厂、万象羽绒制衣总厂。

10月1日，退休职工健身房开放。

10月12—18日，丽水客运站驾驶员蓝伟亮(畲族)出席中共第十四次全国代表大会。

10月，1991年9月破土动工的市总工会职教大楼落成。

11月1—16日，丽水市总工会主席参加地区总工会组织的赴山东江苏学习考察团，考察工会兴办企业的工作经验。

12月18日，金温铁路丽水段开工建设，1998年6月，全线通车。

1993年

2月18日，地市工会为丽水羽绒厂、丽水万象制衣总厂6名缝纫工赴日研修举行欢送会。

2月26日，丽水市6名缝纫女工赴日本研修。

4月2日，中共丽水市委任命叶松青为丽水市总工会党组书记。

4月14—15日，市总工会和市劳动局联合检查组到丽水羽绒厂、浙江油泵油嘴厂、处州针织厂和丽水毛巾厂检查落实女工“四期”劳动保护情况。

5月16日，市总工会举办的第三个工会会员月中，在中山街、解放街首次推出“商品广告宣传暨推销产品一条街”活动，计宣传广告49幅，展销商品上万种，一天销售额22.4万元。

6月2日，市总工会召开十一届十一次全体委员(扩大)会，总结第三个工会会员月活动情况，选举叶松青为出席浙江省工会第十次代表会议代表。

6月26日，市总工会召开撤区并乡后首次乡镇机关工会工作会议，讨论乡镇工会组织建设和工会工作，决定从1993年1月1日起，乡镇机关工会及所属企事业工会应上解的工会经费，由市财政局代扣上解。

8月，市总工会副主席王贤芳、黄娇翠应邀赴吉林省四平市参加十七城市工会工作研讨会。会间，两市总工会签订协议结为友好工会。

9月20日，市总工会十一届十二次全体委员会议，同意根据中共丽水市委组织部提议，王宗祥和王贤芳因年龄和工作调动关系，免去其主席和副主席职务。叶松青代理丽水市总工会主席。

10月20日，市总工会和市企业退休职工管理服务委员会举办丽水市首届退休职工运动会。

11月11日，地市联合召开传达中国工会“十二大”会议精神大会。中国工会“十二大”代表、省总工会丽水地区办事处主任黄伍根传达了中国工会“十二大”精神，中共丽水地委副书记孙月芬代表地委、行署到会讲话。大会受全国总工会和省总工会委托，表彰和奖励了丽水地区“全国模范职工之家”“全国优秀工会工作者”“全国优秀工会积极分子”“全国模范职工之家”4个(名)先进集体和个人。

1994年

1月，市总工会领导走访慰问全市46名全国和省、市劳动模范还对因停产或天灾人祸造成生活困难的32户特困职工进行慰问，发放补助费3000元。

2月23日，丽水市3名缝纫女工赴日本研修。

3月11—12日，市工会第十二次代表大会在市工人文化宫影剧院召开。主席叶松青。

4月16日，省总工会副主席顾秀秀、地区办事处副主任陈龙富等一行7人到丽水市调查企业富余职工生活和安置情况。

4月27日，市总工会十二届二次全体委员会(扩大)会议召开，研究部署5月开展第四个“会员月”活动。

4月，评出1992年度、1993年度市级劳动模范5名。

是月，经市编委批准，增设市总工会企事业发展管理部。

是月，地委、行署表彰全地区1993年经济发展先进县(市)，丽水市为第一名。

6月15日，市总工会十二届四次常委扩大会决定，创办内部刊物《工运动态》。

7月7日，市总工会主席叶松青、副主席曾小珏等一行4人，分赴碧湖、高溪、丽新、老竹等地慰问“6•16”洪灾中受灾会员和贫困地区幼儿园儿童，发放救灾慰问款1500元，并向幼儿赠送慰问品。

9月，组织全市6000余名女职工参加“迪康杯”全国女职工迎1995年世界妇女大会知识大奖赛活动。

1995年

1月23日，丽水市6名缝纫女工赴日本研修。

1月27日，中共丽水地委书记陈仲方，行署专员张向北到市区有关企业走访慰问特困职工，进行“送温暖活动”。

4月28日，地市千余名职工在丽水参加庆祝“五一”国际劳动节、中华全国总工会成立70周年、抗战胜利50周年及省劳动模范表彰会。

5月1日，国务院实行职工每日工作8小时，每周工作40小时工时制度，周六、周日休息。

11月11日，叶建华获中华全国总工会授予的全国优秀民主管理者称号。

12月25日，浙江纳爱斯化工股份有限公司通过ISO 9001国际质量标准认证，这是全区首家通过国际质量认证的企业。

1996年

4月2日，省总工会主席苏立清一行8人，到丽水市检查指导推行企业集体协商和集体合同工作。

4月23日，行署表彰1995年度全区全面发展前3名县(市)，丽水市获第一名。

5月22日，省总工会副主席顾秀秀一行到丽水市检查指导工会保障工作，并到部分企业调研。

8月，全市开展“三五”普法教育。

10月15日，全区首届工会优秀论文、调查报告评选会在丽水市召开。市总工会报送的3篇优秀论文和2篇调查报告获优秀奖。

11月23日，丽水公路客运中心动工兴建，1998年5月26日投入运营。

12月8日，全市开通GSM数字移动电话网。

12月20日，市总工会召开合理化建议"金点子"表彰大会。会上表彰了23名先进个人和39项"金点子"建议。

1997年

2月26—27日，全区县(市)工会主席会议在丽水召开，地委副书记孙月芬到会讲话。

3月2日，市总工会召开迎新春劳模座谈会。市领导与市总工会领导与全市劳模共商发展大计。5名全国及省、市劳模在会上发言。

5月18日，市总工会和市人事劳动局联合举办集体企业合同制度培训班和外商投资企业集体合同制度培训班。

6月，全市开通"110"报警指挥系统。

9月27—28日，省总工会副主席娄有生到丽水市考察指导工会工作。

1998年

1月8日，全区职工技协工作会议在丽水市召开。

4月28日，丽水市通过全国科技工作先进县(市)验收。

4月29日，地、市总工会联合在丽水市工人文化宫举行"庆五一"丽水工人艺术团首场汇报演出和劳模、先进表彰活动。

10月27日，全区职工教育工作会议在丽水市工人文化宫召开。市总工会向会议代表汇报丽水市技校改革和办学情况，与会代表赴全国职校办学先进单位——乐清市工会职校考察。

12月8日，丽水市总工会举行欢迎仪式，欢迎参加省"职业道德先进表彰大会"的丽水市交警大队城区中队指导员胡爱华载誉归来。

12月，丽水市开通"130"国家公众数字移动电话。

是年，丽水市总工会成立女工委员会。

1999年

3月12日，丽水市有线广播电视传输网开通。

4月27—28日，丽水市总工会第十三次代表大会召开。主席刘敏春。

7月10日，丽水市总工会发文，对全市困难职工开展全面调查。

9月16日，全市百日生产无事故活动仪式在工人文化宫启动。

10月10日，市总工会举行全市职工"体育乐"系列体育活动，举办拔河、象棋、登山等比赛。全市共51个单位130多个参赛队1260名职工参加。

11月5日，市总工会召开全市职工思想政治工作研讨会，会上交流研讨文章18篇。市委宣传部副部长到会讲话。

12月19日，纳爱斯“雕牌”商标被国家商标局认定为中国驰名商标。

2000年

1月7日，转发中共浙江省委《关于加强非公有制企业建党工作的若干意见》一文。

2月，市工会组织慰问小组赴各乡镇慰问困难职工。

4月25日，全市举行庆“五一”劳模表彰大会。市五大班子领导参加大会。

5月20日，国务院同意撤销丽水地区设立地级丽水市。同时，撤销县级丽水市，设立莲都区。

6月2—20日，区总工会机关组织机关干部进行“三个代表”重要思想理论学习及主题教育活动。

6月，全市职工普法教育成绩建档。

7月16日，区领导和区总工会及有关部门负责人到环卫局、市区交通岗亭、工厂慰问一线职工和交警。

9月29日，区总工会机关在全体党员中开展警示教育。通过“五个一”活动（学好一篇《中国共产党纪律处分条例》、观看一部警示片、上好一堂廉政课、过好一次组织生活会、写好一篇体会文章），进一步推动党员干部思想作风建设，增强反腐倡廉能力。

12月1日，区总工会制定下发《莲都区基层工会规范管理暂行办法》，推动全区基层工会工作规范化、制度化建设。

12月24日，区总工会组织开展“心联心、献爱心、新世纪创新业”助推职工再就业活动，提高下岗职工就业能力。

2001年

2月15日，丽水城区总体规划论证会召开，市人大常委会通过《丽水市城市总体规划》，2002年2月20日获省政府批准。

3月26日，“新建企业工会开展建设职工之家活动”座谈会召开，区总工会全面部署“建设职工之家活动”具体工作。

4月，区总工会主席带领班子成员赴各乡镇（街道）调研乡镇（街道）专职配备工会干部工作。

5月24日，在工人文化宫召开大会，全面部署在非公企业开展职工互助互济活动的具体工作。

6月19日，在工人文化宫召开全区工会系统开展“转变观念，优化服务”大讨论动员大会。

8月9日，省总工会副主席顾秀秀一行到区总工会督查工会重点工作。

11月15日，举办基层工会干部“学习宣传贯彻《中华人民共和国工会法》培训班”。

2002年

2月7日，区总工会中层干部竞争上岗动员大会召开。

3月9日，区总工会召开基层工会主席会议，分解下达全年工作目标并提出工作要求。

3月15日，省总工会副主席顾秀秀一行到区总工会指导工会工作。

3月28日，区总工会举办工会干部培训班，邀请省总工会组宣部部长吴建宪就履行好工会主席职责等作专题辅导，近100名基层工会干部参加。

4月19日，省总工会张凤鸣主席到莲都区调研工会工作，并走访多家企业。

5月1日，莲都区隆重召开庆“五一”暨劳动模范表彰大会。

5月20日，区总工会召开揭批邪教“法轮功”工作座谈会。

8月14日，区总工会召开职工业余学校机构改革工作座谈会。

9月2日，区总工会组织工会干部赴江苏考察工会工作。

9月15日，区总工会（原丽水县、丽水市）成立50周年座谈会召开，区总工会主席詹军发表讲话。

9月24日，中科院院长路甬祥率领中科院考察团到纳爱斯公司、方正电机厂考察。

12月2日，金丽温高速公路丽水段通车典礼在垟店举行。

12月30日，区总工会召开工人文化宫职工业余学校成立50周年座谈会。

是年，区总工会工人文化宫和丽水农夫山庄签署合作开发水东娱乐城合作开发协议。

2003年

2月27日，纳爱斯集团总裁庄启传赴京参加第十届全国人民代表大会。

3月13日，举办全区《中华人民共和国工会法》《公民道德建设实施纲要》知识竞赛。共有800多名工会会员参加竞赛，10名获奖者获得奖状和奖金。

4月23日，全区基层工会防治非典型性肺炎工作紧急会议召开。区总工会制订紧急预案。

5月29日，区总工会和区委宣传部联合举行全区机关各部门和街道广泛开展“强身健体，快乐生活”启动活动。

11月7日，全区基层工会工委主任会议召开。

12月8日，区总工会获区爱国卫生先进单位称号。

2004年

2月12—15日，开展全区工会宣传文化阵地检查整顿工作。

4月6日，中央电视台《新闻30分》栏目对莲都区大港头镇丽云铸件厂等3家生产企业生产“地条钢”问题予以曝光。

5月8日，区工会主席詹军、副主席王志强走访慰问油嘴油泵厂等企业的困难职工，并送去慰问品和慰问金。

6月1日，省政协副主席、省总工会主席张蔚文一行到莲都调研工会工作。

6月2—10日，区总工会开展全区基层工会《中华人民共和国工会法》和《浙江省实施〈工会法〉实施办法》的执行情况进行全面检查。

7月15日，省总工会副主席陈定新一行到莲都区检查指导工会工作。

11月16日，区总工会举办全区职工读书竞赛活动。

12月21—23日，全区迎接省文明委文明城市考核组检查。

12月27日，区总工会公布莲都区职工读书活动“百题竞赛”个人优胜奖名单，共有20名职工获优胜奖。

2005年

1月4日，转发省总工会《关于加强劳动模范管理的若干工作意见》，对劳模的管理原则、关系衔接、情况报告、困难补助以及逝世后的悼念活动作出具体规定。

1月6日，省委、省政府命名莲都区为省级文明城区。

4月2日，"古堰画乡"项目建设启动。

4月7日，区总工会下属职工业余学校开展公开选聘副校长工作。

7月18日，"农民工参加工会组织"的工作研讨会召开。

8月16日，举行"开展全区节约资源劳动竞赛推动工业经济循环发展"活动启动仪式。

8月11日，开展全区"十佳职工维权之星"评选活动。共评出"十佳职工维权之星"10人。

12月18日，在莲都工业园区建立职工技能培训基地。

12月30日，区总工会撰写的《工会在非公企业党建工作中的作用》一文在《求是》杂志社举办的全国非公有制经济组织党建论文评比中获一等奖，入编《新领域里党旗飘》一书。

是年，区总工会主席詹军被省总工会评为维权工作先进个人。

2006年

1月10日，区总工会在纳爱斯广场举办"职工维权之星"大型颁奖晚会，浙江工会网、《浙江工人日报》、莲都区政府网、丽水信息港等媒体网站作详细报道。

1月28日，区总工会在飞雁羽绒制品有限公司、丽水速城电机有限公司等企业举办"慰问、颁奖、联谊、年会"等活动，与300多名农民工一起吃年夜饭。

2月5日，区总工会被区委、区政府评为2005年全区信访工作先进集体。

2月28日，区总工会编辑的《万象虎啸》迷刊被评为全国十佳迷刊。

5月25日，碧湖镇、大港头镇入选丽水市十大特色乡镇。

7月10—12日，区总工会和区安监局、区人力社保局对莲都工业园区的16家企业进行安全生产督查。

8月21日，区总工会职工学校为外来农民工举办技能培训班，30名外来民工参加免费学习。

10月，开潭水利枢纽正式下闸蓄水，南明湖形成。

10月15日，市、区总工会在纳爱斯广场开展"维护农民工合法权益，构建和谐劳动关系"现场咨询服务活动，受理欠薪举报、法律咨询援助、生活困难救助等。

12月20日，莲都区最低工资标准提高到每月620元。

2007年

2月1日，区总工会领导专门慰问区职业技能带头人王正郁、徐鉴。

2月6日，丽水市滨水公园动工建设。

3月4日，全区基层工会"创建学习型组织，争做知识型职工"活动启动仪式举行。

4月8日，莲都区人民政府与区总工会建立联席会议制度，并召开第一次联席会议，共商工会大事。

5月1日，区总工会组织表彰10名2004—2006年度区级劳动模范。同时在《处州晚报》开辟专栏，介绍劳模事迹。

5月20日，区总工会会同区劳动、安监部门开展砖窑非法用工检查和企业拖欠工资检查，共清理拖欠工资178.4万元。

5月28日，区总工会和区安监局开展网络“安康杯”安全知识竞赛，参赛人数达4500多人。

7月2—20日，区总工会举行送电影进乡镇(街道)、社区、工业园区活动，共放映80场电影，观看量46000余人次。

8月28日，区总工会举行“莲都区创建‘工人先锋号’活动”启动仪式。

9月2日，区总工会与区委宣传部一起在莲都会议中心举办首场劳模事迹报告会，6名劳模进行先进事迹宣讲。

11月30日，区总工会举办全区首届“电力杯”排舞大赛，共22支团队、400多人参赛。

12月30日，区总工会与莲都供电局举办“迎奥运环城长跑大赛”。共有180多名运动员参赛。

2008年

3月7日，莲都区“96345”市民服务中心电话开通。

3月10日，区总工会主席詹军出席全国总工会第十五次代表大会并荣获全国优秀工会工作者称号(享受省劳模待遇)，成为莲都区第一位出席全国工会代表大会的代表。

3月20日，莲都区总工会获全国总工会创新三等奖。

3月，江滨区块旧城改造工程启动。

5月3日，在莲都工业园区落成职工技能培训基地2家。全区共有职工培训基地7家。

5月20—25日，区总工会发动基层工会干部为四川汶川地震灾民捐款，共募集捐款152103元。

7月5—8日，区总工会会同信访部门成功处置华阳太阳能丽水售后服务公司安徽民工胡某某工伤死亡之善后事件。

8月1日，区总工会配合省总工会为南山工业园区职工送去大型文艺演出一场，观众达2000多人。

8月，区总工会会同有关部门为企业农民工送书籍4000册，电影72场。

9月1日，举行丽水南城千亩工业用地开工典礼。

是年，碧湖镇工会获全国百家示范乡镇(街道)工会称号。浙江乾陵缝纫设备制造有限公司吴丽荷被评为“省级优秀农民工”。

2009年

2月24日，丽水飞机场选址工作会议在莲都区召开。机场选址工作启动。

3月9日，区总工会与区委宣传部联合开展莲都区“勇克时艰杰出职工”评选活动。共评出10名一线职工为莲都区首届“勇克时艰杰出职工”。

3月28日，市区举行首届“市长质量奖”颁奖仪式。纳爱斯集团有限公司等3家企业和个人荣获2008年丽水市市长质量奖。

4月6日，区总工会发出倡议，全区工企业全面开展以“千万职工大行动，转型升级立新功”为主题的社会主义劳动竞赛。共41家企业3662名企工参加各种劳动竞赛，职工参赛面达73.5%。整个劳动竞赛过程，共收到职工所提合理化建议576条，采纳261条，产生直接生产效益229.6万元。

4月23—25日，区总工会班子一行，走访南山工业园区、水阁工业园区、天宁工业园区，召开多家企业工作座谈会，在全区企业开展“共同约定行动”，由企业工会代表职工与企业经营者签订“共同约定书”。共有153家企业签订。

5月22日，莲都区召开莲都(丽水)解放60周年庆祝大会。50多位在京、沪、杭老干部回莲都参加大会。

6月1日，区总工会在中山街开展“建设平安丽水”“五五”普法现场咨询活动，共接待739人/次，发放宣传资料2700多份。

6月6日，区财贸工分新建的百货大楼商业职工技能培训中心开训。

7月1日，全区启动规范公务员津贴、补贴工作，对区属各机关单位和参公管理单位的公务员津补贴进行统一规范。

7月15日，文化宫工会俱乐部开展“职业道德建设”演讲比赛，参赛选手21人，获奖6人。

8月20日，区总工会成立区工会爱心俱乐部，这是区劳模俱乐部下属的爱心公益活动组织。由全区各级劳模、工会干部及社会各界热心公益事业的人士自愿组成。

9月8日，区总工会举办全区职工象棋大赛。

9月30日，区总工会举办“爱我中华，唱响红歌”庆祝中华人民共和国成立60周年红歌大赛。共17个单位，102名选手参赛。

11月25—26日，区总工会召开第十五次代表大会，主席詹军。

2010年

1月19日，金温铁路扩能改造工程建设动员大会在莲都召开。

3月18日，全区全面推开“网格化管理，组团式服务”工作。

3月20日，区总工会与区公安分局联合发文，开展务工人员流动人员源头管理排查摸底工作。

4月5日，外企沃尔玛(浙江)百货有限公司丽水分店组建工会委员会，这是外企在莲都建立的第一个工会。

5月1—20日，区总工会开展“六送”活动(送文艺、送文化、送法律、送安全、送清凉、送电影)，丰富一线职工业余文化生活。

6月18日，区总工会建立全区第一个工会资源数据库。

7月4日，中国瓯宝有限公司成立“瓯宝培训中心(瓯宝学院)”，被丽水广播电视大学授予丽水市首个“校企合作培训基地”。

9月18日，区总工会组织全区各级劳模参观上海世博会。

9月20日，区总工会举办全区“迎省运、展风采”职工排舞大赛。

9月28日，区总工会代表丽水市组队参加浙江省“迎国庆，职工排舞大赛”，获得金奖。

10月15日，区总工会举办全区机关职工篮球赛，共16支代表队展开激烈角逐，区政府篮球队获第一名。

10月20日，区总工会牵头召开“浙闽毗邻县市工会先进工作经验交流会”，共31个县（市、区）总工会近115名工会干部参加会议。

10月21日，全区首家街道总工会——白云街道总工会成立。

10月29日，撤市设区10周年庆祝大会召开。

2011年

3月10—20日，区总工会组织开展以“创业创新”“促稳促调、转型升级”为主题的劳动竞赛活动，有5048人次参加劳动竞赛，共收到合理化建议580条。

4月，市区总工会联合组织开展全市“金锤奖”“杰出职工”“身边好人”“工人先锋号”推荐评选活动。区供电局胡永满、瓯宝安防科技有限公司姜雷获奖。

5月1日，区总工会举行“和谐颂歌献给党”大型歌舞晚会，区几大班子领导观看职工晚会。

5月15日，区总工会举办“瓯宝杯”职工篮球赛。共10支代表队参加比赛。

6月8日，区总工会班子成员深入南山工业园区，就企业职工工资集体协商工作开展专项调研。

6月20日，区总工会举办全区机关事业单位第九套广播体操骨干培训班，共79名文化体育骨干参加培训。

7月8—15日，区总工会继续开展“六送进企业”活动。其间，共发放宣传单7000余份，4000余名园区职工观看文艺演出，免费为企业困难女职工提供“两癌”筛检服务。

8月，全区工委建制的10个乡镇(街道)工会全部成立维权工作站，做到人员、办公场所、工作机制三落实。

是月，区总工会班子成员多次深入山水宾馆，参与企业改制工作，倾听职工呼声，加强维权服务，使宾馆改制工作得以顺利进行。

9月，区总工会开展“金秋助学”活动，共帮扶特困职工子女32名，发放助学金4.36万元。

11月16日，区总工会举办为期2天的基层工会干部民主管理工作培训班，共有87名基层工会干部参加培训。

是年，各级工会共推选475名入党积极分子参加培训，其中398名职工光荣加入中国共产党。

2012年

3月2—10日，区总工会组织全体机关干部分3个组开展“进村入企”走访调研活动，共走访企业54家、乡镇(街道)总工会3家、事业单位6家、村社3家，召开座谈会55场，走访职工群众1227人次，发放困难补助金55600元。

4月8—15日，区总工会分别在碧湖行口村、岩泉九里村建立2家面向社会务工人员开放的“农民工文化家园”。

4月26日，区委、区政府召开莲都区2007—2011年度劳动模范表彰大会。

5月20日，区总工会积极组队参加全市工会第一届职工运动会，莲都区获全市团体第三名好成绩。

6月20日，区总工会在万邦鞋业等三家企业开展创办省级“职工书屋”活动。

7月7日，区委书记毛子荣、区长王小荣分别带领区四大班子领导，到建筑工地、基层站所慰问一线职工。

8月，构建全区基层工会组织“网格化”组建模式，涵盖企业1198家。

9月10日，在南山工业园区开展“全区劳动关系和谐企业创建活动”。共有43家企业被授予“劳动关系和谐企业”称号，其中区级和谐企业29家，市级和谐企业13家，省级和谐企业1家。

12月8日，区总工会下属的两家事业单位（工人文化宫、职工业余学校）被确定为公益二类事业单位。

12月24日，区总工会迁建工程正式动工。该工程用地面积7847平方米，总建筑面积10830平方米，工程概算5738.88万元。2015年7月完工。

2013年

3月17日，区总工会选送的动画作品《励志女孩创业创新故事》荣获首届浙江省动画大赛金奖。

4月21日，区总工会在天宁工业园区举办“庆五一”职工运动会，共有17支队伍538名运动员参加运动会。

5月30日，区总工会在碧湖南山工业园区举办“新莲都人”文艺晚会，近千名职工观看演出。

6月，改变以往区总工会统一组团疗养模式，改为由各基层工会选择疗养协作单位和地点的方法。全年共有1000多名职工参加疗休养。

7月7日，区总工会在纳爱斯广场举办“莲城之恋、爱在盛夏”青年职工联谊会，350名青年职工参加联谊会。

7月9—12日，区总工会在省总工会干部培训基地中心举办全区基层工会主席培训班。38名基层工会主席参加培训。

7月，区总工会主席尚小林当选为出席中国工会第十六次全国代表大会代表。10月，赴北京参加中国工会第十六次全国代表大会。

8月20日，区总工会组织召开全区财务人员培训班，历时2天。来自全区基层工会80多名财务人员参加培训。

8月20—30日，区总工会开展“走百家企业，访千名职工”活动，共走访150多家基层工会，走访困难职工100多人。

9月2日，省级劳模、囿山小学退休教师朱广华将自己编纂的300册《秘验偏方500条》，赠送给工业园区职工。

10月8—15日，区总工会领导5次到共建单位三岩寺社区开展卫生整治行动大调研，在财力、物力上给三岩寺社区予支持。

10月19日，区总工会迁建工程主体大楼顺利结顶。

10月，区总工会动员全区广大职工积极参与创建国家级卫生城市工作。

2014年

2月6日，区委、区政府制定出台《关于进一步加强全区基层工会建设的实施意见》，完善乡镇(街道)工会工作体制。

2月15日，全区职工医疗互助保障工作全面启动。截至年底，全区参保单位190家，参保职工7383人，医疗互助保障金35万元。

5月1日，区委、区政府召开劳模座谈会，区委书记林健东出席座谈会。会后，全国知名中医为劳模举行健康讲座。

5月10日，区总工会举办浙江省第二届全民体育节暨莲都区职工迎“五一”登山比赛活动。近600名职工参加登山比赛。

6月12日，古堰画乡、利山综合体两家劳模疗休养接待站建成并开始接待劳模进行疗休养。

8月，全区所有各级劳模档案采集工作完成，实现档案动态管理。

9月20—28日，区总工会组织156名志愿者参加“五水共治”“双创”活动，服务时长1400小时，发放资料7660份，服务对象1.7万人次。

10月15—16日，莲都区工会第十六次代表大会召开。主席尚小林。

11月17日，区总工会会同区人力社保部门成立全市工会系统首家劳动人事仲裁派出庭。

12月，区总工会迁建工程大楼竣工。

2015年

2月23—26日，区总工会举办乡镇(街道)总工会、基层企事业单位工会涉工法律、法规培训班，共有580余人参加学习和考试。

3月8日，区总工会举办全区各系统(局)、乡镇(街道)、部分规模企业女工委主任参加的女工劳动保护特别规定培训班，近百人参加培训。

4月5日，区总工会与中国摄影网联合举办“相约丽水城”相亲活动，参与职工200多人。

4月23日，区总工会成立劳模服务队，以讲座、技术指导、志愿服务、咨询、座谈会等形式开展“送服务、送技术、送温暖”活动。

5月1日，市、区总工会联合举办庆“五一”万人健步走活动，近1000名职工参加。

5月8日，举办区财贸工会首届职工趣味运动会，报名参赛的基层单位33家，参赛职工350人。

6月，重新启动职工疗休养活动，通过公开招投标，确定7家疗休养承办单位，155家“农家乐”(民宿)为接待单位。全年参加疗休养职工达4000多人。

8月3日，区总工会在新搬迁大楼正式揭牌。新大楼位于庆春街666号。区总工会原办公楼全体移交市人民医院使用。

10月，区总工会联合山海技工学校共举办电子商务、美发技能、农商业务、电工技术等各类培训班和比赛12次，参加培训和技能比赛的职工达860人。

11月5日，区总工会举办“中国梦•劳动美”全区职工文艺会演活动。所有演职人员均来自基层一线，共有500多名职工会员观看演出。

12月，莲都区旭日东升创新工作室、孙黎明劳模创新工作室被评为丽水市2015年度优秀职工高技能人才创新工作室。

2016年

3月2日，在大港头利山村召开莲都区职工疗休养推介会，全市各县(市、区)工会主席，相关工会干部及市直部门工会主席160人参加推介会。

3月10日，参加丽水市“建设美丽幸福新丽水”建设项目竞赛启动申报工作。经申报，瓯江治理(莲都段)等5个项目被市竞赛委员会确认为2016年度莲都参赛项目。

同月，区安监局孙黎明编纂的《职工安全生产漫话》受省总工会、市总工会嘉奖。

4月2日，区总工会组织开展“好厨师”技能比武，15支代表队近140名选手参加比赛。

5月19日，《浙江工人报》头版头条报道莲都区职工疗休养及“农家乐”(民宿)接待工作。

6月5日，省人力社保厅副厅长、省公务员局局长龚和艳一行到区总工会调研指导劳动人事仲裁派出庭建设工作。

7月10日，区总工会带领文艺演出团体到万邦鞋业公司举行“中国莲都美•工会劳动情”慰问演出，500余名企业职工到场观看演出。

7月18日，区总工会举办“当好主力军，建功‘十三五’”新媒体演讲比赛，来自基层工会的15名选手参赛，130余名工会会员观看比赛。

8月8日，改版区总工会网站，创建“莲都工会大家庭”微信群，为互联网世界积极传递“娘家人”的声音。

8月11日，正式将区总工会老办公楼的房产证、土地证移交给市人民医院，与市人民医院签订《原莲都区总工会房屋土地置换协议》。

9月，根据省总工会和区纪委(监察局)要求，组织开展基层工会经费收支情况大检查。

是年，开展莲都区困难职工建档工作，共建困难户档案390户，其中外来务工人员困难户220户，本区困难职工170户。

2017年

2月20日，莲都区工会改革动员大会召开，成立以党组书记、主席为组长的工会改革领导小组，制订改革实施方案。

2月28日，莲都区“农家乐”“民宿”协会联合工会成立，涵盖“农家乐”“民宿”188家。

3月，区总工会被省总工会确定为全省网上工会建设试点单位。

4月，在区总工会微信公众号连续开设“焦点新闻”“基层动态”“工会视界”“疗休养”等固定栏目，发布各级工会的来稿。

5月11日，正式授牌鱼跃酿造和百兴菇业为职工疗休养承办单位。

5月28日，市委书记史济锡在各级领导和区总工会主席的陪同下，到莲都区莲丰享庄园考察职工疗休养基地建设工作，对其集农业养殖、水果采摘、休闲观光、儿童娱乐、田间课堂于一体的经营模式予以肯定。

6月15日，区总工会举办“我为劳模拍张照”“中国梦· 劳动美”职业摄影大赛。共170多名摄影爱好者近300幅摄影作品参加大赛。

7月22日，由区总工会选送的10条安全生产合理化建议被省、市安监部门授予二等奖和优秀奖。

7月28日，区总工会举办“七五”普法培训班，60余名基层工会干部参加培训并通过考试拿到法律监督员证书。

9月30日，区总工会在省总工会培训基地举办全区基层工会主席培训班，全区70名基层工会主席参加培训。

10月27日，莲都工业园区工会第一次代表大会召开，工业园区总工会正式成立，有企业139家，工会会员7000多人。

11月8日，区总工会在南山工业园区举办“颂歌献给党、礼赞十九大”大型职工文艺演出活动，并在现场穿插进行十九大知识现场问答，1000多名职工观看文艺演出。

12月，鱼跃酿造公司董事长陈旭东在“2017第十四届中国中华老字号百年品牌高峰论坛暨中华老字号掌门人大会”上荣获“中华老字号华夏工匠奖”。

2018年

2月，调整完善职工跨省疗休养管理办法。至2月底，顺利完成8个跨省组团疗休养人员组合，计职工218人。

3月12—15日，区总工会组织开展“送电影进基层”活动。共在南山工业园区、天宁工业园区放电影8场，惠及职工4500人次。

3月26—28日，区总工会推出两期公益类职工培训，内容为瑜伽、合唱、油画、围棋，来自全区机关企事业单位310名在职职工参加培训。

5月1—4日，区总工会举办“中国梦·劳动美”全区职工摄影、书法比赛，共收到作品405幅。

5月15日，区总工会在南山工业园区主办“爱在莲都、缘定一生”职工集体婚礼，共12对新人参加集体婚礼。

7月23日，区总工会组织开展全区职工合理化建议评选活动，择优选送10条合理化建议，经市总工会组织专家评审，3条获优秀奖。

是月，区总工会组织干部群众到丽水看守所进行现场教学，观看反腐电影和纪录片，整理完成区总工会制度汇编，共整理汇编制度67条。

8月8日，区总共工会举办全区基层工会主席培训班，各基层工会主席计40人参加培训。

10月22—27日，区总工会组团一线职工赴四川剑阁县开展对口支援帮扶工作，并签署疗休养合作协议。

10月，区总工会开展“走访基层工会月”活动。全体工会干部分组分片开展走访，并将相关走访内容形成6篇调研报告。

11月1日，区委书记杜兴林带领区党政代表团赴宁波江北区对接山海协作工作，双方签订工会疗休养合作协议。

是月，“金伟健劳模创新工作室”“莲都区蔬菜生产技术创新工作室”被命名为丽水市第六批高技能人才工作室。

12月1日，区总工会联合区委人才办、区农办、区人力社保局下发《关于举办莲都区首届“乡村能人”系列技能技艺竞赛推选活动的通知》，开展全区“身边工匠”推选活动。

2019年

3月，区总工会将意识形态工作纳入学习计划，及时传达学习党中央和省、市、区委关于意识形态工作的指示精神，全面部署开展“不忘初心、牢记使命”主题教育活动。

4月6日，区总工会组织基层工会主席50多人，参观“却金馆”廉政教育基地，制作廉洁寄语亲情卡，进行廉政知识测试。

是月，区委第一巡察组对区总工会党组进行巡察，并于10月10日反馈巡察意见。

5月，区总工会创新服务思路，在工业园区开展“三服务”活动，现场解决问题26个，满意率达100%。

是月，区总工会牵头开展工会会员实名制工作，截至年底，共实名制录入基层工会306家，会员13902人。

6月17—20日，区总工会组织各级劳模赴温州开展短途考察工作。对康奈集团和洞头海霞军事主题公园进行实地参观考察。

是月，市、区总工会联合举办疗休养基地(站点)建设提升培训班。基层工会主席共60多人参加培训。

7月4日，区总工会举办“安康杯”安全生产知识竞赛活动。岩泉街道、紫金街道、万象街道、白云街道、丽水工业园区和碧湖镇6个总工会组织80人参加竞赛。

7月17日，区总工会组织开展全市“十大女职工特色工作品牌”评选活动。“96345”民生热线品牌被命名为丽水市“十大女职工特色工作品牌”。

9月6日，区总工会联合工业园区管委会在恒大科技有限公司举办“壮丽70年奋斗新时代”大型文艺演出活动。18个代表队近200名演职员参加演出。

10月10日，上海市静安区总工会考察团在市区总工会领导陪同下，考察古堰画乡劳模疗休养基地。

11月6日，省总工会干部学校与区总工会在现代广场大酒店举行“红+绿”融合发展理念教学基地授牌仪式，全市首个工会“红+绿”融合发展理念教学基地在莲都成立。

2020年

1月，区总工会出台《莲都区总工会关于助力打赢防控阻击战和发展总体战的通知》文件，为企业发放口罩23000多个，筹集专项慰问金30.55万元，指导企业疫情防控。

2月，区总工会及时帮助企业落实返岗交通补助费，采取“包车”“包专列”“回区拼车”等方式，为50多名外省务工人员顺利返丽提供方便。

3月，组织开展劳模志愿服务和劳模分类宣讲“进企业、进社区、进乡镇”主题活动，并在工会大厦八楼建立“劳模之家”活动室。

5月，区总工会组织机关干部，到25家企业开展“我当一周工人”活动并出版《打工日记》一书。

6月13日，区总工会举办“名师工匠团队”暨“名师带徒”签约仪式，共结对师徒60对。

8月22日，区总工会举办2020年职工转岗、再就业家政技能培训班，共30余名职工参加培训。

9月2日，区总工会举办全区制冷与空调特种作业人员培训班，共计61名职工参加培训。

10月15日，区总工会与区人力社保局联合举办民宿新媒体运营技巧和推广培训班，共51人参加培训。

10月28日，区总工会第十七次代表大会召开。主席赵秀峰。

11月26—27日，区总工会组织四川广元市、温州市及山海协作地区总工会领导50多人，到莲都区开展职工疗休养踩点考察活动。

11月，配合省总工会“劳模故事里的浙江精神”课题研究，对其中的12名劳模进行面对面深度访谈。

12月2—15日，区总共工会开展全区基层工会组建及会员实名制信息录入“集中攻坚月”活动。至2020年12月底，全区基层工会387家，独立建会361家，联合工会26家，覆盖基层单位1296家，涉及职工21872人，会员20357人。

第一编　工会组织

清末到民国时期，由于矿产的开发和现代工业的出现，丽水出现早期的一批产业工人。随着产业工人队伍不断扩大，为丽水建立工会组织并发展会员，开展工人运动奠定了基础。然而，由于国民政府的严格控制，丽水工会组织和会员发展处于可有可无的境地。中华人民共和国成立后，旧工会解体。丽水工会组织和会员的发展，经历过中华人民共和国成立后的国民经济恢复、计划经济和改革开放几个阶段，特别是改革开放后，股份制经济、私营经济的发展，使大量农村劳动力进入城市，为加快工会组织和会员的发展奠定基础。中共十八大后，工会工作进入了中国特色社会主义建设新时期，组织工作进一步规范，工会工作进入新的发展时期。

第一章　解放前丽水的工人运动和工会组织

丽水地处浙江西南部，境内山峦起伏群山绵延，自古自然条件优越，物产丰富。丽水工业、手工业历史悠久，南朝有陶瓷业、酿酒业、纺织业。宋、元制瓷业兴盛，明代银冶业兴起，清代纺织业更为发达。此外，依托瓯江，航运业也一直很昌盛。19世纪末20世纪初，随着矿产的开发，形成了矿工队伍；纺织、电力、火柴、冶炼等现代工业先后建立，加之传统的陶瓷、酒业和纺织、航运等产业，产业工人应运而生，逐步壮大，不断发展。

民国16年(1927)后，随着国民革命军北伐军东路军入浙，派驻了优秀共产党员到丽水创建工会组织，领导工会持续开展工人运动和工会组织工作。后又在北伐战争时期、抗日战争时期、解放战争时期，在中国共产党的领导下，丽水各行各业的工人队伍和工会组织通过不断斗争，得以发展壮大。

第一节　工人队伍的起源和形成

工业兴起　清光绪三十一年(1905)，魏兰、阙麟书等集股，在丽水县城创办利用织布学堂(后改名利用织布公司)，魏毓祥任总经理，招收女工300人，是当时丽水第一家使用手工机器生产的工厂，其产品曾得南洋劝业会奖、巴拿马赛会奖。这是丽水近现代工业开端和近代产业工人的最早产生。但由于丽水地处浙西南山区，交通闭塞，工人队伍规模较小，并很少受到外地工人运动的影响和阶级教育的启蒙，迟迟没有出现较大规模的工人运动和工人自己的组织。

民国元年(1912)，丽水开办新华五彩石印局。

民国8年(1919)，郑宝琳(1882—1941)创办普明电灯公司，又于民国13年(1924)开办普昌火柴梗盒片厂，为浙江最早火柴梗盒片厂之一。之后，普生冶铁厂、鼎丰石灰厂、遂昌火柴公司、群益软席厂等设立，使丽水近代工业逐步发展。

民国21年(1932)，全县有漂染、榨油、印刷、织布、火柴、碾米以及制茶、酿造等企业，逐步形成一支近代产业工人队伍。

民国27年(1938)，丽水矿产资源丰富，主要矿产有金、银、铜、铁、钼、萤石、叶蜡石、珍珠岩等。丽水在下林、高坑一带兴办萤石开采场。矿业的开发，形成了丽水县的矿工队伍。由于矿工劳动强度大，加之官兵压迫，矿工不堪暴虐，反抗斗争不断发生。

抗日战争时期，杭嘉湖地区许多工厂一度迁入丽水，有军工、机械、化工、电力、造纸、印刷、纺织、汽车修理等，进一步促进了丽水工业发展。一大批工人也随厂内迁到丽水，职工队伍迅速壮大。抗日战争结束后，外地工厂陆续迁走。

1949年，据统计，丽水有工业企业16家，产业工人345人，年工业产值223万元金圆券，占总产值的9.8%。

手工业历史悠久　清代，丽水县城始有手工业作坊和工场，有食品、酿造、雨伞、草席、弹棉、串棕、制鞋、缝纫以及竹、木、铁、石加工等行业。

抗日战争时期，丽水城市沦陷，交通阻塞，商店破产，商品奇缺，反而促进本地手工业的发展，如土布、土纸、土烟、肥皂等手工业产品供不应求。

1949年，丽水城区共有手工业工人612人，店员工人447人，教职员工275人。

航运业发达。丽水除碧湖平原外，山多田少，河流纵横，主要有瓯江(发源于龙泉，到温州入海，全长388公里)中段，瓯江支流流经丽水入瓯江的有松荫溪、宣平溪、好溪、小溪等，水上航运通畅，上游诸县竹、木、土特产等大多由水路经丽水运至温州出海，丽水从大水门校场圩至小水门水昌阁每天停靠大小商船500—800条，每逢集市日前夕有船上千条。大港头码头每天停泊船只也有200—300条，相应诞生了一大批为水运船舶运输业服务的排工、船工、搬运工、装卸工、修理工等。

1949年，码头搬运工人315人，其他如排工、船工、修理工等也不下100人，形成丽水市的一支水上职工队伍。

公路交通起步　丽水在抗日战争前开始修筑公路，发展交通。民国21年(1932)5月，始建缙云至温州公路，途经丽水。民国22年(1933)11月，丽水至云和线最早建成通车，次年10月通车至龙泉，丽龙线为浙闽要道。民国23年(1934)9月，丽水至青田县建成通车，而后接通丽温线。同年11月，缙云至丽水段建成通车，贯通金丽线。随着公路运输的不断发展，公路运输职工逐年增加，形成一支陆上交通队伍，成为沟通城乡与各县和全省以及全国各地客、货运输的主要力量。

1949年，据不完全统计，交通运输业工人187人。

此外，印刷、人力车及服务行业也随之产生，从业人数达300多人。

第二节 工会组织的创始和工人运动的发展

民国时期丽水工会组织的演变发展历史 民国10年(1921)中国共产党第一次代表大会通过决议，要大力发展工会组织。8月，中国劳动组合书记部在上海成立。

民国13年(1924)国共合作，国民党改组，国民政府成立中央工人部。是年5月，第二次全国劳工大会通过《中华全国总工会总章》。11月，孙中山发布《工会条例》。自此，中国的工人运动和工会组织得以在全国逐步发展。

民国16年(1927)，国民革命军颁发工会章程。

民国16年(1927)3月，中共党员张新锦以国民党省党部处州政治监察员的身份到丽水，开展工人运动和工会工作。利用织布公司组建织布业工会，成为丽水首家工会组织，这是丽水地区工会组织的创始。

民国16年(1927)3月起，继丽水首家织布业工会成立后，丽水火柴业、码头搬运业、木匠业、泥水业、理发业、成衣业、抬轿业等也相继建立了工会组织，共有8个职业工会，在此基础上，建立丽水县总工会代表大会筹委会，制定《丽水县总工会章程》，选举产生委员11人，组成县总工会委员会。互推常务委员1人(又称工会长)，选举产生监察委员7人，互推厂务监察1人。县总工会办公场所设在县城鲁班师庙。有工会委员423人。此后，还建立印刷、缝纫、埠夫、鞋匠、篾匠、铁匠、人力车夫等职业工会以及教育、邮政、电信工会。蒋介石发动“四一二”政变后，张新锦于1927年4月离开丽水，8月在金华被捕遇害。由于张新锦的离去，工会组织停止活动。

民国18年(1929)8月，国民政府颁布《工会法》。

民国19年(1930)实施《浙江省工人团体改组办法》，丽水县总工会被改组。后一直受到国民政府的控制。

民国20年(1931)8月，丽水县总工会改选。

民国22年(1933)，据《浙江省民政统计》记载，丽水县已建立在案的工会组织4个，会员462人，未在案的5个，会员191人，合计工会会员653人。

民国26年(1937)，抗日战争全面爆发后，丽水成为浙江敌后政治、经济、文化中心。

民国28年(1939)3月，中共浙江省委机关从温州迁入丽水县城，中共党员和工会积极分子通过改选改组原职工代表大会，取得领导权，使工人运动和工会组织活动一度活跃。利用织布公司、浙江印刷厂等工人在职业工会的领导下，举行反对资方压迫，要求增加工资和改善劳工待遇的罢工，并取得胜利。

民国29年(1940)，“五一”国际劳动节，2000余名工人举行集会和抗日游行示威。

民国31年(1942)，国民党加强对工会的控制，先后颁布《非常时期人民团体组织法》《非常时期工会管理暂行办法》《收复地区人民团体调整办法》等，并对丽水县总工会进行改选。国民党县党部执行委员徐志明担任工会长，直至解放前夕。

民国32年（1943），丽水被列为重点区域的非常时期工会管制县，县总工会称"丽水县示范总工会"，受国民党县党部社会科直接控制。

民国33年（1944），丽水示范县工会有会员623人。

民国36年（1947），丽水县有职业工会11个。

民国37年（1948），丽水县总工会有工会组织11个，会员639人。

1949年5月，丽水解放，旧工会解体。

丽水县织布业工会的罢工斗争 民国16年（1927）春，利用织布公司工人率先建立起丽水县织布业工会，是处属地区工会组织之始。

利用织布业公司创建于光绪三十一年（1905），有木机130台，铁机8台，女工300人，是处州创办最早的近代工厂之一，是光复会骨干、处州革命志士魏兰、阙麟书等人以办企业为掩护进行反清革命的联络据点。利用织布公司工人在革命志士的感召下，具有爱国和反帝反封建的革命传统。1925年，丽水工商学联合会，实行罢工、罢课、罢市，声援上海"五卅"反帝斗争等活动，利用织布公司工人积极参加。

民国28年（1939）春，利用织布公司女工要求增加计件工资，采取停机斗争，资方以非常时期工人滋乱闹事为由，报告警方进行镇压，为首的李春娇、刘金氏被关押，引发全厂罢工，三日后，李、刘获释，继续带领全体女工坚持罢工，200余名女工在县政府门前静坐抗议，罢工持续一星期，直至资方同意增加工资才复工。

厦河埠码头工会发展党员 民国27年（1938）8月，中共丽水县委城工部部长萧车，中共党员金以仁、黄敬之等4人，以县政工队名义在丽水厦河村观音阁的厦河村小学创办了民众夜校，除识字外还讲一些抗日救亡的时事政治及党的基础知识，有时还教唱《义勇军进行曲》等歌曲。夜校发展培养了一批积极分子，发展了9名中共党员，后增至12名，建立了党支部和码头工人工会。厦河埠当时有码头工人七八十人，是抗战时期处州与外界联系的水路通道，温州食盐、布匹、百货云集厦河埠，然后中转宣平、缙云、闽北、赣南等地。党支部、工会建立后，经常有散发张贴抗日传单标语的任务。民国31年（1942），南岸中堂村盐库被日军飞机炸毁后，盐运、货运为大水门码头所代替，厦河埠码头工人工会自然消失。

浙铁工余社文体演出 民国28年（1939），在丽水大港头、玉溪、石玄头嘴加上云和小顺4处建有一个地方性的兵工厂，称为浙江省铁工厂。

民国28年（1939），浙江省铁工厂工余社成立，类似工人俱乐部性质，设有话剧团、歌咏队、京剧团、嵊（越）剧团，篮球队、足球队、壁报组、读书班等组织，开展演出、体育、读书等文体宣传活动，最多时有百余队员积极分子。话剧团先后演出过《扫射》《放下你的鞭子》等宣传抗日救亡的独幕剧。歌咏队带头高唱《五月的鲜花》《黄水谣》《大刀进行曲》《游击队之歌》等抗日救亡歌曲，还组织一些晚会活动。职工群众通过斗争实践，信任共产党，依赖工余社，把工余社看成群众的主心骨，有事找工余社，行动听工余社。

丽水印刷工会印发传单　民国28年(1939)7月，丽水印刷工会的中共党员和积极分子按照上级党组织布置的任务，印刷了1万份中国共产党中央委员会、国民革命军第十八集团军、新四军为抗战两周年告全国同胞书分送至丽水城区及各县，这些传单于同一天晚上在10个县街衢散发张贴，其中有的还出现在国民党党政首脑的官邸或办公桌上。

劳工夜校时事讲座　民国28年(1939)前后，中共丽水县委职工部先后在城东厦河村码头举办码头工人夜校，在省电话局修造厂办劳工夜校，在电厂、火柴厂、织布厂等单位也办夜校，以夜校作为开展工人运动的场所。电话局修造厂劳工夜校在1939年8月创办，每周上课4个晚上，设有文化课、技术课和唱歌课。省电话局代局长兼校长，电话分局主任张友谅(中共党员)任教育主任，中共丽水县委职工部长萧车教唱歌课，并经常到工人宿舍与工人谈心，讲时事形势，宣传抗日救亡。劳工夜校在1941年11月停办。

丽水工人"五一"集会　民国29年(1940)5月1日，中共丽水城区区委通过秘密工作，组织工人开展系列庆祝"五一"国际劳动节活动。上午，500余工人行至三岩寺，手持"打倒日本军阀""讨伐汪逆精卫""改善劳工待遇"等小旗在目的地举行同乐会，演讲"五一"由来和纪念"五一"的意义，演出《镜子》等独幕剧，演唱《义勇军进行曲》等抗战歌曲。会间，利用织布公司一女工控诉资方无故开除5位工友，会后遂推代表前往利用织布公司交涉。到晚上6时许，丽水城区各职工团体、各机关学校等60余家单位2000多职工群众在公共体育场集会纪念"五一"国际劳动节。大会响亮喊出了"打倒日本军阀""讨伐汪逆精卫""改善劳工待遇""争取八小时工作制""复兴中华民族"等口号。邮政工人袁力行担任大会主席团主席，并讲述了国际劳动节的历史和纪念劳动节的意义。会后，举行绕城一周的火炬游行。当时《民生日报》报道："队伍行列蔓延二里许，火炬高擎，锣鼓喧天，歌咏口号之声响彻全城。"

丽水工潮迭起　民国29年(1940)5月1日以后，中共丽水县委职工部和城区区委组织领导了多次罢工。上旬，利用、祥华两个织布公司女工到县府请愿，要求增加工资。15日起，浙江银行下属浙江印刷厂工人不堪厂方政治、经济压迫，特别是印刷厂副经理屠铁珊，以小故开除练习生张光炜，加上平日苛刻工人，工人对资方不满，中共丽水城区区委召集印刷工会干部和工人积极分子密商对策，领导全厂工人于5月15日罢工，提出：(一)要求厂方惩办屠铁珊；(二)增加战时生活费；(三)地方银行附属机关待遇一律；(四)工厂今后不得无故开除工人，张光炜应立即复工等条件。罢工坚持了一周，在中共丽水城区区委和县印刷工会领导下，成立罢工委员会，组织了几百名工人上街游行、声援，经第九区(丽水)行政督察专员兼丽水县县长余森文出面，召集印刷工会代表莫一明、汪惠章，浙江印刷厂劳资代表龚萍仙，郑炳生，资方代表屠铁珊到县政府调解，最后达成练习生张光炜不算开除，作为遣散，发给3个月伙食费及津贴，厂方当面道歉和短期实行增加战时生活费等满足工人的部分要求的协议，罢工取得胜利。

同月，县区立小学教师为要求加薪到县府请愿，燧昌火柴公司等工厂企业工人亦发动了要求增加工资，改善劳工待遇的罢工斗争。连续多次罢工请愿，使国民党当局惊慌失措，余森文及县政府被迫出面与工人代表谈判，进行调解处理。

民国32年(1943)，年初，大港头兵工厂工人在中共浙南特委张金发和江南区委组织领导下，将兵工厂仓库的100多条枪支(其中轻机枪1挺，驳壳枪1支)和一些机械零件送交党组织，支持地下党开展武装斗争。

民国22年(1933)，据《浙江民政统计》记载，丽水县已建立在案的工会组织4个，会员462人，未在案的5个，会员191人，合计工会会员653人。民国33年(1944)丽水示范县工会有会员623人。民国37年(1948)丽水县工会有会员639人。

附件：民国25年(1936)，9月20日，丽水县县长竺允迪呈报省社会处人民团体调查表，见下表：

丽水县人民团体调查表

(1936年9月)

团体名称	成立日期	团体所在地	立案证书	最近动态	职员数	主持人姓名	略历	个人会员			团体会员	
								小计	男	女	数目	会员代表数
县总工会	32.10.1	县党部	11	35.4.13选	136	徐志明	从事本业五年	678	12	11		11
木匠业职工工会	32.1.2	县党部	12	34.4.11选		张开明	从事本业五年	64	64			
泥匠业职工工会	32.10.1	县党部	13	34.9.2选		施如光	从事本业三年	76	76			
缝纫业职工工会	32.10.1	县党部	14	35.6.29选		姚祖棋	从事本业三年	78	70			
轿夫业职工工会	32.7.18	城内华祠岭	15	32.7.18成立		陈三宝	从事本业五年	41	41			
埠夫业职工工会	32.6.15	大水门	16	35.2.23选		邹德华	从事本业三年	163	163			
鞋匠业职工工会	32.10.1	文昌阁	17	34.5.7选		张开友	从事本业三年	32	30			
匠业职工工会	33.8.26	小水门	18	33.8.26成立		张渭全	从事本业五年	55	55			
理发业职业工会	32.10.1	文昌阁	19	35.5.16选		李炳锡	从事本业三年	59	59			
人力车夫职业工会	30.5.10	县党部	20	34.5.25选		叶畲客	从事本业三年	30	30			
铁匠业职业工会	36.5.20	中正街府前	21	36.5.20成立		应德顺	从事本业十年	42	42			
织布业职业工会	36.6.16	城内梵音寺	22	36.6.16成立		吴一堂	从事本业三年	47	45	2		

第二章　中华人民共和国成立后工会组织

工会是工人阶级的群众组织，莲都区（原丽水县丽水市）总工会自解放后成立以来，机构设置经历多次变动，实行产业和地方相结合的领导原则，设地方工会领导机构丽水县（市）总工会，20世纪50年代，按产业建有教育、邮电、商业（店员）、搬运、建筑、纺织业、轻工业、手工业、公路运输业、新闻出版印刷等10个产业工会。1981年贯彻中共浙江省委批转省总工会党组《关于加强工会组织建设几个问题的请示报告》，先后建立县（市）经济委员会、二轻局、城乡建设委员会、商业局、粮食局、供销合作社、林业局、文化局、卫生局和碧湖镇10个工会工作委员会，恢复县（市）教育工会委员会。至1990年12月，全市有10个工会工作委员会，1个产业工会，374个基层工会委员会（其中党政机关和社会团体工会87个，乡镇企业工会5个），2413个工会小组。到2020年，莲都区建有6个乡镇街道总工会和1个开发区总工会，10个工委工会，2个产业工会组织。

第一节　工会组织沿革和工会会员

1949年5月10日，丽水县城解放，旧工会解体。

1949年7月，中共丽水县委设民运部，张赛英任部长，领导全县工、农、青、妇、武工作，开展了工人运动，发动工人组织工会。中华人民共和国成立后，丽水县发动职工恢复生产和恢复发展工商业，着手在城镇开展工会工作。12月9日，丽水县总工会筹备委员会成立。从当时丽水专区和丽水县开展的丽水县城区职工的基本情况调查显示，丽水县城区职工分为产业工人、手工工人、店员工人、搬运工人、交通工人和教职员工六大类，至年底共计职工2181人。通过调查、宣传和教育，在发现积极分子的基础上，建立基层工会组织并开展会员发展工作。在工会会员的发展中，虽然也强调自愿入会，但注重坚持工会会员的阶级性和群众性，十分注意工会组织的纯洁性。至此，大水门、小水门、丽阳门、虎啸门4个码头，丽水邮政、电信、利用公司、祥兴化工厂、国（西）药业等40个基层工会先后成立，在城区2181名工人中有1590人加入工会组织，占职工总数的70%。

1949年12月9日，丽水县总工会筹备委员会成立，配备了3名专职工会干部，郝长明、巴殿春先后任副主任（主持工作）。

1950年4月8日，浙江省总工会筹备委员会丽水专区办事处成立，地址在丽水东岳宫前1号。

1950年6月，《中华人民共和国工会法》颁布，加快了工会组织和会员的发展，同时对照《中华人民共和国工会法》规定的会员入会条件，对理发、制鞋等行业已入会的小业主进行劝退工作。

1951年4月，丽水县城迁往碧湖镇，丽水城关作为地委、行署的驻地，城区工会工作由省总工会筹备委员会丽水专区办事处直接领导和部署。

1951年7月，丽水城区召开工会会员代表大会，选举产生相当于县级建制的城区工会，有110名正式代表，代表城区3058名工人，并首次向工会会员颁发中华全国总工会会员证。

1952年5月，地委、行署撤销，县委、县政府机关从碧湖迁回城区，城区工会并入丽水县总工会(筹)。

1952年10月，丽水县132个基层工会全部进行改选，民主改选中有24个单位中的不纯分子和不称职的干部落选，被群众拥护的工会干部和工会工作积极分子118人当选。

1952年12月，瓯江民船协会在温州成立，丽水设分会，民船工人全部加入协会，工会组织自然消失，有130名原工会会员脱离工会组织。通过民主改革和反霸斗争，清理了少数混入工人组织中的工头、霸头和不纯分子，县总工会对33名不纯分子作出开除工会会籍的处理。说服教育112名手工业独立劳动者退出工会组织。

1952年12月20日，丽水县工会召开第一次代表大会，选举产生了丽水县总工会第一届委员会，主席牛梦松，设置组织、宣传、劳保和生产工资四个部并配置部门负责人。第一次代表大会的召开，标志着解放后丽水县总工会的正式成立。

1952年底，全县已建立基层工会164个，工会小组590个，拥有工会会员5213人，占全县职工总数的74%。

1953年上半年，培训工会积极分子，初步整顿基层工会组织，健全民主生活制度。

1953年8月，丽水县总工会更名为丽水县工会联合会。

1953年9月，在农业合作化运动中全县有504名原手工业工会会员脱离工会组织。

至1953年底，全县新组建产业工会4个，正在筹建的6个。

1954年，根据上级工会“关于农村分散的个体手工业一律不组织工会”的指示精神，丽水县工会联合会对所属基层工会组织再次进行整顿，将各行业的独立劳动者划归有关部门。

1955年，全县有42个基层工会通过组织整顿，对46人作出开除会籍的处理。全县已有小组长以上工会干部1301人，县总工会联合会分期分批对这些人进行培训，当年共举办10期，共有466名工会主席、委员、小组长参加培训。省总工会对会员失业后作出保留会籍的决定。

1956年，对全行业实行公私合营，吸收一批参加厂矿企业的手工业者和小商小贩参加工会组织。国营农场、林场、水电部门和医疗单位可以建立工会组织并发展会员。9月，全县进行换发会员证工作并根据上级规定建立会员管理制度，对发展会员、会籍的转移和处理，会员材料的保管等都作出具体规定。至年底，交通运输、农、林、水、财贸和文教卫生事业有一定发展，职工人数增加，工业、基建持平，但由于原工会会员中的民船工人和手工业工人加入合作社，全县基层工会会员数和会员人数减少，有基层工会122个，工会小组590个，会员5174人。

至1957年底，全县有工会会员5842人。

1958年2月，云和县并入丽水县，并入基层工会23个，会员626人。

1958年年底，因受“工会消亡论”的影响，曾一度停止发展会员，工会作用被削弱。

1959年6月，丽水县总工会联合会复称县总工会，下属10个产业工会和碧湖镇工会联合会。下半年，传达贯彻省总工会召开的部分县(市)工会干部会议精神和中共浙江省委批转省总工会党组《关于加强和改进工会工作的报告》，基层工会组织逐步开始恢复，县总工会下属10个产业工会得到进一步完善。

1960年2月，景宁县并入丽水县，并入基层工会21个，会员966人。年底，有基层工会166个，全县有工会会员7470人。

1961年和1962年初，传达贯彻全总党组《关于四年来全总工作的初步检查和今后改进意见》，要求加强基层工会的组织建设和各项工会工作，工会基层组织全面恢复正常工作。同时，国民经济贯彻"调整、巩固、充实、提高"的方针，撤并了部分工矿企业，精减下放部分工人，工会组织进行了相应的调整。

1962年，丽水、云和分治，原景宁县行政区域归云和县管辖。国家暂时困难时期，贯彻"调整、巩固、充实、提高"的方针，缩短工业战线加强农业第一线，全县5个区、2个镇、4个直属公社从1961年7月至1963年12月共精减职工8169人，丽水、云和(含原景宁行政区域)分县，职工总人数和会员人数减少。

1963年1月，传达贯彻省总工会"关于加强基层工会建设进一步发挥工会组织作用的决议"，基层工会组织进一步加强，各项工作制度逐步健全。

到1963年10月，全县基层工会组织为93个，383个工会小组，工会会员4511人。

1965年4月，中共中央批转全国总工会党组《关于加强县工会工作的报告》，工会工作又得到加强。

1966—1976年，"文化大革命"期间，县总工会被县"工代会"取代，工会基层组织全面停止活动。

1977年7月，中共丽水县委转发丽水县总工会筹备领导小组办公室《关于认真抓好基层工会的整顿和健全工作的意见》，8月，县总工会筹备领导小组成立并开始恢复和整顿基层工会组织，全县73个应建立工会的单位有67个经过整顿，恢复和建立了基层工会组织。10月底，召开丽水县工会第八次会员代表大会，选举产生丽水县总工会第八届委员会。至年底，基层工会组织通过整顿后恢复工会活动，全县有工会会员8401人。

1978年，中共十一届三中全会召开，确定了以经济建设为中心和实行改革开放的方针，加快了工会组织的发展。至年底，全县除文化、卫生系统未建立工会组织外，已建立基层工会85个。

1979年6月，在取得丽水印刷厂换发会员证试点经验的基础上，全县全面开展会员登记换证和发展新会员工作，至年底，有104个基层工会，发展的新会员和换发会员证会员共计12742人，占职工总数的74.44%。

进入80年代后，随着企业、事业的发展、职工人数的增加和基层工会组织领域的拓宽，丽水县总工会在县党政机关、乡镇企业先后建立工会发展会员。1980年，根据省总工会和地区工会办事处的指示，丽水县总工会开展对错划"右派分子"摘帽以及冤假错案等已平反落实政策的职工恢复会籍或重新吸收为会员的工作。

1983年4月，按照全总通知，开展吸收合同制工人入会的有关工作。

1984年4月，贯彻中共浙江省委批转省总工会党组《关于加强工会组织建设几个问题的请示报告》，为加强对基层工会的领导，使工会组织建设适应工会工作的开展，经中共丽水县委同意按系统先后建立10个委、局(含碧湖镇)工会工作委员会，作为市总工会的派出机构。同年5月开始，分批整顿基层工会，并开展创建"职工之家"活动，工会工作逐步走向正规。

1986年4月2日，丽水撤县设市，丽水县总工会改称丽水市总工会。

1985年1月，中共丽水县委和县人民政府建立机关工会，之后，地、县党政机关、社会团体和区、乡党政机关普遍建立工会组织。

1986年4月2日，丽水撤县设市，丽水县总工会改称丽水市总工会。

1989年2月，市总工会与中共丽水市委组织部联合转发浙江省总工会、中共浙江省委组织部制定《基层工会民主选举制度的若干规定》，要求基层工会执行规定健全工会民主选举制度，克服行政化倾向，增强基层工会活力，加强基层工会建设，推进基层工会组织的群众化、民主化进程。工会基层委员会和经费审查委员会的任期为3—5年，确有特殊需要提前或延迟换届的，要征得会员或会员代表的同意并报上级工会批准。

1990年初，加大了企业改革的力度，公有制企业经营体制的改革和股份制企业、非公企业、私营企业的产生和发展，使工会会员数量得到较快增加。

1990年底，丽水市总工会下辖市工人文化宫、市职工业余学校两个事业单位；内设机构为1办4部1处。还建有职工物价监管总站，职工技术协会（技协交流站）、市劳动竞赛办公室等机构。同时下设经委、二轻、建委、商业、粮食、林业、文化、卫生和碧湖镇等工会工作委员会，有基层工会374个，工会小组2413个，会员34142人，其中党政机关和社会团体工会87个，乡镇企业工会5个，全市专职工会干部110人。

1991年7月，地属单位工会划归地区工会办事处管辖。9月7日，经中共丽水市委批复，丽水市财贸工会召开第一次代表大会，成立丽水市财贸工会并选举产生丽水市财贸工会第一届委员会。

1992年3月2日，市总工会十一届委员会第八次全体会议通过并下发《关于丽水市总工会委员会和经费审查委员会实行替补、增补制的规定》。

1994年，丽水市总工会贯彻落实省委、省政府办公厅批转省总工会《关于我省乡镇企业组建工会工作意见》和地委办公室、行署办公室批转地区工会办事处《关于全区乡镇企业、外商投资企业组建工会工作意见》，把乡镇企业和外资企业组建工会工作作为重点工作来抓，共有18家乡镇企业和2家外资企业组建工会。

1995年，新组建工会13个，换届11个，调整工委2个，外商投资企业组建工会12个，乡镇企业组建工会11个。有会员19537人，建立基层工会203个。

1996年，新经济组织工会组建工作得到组织部门的支持，市委组织部、市总工会就乡镇企业工会组建工作联合发文，作出规定，促进乡镇企业和私企业工会工作的开展。是年市总组建外资企业工会2家，乡镇企业工会11家，私营企业4家，发展新会员1411人，超额完成地区工会下达的指标。同时新建镇工委4家，基层工会换届29家，工会组建率达90%

1997年，新经济组织工会组建工作提上市总工会重要的议事日程，本年新组建工委6个，其中乡镇工委5个；共组建新经济组织工会67家，其中乡镇企业29家、私营企业38家，共发展新会员1400多人，已建合格职工之家160家。

1998年底，丽水市总工会共建产业工会2个，工会工委20个，工会基层组织365个，会员3万多人。新建新经济组织企业工会19家。

1999年，丽水市各乡镇党政领导变化较大，为使乡镇工会工作顺利开展，年初，市总工会专门组织工会干部走访乡镇活动，并分片召开21个乡镇党政工负责人会议，宣传工会和工会工作，得到了乡镇领导的大力支持，为上半年调整乡镇工会工委领导班子打下基础。市总工会及时抓好7个乡镇工会工委、21个乡镇机关工会领导班子的调整和充实，新建黄村乡工会工委，调整3个系统(局)工会工委班子。至12月初，又组建外商投资企业工会2家，组建私企工会31家，乡镇企业工会4家，非公经济组建工会43家。

2000年5月20日，丽水撤地建市设区，原丽水市(县级)改为莲都区，原丽水市总工会改为丽水市莲都区总工会。

2000年是工会组织建设活动年，年初组织力量编写"非公有制企业工会组建工作手册"。全区私有企业组建工会157家，组建率达100%，外资企业组建工会26家。是年，全市改制企业97家，因破产、关闭、兼并的企业有43家，改制后的54家都建立了工会组织。已建女职工委员会74家。新建非公企业工会职工人数2064人，入会的会员有1999人，入会率72.3%。结合工会组建工作，对产业工会、系统(局)工委、基层工会干部进行培训，共培训755人，占全区工会干部的84.83%。

2001年，在机构改革中，莲都区总工会内设机构由一办四部一处改为一室一部，即区总工会办公室和基层工作部。

2001年是工会组织建设年，新建企业组建工会81家，新增会员2074人，至年底，独立建制的基层工会69家，工会联合会25家，覆盖企业226家；改制企业19家。新建工会的同时，建立工会经审会、女职工委员会、劳动仲裁委员会。是年，加强工会干部培训工作，对基层工会干部325人进行轮训，轮训面达到基层工会干部的90%以上。

2003年，全区有基层工会组织239家，建会的非公企业数为207个。至年底，全区会员总数13777人，职工入会率为91.5%。

2004年，工会基层组织向乡镇、街道、社区延伸。4个街道、6个重点乡镇都建立了工会工委，已建社区工会16个，碧湖工会工委被评为市示范乡镇工会。工会会员会籍管理工作进一步加强，有13个工会工委、68个基层工会开展了新会员证发放工作。同年，天宁工业园区4家非公规模企业组建工会，还有13家50人以下的企事业单位建立工会组织。根据最大限度地把进城务工人员组织到工会中来的要求，经过了解和摸索，一个以商店经营者和打工者为对象的中东路商店第一联合工会成立，联合工会涵盖商店19家，会员51人。

2004年4月，省委组织部、省总工会在全省县、镇乡、基层工会开展"三级联创"活动，形成党建带工建，工建促党建，党工共建的"三级联创"工会工作格局，联城、碧湖、丽云、紫金、岩泉等乡镇街道先后召开工会代表大会，选举产生乡镇街道工会委员会。是年发展新会员927人。

2005年，莲都区总工会共有基层工会309家(涵盖单位669个)，新发展会员1508人，共有工会会员16082人。区总工会在下属教育工会、财贸工会两个产业工会的基础上，联城街道又新建联城碧湖、丽云等7个乡镇工会委员会，11个系统(局)工会。在加强工会自身组织建设同时，提高职工素质。区总工会完善制度建设，建立区总工会与基层工会工作联络员制度。同年，按照"组织起来，切实维权"的工作方针，以规模以上非公有制企业组建为重点，加大非公企业工会组建力度，不断提高工会组建率，全区新建独立基层工会65家，非公企业工会51家，其中规模以上13家、联合工会1家(覆盖39家)至年底有基层工会309家(涵盖单位669个)。

2006年，浙江飞雁羽绒制品有限公司被评为省总工会“双爱双评”先进单位。获评市示范乡镇工会1家。全区有基层工会组织(含联合工会覆盖数)710个，工会会员17242人。

2007年底，区总工会有基层工会372家(涵盖单位775家)，有工会员18552人。碧湖、大港头、联城等乡镇，紫金、岩泉、富岭等街道先后开创街道工会工作新途径，岩泉街道被评为市级示范乡镇街道工会，碧湖工会被全国总工会基层组建设部确认为“全国百家示范乡镇(街道)工会”，莲都供电局营业大厅被评为“全国模范职工小家”。莲都区总工会获评省和市党建带工建、党工共建三级联创先进县(市、区)工会。

2008年，全区有基层工会417家(基层工会涵盖单位874家)。万象、白云街道建立了工会委员会，11个系统(局)3个乡镇沿袭工会工委建制。全区规模企业68家、外资企业16家全部建立工会，新办工会法人资格证书413户，到届期满换届选举的61家。是年，评获市级“三级联创示范乡镇”2家，区总工会获全国工会创新三等奖。到年底，有会员20258人，其中农民工会员11579人。

2009年底，区总工会有基层工会453家，其中独立建会424家，联合基层工会29家，涵盖单位946家。区教育工会、区财贸工会也先后换届，充实产业工会组织的新生力量。雅溪、老竹、黄村3个乡镇先后召开工会代表大会建立工会委员会，由授权型的工会工作委员会机构向社团法人型的工会组织转变，至此实现乡镇、街道工会委员会组织全覆盖，提高了乡镇、街道工会地位和工作的主动性。全年新建基层工会38家(覆盖企业72家)新发展会员2446人，其中农民工会员1940人。68家规模企业，16家外资企业全部组建工会，37家机关企事业单位按时换届。

2010年底，莲都区总工会共有基层工会469家，其中独立建会440家、联合基层工会29家，涵盖单位1000家。是年，新增会员3978人。成立第一家乡镇(街道)总工会——白云街道总工会，推进区总工会组织体制创新，有效地探索解决务工流动人口入会及外资企业建会难问题，是丽水市首家开展这一活动的乡镇街道级工会。成功组建沃尔玛(浙江)百货有限公司丽水分店工会委员会，标志着莲都外企建立工会的重要突破。逐步建立完善工会资源数据库。规范完善乡镇街道工会责任制考核。到年底，莲都区总工会有会员26683人，其中农民工会员12763人。

2011年，新建独立建会企业39家、社区联合工会42家(涵盖企业1479家)。建立镇乡(街道)总工会5家，全面提前完成总工会建设任务。探索建立工会资源数据库，对莲都区工会组织情况进行全面清理和复核，利用现代网络技术，加强与上级工会和下级工会及相关部门之间的沟通和联系，逐步建立和完善工会资源数据库，提高了工会工作组织化、规范化、信息化程度。至年底，全区共有基层工会537家，涵盖单位1777家，会员35359人，其中女会员17327人。

2012年，深入开展工会组建和农民工入会集中行动，全区新建企业工会238家，新增企业会员13220人；组建区域性联合工会21家，行业性联合工会2家，涵盖企业1198家，提前一年完成省总三年规划发展目标。是年，莲都区总工会有基层工会481家，涵盖单位1382家，共有会员48579人，其中女会员18454人，农民工会员25007人。

2013年，新建基层工会73家，其中独立建会企业24家，新增会员2437名。及时更新录入全国非公企业数据库及全国小型非公有制企业工会联合会数据库，更新后的数据库建会率达95%，入会率96%。是年，莲都区总工会共有基层工会458家，涵盖单位1407家。至年底，莲都区总工会共有会员46985人，其中女会员21928人，农民工会员23000人。

2014年，在贯彻全国总工会《关于新形势下加强基层工会建设的意见》的基础上，区委、区政府制定出台《关于进一步加强全区基层工会建设的实施意见》，完善乡镇（街道）工会工作体制。全区所有乡镇（街道）工会主席皆由同级党政副职兼任并配备工会干部，各乡镇（街道）工会均已开设独立账户实行独立核算。开展"六有"工会创建工作，在瓯宝鱼跃进行试点。至年底，新建工会22家，独立建会企业9家，全区共有基层工会480家，涵盖单位1429家。新增会员1079人，共有会员48065人。

2015年12月，全区共有乡镇（街道）工会14家，基层工会458个，涵盖1342个单位，工会会员41248人。

2016年，规划基层工会建设，严格按文件要求。明确乡镇（街道）工会负责领导和管理所属区域的基层工会，接受同级党委和上级工会的双重领导。所有乡镇（街道）工会主席都由党政副级兼任，同时配备专兼职工会干部。全面清理"空壳工会"，做到清理与规范化工作相结合，强化组建，巩固组织。全区共有乡镇（街道）工会14家，其中总工会5家，工会委员会9家，基层工会372个。至年底，有工会会员26000人，其中外来务工人员1400多人。

2017年，为认真贯彻中共十九大精神，推进改革强基础，落实工会组织保障，2月20日，莲都区工会召开改革动员会，成立以党组书记、主席为组长的改革领导小组，下设办公室，统筹协调推进改革各项工作。制定《莲都区工会改革实施方案》。10月底，丽水工业园区召开第一次工会代表大会，选举产生第一届工业园区总工会领导班子。新成立的丽水工业园区总工会下属近40家企业工会，工会会员7000多人，涵盖园区职工90%以上。至年底，有工会会员30500人。

2018年，新建工会27家，工会换届57家；全区25人以上企事业单位建会率80%，百人以上企业建会率100%。全年非公企业工会规范化创建4家，丽水大拇指食品有限公司、丽水顺丰有限公司工会水阁运营点于6月分别荣获省级职工之家、职工小家称号。至年底，全区有工会会员21445人。

2019年，全区新建工会15家，工会组织换届64家，撤销3家，全区25人以上企业应建工会207家，已建工会企业198家，建会率95.65%。同时开展工会会员实名制工作，已实名制录入基层工会306家会员13902人。全区有工会会员21290人。

2020年，区总工会开展工会组建"双覆盖"百日攻坚行动，25人以上单位工会组织应建尽建，25人以下小微企业实现基本覆盖。同时，全区开展基层工会组建及会员实名制信息录入"集中攻坚月"行动。录入实名制会员17883人，基层工会总数352家。"集中攻坚月"对基层工会和工会会员实行动态管理。12月底，莲都区总工会有工人文化宫、职工业余学校2个下属事业单位，有教育工会和财贸工会2个产业工会，乡镇（街道）工会15家，其中总工会6家，工会委员会9家。基层工会382个。全区基层工会387家，独立建361家，联合工会26家，覆盖基层单位1296家，涉及职工21872人、会员20357人。

第二节　机构设置

1949年7月，中共丽水县委设民运部，张赛英任部长，领导全县工、农、青、妇、武工作，开展了工人运动，发动工人组织工会。是年12月9日成立丽水县总工会筹备委员会，配备3名专职工会干部，郝长明、巴殿春先后任副主任，1952年4月起由路永琏、牛梦松先后任主任。

1952年12月开始召开县工会第一次代表大会，正式成立丽水县总工会后，开始设立工作部门。

1952年12月至1954年12月，第一届县工会委员会期间，除设秘书外，设置了组织、宣传、劳保、生产工资等四个部，配备部长、副部长或部门负责人。

1954年12月至1956年3月，第二届县工会联合会委员会期间，撤销部的建制，除设秘书外，仍作组织、宣传、劳保、生产工资四个方面分工，由专职委员会分管，并配女工干事、财务兼会计各1人。

1956年3月至1957年7月，第三届县工会联合会委员会期间，除秘书外，另设组织委员、劳保委员和财务干事。

1957年7月至1961年4月，第四届县总工会委员会期间，因"工会消亡论"影响，工会干部大部分被抽调，仅留秘书和1名劳保委员。

1961年4月至1963年4月，第五届县工会委员会期间，配备秘书（兼宣传）、组织（兼劳保）、财务干事各1人。

1963年4月至1969年4月，第六届县总工会委员会期间，设秘书（兼宣传）、组织（兼劳保）委员、会计各1人。

1977年10月至1982年10月，第八届县总工会委员会期间，配备5名专职干部（包括正副主任），未设立部门机构，只有工作上简单分工。

1982年10月至1985年10月，第九届县总工会委员会期间，县总工会设办公室，配备办公室主任外，宣教、生产生活和财务三方面均确定专人分工负责，1983年7月设法律顾问室，聘请专职律师担任常年法律顾问。1984年机构改革后，设置宣教办公室、生产生活办公室和财务办公室，内部分工指定负责人。

1985年10月至1988年11月，第十届县（市）总工会委员会期间，设总工会办公室，任命主任或副主任外，设宣教、生产生活和财务办公室，确定负责人。1987年9月，市总工会科室设置调整为一室三部，即办公室、组宣部、生产生活部、财务部。

1988年11月至1994年3月，第十一届市总工会委员会期间，1990年7月，增设生活女工部，将生产生活部更名为生产保护部。市总工会的机构设置为办公室、组宣部、生产保护部、生活女工部、财务部和法律顾问室。

1994年3月至1999年4月，第十二届市总工会期间，市总工会的机构设置为办公室、组宣部、生产保护部、生活女工部、财务部和法律顾问室。

1997年8月20日，根据《中共丽水市委办公室关于印发丽水市总工会职能配置、内设机构和人员编制方案的通知》，市总工会只设1个办公室，行政编制9人。主席1名，副主席2名。

1999年4月至2004年9月，第十三届区总工会期间，区总工会的机构设置为办公室、组宣部、权益保障部和3个职能科室。

2001年，根据上级党委关于在机关和事业单位进行机构改革的有关精神，莲都区委在2001年先后对莲都区机关和事业单位进行机构改革。2002年，根据莲都区机构改革领导小组办公室《关于要求上报 机构改革总结和填报有关干部名册的通知》区总及时上报干部名册并汇报了区总工会机构改革的情况。在机构改革期间，区总工会建立了机构改革领导小组，制定《丽水市总工会职能配置、内设机构和人员编制方案》，莲都区委批准区总工会“三定方案”并以莲委办〔2001〕21号文件下发区总工会。区总工会转发区委办[2001]21号文件，同时，在区总工会中层干部实行竞争上岗和一般干部实行双向选择的基础上，进行内部机构改革：撤销权益保障部，建立基层工作部；财务归并区总办公室；区总组宣部撤销，组织职能归并基层工作部，宣传职能归属于区办公室。

2004年 9月至2009年11月，第十四届区总工会期间区总工会的机构设置为：办公室、组宣部、两个下属事业单位。

2014年10月，第十六届区总工会期间的机构设置为：办公室、基层工作部及三个下属事业单位。

2020年11月起，第十七届区总工会期间的机构设置为：办公室、基层工作部及三个下属事业单位。

第三节　历史上曾经独立的几个工会机构

城区区工会　1949年7月，中共丽水县城区区委委员韩学典任区工会主任，开展了工人运动和工会工作。中共丽水县委和县政府机关及县总工会(筹)，于1950年4月从丽水县城迁往碧湖镇后，历史形成的浙西南经济、政治、文化、交通中心的丽水城关，成为中共丽水地委、丽水专员公署的驻地，城区区委和城区区公所由地委、专署直接领导。城区的工会工作，亦由浙江省总工会筹备委员会丽水专区办事处直接领导和部署。由于丽水全县大部分工商企业集中在城区，职工人数约占全县职工总人数的70%，为适应城区工人运动的开展和加强城区工会工作，于1951年7月18—19日召开城区工会代表会，代表城区3058名工人的110名正式代表出席会议，选举成立城区区工会，隶属省总工会(筹)丽水专区办事处领导，按县级工会编制配备干部，行使县级工会职权，领导城区工会工作。

城区区工会设主任、副主任各1人，共有专职干部10人(其中属产业工会编制6人)。主任韩学典、副主任王继武。1952年5月，王继武调离，郑炳湘被任命为副主任。

1952年5月，中共丽水地委、丽水专署撤销，中共丽水县委、县政府机关从碧湖迁回丽水城区，城区区工会并入丽水县总工会(筹)。

碧湖镇工会联合会　碧湖镇是县属建制镇，商业、服务业和手工业都较发达，1950年冬成立碧湖镇工会筹备委员会，选配专职干部，在县总工会(筹)领导下，开展碧湖镇的工人运动和组建基层工会工作及筹建镇工会，1952年全镇有职工949人。1953年春，县总工会副主席郑炳湘兼任镇工会主席。1953年9月，戴祯祥任代主席。1954年11月20—21日召开碧湖镇工会联合会，主席曹芳铭。镇工会联合会于1966年“文化大革命”开始后停止活动。

产业工会　丽水县总工会根据形势和各个时期的工作需要，设置和调整产业工会组织机构，1949年下半年，运用“由上而下搭架子”的工会组织工作方法，先后建立产业工会联合会、店员工会联合会、搬运工会联合会、文教工会联合会、手工业工会联合会、市政工会联合会和交通邮电工会等7个产业工会联合会。1951年，又组建为搬运、建筑、纺织、邮电、文化出版、店员、轻工业、民船、公路运输、财政金融、医务、手工业、食品业、教育14个产业工会。1953年调整为搬运、建筑、纺织、邮电、商业（店员）、轻工业、公路运输、教育、新闻出版印刷和手工业等10个产业工会，实行产业与地方工会双重领导的组织领导制度。1991年开始直至2020年，产业工会组织机构只设两个，分别为财贸工会和教育工会。

中国商业（店员）工会丽水县委员会　1949年8月，省总工会（筹）丽水专区办事处派干部陈忠华、陈叶林发动县城府前至三坊口闹市区的店员和学徒分别组织店员工会和学徒工会，谢安宽任店员工会主任；金禄彩任学徒工会主任。1950年初，宣传《工会法（草案）》，通过整顿，按行业组织基层工会。是年6月，召开基层工会委员联席会议，成立丽水县店员工会筹备委员会，周阿忠任主任委员，吴苗秋任副主任委员。下属有运输业、南货业、国（西）药业、棉布业、旅馆业、文具业和碧湖镇店员工会等基层工会委员会。1953年初，城区行业基层工会改组为中国店员工会丽水城区委员会，下设2个联合委员会。

1953年6月，在县工会俱乐部工人大会堂召开了首届代表大会，民主选举产生由15人组成的中国店员工会丽水县委员会，主席姜宝华，副主席陈群文（兼秘书长）、曹芳铭。下属有百货公司、土产公司、食品公司、盐业公司、专卖公司、油脂公司、粮食公司、花纱布公司、联运公司、县供销社、城关供销社、碧湖供销社、新华书店等基层工会。1956年全行业公私合营后，县店员工会各基层工会分别纳入各归口公司工会，县店员工会停顿并自然消亡。

中国公路运输工会丽水县委员会　1949年12月至1950年3月，丽水县城区公路运输系统的职工先后组织汽车业、联营运输处保养场（后更名丽水运输处保养场）、汽车修理业和济修理厂四个基层工会，后建立产业工会中国公路运输工会丽水县委员会。1991年底自然消亡。

中国搬运工会丽水县搬运公司委员会　1949年7月，省总工会（筹）丽水专区办事处派干部王文杰、唐守元、李新德到县城各搬运码头工人中开展宣传教育，发动职工组建工会，是年8—9月，先后建立丽阳门、大水门、小水门和虎啸门等四个码头工会。1950年6月成立丽水县搬运公司，相应建立产业工会中国搬运工会丽水县搬运公司委员会（并辖碧湖镇和大港头两个基层搬运工会）。主席王吉顺，副主席陈云昌。1951—1956年进行了三次换届选举，戴祯权、何兰溪、傅寿明先后任主席。1957年自然消亡。

中国邮电工会丽水县委员会　1949年12月21日和23日，丽水电信局和邮政局相继建立基层工会，1951年8月13日建立产业工会中国邮电工会丽水县委员会，主席高庆嘉。1957年，自然消亡。

中国轻工业工会丽水县委员会　1949年10月至12月，丽水县城的祥兴化工厂、燧昌火柴公司、大东华火柴盒片厂、民生火柴盒片厂和大港头昌明火柴厂先后建立工会组织，丽水电厂、利用碾米厂、祥兴碾米厂和公利锯板厂联合组织电米板厂基层工会，碧湖镇新建火柴盒片厂亦于1950年6月建立工会。1953年5月成立产业工会中国轻工业工会丽水县委员会，第一副主席吴子星，第二副主席陈翠英。1956年公私合营后，各工厂基层委员会直属县总工会领导，轻工业工会自然消失。

中国建筑工会丽水县委员会　1949年，丽水县城有从事建筑业的泥水工142人，木匠150人，于1949年7—8月，相继建立泥水工会和木匠工会，1950年第二季度成立产业工会中国建筑工会丽水县委员会，主席张碎儿，副主席李来兴。1957年2月进行了换届选举，主席李来兴，当年底，自然消亡。

丽水县手工业工会委员会　解放初，县城有从事成衣业的缝纫工人280余人、铁业工人40余人、白铁业工人30余人、篾业工人40余人、理发工人80余人、制鞋工人60余人，1949年8—12月，先后组建基层工会。碧湖镇和大港头的裁缝、铁业和理发工人亦相继建立基层工会组织，原来参加木匠工会的小木工人和园木工人亦分别建立小木、园木基层工会组织。1950年第三季度，通过召开手工业系统基层工会委员联席会议，推荐领导成员，成立产业工会丽水县手工业工会委员会，首届委员会委员7人，主席姜振标、副主席金元朝。1953年后，手工业工人参加独立劳动者协会，而后手工业合作化，手工业工人加入合作社，手工业工会自然消亡。

丽水县新闻出版印刷工会委员会　1949年11月，省总工会(筹)丽水专区办事处干部韩学典发动县城的丽水新华印刷厂和伦章、利达、联业等印刷业(号)的工人及社会上失业印刷工人共40余人组织丽水县印刷业工会。1950年8月与丽水新华书店、丽水越剧团、丽水电影院、丽水剧院的工会基层组织联合建立产业工会丽水县文化出版工会委员会，主席朱勤夫，副主席姚焕之。1952年4月更名为丽水县新闻出版印刷工会委员会。1957年自然消亡。

中国纺织工会丽水县委员会　丽水解放后，丽水利用公司职工于1949年11月重建工会组织，称中国纺织工会丽水利用公司委员会，主席许孙祥，副主席李东善，行使中国纺织工会丽水县委员会的领导职能。1950年家庭纺织业工人先后成立基层工会组织，隶属中纺工会利用公司委员会领导。1957年自然消亡。

市供销社工会工作委员会　始建于1957年，由工会专职干部尚决平任主任，“文化大革命”开始后停止活动。1981年12月重建，由陈宣琴、吴树奎、高清源、周柏诚、刘凤池、李连始、潘景云、叶作球、杨新鹏、朱宝坤、祝凤翠11人组成县供销社工会工作委员会，陈宣琴任主任，吴树奎任副主任。1985年10月调整后，称市供销社工会工作委员会，由金森珪、沈大春、王君伟、陈根林、赵碧梅、徐满进、王仁娟7人组成，金森珪任主任，沈珏、江阿娟、王勇明为委员，沈大春任副主任。1990年，下属有13个基层工作委员会，会员754人。随着市场经济的发展，下属供销社的解体，新经济组织工会组建，1998年底消亡。

市商业局工会工作委员会　建于1985年9月，由蔡祝荣、吴叔华、单建芬、尚载法、温献荣、许阿伍、周华7人组成，蔡祝荣任主任，吴叔华任副主任。1989年11月调整后，由蔡祝荣、吴叔华、许阿伍、叶爱华、洪家富、乔毅、朱淑珍7人组成，蔡祝荣任主任，吴叔华任副主任。1990年，下属有13个基层工作委员会，会员1354人。随着市场经济的发展，新经济组织工会组建，1995年自然消亡。

市二轻工业局工会工作委员会　建于1986年4月，由留锡年、朱维权、袁丽丽、曲小玲、邹萍、张莉华、陈信考、黄吉青、孙守忠9人组成，留锡年任主任，朱维权任副主任。1989年11月调整后，由留锡年、曲小玲任副主任。1990年，下属有18个基层工会，会员3101人。随着市场经济的发展，新经济组织工会组建，1995年自然消亡。

市粮食局工会工作委员会　建于1986年5月，由金振仁、王佩君、金美玉、张小文、刘丽生、王永平、阙祖福7人组成，金振仁任主任，王佩君任副主任。1989年5月调整为金振仁、王佩君为副主任。1990年，下属有14个基层工会，会员728人。随着市场经济的发展，新经济组织工会组建，1995年自然消亡。

市城乡建设委员会工会工作委员会　建于1986年6月，由罗仲文任主任，陈伟民、费淑珍任副主任，1989年5月调整为罗仲文、陈伟民、何荣土、吴福祥、徐青龙、许美华6人组成，罗仲文任主任，陈伟民任副主任，1989年7月，孙定祖增补为委员。1990年，下属11个基层工会，会员883人。2008年撤销工作委员会，下属基层工会并入莲都区基层工会。

市经济委员会工会工作委员会　建于1986年7月，由张月连、蔡勤勤、留锡年、吴芝凤、沈珍妮、莫智廉、张南雄、林国平、张莉华、朱金文、吴国葆11人组成，张月连任主任，蔡勤勤、留锡年任副主任。1989年5月调整为张月连、钱国云、梁洪、吴家祥、董小金、陈木成、戴祖明、沈珍妮、莫智廉、吴国锋、林国平11人组成，张月连任主任，钱国云任副主任。1990年，下属有33个基层工会，会员8908人。2008年撤销工作委员会，下属基层工会都并入莲都区基层工会。

市林业局工会工作委员会　建于1984年9月，由叶松青、张祖庭、张闻琛、叶惠萍、管培连、吕金花、叶正川7人组成，叶松青任主任，张祖庭、张闻琛任副主任。1988年11月调整为刘寿华、江会春、胡根祥、叶正川、管培连、张忠华6人组成，刘寿华任主任，江会春任副主任。1990年，下属有4个基层工会，会员333人。2008年撤销工作委员会，下属基层工会并入莲都区基层工会。

市文化局工会工作委员会　建于1987年1月，叶方采、黄娇翠、李翠英、宋孝乾、耿如浩、莫丽君、李岳年、李萍8人组成，叶方采任主任，黄娇翠、李翠英任副主任。1990年，下属有6个基层工会。2008年撤销工作委员会，下属基层工会并入莲都区基层工会。

市卫生局工会工作委员会　建于1987年11月，张云飞任主任，陈益龙、宋树光任副主任。1989年5月调整为张云飞、宋树光、陈益龙、封华凤、郑元博、何登高、张一雷7人组成，张云飞任主任，宋树光任副主任。1990年，下属有基层工会13个，会员1238人。2008年撤销工作委员会，下属基层工会并入莲都区基层工会。

碧湖镇工会工作委员会　建于1986年10月，由林国平、陈信考、叶瑞元、蓝余明、林根儿、叶洪仁、吴元丽7人组成，林国平任主任，陈信考、叶瑞元任副主任。碧湖镇工会是以行政区域为单位组建，系由市总工会召集全镇较大的基层工会委员会主席协商，推荐主任、副主任人选，经市总工会党组考察认可，分别听取当地党委和主管局党组意见，并按干部分管权限经中共市委组织部同意后，由市总工会发文公布的工会组织。1990年下属14个基层工会，会员1294人。1998年底并入市基层工会。

第四节　直属事业单位及下属机构

区总工会直属事业单位有两个：职工业余学校和工人文化宫。

职工业余学校　丽水市莲都区职工业余学校建于1950年9月，为区总工会所属的公益二类事业单位，机构规格为正股级。职校贯彻落实党中央、省委、市委和区委关于工会工作的方针政策，在履行职责过程中坚持和加强党对工会工作的集中统一领导。主要职责：一是承担党委、政府所部署的职工社会公益性活动、教育培训等公共文化服务职能，参与政府有关为教育培训购买社会服务；二是承担全区工会干部的教育培训和全区职工职业素质提升等相关工作；三是组织开展职工素质类培训、职工技能培训等工作；四是完成区总工会交办的其他任务。

工人文化宫　莲都区工人文化宫（挂丽水市莲都区职工维权帮扶中心牌子）是莲都区总工会下属的正股级公益二类事业单位。创建以来一直积极配合党和政府各个时期中心工作和工会的宣传教育工作。主要职责是承担职工社会公益性活动、群众性文体活动等公共文化服务职能；组织开展职工文化、体育、艺术活动和各类职工群众性文化活动和赛事；组织开展职工公益性文化交流、创作、表演、培训和展览等活动；承担全区职工文化提升工作；协助做好保障、法律等相关工作。多年来，坚持有计划、有组织地开展各类文体活动，是广大职工群众的“精神乐园”。

第五节　经费审查委员会

工会经费审查委员会是代表会员群众对工会各项经费的收支和财产管理，进行审查监督的组织，是民主理财的组织形式，是工会组织联系群众的渠道。

1952年12月，丽水县工会第一次代表大会在选举丽水县总工会第一届委员会的同时，选举产生丽水县总工会第一届经费审查委员会。此后，历届代表大会选举工会委员会时，同步选举产生经费审查委员会。

1952年12月，丽水县总工会按照全国总工会《关于加强工会经费管理的决定》和省总工会的有关规定，企事业、行政机关拨交工会经费和会员缴纳会费由县总工会统一管理。

历届经费审查委员会对总工会的工会经费使用的情况和预、决算以及财务工作报告进行审查，并将审查结果向同级工会委员会报告，向代表大会作《经费审查报告》。

1953年11月，贯彻中国工会第七次代表大会确定的工会财务工作为工会建设服务、为生产服务、为群众服务的方针和收好、管好、用好工会经费的基本任务。

1954年5月，贯彻执行全国总工会经费管理的决定，按照“统一领导、分级管理”的原则，对基层工会财务工作进行初步审核和整顿。

1955年12月，县经费审查委员会派人对工会经费使用情况进行全面审核。

1959年2月，贯彻省总工会《关于财务管理工作暂行规定》，按照“统一领导，分级管理”的原则，确定基层工会的财务工作仍由县总工会统一领导，开展经费审查工作。

1966年至1976年“文化大革命”时期经费审查工作被终止。1979年开始恢复此项工作。

1984年10月，设立丽水市总工会经费审查委员会。本着发扬财务民主，加强财务管理，促进增收节支，提高“两个效益”，为职工群众服务，为发展工运事业服务的宗旨，开展经费审查工作。

1987年12月，建立基层工会经费审查组织72个，占应建总数的50%。

1990年6月，转发省总工会丽水地区办事处《关于进一步加强基层工会经费管理和使用的通知》。同时根据《中华人民共和国工会法》和《中华全国总工会章程》规定，在全区各级工会代表大会选举产生各级工会委员会的同时，选举产生同级经费审查委员会，负责本级工会经费审查监督事宜，设有市和基层两级经费审查组织。是年12月止，建立基层工会经费审查组织117个，占应建总数的80%。

1992年，建立基层工会经费审查机构152个，占应建总数100%。

1994年，建立基层工会经费审查机构203个，占应建总数100%。

1998年，建立基层工会经费审查机构365个。

2001年，新建工会81家，新建工会全部建立工会经费审查组织。

2003年，全区有经费审查组织239家。

2006年，全区有经费审查组织257家。

2007年，全区有经费审查组织261家。

2008年，全区有417个基层工会组织，有经费审查组织280个，有工会经审委员595人。

2009年，全区有453个基层工会组织，有经费审查组织297个，有工会经审委员618人。

2010年,全区有469个基层工会组织,有经费审查组织305个,有工会经审委员629人。
2011年,全区有537个基层工会组织,有经费审查组织321个,有工会经审委员635人。
2013年,全区有458个基层工会组织,有经费审查组织280个。
2014年,全区有480个基层工会组织,有经费审查组织272个。
2016年,全区有372个基层工会组织,有经费审查组织237个。
2018年,全区有380个基层工会组织,有经费审查组织250个。
2020年,全区有387个基层工会组织,有经费审查组织256个,有工会经审委员497人。

第三章　工会历次代表大会

工会地方各级代表大会选举产生工会地方各级领导机关总工会委员会。莲都区工会代表大会代表名额由区总工会常委会决定，其代表经区各级机关、乡镇（街道）、企事业单位工会和各基层工会等民主协商选举产生。代表大会的职权和议程为听取和审议莲都区总工会委员会工作报告和经费审查委员会工作报告，制定和修改区总工会各章程和有关组织通则，选举区总工会主席、副主席、常委、委员，选举产生工会经费审查委员会，表彰先进单位和个人及其他重要事项。

莲都区（丽水县、丽水市）总工会自1952年12月召开丽水县首次代表大会起，截至2020年10月，共召开了17次代表大会。

第一节　社会主义建设时期代表大会

第一次代表大会　丽水县工会第一次代表大会于1952年12月10日至12日在县工会俱乐部召开，正式代表97名，列席代表8名出席大会，代表全县5213名会员。这次大会的主要任务是：进行形势教育，总结三年来的工会工作，肯定"三反""五反"的成绩和工人阶级的积极作用；报告丽水县总工会筹备委员会工作情况；民主选举县总工会第一届委员会，部署县工会今后工作任务。中共丽水县委书记刘冠军到会并作《目前形势和任务》的政治报告，县总工会筹备委员会主任牛梦松代表县总工会（筹）作工作报告，大会选举产生丽水县总工会第一届委员会委员21名，候补委员7名，委员会第一次全体会议选举产生第一届委员会主席、副主席。大会还选举产生第一届经费审查委员会。

第一届主席、副主席一览表

表1-3-1-1

序号	职务	姓名	任职时间	备注
1	主　席	牛梦松	1952年12月至1954年3月	
2	第一副主席	郑炳湘	1952年12月至1954年3月	
3	第二副主席	王继武	1952年12月至1954年12月	
4	副主席	戴祯祥	1954年6月至1954年12月	增补副主席名单

第二次代表大会　丽水县工会第二次代表大会于1954年12月10日至12日在县工人文化宫召开，正式代表96名，列席代表13名出席大会，代表全县5155名会员。这次会议的主要任务是：进一步贯彻国家过渡时期总任务，检查县工会两年来的工作，肯定成绩揭露问题和

缺点，提出今后任务，民主选举县工会联合会第二届委员会，动员全县职工参加以技术革新为主要内容的增产节约劳动竞赛运动。中共丽水县委副书记王家范到会并讲了话，县工会联合会主席郑炳湘在会上作《丽水县工会联合会两年来工作》的报告。工会联合会第二届委员会选举产生委员17名，候选委员4名。委员会第一次全体会议选举产生第二届委员会主席。大会还选举产生第二届经费审查委员会。

第二届主席、副主席一览表

表1-3-1-2

序号	职务	姓名	任职时间	备注
1	主　席	郑炳湘	1952年12月至1954年3月	
2	副主席	王继武	1952年12月至1954年12月	
3	副主席	戴祯祥	1954年6月至1954年12月	
4	主　席	王继武	1955年3月至1956年3月	增补主席、副主席名单
5	第二副主席	王寿荣	1954年12月至1956年3月	增补副主席名单

第二届委员会委员一览表(排名不分先后)

表1-3-1-3

序号	职务	姓名	备注
1	委　员	王苏云	
2	委　员	王继武	
3	委　员	王寿荣	
4	委　员	文祖福	
5	委　员	叶　锦	
6	委　员	刘三媛	
7	委　员	何兰溪	
8	委　员	汤兆伦	
9	委　员	陈群文	
10	委　员	吴永福	
11	委　员	吴首臣	
12	委　员	郑炳湘	
13	委　员	封大佑	
14	委　员	高嘉庆	
15	委　员	章宗祯	
16	委　员	曹芳铭	
17	委　员	戴祯祥	

续表1-3-1-3

序号	职务	姓名	备注
18	委　员	端木树人	候补委员名单
19	委　员	王茂华	候补委员名单
20	委　员	林金洪	候补委员名单
21	委　员	王嘉祥	候补委员名单

注：端木树人、王茂华于1955年10月22日二届六次委员会扩大会议上被补选为正式委员。

第二届经费审查委员会一览表

表1-3-1-4

序号	职务	姓名
1	主　任	李福云
2	副主任	吴书俭
3	委　员	张　舜
4	委　员	张学明
5	委　员	陈尉庭

第三次代表大会　丽水县工会第三次代表大会于1956年3月22日至25日在县工人文化宫召开，正式代表100名，列席代表11名出席大会，代表全县5147名会员。这次会议的主要任务是：贯彻省总工会二届三次委员（扩大）会议精神，总结1955年工会工作，讨论今后任务，检查工会工作中的“右倾”保守思想，确定十二年工会工作规划，动员全县职工深入开展社会主义劳动竞赛，争取全面提前完成第一个五年计划，选举县工会联合会第三届委员会和经费审查委员会。中共丽水县委工交部部长郑炳湘在会上作《关于目前形势和我们的任务》报告，县工会联合会第二副主席王寿荣在会上作《关于工会工作一年来的基本情况和今后任务》和《丽水县1956—1967年的工会工作规划草案》的报告，大会选举产生丽水县工会联合会第三届委员会委员19名，候补委员4人。委员会第一次全体会议选举产生常务委员7名与第三届委员会主席、副主席，大会还选举产生第三届经费审查委员会。

第三届主席、副主席和常务委员一览表

表1-3-1-5

序号	职务	姓名	任职时间
1	主　席	王继武	1956年3月至1957年1月
2	副主席	王寿荣	1956年3月至1957年7月
3	常务委员	王继武	
4	常务委员	王寿荣	
5	常务委员	郑炳湘	

续表1-3-1-5

序号	职务	姓名	任职时间
6	常务委员	陈阿眉	
7	常务委员	陈群文	
8	常务委员	章宗祯	
9	常务委员	汤兆伦	

第三届委员会委员一览表(排名不分先后)

表1-3-1-6

序号	职务	姓名	备注
1	委　员	王寿荣	
2	委　员	王继武	
3	委　员	王鸿琪	
4	委　员	方玉标	
5	委　员	文祖福	
6	委　员	吴首臣	
7	委　员	汤兆伦	
8	委　员	劳家训	
9	委　员	陈阿眉	
10	委　员	陈群文	
11	委　员	陈新姆	
12	委　员	武有星	
13	委　员	郑炳湘	
14	委　员	封大佑	
15	委　员	姚祖根	
16	委　员	章宗祯	
17	委　员	童马海	
18	委　员	端木树人	
19	委　员	戴祯祥	
20	委　员	王嘉祥	候补委员名单
21	委　员	林金洪	候补委员名单
22	委　员	林菊香	候补委员名单
23	委　员	徐连女当	候补委员名单

第三届经费审查委员会一览表（排名不分先后）

表1-3-1-7

序号	职务	姓名
1	主　任	王　冠
2	副主任	徐正德
3	委　员	吴书俭
4	委　员	黄满娇
5	委　员	余孝锡

第四次代表大会　丽水县工会第四次代表大会于1957年7月10日至12日在县工人文化宫召开，正式代表120名，列席代表12名出席大会，代表全县5842名会员。这次会议的主要任务是：总结检查第三届委员会工作，讨论今后工作任务，选举县工会联合会第四届委员会和经费审查委员会。中共丽水县委副书记、县长高乘聪到会并讲了话。县工会联合会副主席王寿荣在会上作《工会工作报告》。大会选举产生丽水县工会联合会第四届委员会常务委员与第四届委员会主席、副主席。大会还选举产生第四届经费审查委员会。

第四届主席、副主席一览表

表1-3-1-8

序号	职务	姓名	任职时间	备注
1	主　席	王寿荣	1957年7月至1958年4月	
2	副主席	李仕荣	1957年7月至1961年4月	
3	兼主席	王继武	1958年5月任命	增补主席名单
4	主　席	秘天堂	1960年3月任命	

第四届委员会委员一览表（排名不分先后）

表1-3-1-9

序号	职务	姓名	备注
1	委　员	马志卿	
2	委　员	王寿荣	
3	委　员	王鸿琪	
4	委　员	文祖福	
5	委　员	刘寿华	
6	委　员	朱　明	
7	委　员	汤兆伦	
8	委　员	陈群文	

续表1-3-1-9

序号	职务	姓名	备注
9	委　员	陈新姆	
10	委　员	李仕荣	
11	委　员	李君生	
12	委　员	吴首臣	
13	委　员	尚决平	
14	委　员	洪伟杰	
15	委　员	赵雨亭	
16	委　员	姚祖根	
17	委　员	徐连女当	
18	委　员	王庭有	候补委员
19	委　员	邓启华	候补委员
20	委　员	叶凤雅	候补委员
21	委　员	徐正德	经费审查委员会名单
22	委　员	余孝锡	经费审查委员会名单
23	委　员	黄满娇	经费审查委员会名单
24	委　员	刘汝伶	经费审查委员会名单
25	委　员	陈国治	经费审查委员会名单

第四届经费审查委员会一览表

表1-3-1-10

序号	职务	姓名
1	主　任	李福云
2	副主任	余孝锡
3	委　员	黄满娇
4	委　员	刘汝伶
5	委　员	陈国治

第五次代表大会　丽水县工会第五次代表大会于1961年4月25日至28日在县工人文化宫召开，正式代表134名，列席代表15名出席大会，代表全县8514名会员。这次大会的主要任务是：听取县工会第四届委员会的工作报告，总结交流三年来工会工作经验，讨论今后工作任务；选举县总工会第五届委员会和经费审查委员会。中共丽水县委工交部副部长丁介臣到会作《当前形势和任务的报告》，县总工会主席秘天堂在会上作《工会工作报告》，大会

选举产生丽水县工会第五届委员会委员、候补委员。大会通过关于丽水县总工会第四届委员会工作报告、财务报告、经费审查报告和今后工会工作任务等四项决议。选举产生丽水县总工会第五届委员会主席、副主席。大会还选举产生第五届经费审查委员会。

第五届主席、副主席一览表

表1-3-1-11

序号	职务	姓名	任职时间	备注
1	主　席	秘天堂	1961年4月至1962年1月	
2	副主席	李仕荣	1961年4月至1962年1月	
3	主　席	王书文	1962年1月至1962年4月任命	增补主席、副主席名单
4	副主席	高海成	1962年1月任命	
5	主　席	高海成	1962年4月至1962年5月任命	
6	主　席	巴殿春	1962年5月任命	

第六次代表大会　丽水县工会第六次代表大会于1963年4月20日至22日在县工人文化宫召开，正式代表110名，列席代表12名出席大会，代表全县4511名会员。这次大会主要任务是：根据全总八届四次执委会议和省总工会三届七次执委（扩大）会议精神，认真检查总结两年来全县工会工作，在肯定成绩的基础上，实事求是地检查工作中的缺点，提出今后工会工作任务。通过会议，宣传大好形势，统一对工会工作的认识，明确今后任务，交流工作经验，树立光荣感和责任感，增强搞好工会工作的信心，选举县总工会第六届委员会和经费审查委员会，选举出席浙江省工会第四次代表大会的代表。中共丽水县委工交财贸政治部主任邢业勇到会并讲了话，县总工会主席巴殿春在大会上作《工会工作报告》。大会选举产生丽水县总工会第六届委员会委员14名，候补委员3名。委员会第一次全体会议选举产生常务委员7名与第六届委员会主席。大会还选举产生第六届经费审查委员会。

第六届主席和常务委员一览表（排名不分先后）

表1-3-1-12

序号	职务	姓名
1	主　　席	巴殿春
2	常务委员	巴殿春
3	常务委员	汤兆伦
4	常务委员	李东善
5	常务委员	龚守华
6	常务委员	李若祯
7	常务委员	邓启华
8	常务委员	张汝光

第六届委员会委员一览表(排名不分先后)

表1-3-1-13

序号	职务	姓名	备注
1	委　员	王苏云	
2	委　员	巴殿春	
3	委　员	邓启华	
4	委　员	叶文奎	
5	委　员	吴永福	
6	委　员	汤兆伦	
7	委　员	李东善	
8	委　员	李若祯	
9	委　员	张汝光	
10	委　员	郑石平	
11	委　员	罗仙云	
12	委　员	林菊香	
13	委　员	姚祖根	
14	委　员	龚守华	
15	委　员	施云庚	候补委员名单
16	委　员	朱学葵	候补委员名单
17	委　员	陈祖仁	候补委员名单

第六届经费委员会一览表(排名不分先后)

表1-3-1-14

序号	职务	姓名	备注
1	主　任	黄满娇	
2	委　员	张寿祥	
3	委　员	裘春根	

附:革命工人代表大会

1968年6月,在丽水剧院召开“革命工人代表大会”,产生领导机构“丽水县工代会”。主任严正保,副主任贺民强、黄介良,取代县总工会。1977年县总工会换届时,由于历史原因,曾将“革命工人代表大会”列为县工会第七次代表大会的届次,后参照1985年1月21日省总工会八届四次委员扩大会议《关于否认“浙江省工人革命造反派代表会议”为“省工会第五次代表大会”的决议》精神,认为“革命工人代表大会”的会议名称、代表资格和产生程序都不符合工会章程的规定,不应列入县工会代表大会届次,丽水县工会第七次代表大会的届次空缺。

第六届经费审查委员会一览表

表1-3-1-15

序号	职务	姓名
1	主　任	黄满娇
2	副主任	张寿祥
3	委　员	裘春根

第八次代表大会　丽水县工会第八次代表大会于1977年10月27日至30日在丽水剧院召开，正式代表450名出席大会，代表全县8401名会员。这次大会的主要任务是：坚持中国共产党的基本路线，认真学习、贯彻党的十一大精神，以马克思列宁主义、毛泽东思想和中共中央指示为武器，联系实际深入揭批江青反革命集团分裂工人阶级队伍，破坏工人运动和工会工作的罪行，划清正确路线和错误路线的界限，总结斗争经验，落实今后任务，选举产生丽水县总工会第八届委员会。中共丽水地委常务雷桂梅到会作指示，中共丽水县委副书记蒋元本致开幕词，书记刘敬宗在大会上讲话，中共丽水县委常务、城关镇委书记鲍从礼致闭幕词。大会选举产生丽水县总工会第八届委员会委员29名，委员会第一次全体会议选举产生常务委员8名与第八届委员会主任、副主任。

第八届主任、副主任和常务委员一览表(排名不分先后)

表1-3-1-16

序号	职务	姓名
1	主　任	袁均惠
2	副主任	郑爱和
3	副主任	李惠富
4	副主任	徐连女当
5	副主任	龚守华
6	副主任	朱岳广(1981年12月任命)
7	常务委员	袁均惠
8	常务委员	郑爱和
9	常务委员	李惠富
10	常务委员	徐连女当
11	常务委员	龚守华
12	常务委员	胡桂珍
13	常务委员	胡根法
14	常务委员	曲小玲

第八届委员会委员名单(排名不分先后)

表1-3-1-17

序号	职务	姓名
1	委　员	王丽娅
2	委　员	叶金培
3	委　员	叶春兰
4	委　员	朱学葵
5	委　员	孙恕心
6	委　员	孙庭祖
7	委　员	曲小玲
8	委　员	曲文亭
9	委　员	李惠富
10	委　员	陈仿坚
11	委　员	陈进文
12	委　员	陈宝兴
13	委　员	陈新民
14	委　员	吴示华
15	委　员	吴伯卿
16	委　员	胡根法
17	委　员	胡桂珍
18	委　员	张月连
19	委　员	郑爱和
20	委　员	周汝德
21	委　员	徐连女当
22	委　员	赵生海
23	委　员	袁均惠
24	委　员	龚守华
25	委　员	梅细娇
26	委　员	黄李荪
27	委　员	管培连
28	委　员	蓝志英(畲)
29	委　员	潘松钱

第二节　改革开放时期代表大会

第九次代表大会　丽水县工会第九次代表大会于1982年10月7日至10日在工人文化宫影剧院召开，正式代表311名，列席和邀请代表48名出席大会，代表全县20559名会员。这次大会的基本任务是学习中国共产党第十二次代表大会文件和全总“九大”以来，特别是中共十一届三中全会以来，党中央对工会工作的重要指示，总结县工会第八次代表大会以来的工作，动员全县广大会员和职工群众增强工人阶级主人翁责任感，振奋精神，埋头工作，为把我国逐步建设成为现代化的、高度民主的、高度文明的社会主义国家，做出更大贡献。大会主要议程是听取和审议县总工会第八届委员会工作报告，选举县总工会第九届委员会，通过经费审查委员会名单，选举出席浙江省工会第八次代表大会的代表。中共丽水县委副书记蔡康镒到会并讲了话。县总工会主席袁均惠致开幕词。县总工会副主席朱岳广作《贯彻党的十二大精神，为实现党在新的历史时期的总任务而努力奋斗》的工会工作报告，县总工会副主席郑爱和作《关于工会财务工作的报告》。大会选举产生丽水县总工会第九届委员会委员24名。委员会第一次全体会议选举产生常务委员9名与第九届委员会主席。大会通过了经费审查委员会名单。

第九届主席、副主席和常务委员一览表

表1-3-2-1

序号	职务	姓名	备注
1	主　席	曾石祥	
2	副主席	朱岳广	
3	副主席	陈碧瑜	
4	副主席	徐永武(1984年2月任命)	增补副主席名单
5	常务委员	曾石祥	增补副主席名单
6	常务委员	朱岳广	增补副主席名单
7	常务委员	陈碧瑜	增补副主席名单
8	常务委员	吴一芸	增补副主席名单
9	常务委员	马建明	增补副主席名单
10	常务委员	池彩琴	增补副主席名单
11	常务委员	李惠富	增补副主席名单
12	常务委员	韩长青	增补副主席名单
13	常务委员	董周英	增补副主席名单

第九届委员会委员一览表(排名不分先后)

表1-3-2-2

序号	职务	姓名
1	委 员	凡映雪
2	委 员	马建明
3	委 员	王阿苓
4	委 员	王悦华
5	委 员	叶友明
6	委 员	叶瑞元
7	委 员	叶惠萍
8	委 员	池彩琴
9	委 员	朱广华
10	委 员	朱岳广
11	委 员	朱鹤相
12	委 员	孙国富
13	委 员	宋德岩
14	委 员	李惠富
15	委 员	吴一芸
16	委 员	陈丽娟
17	委 员	陈碧瑜
18	委 员	俞佐镛
19	委 员	胡淑君
20	委 员	留雪伟
21	委 员	高清源
22	委 员	韩长青
23	委 员	曾石祥
24	委 员	董周英

第九届经费审查委员会一览表(排名不分先后)

表1-3-2-3

序号	职务	姓名
1	委 员	王悦华
2	委 员	刘娇英

续表1-3-2-3

序号	职务	姓名
3	委 员	叶惠萍
4	委 员	李德亮
5	委 员	陈碧瑜
6	委 员	赵 敏
7	委 员	俞佐镛
8	委 员	胡满英
9	委 员	黎云信

丽水县总工会第九届委员会自1982年10月起至1985年10月换届，召开全体委员会议或委员扩大会议共10次，分记如下：

九届一次全体委员会议，于1982年10月28日至30日召开，进行工作分工。

九届二次全体委员会议，于1982年12月12日至14日召开，传达省工会第八次代表大会精神，学习会议文件，讨论和部署县总工会今后工作。

九届三次委员扩大会议，于1983年8月24日至27日召开，学习中共中央书记处对工会工作的重要指示，传达省工会代表会议精神，学习金华等地市工会工作先进经验，组织丽水油嘴油泵厂、县供销社和丽水电池厂等8家单位的职代会、基层工会交流经验。

九届四次委员扩大会议，于1983年11月16日召开，历时两天，贯彻中国工会第十次代表大会精神，明确工会工作的主题是在社会主义物质文明和精神文明建设中发扬工人阶级主人翁精神，学习《中国工会章程》，传达地委副书记高忠勋就如何加强党对工会工作领导的讲话，部署今后工会工作。

九届五次全体委员会议，于1984年2月29日召开，会议审议了县总工会1983年工作情况和1984年工作意见，1983年财务决算和1984年财务预算。

九届六次委员扩大会议，于1984年11月15日召开，讨论通过《整顿工会基层组织，建设"职工之家"考核验收细则》，部署年终总结和评选优秀工会积极分子。

九届七次委员扩大会议，于1985年2月1日至2日召开，会议贯彻全总十届二次执委会和省总八届四次委员扩大会议精神，学习胡耀邦总书记在全总执委会上的讲话精神，听取县工人文化宫、职工业余学校、婚姻介绍所、丽水动力机械厂等单位的工作经验介绍。与会人员还参观了在改革中经济效益显著的县金笔厂和大众电器厂。

九届八次全体委员会议，于1985年3月5日召开，会议听取1984年工会工作要点和财务工作情况的汇报，省总工会丽水地区办事处主任徐炳生到会讲话。

九届九次委员扩大会议，于1985年3月9日召开，会议讨论县总工会第九届委员会工作报告、财务工作报告，通过了《关于工人文化宫"同乐楼"集资的决定》。

九届十次全体委员会议，于1985年8月14日召开，听取县工会第十次代表大会筹备工作情况汇报，讨论县工会“十大”代表名额分配，审议县总工会九届委员会的工作报告和财务工作报告，选举代表资格审查小组和商讨会议会务安排等事宜。

第十次代表大会　丽水县工会第十次代表大会于1985年10月10日至12日在县工人文化宫影剧院召开，正式代表236名，列席代表44名出席大会，代表全县24013名会员。这次大会的主要任务是：认真学习贯彻中共十二届三中全会精神和党对工会工作的重要指示，总结县工会第九次代表大会以来的工作，讨论和确定丽水县工会工作的今后任务，选举产生县工会第十届委员会，经费审查委员会，动员全县各级工会组织，广大会员和职工群众站在改革前列，积极进取，开拓前进，夺取丽水县经济改革和现代化建设的新胜利。大会主要议程是听取和审议县总工会九届委员会的工作报告，财务工作报告，经费审查委员会关于经费审查报告，讨论和确定全县工会工作的任务，选举产生县总工会第十届委员会和经费审查委员会。中共丽水县委副书记樊宝兴代表丽水县委向大会致辞，省总工会丽水地区办事处主任徐炳生在大会上讲话，县总工会副主席徐永武致开幕词，县总工会主席曾石祥作《在建设社会主义物质文明和精神文明中开拓前进》的工作报告，县总工会副主席陈碧瑜作《丽水县总工会第九届委员会财务工作报告》，县总工会常务委员吴一芸作《丽水县总工会第九届委员会财务工作报告》。大会选举产生丽水县总工会第十届委员会委员23名，候补委员5名。委员会第一次全体会议选举产生常务委员9名与第十届委员会主席、副主席。大会还选举产生第十届经费审查委员会。

第十届主席、副主席和常务委员一览表

表1-3-2-4

序号	职务	姓名	任职时间	备注
1	主　席	徐永武		
2	副主席	王贤芳		
3	副主席	俞冬梅		
4	主　席	王宗祥	1987年7月任命	增补主席名单
5	常务委员	徐永武		
6	常务委员	王贤芳		
7	常务委员	俞冬梅		
8	常务委员	马建明		
9	常务委员	李兴华		
10	常务委员	吴一芸		
11	常务委员	周友荣		
12	常务委员	张南雄		
13	常务委员	吴叔华		

第十届委员会委员一览表(排名不分先后)

表1-3-2-5

序号	职务	姓名	备注
1	委　员	马建明	
2	委　员	凡映雪	
3	委　员	王贤芳	
4	委　员	叶松青	
5	委　员	叶荣林	
6	委　员	叶雪萍	
7	委　员	朱广华	
8	委　员	曲小玲	
9	委　员	吴一芸	
10	委　员	吴叔华	
11	委　员	沈大春	
12	委　员	李兴华	
13	委　员	张一雷	
14	委　员	张南雄	
15	委　员	张莉华	
16	委　员	周有荣	
17	委　员	林国平	
18	委　员	林鑫白	
19	委　员	俞冬梅	
20	委　员	徐永武	
21	委　员	留雪伟	
22	委　员	黄德林	
23	委　员	蓝光谅	
24	委　员	刘兴陶	候补委员名单
25	委　员	吕树财	候补委员名单
26	委　员	陈信考	候补委员名单
27	委　员	吴家祥	候补委员名单
28	委　员	曾少健	候补委员名单

第十届经费审查委员会一览表(排名不分先后)

表1-3-2-6

序号	职务	姓名	备注
1	主　任	俞冬梅	
2	委　员	王悦华	
3	委　员	刘娇英	
4	委　员	张超平	
5	委　员	李德亮	
6	委　员	俞冬梅	
7	委　员	袁丽丽	
8	委　员	程美云	

丽水县(市)总工会第十届委员会自1985年10月起至1988年11月换届,召开全体委员会议或委员扩大会议共8次,分记如下:

十届一次委员扩大会议,于1985年12月12日至13日召开,学习上级有关文件,进行工作。

十届二次委员扩大会议,于1985年12月12日召开,传达省总工会八届五次委员(扩大)会议精神,总结1985年工作,讨论和确定1986年工作要点。

十届三次委员扩大会议,于1986年4月11日召开,传达地区工会工作会议精神,汇报赴安徽学习开展劳动竞赛的经验,部署1986年工作任务,会上还表彰了1985年度工会工作先进单位和先进个人。

十届四次委员扩大会议,于1987年1月23日召开,传达省总工会八届六次委员(扩大)会议精神,总结1986年工作,讨论和确定1987年任务。

十届五次委员扩大会议,于1987年7月28日召开,中共丽水市委副书记黄献进,省总工会丽水地区办事处主任黄伍根、调研员徐炳生到会讲话,传达地区工会工作会议精神,联系丽水市实际,回顾上半年工作,研究部署下半年工作。

十届六次委员扩大会议,于1988年3月9日召开,传达全总十届五次执委会和省总工会九届一次常委扩大会议精神,听取市总工会1987年工作总结和讨论通过1988年工作要点,1987年财务决算,1988年财务预算,通过1988年11月召开市工会第十一次代表大会的决议,补选王宗祥为市总工会十届委员会委员、常委、主席。

十届七次委员扩大会议,于1988年7月21日召开,协商推荐黄伍根、王宗祥、李兴华为出席省工会代表会议代表,回顾上半年工作和部署下半年任务,会议还就市工会第十一次代表大会代表名额分配和产生办法及委员、常委的分布进行了协商。省总工会丽水地区办事处主任黄伍根出席会议,传达上级工会指示。

十届“双全会”(市总工会委员会全体委员和经费审查委员会全体委员),于1988年10月召开,审议市总工会第十届委员会工作报告,财务工作报告和经费审查委员会经费审查报告。

第十一次代表大会　丽水市工会第十一次代表大会于1988年11月27日至30日在市工人文化宫影剧院召开，正式代表255名，列席代表和特邀代表49名出席大会，代表全市31500名会员。这次大会的主要任务是：认真学习中共“十三大”精神和新的历史时期工会工作的方针、任务，思考和探索工会的自身改革，回顾和总结市总工会第十次代表大会以来的三年工作，讨论和确定市工会工作今后方向、目标、任务，动员各级工会组织、广大会员和职工群众站在改革前列，进一步推进政治和经济体制改革，夺取两个文明建设的新胜利。大会主要议程：（一）听取和审议丽水市总工会第十届委员会的工作报告；（二）审议和批准丽水市总工会第十届委员会的财务工作报告，经费审查委员会的经费审查报告；（三）选举丽水市总工会第十一届委员会和经费审查委员会。中共丽水市委副书记黄献进，省总工会丽水地区办事处主任黄伍根在大会上讲了话，市总工会副主席俞冬梅致开幕词，市总工会主席王宗祥作《锐意改革进取，强化维护职能，充分发挥工人阶级在改革和建设中的主力军作用》的工作报告，市总工会副主席、经费审查委员会主任俞冬梅作《丽水市总工会第十届经费审查委员会经费审查报告》。大会选举产生丽水市总工会第十一届委员会委员25名，委员会第一次全体会议选举产生常务委员9名与第十一届委员会主席、副主席，大会还选举产生第十一届经费审查委员会。

第十一届主席、副主席和常务委员一览表

表1-3-2-7

序号	职务	姓名	备注
1	主　席	王宗祥	
2	副主席	王贤芳	
3	副主席	俞冬梅	
4	副主席	黄娇翠	增补副主席名单
5	常务委员	王宗祥	
6	常务委员	王贤芳	
7	常务委员	俞冬梅	
8	常务委员	叶建华	
9	常务委员	刘樟树	
10	常务委员	朱文虎	
11	常务委员	吴一芸	
12	常务委员	李兴华	
13	常务委员	张月连	

第十一届委员会委员一览表(排名不分先后)

表1-3-2-8

序号	职务	姓名
1	委　员	马友华
2	委　员	马建明
3	委　员	凡映雪
4	委　员	王宗祥
5	委　员	王贤芳
6	委　员	王佩君
7	委　员	王麟英
8	委　员	叶建华
9	委　员	刘樟树
10	委　员	朱文虎
11	委　员	曲小玲
12	委　员	吴一芸
13	委　员	吴叔华
14	委　员	李兴华
15	委　员	李训明
16	委　员	林国平
17	委　员	俞冬梅
18	委　员	饶伟峰
19	委　员	张月连
20	委　员	张南雄
21	委　员	张莉华
22	委　员	张瑞娥
23	委　员	曾云其
24	委　员	董向林
25	委　员	童笑媛

第十一届经费审查委员会一览表(排名不分先后)

表1-3-2-9

序号	职务	姓名
1	主　任	吴伯卿
2	委　员	刘娇英

续表1-3-2-9

序号	职务	姓名
3	委　员	吴伯卿
4	委　员	沈珍妮
5	委　员	张素琴
6	委　员	袁丽丽

丽水市总工会第十一届委员会任期5年。自1988年11月起至1990年，召开全体委员会议或委员扩大会议5次，分记如下：

十一届二次委员扩大会议，于1989年2月1日召开，传达省总工会九届二次委员(扩大)会议精神，总结1988年工作和部署1989任务；听取1988年工会经费决算汇报。

十一届三次委员扩大会议，于1989年7月8日召开，传达学习中共十三届四中全会公报和邓小平、江泽民、李鹏等中央领导的重要讲话，中共丽水市委副书记黄献进就工会系统学习、贯彻中共十三届四中全会精神讲了话，市总工会根据四中全会精神，对上半年工作进行回顾总结，结合丽水市工会工作特点，部署当前工作。

十一届四次委员扩大会议，于1990年2月10日召开，传达贯彻中共中央《关于加强和改善党对工会、共青团、妇联工作领导的通知》(以下简称《通知》)并就学习贯彻中央文件向全市各级工会提出了具体意见，中共丽水市委副书记李殿学在讲话中提出了三点希望和要求：一要花大力气把《通知》学习好、宣传好、贯彻好；二是各级工会要大力加强思想政治工作，进一步发挥共产主义学校作用；三要联系实际，贯彻《通知》精神，使全市工会工作登上一个新的台阶。中共丽水市委常委、副市长夏宾身，就工会要协助政府参与下一轮承包经营责任制具体工作，加强民主管理和开展“双增双节”劳动竞赛提出了三条意见。市总工会主席王宗祥就学习《通知》提出了四点要求。

十一届五次委员扩大会议，于1990年7月13日至14日召开，会议总结上半年全市工作情况，部署下半年工作任务，学习贯彻全总、省总工会、省总工会丽水地区办事处和中共丽水市委对工会工作的指示；补选黄翠娇为市总工会十一届委员会委员、常委、副主席。会议还通过了《关于广泛动员全市职工开展合理化建议和发明创造活动的决议》和《关于继续深入开展建设职工之家活动的决议》。省总工会丽水地区办事处副主任王兰溪、中共丽水市委副书记李殿学出席会议并讲了话。

第十二次代表大会　丽水市工会第十二次代表大会于1994年3月10日至12日召开，大会的主要任务：认真学习贯彻党的十四届三中全会和中国工会十二大精神，坚定不移地以邓小平同志建设有中国特色的社会主义理论和党的基本路线为指导，紧紧围绕中国工会十二大提出的今后一个时期各级工会必须努力实现八个方面的主要任务，研究和确定今后五年全市工会工作的方向、目标和任务，在建立和发展社会主义市场经济体制的历史进程中，更好地发挥工会的社会作用，为加快全市改革开放和经济建设的步伐，作出新的更大贡献。

这次代表大会的主要议程有：(一)审议和批准丽水市工会第十一届委员会的工作报告；(二)审议和批准丽水市总工会第十一届委员会的财务工作报告、经费审查委员会的经费审查报告；(三)选举产生丽水市总工会第十二届委员会和经费审查委员会。

本届大会正式代表180名，列席和特邀代表70名。

丽水市总工会第十二届委员会、经费审查委员会选举结果报告：大会正式代表179名。

丽水市总工会第十二届委员会主席一览表

表1-3-2-10

序号	职务	姓名
1	主　席	叶松青
2	副主席	黄娇翠
3	副主席	张南雄
4	副主席	曾小珏

丽水市总工会第十二届委员会常务委员会(排名不分先后)

表1-3-2-11

序号	职务	姓名
1	常务委员	叶松青
2	常务委员	叶建华
3	常务委员	朱文虎
4	常务委员	刘樟树
5	常务委员	李光明
6	常务委员	吴伯卿
7	常务委员	张南雄
8	常务委员	高松文
9	常务委员	黄娇翠
10	常务委员	曾小珏

丽水市总工会第十二届委员会委员一览表(排名不分先后)

表1-3-2-12

序号	职务	姓名
1	委　员	王佩君
2	委　员	叶松青
3	委　员	叶建华
4	委　员	朱文虎

续表1-3-2-12

序号	职务	姓名
5	委　员	刘进千
6	委　员	刘雪美
7	委　员	刘满春
8	委　员	刘樟树
9	委　员	汤承节
10	委　员	许　浩
11	委　员	李光明
12	委　员	吴伯卿
13	委　员	吴国锋
14	委　员	何丽明
15	委　员	邹益庚
16	委　员	张南雄
17	委　员	张　健
18	委　员	林国平
19	委　员	胡桂珍
20	委　员	莫有廉
21	委　员	徐正宪
22	委　员	徐德平
23	委　员	高松文
24	委　员	黄吉青
25	委　员	黄娇翠
26	委　员	董向林
27	委　员	曾小珏

丽水市总工会第十二届经费审查委员会一览表

表1-3-2-13

序号	职务	姓名
1	主　任	吴伯卿
2	委　员	余人杰
3	委　员	沈珍妮
4	委　员	陈亨俊
5	委　员	袁丽丽

第十三次代表大会　1999年4月26日至27日在山水宾馆召开丽水市工会第十三次代表大会。

丽水市工会第十三次代表大会的主要任务：以邓小平理论为指导，全面贯彻党的十五大和全国工会十三大精神，确定今后五年工会工作的方针、目标和任务；选举产生丽水市总工会第十三届委员会和经费审查委员会；进一步团结、教育和动员广大职工为深化改革、促进发展、维护稳定、为实现党的十五大提出的跨世纪的宏伟目标而努力奋斗。这次大会的主要议程有：(一)审议和批准丽水市中第十二届委员会工作报告；(二)审议和批准丽水市总工会第十二届委员会财务工作报告、经费审查委员会的经费审查报告；(三)选举产生丽水市总工会第十三届委员会和经费审查委员会。

大会正式代表120名，特邀代表30名，列席代表30名。

丽水市总工会第十三届主席、副主席一览表

表1-3-2-14

序号	职务	姓名
1	主　席	刘敏春
2	副主席	应梅玲
3	副主席	徐赞海

丽水市总工会第十三届委员会常务委员会一览表(排名不分先后)

表1-3-2-15

序号	职务	姓名
1	常务委员	刘敏春
2	常务委员	应梅玲
3	常务委员	杨建忠
4	常务委员	吴伯卿
5	常务委员	郑祥永
6	常务委员	徐赞海
7	常务委员	高松文

丽水市总工会第十三届委员会委员一览表(排名不分先后)

表1-3-2-16

序号	职务	姓名
1	委　员	王志强
2	委　员	王林生
3	委　员	叶联芳
4	委　员	刘宣荣
5	委　员	刘敏春

续表1-3-2-16

序号	职务	姓名
6	委　员	刘雪美
7	委　员	朱文虎
8	委　员	陈文龙
9	委　员	应梅玲
10	委　员	杨建忠
11	委　员	吴伯卿
12	委　员	郑祥永
13	委　员	赵继荣
14	委　员	徐赞海
15	委　员	高松文

丽水市总工会第十三届经费审查委员会委员一览表(排名不分先后)

表1-3-2-17

序号	职务	姓名
1	主　任	吴伯卿
2	委　员	汤承节
3	委　员	曲小玲
4	委　员	陈亨俊
5	委　员	吴伯卿
6	委　员	林国平

第十四次代表大会　2004年9月22日至24日召开莲都区工会第十四次代表大会,会议的主要议程:(一)听取和审议莲都区总工会第十三届委员会工作报告;(二)听取和审议和批准莲都区总工会第十三届经费审查委员会工作报告;(三)审议莲都区总工会第十三届委员会财务工作报告;(四)选举莲都区总工会第十四届委员会;(五)选举莲都区总工会第十四届经费审查委员会。大会正式代表119人。特邀代表和列席人员52人。

莲都区总工会第十四届委员会主席、副主席一览表

表1-3-2-18

序号	职务	姓名
1	主　席	詹　军
2	副主席	叶方采
3	副主席	吴丽云

莲都区总工会第十四届委员会常务委员一览表

表1-3-2-19

序号	职务	姓名
1	常务委员	邹最东
2	常务委员	郑祥永
3	常务委员	李小富
4	常务委员	何丽珠

莲都区总工会第十四届委员会委员一览表

表1-3-2-20

序号	职务	姓名
1	委　员	尹和平
2	委　员	郑祥永
3	委　员	李小富
4	委　员	孙克诚
5	委　员	刘雪美
6	委　员	李小富
7	委　员	汤友谊
8	委　员	余红慧
9	委　员	吴丽云
10	委　员	何丽珠
11	委　员	吴伯卿
12	委　员	邹最东
13	委　员	周永东
14	委　员	郑祥永
15	委　员	陈秀珍
16	委　员	耿子正
17	委　员	詹　军

莲都区总工会第十四届经费审查委员会一览表

表1-3-2-21

序号	职务	姓名
1	主　任	吴丽云
2	委　员	江会春

续表1-3-2-21

序号	职务	姓名
3	委　员	汤承节
4	委　员	郑　平
5	委　员	陈亨俊

第十五次代表大会　莲都区总工会第十五次代表大会于2009年11月25日至26日在莲都会议中心会堂召开，正式代表151名，列席代表和特邀代表49名出席大会，代表全区22704名会员。

这次大会的主要任务是：以“三个代表”重要思想为指导，全面贯彻党的十七大和中国工会十五大精神，确定今后五年工会工作的方针、目标和任务；选举产生莲都区总工会第十五届委员会和经费审查委员会，进一步团结、教育和动员广大职工群众以坚定的政治立场、奋进的精神状态、博大的全局胸怀和高度负责的主人翁精神，积极投身改革开放和社会主义现代化建设的伟大实践，为进一步深化改革开放、加快发展、保持稳定作出贡献。这次大会的主要议程是：(一)听取和审议莲都区总工会第十四届委员会工作报告；(二)听取和审议莲都区总工会第十四届经费审查委员会工作报告；(三)审议莲都区总工会第十四届委员会财务工作报告；(四)选举产生莲都区总工会第十五届委员会；(六)选举莲都区总工会第十五届经费审查委员会。

莲都区总工会第十五届委员会主席、副主席一览表

表1-3-2-22

序号	职务	姓名
1	主　席	詹　军
2	副主席	周林茂
3	副主席	赵　颖

莲都区总工会第十五届委员会常务委员一览表(排名不分先后)

表1-3-2-23

序号	职务	姓名
1	常务委员	尤恒芳
2	常务委员	李小富
3	常务委员	陈　军
4	常务委员	陈丽凤
5	常务委员	周林茂
6	常务委员	赵　颖
7	常务委员	詹　军

莲都区总工会第十五届委员会委员一览表(排名不分先后)

表1-3-2-24

序号	职务	姓名
1	委　员	尤恒芳
2	委　员	王筱芳
3	委　员	叶青春
4	委　员	朱丛伟
5	委　员	刘映萍
6	委　员	李小富
7	委　员	邹嘉陵
8	委　员	陈　军
9	委　员	陈连善
10	委　员	陈丽凤
11	委　员	汪锦林
12	委　员	周林茂
13	委　员	赵越丽
14	委　员	赵　颖
15	委　员	詹　军

莲都区总工会第十五届经费审查委员会一览表

表1-3-2-25

序号	职务	姓名
1	主　任	周林茂
2	副主任	李煜莹
3	委　员	毛杭婴
4	委　员	叶晓庭
5	委　员	叶超红
6	委　员	江会春
7	委　员	李煜莹
8	委　员	郑　平
9	委　员	周林茂

第三节　新时代代表大会

第十六次代表大会　莲都区总工会第十六次代表大会于2014年10月15日至16日在莲都会议中心会堂召开，正式代表155名，列席代表和特邀代表48名出席大会，代表全区46985名会员。这次大会的主要任务是：以邓小平理论、“三个代表”重要思想和科学发展观为指导，认真贯彻习近平总书记系列重要讲话精神，全面总结第十五次代表大会以来的工作，研究部署今后五年的工作任务，选举产生新一届工会领导机构，团结动员全区广大职工为建设美丽莲都创造美好生活而努力奋斗。这次大会的主要议程是：（一）听取和审议莲都区总工会第十五届委员会工作报告；（二）审议莲都区总工会第十五届委员会财务工作报告；（三）审议莲都区总工会第十五届经费审查委员会工作报告；（四）选举产生莲都区总工会第十六届委员会；（五）选举产生莲都区总工会第十六届经费审查委员会。

莲都区总工会第十六届委员会主席、副主席一览表

表1-3-3-1

序号	职务	姓名
1	主　席	尚小林
2	副主席	周林茂
3	副主席	王　琳

莲都区总工会第十六届委员会常务委员一览表（排名不分先后）

表1-3-3-2

序号	职务	姓名
1	常务委员	王　琳
2	常务委员	叶超红
3	常务委员	陈丽凤
4	常务委员	尚小林
5	常务委员	周林茂
6	常务委员	程美双
7	常务委员	魏佳莹

莲都区总工会第十六届委员会委员一览表（排名不分先后）

表1-3-3-3

序号	职务	姓名
1	委　员	王 琳
2	委　员	王筱芳

续表1-3-3-3

序号	职务	姓名
3	委　员	叶超红
4	委　员	刘洪芝
5	委　员	吴雯华
6	委　员	邹嘉陵
7	委　员	陈丽凤
8	委　员	尚小林
9	委　员	周林茂
10	委　员	周海潮
11	委　员	郑永忠
12	委　员	夏　菁
13	委　员	桑丽友
14	委　员	程美双
15	委　员	魏佳莹

莲都区总工会第十六届经费审查委员会一览表

表1-3-3-4

序号	职务	姓名
1	主　任	周林茂
2	副主任	李煜莹
3	委　员	王俏勇
4	委　员	朱睿晔
5	委　员	刘淑雅
6	委　员	江永武
7	委　员	李煜莹
8	委　员	周林茂
9	委　员	翁丽美

第十七次代表大会　莲都区总工会第十七次代表大会于2020年10月28日在莲都会议中心会堂召开，正式代表148名，列席代表和特邀代表49名出席大会，代表全区21290名会员。这次大会的主要任务是：全面贯彻党的十九大和中国工会十七大精神，以习近平新时代中国特色社会主义思想为指导，深入学习贯彻习近平总书记关于工人阶级和工会工作的重要论述，坚持走中国特色社会主义工会发展道路，坚定政治方向，总结过去五年工会工作

取得的成绩，确定今后五年工会工作的方针、目标和任务；选举产生莲都区总工会第十七届委员会和经费审查委员会；团结动员全区广大职工“发展莲都、服务市区”，深入贯彻区委“加快发展年”系列要求，助力推进疫情防控和经济发展工作，努力践行“两山”理念，以“莲都作为”落实“丽水之干”、担纲“丽水之赞”，大力弘扬劳模精神、劳动精神、工匠精神、浙西南革命精神，奋力开创新时代莲都工会工作新局面。这次大会的主要议程：（一）听取和审议莲都区总工会第十六届委员会工作报告；（二）审议莲都区总工会第十六届委员会财务工作报告；（三）审议莲都区总工会第十六届经费审查委员会工作报告；（四）选举产生莲都区总工会第十七届委员会委员；（五）选举产生莲都区总工会第十七届经费审查委员会委员。

莲都区总工会第十七届委员会主席、副主席一览表

表1-3-3-5

序号	职务	姓名
1	主　席	赵秀峰
2	副主席	李丽革
3	副主席	王　琳
4	挂职副主席	朱千国
5	兼职副主席	梁一波
6	兼职副主席	金林美
7	兼职副主席	汤伟波

莲都区总工会第十七届委员会常务委员一览表

表1-3-3-6

序号	职务	姓名
1	常务委员	王　琳
2	常务委员	叶世瑞
3	常务委员	朱千国
4	常务委员	汤伟波
5	常务委员	李丽革
6	常务委员	李海飞
7	常务委员	金林美
8	常务委员	陈旭东
9	常务委员	赵秀峰
10	常务委员	钟爱平
11	常务委员	高超勇
12	常务委员	梁一波

续表1-3-3-6

序号	职务	姓名
13	常务委员	程美双
14	常务委员	蓝林春
15	常务委员	魏佳莹

莲都区总工会第十七届委员会委员一览表（排名不分先后）

表1-3-3-7

序号	职务	姓名
1	委 员	王 琳
2	委 员	叶世瑞
3	委 员	叶根平
4	委 员	邢罗申
5	委 员	朱千国
6	委 员	朱明海
7	委 员	朱睿晔
8	委 员	刘伟骏
9	委 员	刘美花
10	委 员	刘 渊
11	委 员	汤伟波
12	委 员	汤丽芳
13	委 员	李少君
14	委 员	李光祖
15	委 员	李丽革
16	委 员	李峻屹
17	委 员	李海飞
18	委 员	李啸军
19	委 员	杨忠根
20	委 员	杨建军
21	委 员	余作用
22	委 员	余相明
23	委 员	张 凌
24	委 员	张田信
25	委 员	张晓波

续表1-3-3-7

序号	职务	姓名
26	委 员	陈旭东
27	委 员	林 平
28	委 员	林常茂
29	委 员	金林美
30	委 员	周慧霞
31	委 员	郑丽珍
32	委 员	赵秀峰
33	委 员	钟爱平
34	委 员	洪 飞
35	委 员	徐丽静
36	委 员	高超勇
37	委 员	高朝君
38	委 员	诸葛俊芳
39	委 员	梁一波
40	委 员	彭虎云
41	委 员	程美双
42	委 员	蓝林春
43	委 员	赖国雄
44	委 员	戴小丽
45	委 员	魏佳莹

莲都区总工会第十七届经费审查委员会一览表

表1-3-3-8

序号	职务	姓名
1	主 任	李丽革
2	副主任	古春锋
3	委 员	江永武
4	委 员	李丽革
5	委 员	杨 静
6	委 员	郑 丽
7	委 员	郑 燕

续表1-3-3-8

序号	职务	姓名
8	委　员	翁丽美
9	委　员	梁　健
10	委员	樊小丽

莲都区工会历届代表大会一览表

表1-3-3-9

届次	召开时间	基层工会（个）	会员人数（人）	代表人数（人）	选举产生	召开地点
第一次代表大会	1952年12月10日至12月12日	164	5213	97	主席1人、副主席2人，委员29人	县工人文化宫
第二次代表大会	1954年12月10日至12月12日	151	5155	96	主席1人、副主席2人，委员17人	县工人文化宫
第三次代表大会	1956年3月22日至3月25日	122	5174	100	主席1人、副主席1人，常委7人，委员19人	县工人文化宫
第四次代表大会	1957年7月10日至7月12日	124	5842	120	主席1人、副主席1人，委员17人	县工人文化宫
第五次代表大会	1961年4月25日至4月28日	141	8514	134	主席1人、副主席1人	县工人文化宫
第六次代表大会	1963年4月20日至4月2日	95	4511	110	主席1人，常委7人、委员15人	县工人文化宫
第八次代表大会	1977年10月27日至10月30日	67	8401	450	主任1人、副主任4人，常委9人，委员29人	县工人文化宫
第九次代表大会	1982年10月7日至10月10日	152	20559	311	主席1人、副主席2人，常委9人，委员25人	县工人文化宫影剧院
第十次代表大会	1985年10月10日至10月12日	206	24013	236	主席1人、副主席2人，常委9人，委员23人	县工人文化宫影剧院
第十一次代表大会	1988年11月27日至11月30日	206	24013	236	主席1人、副主席2人，常委9人，委员23人	县工人文化宫影剧院
第十二次代表大会	1994年3月10日至3月12日	240	25013	179	主席1人、副主席2人，常委10人，委员27人	县工人文化宫影剧院

续表1-3-3-9

届次	召开时间	基层工会（个）	会员人数（人）	代表人数（人）	选举产生	召开地点
第十三次代表大会	1999年4月26日至4月27日	365	25852	119（列席30）	主席1人、副主席2人，常委7人，委员15人	丽水山水宾馆
第十四次代表大会	2004年9月22日至9月24日	239	13777	119	主席1人、副主席2人，常委7人，委员15人	莲都会议中心
第十五次代表大会	2009年11月25日至11月26日	453	22705	151	主席1人、副主席2人，常委7人，委员15人	莲都会议中心
第十六次代表大会	2014年10月15日至10月16日	480	48065	155	主席1人、副主席2人，常委7人，委员15人	莲都会议中心
第十七次代表大会	2020年10月28日	387	20357	146	主席1人、副主席6人，常委15人，委员45人	莲都会议中心

莲都区(原丽水县、丽水市)总工会历届主席、副主席一览表

表1-3-3-10

姓名	职务	任职起讫时间	届次
牛梦松	主席	1952年12月至1954年3月	一届（1952年12月至1954年12月）
郑炳湘	副主席	1952年12月至1954年11月	
刘继武	副主席	1952年12月至1954年12月	
郑炳湘	主席	1954年12月至1955年03月	二届（1954年12月至1956年03月）
王继武	副主席	1954年12月至1955年03月	
戴祯祥	副主席	1954年12月至1955年12月	
王继武	主席	1956年03月至1957年01月	三届（1956年02至1957年07月）
王寿荣	副主席	1956年03月至1957年07月	
王寿荣	主席	1957年07月至1958年04月	四届（1957年07至1961年04月）
李仕荣	副主席	1957年07月至1961年04月	
秘天堂	主席	1961年04月至1962年01月	五届（1961年04至1963年04月）
李仕荣	副主席	1961年04月至1962年04月	
巴殿春	主席	1963年04月至1968年06月	六届（1963年04至1977年10月）
袁均惠	主任	1977年10月至1982年10月	八届（1977年10月至1982年10月）
郑爱和	副主任	1977年10月至1982年10月	

续表1-3-3-10

姓名	职务	任职起讫时间	届次
李蒙富	副主任	1977年10月至1982年10月	
徐连女当	副主任	1977年10月至1982年10月	
曾石祥	主席	1982年10月至1985年10月	九届（1982年10月至1985年10月）
朱岳广	副主席	1982年10月至1985年10月	
陈碧瑜	副主席	1982年10月至1985年10月	
徐永武	主席	1985年10月至1988年11月	十届（1985年10月至1988年11月）
王贤芳	副主席	1985年10月至1988年11月	
俞冬梅	副主席	1985年10月至1988年11月	
王宗祥	主席	1988年11月至1994年03月	十一届（1988年11月至1994年03月）
王贤芳	副主席	1988年11月至1994年03月	
俞冬梅	副主席	1988年11月至1994年03月	
叶松青	主席	1994年03月至1999年04月	十二届（1994年03月至1999年04月）
黄娇翠	副主席	1994年03月至1999年04月	
张南雄	副主席	1994年03月至1999年04月	
曾小珏	副主席	1994年03月至1999年04月	
刘敏春	主席	1999年04月至2004年09月	十三届（1999年04月至2004年09月）
应梅玲	副主席	1999年04月至2004年09月	
徐赞海	副主席	1999年04月至2004年09月	
詹军	主席	2004年09月至2009年11月	十四届（2004年09月至2009年11月）
叶方采	副主席	2004年09月至2009年11月	
吴丽云	副主席	2004年09月至2009年11月	
叶志军	主席	2009年11月至2014年09月	十五届（2009年11月至2014年09月）
周林茂	副主席	2009年11月至2014年09月	
赵颖	副主席	2009年11月至2014年09月	
尚小林	主席	2014年10月至2017年09月	十六届（2014年10月至2020年09月）
周林茂	副主席	2014年10月至2020年09月	

续表1-3-3-10

姓名	职务	任职起讫时间	届次
王琳	副主席	2014年10月至2020年09月	
陈森云	主席	2017年10月至2020年09月	
赵秀峰	主席	2020年10月起	十七届(2020年10月—)
李丽苹	副主席	2020年10月起	
王琳	副主席	2020年10月起	
朱千国	副主席	2020年10月起	
梁一波	副主席	2020年10月起	
金林美	副主席	2020年10月起	
汤伟波	副主席	2020年10月起	

第四章　乡镇、街道、开发区和产业工会

2005年开始，莲都区相继成立了乡镇街道总工会和工委工会，建立开发区总工会，继续延续建立2个产业工会，共同组成莲都区基层工会组织。

第一节　乡镇街道和开发区总工会

岩泉街道总工会

组织沿革：

2007年，岩泉街道工会选举产生第一届委员会、经费审查委员会、女职工委员会。岩泉街道工会第一届委员会主席：黄龙林；副主席：陈丽凤、何国栋；委员：尤亦西、王佩君、王蓉、刘瑞兵、陆熙和、陈增华。经费审查委员会主任：陈丽凤；副主任：卢洁暇、李光祖。女工委员会主任：陈丽凤；副主任：张蔚；委员：王佩君、王蓉、唐丽娅、傅建丹、卢洁暇。

2011年6月28日，岩泉街道总工会第二次代表大会召开，选举由11人组成的岩泉街道总工会第一届委员会。主席薛和平，副主席陈丽凤、张维光。当年底，岩泉街道下辖工会组织170个，工会会员3847人。

2016年12月，岩泉街道总工会第三次代表大会召开，选举由11人组成的岩泉街道总工会第二届委员会。主席蓝林春，副主席陈丽凤、王景弘。陈丽凤、王蓉、徐特3人组成丽水市莲都区岩泉街道总工会第二届经费审查委员会，陈丽凤任主任。吴颖、王迅、王蓉、张蔚、陈芳5人组成丽水市莲都区岩泉街道总工会第二届女工委员会，吴颖任主任。

工作概况：

2017年2月11日，由岩泉街道、北苑路社区、丽水市文化广电新闻出版局联合工会主办的“元宵欢乐夜”文艺晚会在万地广场举行，创建办主任、岩泉街道书记、主任出席了此次活动。此次活动为弘扬传统文化，助力文明创建，观看文艺演出共有500多人。

2017年4月27日，由岩泉街道、北苑路社区联合工会主办的最美岩泉人表彰活动在万地广场举行，岩泉街道书记胡军、主任周亚军出席了此次活动。此次活动主要以兴文明家庭、创文明社区、建文明城市为目的，共表彰文明家庭、敬老家庭、诚实守信等最美岩泉人共50人。

白云街道总工会

组织沿革：

2008年8月28日，白云街道总工会第一次代表大会召开，选举由11人组成的白云街道总工会第一届委员会。主席钟海峰，副主席蓝彩珠、严俊。女工主任蓝彩珠。下辖工会组织44个。

2015年12月9日，白云街道总工会第二次代表大会召开，选举产生白云街道总工会第二届委员会委员11人，经费审查委员3人。主席周亚军，副主席翁丽美、张泽锋。全街道已建有工会25家，联合工会7家，涵盖企业103家。

2016年10月14日，同意叶根平替补为丽水市莲都区白云街道总工会委员、常委、主席；同意周亚军辞去丽水市莲都区白云街道总工会主席、常委、委员职务。

万象街道总工会

组织沿革：

2008年万象街道总工会道召开第一次代表大会。主席：朱明海；副主席：占修萍。

2016年12月23日万象街道总工会道召开第二次代表大会。

主　席：朱明海

副主席：叶芬梅　陈东红　林春燕

委　员：朱明海　叶芬梅　陈东红　林春燕　王永才　郑青云
童　昶　金桂明　王　捷　吴　芳　陶宏萍

经审委员：叶芬梅(经审主任)　黄军峰　傅陈星　彭虎云　詹海丽

女工委员：陈东红　阙静蕾　潘　瑶　陈丽美　朱广莉

工作概况：

2015年6月，万象街道机关工会联合区纪委开展迎“七一”党风廉政建设知识竞赛。

2017年1月，万象街道总工会召开二届二次全委扩大会议。

2018年6月，万象街道总工会集中组织学习十九大会议精神、工会法知识，并举办十九大知识、工会法知识竞赛。

2018年8月，万象街道机关工会举办十九大暨工会法知识竞赛。

2019年10月，万象街道机关工会举办“不忘初心、牢记使命”主题教育知识竞赛。

2019年12月，万象街道总工会举办爬山比赛。

2020年5月，为弘扬“劳模精神”“劳动精神”“工匠精神”，万象街道机关工会开展百年鱼跃工匠精神主题活动。

2020年10月，万象街道机关工会举办村级组织换届知识竞赛。

联城工委

组织沿革：

2008年11月30日，莲都区联城工委第一届委员会成立。主席：周贤勤；副主席：陈荣环、尚小军；委员：周贤勤、陈荣环、尚小军、武良荣、李君凤、邹嘉陵、林雪美。

2009年12月，莲都区联城工委第二次代表大会选举联城工会第二届委员会主席：周贤勤；副主席：陈荣环、尚小军；委员：周贤勤、陈荣环、尚小军、陈正、武良荣、李君凤、邹嘉陵、林雪美、王卫昌。

2011年12月，联城工委第二届委员会因人事变动替补主席兰军伟，副主席林国友。

2012年7月，原莲都区联城镇机关工会委员会名称变更为丽水市莲都区联城街道办事处机关工会委员会。

2012年7月，联城街道办事处机关工委第三届会员(代表)大会召开，选举产生第三届委员会委员。兰伟军任主席；朱松元任经审员；吕姗姗任女工委员。

工作概况：

2020年9月，丽水市莲都区联城街道办事处机关工会召开第四次会员(代表)大会，选举产生联城街道办事处机关工会第六届委员会委员3名。陈开宇任主席，朱松元任经审委员，练杨蓉任女工委员。

2020年9月26日下午，莲都区联城街道下林村首届有机葡萄酒节盛大开幕。本次葡萄酒节共安排3项活动，分别为下林有机葡萄酒生产基地研学活动、下林村有机葡萄酒品牌品鉴交流会以及公益拍卖。

2020年9月28日上午，娄丰堰来料加工服务中心、莲花调解侠姐调解工作室落成启动仪式暨大搬快聚巧手集市活动、联城街道“联心快闪集”活动在联城街道举行。

碧湖镇总工会

组织沿革：

2011年9月6日，碧湖镇总工会举行第一次工会代表大会，共31名代表参加，选举叶跃平为碧湖镇总工会主席，叶军龙、卢春花、叶跃平、朱小洪、陈连善、杨和明、汪锦林、林国平、武装、胡丽平、章健、虞丰、蓝韬13人为第一届碧湖总工会委员，标志着碧湖镇总工会正式成立。

2013年10月31日，碧湖镇总工会第一届委员会，同意卢春花、蓝韬、章健辞去第一届工会委员及副主席职务，由夏菁、施伟青、蒋卫青3人替补为丽水市莲都区碧湖镇总工会第一届委员会委员，夏菁替补为委员会副主席。

2016年1月13日，碧湖镇总工会第一届工会主席、委员替补选举。同意金晓菲、沈歆、周海潮、匡泳资4人替补为丽水市莲都区碧湖镇总工会第一届委员会委员，金晓菲为委员会副主席；同意陈连善、武装、虞丰、蒋卫青4人辞去丽水市莲都区碧湖镇总工会第一届委员会委员职务。

2016年11月23日，碧湖镇总工会第二次代表大会选举结果，由蓝煜斌、夏菁、金晓菲、叶海平、叶军龙、朱小洪、伍远安、汤丽芬、余相明、周海潮、林雪美、蓝俊鹏、徐颖萍等13人组成丽水市莲都区碧湖镇总工会第二届委员会。

丽水市莲都区碧湖镇总工会第二届全委会选举蓝煜斌任主席，夏菁、金晓菲、叶海平任副主席。

夏菁、李勇、叶少芬3人组成丽水市莲都区碧湖镇总工会第二届经费审查委员会，夏菁任主任。

周伟红、林雪美、纪根梅、吴月英、李佳凤5人组成丽水市莲都区碧湖镇总工会第二届女工委员会，吴颖任主任。

2017年1月16日，同意张美英替补为丽水市莲都区碧湖镇总工会委员、常委、主席；同意蓝煜斌辞去丽水市莲都区碧湖镇总工会主席、常委、委员职务。碧湖镇总工会第二届全委会组成：主席张美英，副主席杜良胜、李清文。

2018年11月，碧湖镇总工会组织开展辖区工会企业排摸，共有55家企业。后因体制机制改革，企业逐渐并入丽水工业园区。

2020年5月31日，碧湖镇总工会第三次代表大会召开，选举产生由9人组成的碧湖镇总工会第三届委员会，主席刘渊，副主席杜胜良、李清文。

2020年12月，碧湖镇总工会第三届工会主席、委员替补选举，选举陈静磊为碧湖镇总工会主席。

工作概况:

2019年9月4日，碧湖镇总工会组织辖区企业座谈，并举行消防安全知识大比武活动，7位企业代表、100多名镇干部参加了本次竞赛比武，进一步提升了企业的安全意识。

2019年9月27日，碧湖镇总工会和丽水工业园区管委会、企业代表、合作单位联合举办庆祝建国70周年主题晚会，此次活动主题为红色引领绿色发展，打造生态工业新高地。

2020年8月18日，碧湖镇总工会主席张美英一行对全区环卫人员、征迁一线等一线人员进行夏日慰问，为一线职工们带去夏日清凉。

2020年11月10日，碧湖镇总工会组织开展“致敬新时代 莲都好声音”莲都区首届职工十佳歌手大赛碧湖初赛，在比赛中展现职工风采、传递新时代的“碧湖好声音”，经过激烈比赛，镇干部朱虹、沈歆和燕京啤酒蓝梦红代表碧湖镇总工会参加全区复赛。

大港头工委

组织沿革:

2017—2018年完成了大港头镇群团改革。

2018年8月24日，大港头工委第一次代表大会召开。

2020年12月，成立了莲都区大港头镇“农家乐”(民宿)联合工会委员会，隶属大港头工委。杨建军任工会主席，蓝剑青、徐萍任工会副主席。

工作概况:

2017年8月4日至11日，2017古堰画乡小镇艺术节暨“玩转画乡”旅游季活动于浙江莲都开幕。

2020年4月，大港头工委委员会对全镇10个行政村抗击新冠疫情一线工作人员进行专项慰问，发放1万元慰问物资。

2020年12月28日，由莲都区总工会、大港头画乡小镇联合工会主办的2020“影居画乡杯”画乡特色小镇“故事匠心”立功竞赛在古堰画乡香樟广场举行。莲都区总工会副主席朱千国出席此次活动。此次活动为期三天分为预赛和决赛，设赛故事、赛技艺、赛才艺三个大项目，涉及100余名参赛选手。

雅溪工委

组织沿革:

2012年8月10日，莲都区雅溪工委第二届委员会选举结果产生，叶仙美、刘华2位组成莲都区雅溪工委第二届委员会，叶仙美任主席，刘华任工会第二届经审员并兼任女工委员。

2012年8月10日，莲都区雅溪镇机关工委第四届委员会选举结果产生，委员会由叶仙美、杨雪敏、邹乐3人组成，叶仙美为主席。

2017年11月8日，莲都区雅溪镇机关工委第五届委员会选举结果产生，委员会由朱泽斌、宋俊珂、杨雪敏3人组成，朱泽斌为主席。

工作概况：

2012年2月9日，莲都区文化广电新闻出版局和雅溪镇党委、政府联合在雅溪镇隆重举办了以“欢天喜地迎元宵，万紫千红闹花灯”为主题的龙年元宵灯会，为广大群众送去新春的祝福，吸引了附近乡镇、村1万多名群众前来观看。

2015年12月22日，雅溪镇双溪村文化活动中心上演了由缙云县懿新婺剧团带来的婺剧大戏。此次表演的节目有《喜闹花台》《文武八仙》《西湖相会》和《红梅盗令》等曲目，吸引了周边群众前来观看。

2016年7月17日，莲都区首届向日葵节在雅溪镇莲房村盛大开幕，本次活动以“我和向日葵有个约”为主题，旨在以花为媒、以节会友，通过一系列的赏花活动，展示雅溪镇良好的生态环境和文化内涵，展现“碧水、青山、蓝天、宁静”的农旅结合休闲胜地。本次活动由区农办、区农业局和雅溪镇人民政府主办，活动吸引了来自各地的500多名游客前来观赏。

2018年3月1日，雅溪镇雅里村举办了“红心向党 筑梦雅里”的乡村春晚演出，受到了农民群众的热烈欢迎。此次雅里春晚在第六届全国市县电视台推优展播评选中荣获综艺晚会最佳作品奖。

2018年2月20日至3月2日，雅溪镇库川村举办精彩绝伦的舞龙灯会。历经千百年的传承，库头板龙已成为库川村必不可少的文化活动。每到正月十五，库川村便会举行元宵舞龙灯会，用舞龙的方式祈求龙的保佑，以求得来年风调雨顺，五谷丰登。

2019年7月3日，雅溪镇莲房村，在村文化礼堂广场，举办每年一度的庙会，有莲房村100多位村民身着传统服饰组成的踩街队伍，还有女子擂鼓开场等表演项目。

老竹镇总工委

工作概况：

2017年3月4日上午，老竹畲族镇派出“红色细胞”积极开展区委组织“我为丽水献爱心”万人微笑志愿活动，致力于把服务群众落实到基础末梢。老竹镇共组织镇、村、部门党员干部以及村学校老师、村老人会共计400余人参与，形成点多面广的服务方队，做到人人知晓、人人参与、人人献爱心。

党委政府联合丽新民族小学、民盟莲都区委会、峰启公益组织、莲都区残联等组织开展一系列留守儿童关爱活动。此活动旨在让乡内学校留守儿童得到更多社会的关爱，呼吁社会各界爱心人士各尽所能，慷慨解囊，让他们感受到社会大家庭的温暖和关爱，让文明城市更加美丽动人，助力全国文明城市创建。

2017年7月23日，由莲都区农业局、老竹畲族镇党委政府主办，东西岩景区管委会、区农办、区旅委、区文广新体局协办，邀请各部门领导、代表，在老竹畲族镇莲都园举办处州白莲节活动。

“喜迎十九大，红歌歌颂党”文艺演出在咸宜村文化礼堂盛大举行，300余名群众齐聚一堂。来自乡内咸宜村、上塘畈村、畎岸村、黄岭上村、山村村等5个文化礼堂村的红歌合唱队伍为大家带来《红星照我去战斗》《没有共产党就没有新中国》《我们走在大路上》等大家耳熟能详的红歌，乡内文艺爱好者也献上歌舞乐器表演。现场气氛热烈，演出结束后，现场观众纷纷表示意犹未尽，同时也对祖国未来更加繁荣昌盛表达了美好祝愿。

2018年4月17日上午，在一片欢腾声中，浙江省第五届畲族风情旅游文化节暨柳新桥竹第二十五届“三月三”畲族歌会开幕式暨“放歌新畲乡，逐梦新时代”文艺演出活动，在莲都区老竹畲族镇隆重举行。此次文化节活动由浙江省民族宗教事务委员会、浙江省旅游局主办，丽水市民族宗教事务局、丽水市莲都区人民政府、丽水学院民族学院承办，莲都区老竹畲族镇人民政府、武义县柳城畲族镇人民政府、莲都区丽新畲族乡人民政府、松阳县板桥畲族乡人民政府协办。

首届畲族文化展演活动在丽新民族小学操场举行。活动伊始，由市慈善总会志愿者与丽新民族小学留守儿童一同开展迎新年包饺子、写福字等志愿服务活动，为他们带来冬日里的温暖。

2019年5月21日晚，为弘扬优秀传统文化，挖掘莲都区老竹当地的状元文化，更好地继承发扬优秀传统文化，老竹畲族镇在老竹文广中心多功能厅，顺利举办《蔡仲龙》剧目汇报演出暨老竹畲族镇2019年送戏下乡活动。

2019年9月30日至10月7日，老竹镇结合自身优势，在莲都区老竹镇新屋村，举办了为期8天的“喜迎国庆·弘扬浙西南革命精神”暨老竹镇首届红色文化旅游节。该旅游节由莲都区老竹畲族镇人民政府主办，莲都区老竹畲族镇新陶村，丽水华宇旅游开发有限公司协办。

畎岸村与丽水中老年摄影爱好群庆元旦联谊活动在畎岸村文化礼堂隆重举行。中老年摄影爱好者们与畎岸村文化礼堂文艺团队开展了文艺交流演出。本次联谊活动旨在通过文艺演出交流提升丽新文化礼堂文艺队伍的演艺实力，同时通过摄影爱好者作品宣传畲乡美景，进一步提升丽新畲族乡旅游吸引力。

在黄岭上村举办“情浓月亮湖，丽新来相会”的青年交友活动。此次活动为青年交友提供了更广泛的渠道，面对面交流的方式提高了现代年轻人交流的质量。

2020年9月22日，在丽新畲族乡咸宜村占湾自然村举办了“2020年丽水·莲都·中国农民丰收节”活动，大家不仅享受了农产品丰收带给农民的喜悦，并且为农民增收创造了良好的机遇。

2020年10月1日至6日，为推进新时代文明实践活动的深入开展，实现生态产品价值转化，探索老竹特色的“两山”发展道路，弘扬践行浙西南红色革命精神，老竹畲族镇人民政府、老竹文化和广电旅游体育中心站以南乡革命纪念馆为载体，结合新屋红色营地等红色亲子文化，共同举办了“迎中秋、庆国庆·弘扬浙西南革命精神”暨老竹镇2020第二届红色文化旅游节。

太平工委

组织沿革：

2014年12月12日，莲都区太平工委第一次代表大会选举结果，由赵基、汤伟波、付峰勇、王勇、程圆霏、周亚珍、黄佳佳等7人组成莲都区太平工委第一届委员会，赵基任工会主席。

由汤伟波、付峰勇、王勇3人组成莲都区太平工委第一届经费审查委员会，汤伟波任经审主任。

由程圆霏、周亚珍、黄佳佳3人组成莲都区太平工委第一届女工委员会，程圆霏任女工主任。

2016年10月15日，同意刘丽伟替补为莲都区太平工委第一届委员会委员，替补为工会主席。同意赵基辞去太平工委第一届委员会委员及主席职务。

工作概况：

2017年10月22日，莲都太平乡在长濑村举办了首届割稻节。

2018年9月26日，太平乡在太平村举办了“省级非遗太平庙会·金秋祝寿乡会暨太平乡首届农民丰收节”活动。区委常委、统战部部长翁伟标，区委统战部副部长、区民宗局局长朱瑞亮，太平乡党委书记徐伟乐及太平殿理事会各成员村出席了本次活动。

2019年10月30日，莲都区太平乡举办了农村党支部“不忘初心、牢记使命”主题教育暨农村基层党建知识大比武活动。

2020年5月9日，莲都区首个云上枇杷节在太平乡下土夭村正式开启，副区长张玉洁上阵，现身直播间现场为太平白枇杷宣传代言。

2020年6月16日，莲都区2020年“争先创优”重大项目集中开工暨灵康杏福康旅小镇项目开工仪式举行，市委副书记、市长吴晓东，市委常委、区委书记徐光文，陈豪、陈立新、胡伟华等区领导及市属有关部门负责人出席仪式。

黄村工委

组织沿革：

黄村工委成立于2009年8月，黄村工会第一届委员会主席蓝海霞，副主席周苍秀、熊余伟，由蓝海霞、周苍秀、熊余伟、曾青霞、巫丁法、周爱祥、蓝友明、郑玄、梅巧美9人组成黄村工会第一届委员会。由熊余伟、郑玄、梅巧美3人组成黄村工会第一届经费审查委员会，熊余伟任主任。到2020年，黄村工委已历经3届。

工作概况：

2014年7月28日，为进一步推动黄村乡生态旅游的发展，黄泥墩村生态文化艺术节大型文艺晚会举行。该晚会由黄泥墩行政村、浙江盛景旅游开发有限公司、浙江望湖置业有限公司、莲都区总商会嘉兴分会联合举办。

2014年8月7日，黄村乡开展了以“天天健身，天天快乐”为主题的全民健身日系列活动。此次全民健身日的系列活动在黄村乡黄村村举行，参加活动的人员为黄村乡的业余文体骨干、体育指导员和体育健身爱好者，受到了广大村民的喜爱。活动现场，文体队伍先后展示了佳木斯快乐舞步健身操、腰鼓、秧歌踩街。在之后的全民健步走活动中，热闹的场面引得附近的村民都纷纷加入健步走的行列，参加人数达200多人。

2015年10月25日，黄村乡黄泥墩村举办“九九重阳·邻里文化节”，活动以重阳、邻里、文明为主题，以践行社会主义核心价值观为宗旨，以弘扬尊老、敬老、爱老、助老传统美德，丰富老人文化生活为目的。

2018年4月4日，莲都区黄村乡第四届郑村白茶节暨“上郑白茶”品牌揭牌仪式隆重开幕。

2020年11月6日，为鼓励和引导广大村民群众积极参加体育健身活动，养成良好的体育锻炼习惯，营造全民健身氛围。黄村文广旅体站以“文明健康 有你有我”为主题开展了黄村乡第四届体育健身展演，活动吸引了辖区60多名文艺爱好者参与。

2020年12月4日，黄村乡第六届“天天乐”文体团队展演暨各乡镇（街道）文体团队交流活动在黄村乡黄村村文化礼堂举行，14个优秀节目轮番登台精彩演绎。

仙渡工委

工作概况：

2012年5月11日，全市各县市区参加全市防汛防台抗旱工作会议的工作人员在葛畈村举行了仙渡乡防御山洪灾害现场演练，保障全体干部在突发山洪灾害状况发生时能够及时应对。

2014年12月2日，仙渡乡总工会开展了工会运动会，提高了机关干部生活质量，推进了机关干部健身活动，进一步增强了机关干部体质，丰富了机关干部的精神文明建设，增强机关干部的凝聚力。

2015年3月，仙渡乡成功策划“养生莲都，桃缘仙渡”2015第五届仙渡桃花节，大力宣传仙渡乡桃文化，促进仙渡乡桃产业的发展。

2016年3月28日，仙渡工委开展了“跑山间小道 赏桃花美景”活动，丰富了单位职工的文化生活，提高了职工身体素质，促进同事之间的交流和友谊，创造文明、健康、和谐的工作氛围。

2019年1月12日，仙渡乡总工会开展职工厨艺比拼活动，分组展示厨艺、品尝菜肴，并安排水果采摘活动。丰富了职工的业余生活，促进交流沟通，放松紧张的工作状态。

2020年9月28日，市委常委、区委书记徐光文，区委副书记胡伟华参加了仙渡乡举行北乡革命纪念馆开馆仪式，此次开馆意味着仙渡乡的红色革命事业发展又向前迈进了一步，也为莲都区红色文化推广做出了贡献。

丽新工委

工作概况：

2017年6月5日，丽新畲族乡党委政府联合丽新民族小学、民盟莲都区委会、峰启公益组织、莲都区残联等组织开展一系列留守儿童关爱活动。此活动旨在让乡内学校留守儿童得到更多社会的关爱，呼吁社会各界爱心人士各尽所能，慷慨解囊，让他们感受到社会大家庭的温暖和关爱，让文明城市更加美丽动人，助力全国文明城市创建。

2017年10月13日晚，丽新畲族乡“喜迎十九大，红歌歌颂党”文艺演出在咸宜村文化礼堂盛大举行，300余名群众齐聚一堂。来自乡内咸宜村、上塘畈村、畎岸村、黄岭上村、山村村等5个文化礼堂村的红歌合唱队伍为大家带来《红星照我去战斗》《没有共产党就没有新中国》《我们走在大路上》等大家耳熟能详的红歌，乡内文艺爱好者也献上歌舞乐器表演。现场气氛热烈，演出结束后，现场观众纷纷表示意犹未尽，同时也对祖国未来更加繁荣昌盛表达了美好祝愿

2018年10月17日是中国传统节日重阳节，丽新畲族乡各文化礼堂村举办敬老宴，为本村高龄老人庆祝佳节。上百名老人欢聚一堂，观赏文艺节目、品尝美食。在杭州经商的丽新畲族乡乡贤联谊会副会长何朝连和在陕西经商的丽新畲族乡乡贤联谊会理事会成员钟海玉如期回到家乡与老人们共度重阳佳节，并为老人送上红包及慰问品。

2018年12月29日，丽新畲族乡首届畲族文化展演活动在丽新民族小学操场举行。活动伊始，由市慈善总会志愿者与丽新民族小学留守儿童一同开展迎新年包饺子、写福字等志愿服务活动，为他们带来冬日里的温暖。

2019年12月29日，丽新畲族乡畎岸村与丽水中老年摄影爱好群庆元旦联谊活动在畎岸村文化礼堂举行。中老年摄影爱好者们与畎岸村文化礼堂文艺团队开展了文艺交流演出。本次联谊活动旨在通过文艺演出交流提升丽新文化礼堂文艺队伍的演艺实力，同时通过摄影爱好者作品宣传畲乡美景，进一步提升丽新畲族乡旅游吸引力。

2020年7月7日，丽新畲族乡在黄岭上村举办"情浓月亮湖，丽新来相会"的青年交友活动。此次活动为青年交友提供了更广泛的渠道，面对面交流的方式提高了现代年轻人交流的质量。

峰源工委

组织沿革：

2014年12月12日，莲都区峰源工委第一次代表大会选举结果，由陈黎霞、夏黎平、王李吉、雷国亮、梅巧美、叶硕、吕蔚等7人组成莲都区峰源工委第一届委员会，陈黎霞任工会主席。

夏黎平、王李吉、雷国亮3人组成莲都区峰源工委第一届经费审查委员会，夏黎平任主任。

梅巧美、叶硕、吕蔚3人组成莲都区峰源工委第一届女工委员会，梅巧美任主任。

工作概况：

2017年7月23日，峰源乡举办首届全域旅游暨第四届纳凉节活动。

2017年8月26日，峰源乡举办"爱在农耕源——莲都区七夕青年交友"联谊活动。

2017年11月26日，由峰源乡干部职工组成的篮球队荣获莲都区"万洋杯"2017男子职工篮球赛体育道德风尚奖。

2018年1月26日，峰源乡干部职工参加"醉恋峰源"大合唱活动。

2019年5月25日，峰源乡开展垃圾分类主题知识竞赛工会活动。

2019年9月26日，峰源乡机关工会开展"不忘初心、牢记使命"工会活动，乡干部职工到小岭根村参观红军洞，重走红军路。

2020年5月29日，峰源乡组织干部职工到黄村乡碧水湾开展工会活动。

丽水工业园区总工会

组织沿革：

2017年10月30日，丽水工业园区总工会第一次代表大会召开，标志着丽水工业园区总工会的成立。本次代表大会选举产生了由15人组成的丽水工业园区总工会第一届委员会，主席李丽革，副主席吴益明、金鑫、周海潮，委员11名。

2017年园区下属企业工会47家，工会会员1000余人。

2019年7月15日，丽水工业园区总工会第二次代表大会召开，选举产生由15人组成的丽水工业园区总工会第二届委员会，主席李丽革，副主席吴益明、金鑫、余作用。

2020年9月9日，丽水工业园区总工会第三次代表大会召开，选举产生由15人组成的丽水工业园区总工会第三届委员会，主席汤伟波，副主席吴益明、金鑫、余作用。

2020年12月底，园区下属企业工会120家，工会会员7000余人。

工作概况：

2018年7月9日，由瓯宝公司主办，丽水工业园区总工会承办“比质量 赛技能”竞赛活动。通过比赛，提高员工工作能力与技能，激发园区员工劳动创造力。

2018年8月9日，丽水工业园区开展企业工会优秀会员盛夏嘉年华活动，活动在碧湖百兴菇业有限公司开展，为园区工会会员提供了一次难得亲子互动机会，丰富会员生活，活跃职工文化生活。

2019年9月26日，莲都区总工会和万控公司工会联合举办了“皓月当空照 制度入我心”制度知识竞赛比武活动。8支代表队、300多名观众参加了本次竞赛比武。

2019年9月27日，由丽水工业园区管委会、碧湖镇、企业代表、合作单位联合举办庆祝建国70周年主题晚会，此次活动主题为红色引领绿色发展，打造生态工业新高地。

2020年9月4日，在丽水工业园区总工会的努力下，万洋低碳小镇首条公交线路——28路公交正式开通。11月17日，第一批青桔电单车正式入驻丽水万洋低碳智造小镇园区，解决了园区企业员工出行难题。

2020年11月26、27日，丽水工业园区总工会开展以“我运动，我学习，我进步”为主题的工会活动。

2020年12月1日，丽水工业园区总工会评选出优秀工会工作者5名、优秀工会3个、美丽厂区5名、十佳优秀员工8名。

第二节　产业工会

1991年起，莲都区产业工会有两个，分别为财贸工会和教育工会。

财贸工会　1991年10月29—31日，召开丽水市财贸工会第一次代表大会，建立中国财贸工会丽水市委员会。大会的主要任务是：认真学习贯彻党的十三届六中、七中全会、江泽民总书记在庆祝中国共产党成立七十周年大会上的讲话、中共中央{1989}12号文件精神和新时期财贸工会的方针、任务、思考和探索财贸工会的工作方法；回顾和总结全市财贸系统近几年的工作，讨论确定全市财贸工会今后的工作方向、目标、任务；动员全市各级财贸工会组织，广大会员和职工群众站在改革前列，充分发挥职工的主人翁作用，推进全市经济建设，为夺取全市精神文明和物质文明新的胜利而努力奋斗。这次代表大会的主要议程是：(一)

听取和审议财贸工会筹备工作报告，回顾财贸系统近几年的工作，部署今后工作任务；（二）选举产生丽水市财贸工会第一届委员会。全市共有财贸基层工会组织45个，工会会员近4000人。正式代表95人，其中女代表40人，列席和特邀代表20多名。

1994年3月25日，增补李光明为丽水市财贸工会委员会主席。

1994年6月7日，李光明任丽水市财贸工会第一届委员会主席。

1999年10月14日，区财贸工会第二次代表大会召开。

2008年9月，周林茂替补为丽水市莲都区财贸工会第二届委员会委员、常委、主席。

2009年8月11日，莲都区财贸工会第三次代表大会召开。大会主题是深入学习实践科学发展观，坚持走中国特色社会主义工会发展道路，全面提高财贸职工队伍思想道德素质和科学文化素质。以维护职工群众合法权益为职责；以发展和强化和谐劳动关系为主线；以完善自身建设，增强基层工会活力为动力，拓宽工作思路，创新工作方法，求真务实，讲求实效。努力开拓全区财贸工会工作新局面。到2009年8月底，全区财贸工会会员2000多人，在全区建立了18个街道（乡镇）工会联合会，24个社区工会联合分会，3个以楼宇、行业为单位的行业性工会联合会。

2009年9月2日，选举同意由周林茂任财贸工会第三届委员会主席，尤恒芳任副主席。由周林茂、尤恒芳、毛丽玲、尹和平、刘洪芝、周亮、钱生生7人组成莲都区财贸工会第三届委员会。选举同意尤恒芳、陈丽美、李煜莹3人组成莲都区财贸工会第三届经费审查委员会，尤恒芳任主任。

2014年9月18日，莲都区财贸工会第四次代表大会召开。47名代表和特邀嘉宾参加会议。主要任务是认真学习贯彻党的十八届三中全会、省、市党代会、上级工会会议精神。回顾总结过去五年全区财贸工会工作，确定今后五年财贸工会工作的指导思想和奋斗目标，进一步团结动员全区广大财贸职工，围绕中心，服务大局，积极投身财贸行业的改革发展实践，为推进全区经济发展而努力奋斗。大会将选举产生区财贸工会第四届委员会。

2014年10月9日，选举同意由王琳任财贸工会第四届委员会主席，魏佳莹任副主席。由王琳、魏佳莹、刘洪芝、吴志盛、张晓青、钱生生、管朝华7人组成莲都区第四届财贸工会第四届委员会。选举同意魏佳莹、赵丽珍、熊小平3人组成莲都区财贸工会第四届经费审查委员会，魏佳莹任主任。

教育工会　1949年成立了丽水县教育工作者工会工作委员会，工委主任何赞东。

1952年9月召开了第一次代表大会，选举产生委员7人，正式成立丽水县教育工会，主席贾业鹄，副主席林光发，城镇以学校为单位，农村以区乡为单位，成立基层教育工会。

1956年夏，召开第二次代表大会，选举产生委员11人，主席汤兆伦。

1957年开展整风运动和反“右派”斗争，1958年又受“工会消亡论”影响，教育工会工作一度停顿。

1961年，基层教育工会工作一度停顿。1961年，基层教育工会进行了整顿，恢复了活动。“文化大革命”期间，县教育工会停止活动，基层组织涣散。

1978—1980年，各中等学校，各区乡镇教育工会相继恢复，1981年召开第三次代表大会，选举产生委员19人，主席陈梅英，副主席赵相国、韩长青、朱鹤相。

1984年召开第四次代表大会，选举产生常务委员7人，主席周有荣，副主席叶建华、管雪兰、朱鹤相。

1987年召开第五次代表大会选举产生委员10人，主席周有荣，副主席董向林，朱鹤相。

1990年底全市五个区和城关镇都建立了教育工会工作委员会，在丽的大中专院校和市属普通中学及33个乡均建立了教育工会委员会，全市共有会员3341人。

2008年11月，召开了莲都区教育工会第七届代表大会。莲都区教育工会第八届委员会由委员17人组成：李小富、陈久远、吕春耀、叶伟英、徐小伟、孙一清、叶如芳、赵秀清、王晓飞、赵清泉、叶锦红、蒋枝英、高超勇、梁松青、江伟军、蓝东伟、雷学忠；常委7人：李小富、陈久远、吕春耀、叶伟英、徐小伟、孙一清、叶如芳；主席：李小富；副主席：陈久远。第七届经费审查委员会委员：徐小伟、黄海明、邓伟军；主任：徐小伟。第七届女工委员会：叶如芳、俞永红、王晚霞、潘群莲、周旭；主任：叶如芳。

2014年4月23日召开了莲都区教育工会第八届代表大会，会议正式代表应到109人，实到102人，分别以无记名投票方式选举产生了教育工会第九届委员会、经费审查委员会，协商产生女职工委员会。莲都区教育工会第八届委员会委员19人：邓德雨、邓伟军、叶如芳、叶杰松、朱金松、张建武、吴碧雅、何朝霞、陈久远、周旭、郑燕、钟金申、桑丽友、莫建、徐冬梅、谢小健、蒋枝英、蒋亚青、赖丽兵；莲都区教育工会第八届委员会常委9人：邓德雨、邓伟军、叶杰松、朱金松、张建武、何朝霞、陈久远、郑燕、桑丽友；莲都区教育工会第八届工会主席桑丽友；莲都区教育工会第八届经费审查委员会委员3人：邓伟军、吕水旺、李晓红；莲都区教育工会经费审查委员会主任邓伟军；莲都区教育工会第八届女工委员会委员5人：王晚霞、周旭、郑燕、俞永红、潘群莲；莲都区教育工会第八届女工委员会主任郑燕。

2019年10月22日召开莲都区教育工会第九届代表大会。大会应到代表69人（其中女代表35 人），实到代表62人，分别以无记名投票方式选举产生了教育工会第九届委员会、经费审查委员会，协商产生女职工委员会。莲都区教育工会第九届委员会由方小伟、王国伟、叶吉颖、孙燕艺、吴碧雅、李建伟、沈俏、陈久远、陈效军、周艳红、郑燕、金建如、桑丽友、曾黎钧、蒋宏雷、蓝东伟、蓝春林等17人组成；常务委员会由方小伟、王国伟、孙燕艺、沈俏、陈久远、郑燕、金建如、曾黎钧、蓝东伟等9人组成，孙燕艺任主席，蓝东伟任副主席；经费审查委员会由吕水旺、陈久远、蓝东伟3人组成，陈久远任主任；女职工委员会由王晚霞、吴静、周艳红、郑燕、俞永红等5人组成，郑燕任主任。

2020年9月4日召开了莲都区教育工会委员会第九届二次会议，同意孙燕艺辞去莲都区教育工会主席、常委，王国伟辞去常委；替补选高超勇为莲都区教育工会委员会常委、主席，蓝永兴为常委。

到2000年底，中国教育工会丽水市莲都区委员会建有基层工会57个，会员总数3654人，其中男会员918人，女会员2736 人；建有“职工之家”52个，“职工小家”198个；建有32个“妈咪暖心小屋”。

基层工会情况表(2020年)

表1-4-2-1 单位:人

工会名称	主席	职工数		会员数		所属总工会
		总数	女	总数	女	
丽水正好电力实业集团有限公司莲都分部工会委员会	龚海炜	222	146	222	146	岩泉街道总工会
浙江丽水莲都建信村镇银行有限公司	应良军	38	18	38	18	
丽水市莲都区人民政府岩泉街道办事处工会委员会	蓝晨瑜	43	20	43	20	
浙江瑞新药业股份有限公司	陈芳芳	141	84	141	84	
浙江丽水速诚电机制造有限公司	潘沿河	25	6	25	6	
浙江万景市政园林工程有限公司工会委员	刘远忠	11	3	11	3	
丽水市大拇指食品有限公司	蒋妙雅	82	49	82	49	
丽水市莲城铅笔制造有限公司	陶增荣	44	24	44	24	
丽水市金丰丰田汽车销售服务有限公司	盛　光	49	33	49	33	
丽水市丽凯制冷配件有限公司	项冬仙	57	38	57	38	
浙江永通科技发展有限公司	吕海芬	76	17	76	17	
丽水大润发商业有限公司工会委员会	周丽春	234	172	234	172	
浙江省丽水市蓝天制笔有限公司	王荣美	74	52	74	52	
丽水市正翔笔业有限公司	管爱兰	43	26	43	26	
浙江华建装饰工程有限公司	赵春静	9	4	9	4	
浙江乾麟缝制设备有限公司	李光祖	6	1	6	1	
圣都家居装饰有限公司丽水分公司	陈　蓉	35	17	35	17	
浙江丽水市飞菱电机股份有限公司	周　娟	15	9	15	9	
浙江新三和动物保健品有限公司	傅韵蓉	25	12	25	12	
浙江平安物业管理有限公司工会委员会	吴建波	97	51	97	51	
丽水市金叶商贸有限公司	陈　宣	18	12	18	12	
红旭集团股份公司丽水分公司	金丽勇	16	4	16	4	
丽水市富来森绿色产业集团有限公司	王亚郁	112	66	112	66	
鞋帝(丽水)鞋业有限公司	梅丽珍	25	12	25	12	
丽水市信裕机械制造有限公司	刘敏捷	60	18	60	18	

续表1-4-2-1

工会名称	主席	职工数		会员数		所属总工会
		总数	女	总数	女	
丽水市宏志制笔有限公司	江玲慧	67	30	67	30	岩泉街道总工会
丽水市中意大酒店有限公司	余燕萍	38	20	38	20	
丽水市顺丰速运有限公司	朱孝华	203	20	203	20	
丽水蓝城农科检测技术有限公司	赵　涛	2	1	2	1	
丽水市莲神厨具有限公司	刘慧芳	9	2	9	2	
丽水市鑫达仪表件厂	李建平	21	12	21	12	
浙江浩腾电子科技股份有限公司	陶宏萍	67	20	67	20	
浙江洁洁环保科技有限公司丽水分公司	蔡静乐	219	122	219	122	
丽水宝顺行汽车销售服务有限公司	王鹏飞	48	11	48	11	
浙江万地房产投资集团有限公司	刘国女	79	36	79	36	
丽水市方立电机配件厂	周　娟	14	10	14	10	
丽水市铭腾装饰工程有限公司	潘慧珍	5	2	5	0	
莲都区岩泉街道丽阳社区工会委员会	王　蓉	22	6	22	6	
莲都区岩泉街道朝阳社区工会委员会	唐丽娅	6	5	6	5	
莲都区岩泉街道天宁社区工会委员会	王建英	7	6	7	6	
莲都区岩泉街道天宁社区第一联合工会	王建英	83	25	83	25	
莲都区岩泉街道丽阳社区第二联合工会	王　蓉	101	30	101	30	
莲都区岩泉街道丽阳社区第三联合工会	王　蓉	102	32	102	32	
莲都区岩泉街道朝阳社区第一联合工会	唐丽娅	86	26	86	26	
莲都区岩泉街道丽阳社区第一联合工会	王建英	96	28	96	28	
莲都区岩泉街道天宁社区第二联合工会	王建英	88	25	88	25	
丽水市莲都区人民政府紫金街道办事处工会委员会	杨　静	38	15	38	15	紫金街道总工会
浙江绿洲眼镜有限公司	叶彩香	30	22	30	22	
丽水市中航混凝土有限公司	王勇标	117	14	117	14	
丽水市联诚家电有限公司	郑巧梅	114	48	114	48	
浙江建航工程咨询有限公司工会委员会	陈夏辉	76	19	76	19	

续表1-4-2-1

工会名称	主席	职工数		会员数		所属总工会
		总数	女	总数	女	
浙江佳途勘测设计有限公司	叶松岳	79	19	79	19	紫金街道总工会
金服物业服务集团有限公司工会委员会	徐伟龙	101	65	101	65	
浙江处州山茶油有限公司	周建伟	10	5	10	5	
浙江利诚建设工程有限公司	翁晓英	39	10	39	10	
绿城物业服务集团有限公司丽水分公司	徐　幸	29	14	29	14	
七星能源投资集团有限公司	苏绍俊	30	9	30	10	
丽水市双龙汽车运输服务有限公司	徐　特	26	8	26	8	
莲都区紫金街道东升社区第一联合工会	尤　郡	132	40	132	40	
莲都区紫金街道东银苑社区第一联合工会	尤世英	108	36	100	34	
莲都区紫金街道东银苑社区第二联合工会	尤世英	110	43	96	40	
莲都区紫金街道东银苑社区第三联合工会	尤世英	96	34	92	30	
莲都区紫金街道金苑社区第一联合工会	杜有雷	142	60	120	55	
莲都区紫金街道金苑社区第二联合工会	杜有雷	136	35	102	26	
莲都区紫金街道金苑社区第三联合工会	杜有雷	116	35	102	26	
莲都区紫金街道万丰社区第二联合工会	钟桂梅	123	36	102	28	
莲都区紫金街道东升社区第二联合工会	尤　郡	132	32	106	30	
莲都区紫金街道西银苑社区第一联合工会	叶晓珍	118	45	106	36	
丽水市绿谷明珠大酒店有限公司	陈　芳	50	28	50	28	白云街道总工会
丽水市绿盒电子商务有限公司工会委员会	尚　屏	20	12	20	12	
丽水市莲都区人民政府白云街道办事处工会委员会	翁丽美	59	38	59	38	
丽水市睿鼎知识产权咨询有限公司工会	吴春玲	4	3	4	3	
丽水市红日保洁服务有限公司工会委员会	叶　浩	43	18	43	18	
浙江九和商业企业经营管理有限公司	刘美花	29	17	29	17	
丽水市农家味道餐饮有限公司	李玉蓉	33	21	33	21	
浙江山水控股集团有限公司	余美颖	117	51	117	51	
浙江金龙物业管理有限公司	叶梦婷	62	24	62	24	
莲都区白云街道接官亭社区联合工会	杨初春	92	47	66	24	
莲都区白云街道三岩寺社区联合工会	陈朝霞	96	40	52	18	

续表1-4-2-1

工会名称	主席	职工数		会员数		所属总工会
		总数	女	总数	女	
丽水市莲都区人民政府万象街道办事处工会委员会	叶芬梅	61	33	61	33	万象街道总工会
丽水市莲都区农民新社区建设发展有限公司工会	陈加伟	11	2	11	2	
丽水市百货大楼有限公司工会委员会	彭虎云	131	74	131	74	
浙江水花电器有限公司	金桂明	24	14	24	14	
丽水市绿城商贸有限公司	周培青	9	0	9	0	
丽水市名优酒业有限公司	傅陈星	14	4	13	4	
丽水市老百姓药品零售有限公司	梅士伟	23	16	23	16	
莲都区万象街道凤凰社区第一联合工会	陈清其	86	42	62	36	
莲都区万象街道凤凰社区第二联合工会	陈清其	102	36	80	26	
莲都区万象街道丽阳门社区第一联合工会	邵敬屏	96	29	86	26	
莲都区万象街道丽阳门社区第二联合工会	邵敬屏	86	32	86	32	
浙江丽水工业园区管理委员会	汤国勇	17	6	17	6	丽水工业园区总工会
丽水工业园区企业服务中心	汤国勇	8	3	8	3	
浙江航星电机有限公司	汤丽芳	82	54	80	54	
浙江方泰铝业有限公司	李炳芳	60	23	60	23	
浙江力创阀门制造有限公司	潘江海	49	12	49	12	
浙江康骏机械有限公司	林　凡	62	9	62	9	
丽水市宏远塑胶有限公司	虞智佩	30	7	30	7	
浙江博峰铜业有限公司	吕胜波	33	4	33	4	
浙江浙丰阀门制造有限公司	余新元	48	14	48	14	
丽水鑫荣发不锈钢制品有限公司	游晓华	106	24	106	24	
浙江上工阀门有限公司	金定克	28	9	28	9	
中仪电力科技有限公司	陈教民	15	7	15	7	
浙江特利隆精密机械有限公司	张爱民	104	42	104	42	
浙江恒诺阀门制造有限公司	马文杰	46	8	46	8	
浙江菲比克阀门有限公司	黄晨谊	26	8	26	8	

续表1-4-2-1

工会名称	主席	职工数		会员数		所属总工会
		总数	女	总数	女	
阿司米阀门有限公司	时文秀	50	10	50	10	丽水工业园区总工会
浙江坤湧兴阀门有限公司	刘丽娜	35	8	35	8	
丽水队长食品有限公司	朱智威	21	9	21	9	
丽水市海卓科技有限公司	范济超	34	15	34	15	
浙江天润电气有限公司	于美友	110	34	110	34	
丽水市荣大轴承厂	李雪美	9	3	9	3	
丽水市百兴真菌生物科技有限公司	刘　冉	7	6	7	6	
浙江拓美包装有限公司	陈学文	45	13	45	13	
浙江瓯宝安防科技有限公司	刘伟骏	429	154	429	154	
丽水鱼跃酿造食品有限公司	陈莉俊	13	4	13	4	
丽水万洋众创城开发有限公司	余作用	59	25	59	25	
丽水万控科技有限公司	林　平	217	50	217	50	
丽水宾迪实业有限公司	潘旭东	135	56	135	56	
浙江多乐缝纫机有限公司工会委员会	雷华斌	238	53	238	53	
丽水市佳俊机械有限公司	魏国培	36	3	36	3	
浙江浩富妮鞋业有限公司	毛丽萍	59	24	59	24	
丽水金马金笔有限公司	马盛杰	5	3	5	3	
浙江阀毕威阀门有限公司工会委员会	周春花	110	26	110	26	
浙江斯科阀门有限公司工会委员会	康志国	10	1	10	1	
浙江中彩文教用品制造有限公司工会委员	朱显昆	30	13	30	13	
丽水欧意阀门有限公司工会委员会	邵素曼	158	43	158	43	
浙江凯众阀门有限公司工会委员会	林海东	18	6	18	6	
浙江丽水恒大科技电气有限公司	余相明	118	53	118	53	
丽水万邦鞋业有限公司	伍远安	54	25	54	25	
浙江不知慢运动服饰有限公司	朱小洪	220	160	201	155	
丽水宾迪实业有限公司工会委员会	潘旭东	85	34	85	34	
丽水东方华泰玻璃有限公司工会委员会	叶　亮	5	2	5	0	

续表1-4-2-1

工会名称	主席	职工数		会员数		所属总工会
		总数	女	总数	女	
莲都区碧湖镇人民政府机关工会	徐颖萍	196	82	196	82	碧湖总工会
燕京啤酒(浙江丽水)有限公司	汤文妮	137	77	137	77	
丽水光大环保固废处置有限公司工会	王　帅	24	9	24	9	
浙江欧意阀门有限公司	邵素曼	136	40	119	40	
碧湖自来水厂	纪金法	11	3	11	3	
丽水碧湖绿源长豇豆专业合作社	叶俊龙	16	8	16	8	
丽水永方机械厂	黄伟平	7	1	7	1	
丽水蓝光气体有限公司	周洛毅	21	4	21	4	
丽水市三丰液化石油气有限公司	吴卓然	12	4	12	4	
浙江非王泵阀有限公司	陈可东	254	68	254	68	
莲都区大港头镇机关工会委员会	王璐璐	38	14	38	14	大港头工委
丽水市莲都区旅游投资发展有限公司工会	唐　寅	36	19	36	19	
莲都区雅溪镇机关工会委员会	朱乘辰	61	22	61	22	雅溪工委
莲都区老竹镇机关工会委员会	蔡君球	50	23	50	23	老竹工委
莲都区黄村乡机关工会	张晴雯	32	15	32	15	黄村工委
丽水市莲都区人民政府联城街道办事处	胡春杰	48	17	48	17	联城工委
丽水市液化石油气有限公司	陈伯年	30	8	30	8	
依莱特纺织有限公司	章晓峰	22	16	22	16	
浙江丽水东西岩旅游开发有限公司工会委员会	泮栋栋	27	15	27	15	丽新工委
莲都区丽新乡机关工会委员会	雷　萍	19	5	19	5	
丽水程翔矿业有限公司工会委员会	孙　凯	78	24	78	24	太平工委
莲都区太平乡机关工会委员会	胡丽妙	45	20	45	20	
莲都区仙渡乡机关工会委员会	彭晨婕	40	18	40	18	仙渡工委
莲都区峰源乡机关工会委员会	陈菁和	45	13	45	13	峰源工委
莲都区委党校工会委员会	黄　庆	19	12	19	12	党群系统工会工委
共青团丽水市莲都区委	蓝　艺	9	6	9	6	

续表1-4-2-1

工会名称	主席	职工数		会员数		所属总工会
		总数	女	总数	女	
丽水市莲都区档案局工会委员会	廖远红	10	7	10	7	党群系统工会工委
丽水市莲都区妇女联合会工会委员会	王　青	10	9	10	9	
莲都区关心下一代工作委员会工会委员会	邓国林	5	3	5	3	
中共丽水市莲都区纪律检查委员会工会委员会	谢智燕	48	21	48	21	
中共丽水市莲都区委老干部局工会委员会	魏　娜	9	5	9	5	
丽水市莲都区政府行政审批中心工会委员会	陈玲韫	33	24	33	24	
丽水市莲都区工商业联合会工会	程慧超	4	3	4	3	
丽水市莲都区总工会机关工会委员会	戴小丽	27	15	27	15	
中共丽水市莲都区委统一战线工作部	李　昭	17	7	17	7	
丽水市莲都区人民代表大会常务委员会	黄海明	30	9	30	9	
丽水市莲都区人民政府办公室	周慧霞	130	39	130	39	
中国人民政治协商会议浙江省丽水市莲都区委员会	吴海英	23	9	23	9	
中共丽水市莲都区委丽水市莲都区人民政府信访局工会委员会	吴　鹏	15	8	15	8	
中共丽水市莲都区委组织部	蔡君妙	32	10	32	10	
丽水市莲都区退役军人事务局工会	项江燕	9	3	9	3	
丽水市莲都区机构编制委员会办公室	许　晔	15	9	15	9	
丽水市莲都区人民代表大会常务委员会机关工会	黄海明	25	6	25	6	
丽水市莲都区老龄工作委员会办公室	雷洪敏	3	2	3	2	
丽水市莲都区军队离休退休干部休养所	翁国伟	4	1	4	1	
中共丽水市莲都区委宣传部工会委员会	黄　琳	30	17	30	17	宣文系统工会工委
丽水市莲都区文化馆	朱伟玮	32	21	32	21	
丽水市莲都区文化和广电旅游体育局机关工会委员会	程凯娅	20	11	20	11	
丽水市莲都区广播电视网络传输中心工会委员会	王　憭	8	2	8	2	
丽水市莲都区城区文化广播电视中心站	郭赛军	17	10	17	10	
丽水市莲都区大港头文化广播电视中心站工会委员会	钟丽杰	8	2	8	2	

续表1-4-2-1

工会名称	主席	职工数		会员数		所属总工会
		总数	女	总数	女	
丽水市莲都区黄村文化广播电视中心站	叶丽君	7	5	7	5	宣文系统工会工委
丽水市莲都区老竹文化广播电视中心站工会委员会	何慧丽	10	5	10	5	
丽水市莲都区联城文化广播电视中心站	谢雅菲	12	5	12	5	
丽水市莲都区雅溪文化广播电视中心站	朱文伟	10	2	10	2	
丽水市莲都区文化创意产业办公室	陈雅萍	43	28	43	28	
丽水市莲都区旅游委员会	程凯娅	6	2	6	2	
丽水市莲都区红十字会	徐　晶	4	1	4	1	
丽水莲都华数广电网络有限公司	尚晨璐	29	18	29	18	
丽水市莲都区人民法院工会委员会	陈　波	205	95	205	95	政法系统工会工委
丽水市莲都区司法局工会委员会	纪跃华	115	39	115	39	
丽水市公安局莲都区分局工会委员会	潘惠和	1045	271	1045	271	
丽水市莲都区人民检察院工会委员会	汤　斐	82	37	82	37	
丽水市莲都区人事劳动仲裁院	兰丽琴	6	3	6	3	
中共丽水市莲都区委政法委员会	蔡　飞	22	6	22	6	
丽水市莲都区经济商务局工会委员会	陈昊颖	36	20	36	20	经贸系统工会工委
丽水市莲都区城乡居民社会保险事业管理中心工会委员会	李一劼	23	12	23	12	
丽水市莲都区医疗保障局工会委员会	季丽敏	16	10	16	10	
丽水市莲都区应急管理局工会委员会	金　敏	29	10	29	10	
丽水市莲都区人力资源和社会保障局	金东平	55	25	55	25	
丽水市莲都区就业管理服务处工会委员会	赵豪伟	14	8	14	8	
丽水市莲都区行政服务中心工会	叶丽春	36	25	36	25	
丽水市莲都区市场监督管理局	叶　莹	158	65	158	65	
丽水市莲都区消费者权益保护委员会秘书处	叶　莹	3	1	3	1	
国网浙江丽水市莲都区供电有限公司	朱会军	824	196	824	196	
丽水市莲都区人力资源服务中心	刘江峰	8	5	8	5	
丽水市莲都区人民政府经济合作交流办公室	严桂飞	11	5	11	5	

续表1-4-2-1

工会名称	主席	职工数		会员数		所属总工会
		总数	女	总数	女	
丽水市莲都区发展和改革局机关工会	邵佩华	45	21	45	21	发展计划系统工会工委
丽水市粮食收储有限公司	范秀雷	29	5	29	5	
丽水市莲都区统计局工会	杨志伟	33	15	33	15	
丽水市莲都区科学技术协会工会	纪琳玲	7	3	7	3	
丽水市莲都区公路管理局	叶高强	22	6	22	6	
丽水市莲都区交通运输局	蓝献土	7	1	7	1	
丽水市城市管理局(城市管理行政执法局)莲都区分局	王占祥	28	10	28	10	
丽水市莲都区住房和城乡建设局	琚鹏飞	88	32	88	32	
丽水市莲都区环境卫生管理局	朱文辉	65	23	65	23	
浙江丽水瓯江风情旅游度假区管理委员会	徐曾浩	19	11	19	11	
丽水市莲都区东西岩风景区旅游开发建设管理委员会工会委员会	叶丹妮	12	6	12	6	
丽水市莲都区城乡建设投资有限公司工会	叶锦锦	72	21	72	21	
丽水市莲都区交通工程质量监督站工会委员会	雷　磊	7	2	7	2	
丽水市莲都区土地和房屋征收工作办公室	江永跃	28	8	28	8	
丽水市莲都区城市管理指挥中心	潘　好	7	7	7	7	
丽水高铁站综合管理办公室	雷　伟	9	4	9	4	
丽水市莲都区物业管理中心	张俊杰	6	4	6	4	
丽水市莲都区公用事业管理所	陈　俊	9	2	9	2	
丽水市莲都区建设稽查执法大队	张云亮	6	0	6	0	

续表1-4-2-1

工会名称	主席	职工数		会员数		所属总工会
		总数	女	总数	女	
丽水市莲都区科学技术局	王小萍	7	2	7	2	发展计划系统工会工委
丽水市莲都区科技信息中心	徐　峻	10	6	10	6	
丽水市莲都区散装水泥办公室	杨忠根	4	1	4	1	
丽水市莲都区旅游投资发展有限公司	韩圣圣	67	28	67	28	
丽水市莲都区卫生健康局	金　晶	25	16	25	16	卫生健康系统工委
莲都区卫生监督所工会	杨　琳	11	8	11	8	
丽水市莲都区公共卫生工作站	杨敏霞	21	16	21	16	
丽水市莲都区人民医院工会委员会	李少君	195	137	195	137	
莲都区丽云中心卫生院工会委员会	梅　芳	34	28	34	28	
丽水市莲都区曳岭中心卫生院	阙莲红	41	26	41	26	
丽水市莲都区雅溪中心卫生院	沈晨晨	33	24	33	24	
丽水市莲都区万象街道社区卫生服务中心	章海燕	47	38	47	38	
丽水市莲都区岩泉街道社区卫生服务中心	赵丽萍	40	32	40	32	
丽水市莲都区紫金街道社区卫生服务中心	杨娇君	37	31	37	31	
丽水市莲都区枫村湾卫生院工会委员会	李　莹	13	10	13	10	
莲都区高溪乡卫生院工会委员会	陈君燕	8	6	8	6	
莲都区联城街道卫生服务中心工会委员会	赵　琳	24	18	24	18	
丽水市莲都区碧湖镇石牛卫生院	赖丽丽	9	5	9	5	
莲都区太平乡卫生院工会委员会	冯笑笑	13	9	13	9	
莲都区黄村中心卫生院工会委员会	黄立莉	19	14	19	14	

续表1-4-2-1

工会名称	主席	职工数		会员数		所属总工会
		总数	女	总数	女	
莲都区水东卫生院工会委员会	涂慧芬	15	10	15	10	卫生健康系统工委
丽水市莲都区巨溪乡卫生院	朱慧鹏	6	4	6	4	
丽水市莲都区白云街道社区卫生服务中心	张　蕾	12	12	12	12	
丽水市莲都区雅溪镇西溪卫生院	陈正浩	5	3	5	3	
丽水市莲都区丽新畲族乡卫生院	陈美红	12	9	12	9	
莲都区双黄乡卫生院	黄莉芬	9	7	9	7	
丽水市莲都区峰源乡卫生院	江根莉	10	9	10	9	
丽水市莲都区仙渡乡卫生院	陈　虹	10	8	10	8	
丽水市莲都区平原卫生院	朱　恒	12	11	12	11	
丽水市莲都区雅溪镇泄川卫生院	蒋义归	6	2	6	2	
丽水市莲都区流动人口计划生育管理办公室	江建伟	13	8	13	8	
丽水市莲都区计划生育宣传技术指导站	方庆伟	23	20	23	20	
丽水市莲都区水利局工会委员会	王晓霞	33	14	33	14	农口系统工会工委
丽水市莲都区雅溪一级电站	陈海霞	56	9	56	9	
丽水市莲都区雅溪二级电站	陈晓霞	52	14	52	14	
丽水市莲都区林业局工会委员会	魏浙杭	58	16	58	16	
丽水市莲都区民政局工会委员会	项赵洁	10	2	10	2	
丽水市莲都区农业农村局工会委员会	李慧倩	209	89	209	89	
丽水市莲都区残疾人联合会工会委员会	谭洁平	9	4	9	4	
丽水市莲都区移民办公室工会委员会	单吴滨	7	3	7	3	
丽水市莲都林场工会委员会	蓝巧美	11	3	11	3	
丽水市莲都区城区林业工作中心站工会委员会	陈建婷	6	2	6	2	
丽水市莲都区双溪林业工作中心站工会委员会	黎志华	9	2	9	2	
丽水市莲都区大港头农业技术中心站工会委员会	王若楠	8	5	8	5	

续表1-4-2-1

工会名称	主席	职工数		会员数		所属总工会
		总数	女	总数	女	
丽水市莲都区峰源农业技术服务站工会委员会	钟高源	8	2	8	2	农口系统工会工委
丽水市莲都区黄村林业技术中心站工会委员会	林华莉	7	1	7	1	
丽水市莲都区老竹林业技术中心站工会委员会	刘　瑛	7	3	7	3	
丽水市莲都区联城林业技术中心站工会委员会	叶明旺	8	3	8	3	
丽水市莲都区太平农业技术服务站工会委员会	钟　鸣	7	1	7	1	
丽水市莲都区仙渡农业技术服务站工会委员会	张晓杰	8	2	8	2	
丽水市莲都区雅溪农业技术服务站工会委员会	何健翔	11	4	11	4	
丽水市莲都区丽新农业技术服务站工会委员会	杨　航	6	2	6	2	
丽水市莲都区联城农业技术服务站工会委员会	刘　璐	7	3	7	3	
丽水市莲都区城区农业技术服务中心站	王海泉	19	16	19	16	
丽水市莲都区大港头林业工作中心站工会委员会	艾丽萍	7	2	7	2	
莲都区峰源林业工作中心站工会委员会	雷婷艳	8	4	8	4	
丽水市莲都区黄村农业技术服务站工会委员会	雷　超	6	2	6	2	
丽水市莲都区老竹农业技术服务站工会委员会	戴和珍	8	4	8	4	
莲都区畜牧兽医局工会委员会	叶莉芳	28	8	28	8	
丽水市莲都区96345市民服务中心工会委员会	曾静雯	17	16	17	16	
丽水市莲都区现代农业园区管理委员会	钟水成	12	4	12	4	
丽水市莲都区民政局婚姻登记处	纪旭红	4	4	4	4	
丽水市莲都区公墓管理所	付雪军	5	1	5	1	
莲都区民政综合救助服务办公室	陈雪珍	6	4	6	4	
丽水市莲都区民政行政执法大队	陈晓婧	5	2	5	2	
丽水市莲都区农业综合开发办公室	刘禹斌	4	0	4	0	
丽水市莲都区社区工作办公室	李伟波	6	4	6	4	
丽水市莲都区儿童福利院	叶　俊	12	4	12	4	
中国教育工会丽水市莲都区委员会	曾旭强	4	2	4	2	教育工会
丽水市莲都区教育局教研室工会委员会	朱涧阳	26	16	26	16	

续表1-4-2-1

工会名称	主席	职工数		会员数		所属总工会
		总数	女	总数	女	
莲都区教师进修学校工会委员会	胡军华	12	5	12	5	教育工会
莲都区碧湖中学工会委员会	刘娇英	102	59	102	59	
莲都区括苍中学工会委员会	叶建林	79	53	79	53	
丽水市莲都区大洋路小学工会委员会	聂建芬	129	93	129	93	
莲都区天宁中学工会委员会	王国伟	112	59	112	59	
丽水市莲都区囿山小学工会委员会	杨俊辉	101	70	101	70	
莲都区莲都小学工会委员会	章忠水	90	65	90	65	
莲都区刘英小学工会委员会	吕勇妙	111	85	111	85	
莲都区水东小学工会委员会	郑　奕	80	53	80	53	
丽水市莲都区联城镇初级中学工会委员会	梁益平	50	26	50	26	
莲都区联城小学工会委员会	叶永海	75	61	75	61	
丽水市莲都区黄村小学工会委员会	戴寿松	13	8	13	8	
莲都区双黄小学工会委员会	谢和良	12	8	12	8	
莲都区严乌小学工会委员会	泮景祥	11	7	11	7	
丽水市莲都区大港头学校工会委员会	方小伟	67	42	67	42	
莲都区梅山小学工会委员会	魏俏芬	54	45	54	45	
莲都区梅山中学工会委员会	颜虹昇	120	82	120	82	
莲都区处州中学工会委员会	何建飞	124	77	124	77	
丽水市莲都区城北小学工会委员会	张勇杰	55	38	55	38	
莲都区中山小学工会委员会	何伟军	119	94	119	94	
莲都区天宁小学工会委员会	钟文伟	86	56	86	56	
丽水市莲都区培红幼儿园工会委员会	黄乐群	26	25	26	25	
丽水市莲都区雅溪学校工会委员会	曾黎钧	51	18	51	18	
莲都区泄川小学工会委员会	陈效军	13	10	13	10	
莲都区西溪小学工会委员会	李子馨	24	19	24	19	
莲都区老竹民族学校工会委员会	吴建华	119	72	119	72	

续表1-4-2-1

工会名称	主席	职工数		会员数		所属总工会
		总数	女	总数	女	
莲都区丽新民族小学工会委员会	周伟平	19	14	19	14	教育工会
莲都区巨溪小学工会委员会	陈毓婷	72	59	72	59	
丽水市莲都区巨溪小学工会委员会	陈毓婷	57	47	51	41	
丽水市莲都区碧湖第二小学工会委员会	周　娟	82	59	82	59	
莲都区高溪小学工会委员会	陈晓芳	12	9	12	9	
丽水市莲都区三包树人小学	潘　春	17	14	17	14	
丽水市莲都区成龙小学	张建青	14	12	14	12	
丽水市莲都区机关幼儿园	陈俊君	55	55	55	55	
丽水市莲都区天金碧水佳苑幼儿园	陈雪琴	27	1	27	1	
丽水市莲都区大港头镇中心幼儿园	雷献娟	13	13	13	13	
丽水市莲都区碧湖镇中心幼儿园工会	李添丽	19	19	19	19	
丽水市莲都区教育局工会委员会	吕水旺	34	14	34	14	
莲都区花园中学	涂晓俊	117	58	117	58	
莲都区外国语学校	徐　瑜	326	252	326	252	
丽水市莲都区城中中学	刘大伶	15	9	15	9	
莲都区人民路小学	朱定远	54	36	54	36	
丽水市莲都丽阳小学	周　丹	66	51	66	51	
莲都区太平小学	林　奕	29	22	29	22	
莲都区碧湖小学	叶军龙	67	43	67	43	
丽水市莲都区仙渡小学	杜慧芳	13	11	13	11	
丽水市莲都区峰源小学	陈娅妮	13	8	13	8	
丽水市莲都区灯塔幼儿园	林夏洁	18	18	18	18	
丽水市莲都区高溪乡中心幼儿园	张艳丹	9	9	9	9	
丽水市莲都区黄村乡中心幼儿园	吕　璐	8	8	8	8	
丽水市莲都区雅溪镇中心幼儿园	要　丽	12	11	12	11	
丽水市莲都区东方明珠幼儿园	龚　慧	18	18	18	18	

续表1-4-2-1

工会名称	主席	职工数		会员数		所属总工会
		总数	女	总数	女	
丽水市莲都区碧湖镇平原中心幼儿园	傅珊珊	20	18	20	18	教育工会
莲都区太平乡中心幼儿园	黄晓霞	11	11	11	11	
丽水市莲都区联城中心幼儿园	吴飞燕	10	10	10	10	
丽水市莲都区老竹镇中心幼儿园	詹黎黎	26	26	26	26	
丽水市莲都区成人教育培训中心	王　斌	7	4	7	4	
丽水市莲都区教育局勤工俭学办公室	莫　建	3	2	3	2	
丽水市莲都区教育招生考试中心	曾旭强	5	2	5	2	
丽水市莲都区电化教育馆	曾旭强	6	2	6	2	
丽水途鹿文化旅游有限公司工会	李秋丹	4	3	4	3	财贸工会
丽水万地国际旅行社有限公司工会委员会	余明霞	14	11	14	11	
丽水市飞扬旅行社有限公司	徐　婧	5	1	5	1	
丽水市青之旅旅行社有限公司工会	陆　渊	6	3	6	3	
丽水市阳光之旅旅行社有限公司	郑威霞	13	11	13	11	
丽水市蓝天旅行社有限公司	苏群仙	10	8	10	8	
丽水市莲都区供销合作社联合社	叶丽俊	12	3	12	3	
丽水市合力资产经营有限公司	王美花	10	4	10	4	
丽水市莲都区六合供销合作社中心社	王林伟	10	1	10	1	
丽水东方宾馆工会	张临晓	66	23	66	23	
丽水市莲城宾馆	甘燕虹	47	28	47	28	
丽水市新世界大酒店有限公司	吴坚强	39	25	39	25	
丽水市喜尔顿酒店管理有限公司	赖武剑	28	22	28	22	
丽水市黄金假日旅行社有限公司工会	叶小惠	6	4	6	4	
丽水市春秋旅行社有限公司	李　娅	15	14	15	14	
丽水市南岸旅行社有限公司工会委员会	吴李慧	12	6	12	6	
丽水中青旅游有限公司	黄桂明	12	9	12	9	
丽水旅行社有限公司	许甜甜	24	21	24	21	

续表1-4-2-1

工会名称	主席	职工数		会员数		所属总工会
		总数	女	总数	女	
浙江艺华假日旅业有限公司	赖　进	8	5	8	5	财贸工会
丽水市莲城旅行社有限公司	兰　潇	10	9	10	9	
浙江丽水莲都中银富登村镇银行有限责任公司	雷　晓	36	21	36	21	
浙江丽水莲都农村商业银行股份有限公司工会委员会	林君芬	448	222	448	222	
丽水市莲都区审计局工会委员会	熊小平	27	16	27	16	
丽水市莲都区会计核算中心	李青青	27	23	27	23	
丽水市莲都区政府国有资产监督管理办公室	刘禹斌	5	2	5	2	
丽水市莲都区财政局	朱根燕	44	20	44	20	
莲都区财政投资评审中心	赵　卓	16	5	16	5	
丽水市莲都区国有资产投资经营有限公司	叶男飞	28	14	28	14	
国家税务总局丽水市莲都区税务局	陈雨曦	113	41	113	41	

第二编 工会工作

莲都区总工会在区委、区政府和上级工会的领导下，根据工会组织的性质、职能、工会章程的规定和广大职工的意愿，组织广大职工积极参与经济建设，开展劳动竞赛、职工合理化建议、技术革新与技术协作，为祖国的繁荣富强做出贡献。同时加强对职工群众党的路线、方针、政策的宣传和教育工作，发挥工会优势，突出工作重点，创新工作机制，团结带领广大职工，积极参与改革，建立健全科学有效的利益协调机制，诉求表达机制，矛盾调处机制，权益保障机制，维护职工合法权益，以此推动和谐社会建设。

第五章 组织阵地建设

工会的组织阵地建设是搞好各项工作的基础，是贯彻党的政治路线和实现工会的方针、任务的保证，包括工会机关党建、工会干部管理培训、“职工之家”建设、工会积极分子培养等内容。

第一节 工会机关党建工作

区总工会围绕全区工会工作的总体思路，全面加强机关思想建设、组织建设和作风建设，始终以教育为主导，切实加强机关各项建设，以加强党建工作为龙头，加强机关廉政建设、效能建设。定期组织机关党员和工作人员开展政治理论学习和工会业务学习，组织开展多种形式的党员主题教育，不断加强党的思想建设、队伍建设和作风建设，抓好机关党风廉政教育。

2001年，区总工会党建工作围绕全市工会工作的总体思路，全面加强机关党员的思想建设、组织建设和作风建设，始终以教育为主导，认真制订全年教育学习计划，并根据形势和上级要求充实教育内容，做到每季度有教育学习重点，每阶段教育学习有新收获新成就。在开展“三个代表”重要思想教育学习活动中，结合工会自身工作的特点，认真制订教育学习计划，集中学习、调查研究、体会交流等各个阶段紧密结合。区总工会党组书记、党支部书记相关领导分专题负责作学习辅导，并以观看专题录像、学习辅助材料充实深化教育内容，每名党员和机关人员在不同教育学习阶段通过自学和集中教育，谈体会、谈收获，不断提升对“三个代表”重要思想的理解，从而在实际工作中真正成为“三个代表”重要思想的宣传者和实践者。在开展“三个代表”重要思想学习教育的基础上，区总工会党支部在党员中开展党风廉政建设、学习江泽民在庆祝中国共产党成立80周年大会上的讲话、学习党的十五届六中全会精神、以身边案教育身边人等一系列教育学习活动。同年，区总工会党支部切实加强自身建设，坚持“三会一课”围绕中心工作，积极提出新的工作思路和开展各种活动，从而促进了整个工会工作的进展。全年召开支部委员会14次、党员大会15次、学习交流活动20次。

2002年，区总工会党建工作始终把抓好自身建设，充分发挥党支部战斗堡垒作用作为工作重点，党支部认真按照《中国共产党和国家机关基层建设工作条例》组织支委和党员学习，做到明确岗位职责和工作目标，“三会一课”正常，领导与党员之间，党员与党员之间，党员与群众之间，经常交心谈话，关系融洽，心情舒畅，从而促进了工会各项工作的顺利开展。同年，区总工会党建工作以创建学习型机关为载体，形成了一套从党组到机关党支部的各层次学习制度，通过开展学理论、学科技、学法律活动，不断提高机关全体人员的思想道德素质、科学文化素质，积极营造“人人努力学习、时时处处学习”的浓郁氛围，提升机关的学习力、创新力、竞争力。同时，对照文明机关创建目标，不断查找自身不足，从各个方面入手，健全制度，规范动作，以实际行动争创文明机关。

2003年，区总工会党支部围绕区委提出的“两个率先”主题教育要求，结合工会实际，及时制定了区总机关《开展学习“三个代表”重要思想力争“两个率先”主题教育活动的实施意见》，主题教育活动在6—12月分三个阶段进行。区总工会按每月一个主题组织集中学习教育活动，在学习中采取定期集中学习和自学研讨相结合，学习政治理论和工会业务相结合，在学习的基础上开展“我为‘两个率先’做什么”的大讨论和我为“率先献一策”活动，每人撰写心得体会进行集中交流，真正用“三个代表”重要思想武装头脑、指导实践，为实现“两个率先”目标探索工会工作的新路子。同年，在区总工会机关中开展了以坚定政治信念、转变工作作风、增强服务本领、提高创新能力为目标的创建学习型机关活动，引导全体机关党员干部普遍树立自觉学习、终身学习、“学习工作化，工作学习化”的新理念，克服无所谓思想、老一套想法，塑造新世纪区总工会机关的新形象。积极鼓励机关同志参加各类学历教育，自觉追求知识已在机关中蔚然成风，区总工会机关有6人先后参加市委党校、电大、自修大学的学历教育。

2004年，区总工会党建工作把工作重点放在加强机关作风建设上，注重教育党员干部牢固树立勤政为民的观念，拓展创建文明机关新内涵，努力创建“学习型、创新型、服务型、廉洁型”机关，切实增强机关工作人员的中心意识、服务意识和效率意识，努力营造廉洁、公正、高效的机关作风。同时，根据2003年“千人评议机关”情况，区总工会党支部配合党组在认真总结经验和教训的基础上，更新理念，寻找新一年创建工作的着力点。4—5月，区总工会党支部认真配合区总工会开展机关作风建设集中教育活动。6月，区总工会党支部按照上级机关党工委的统一部署，认真组织开展了建党83周年庆祝活动，主要开展上好一堂党课、召开一次民主生活会、组织学习和宣传先进典型、开展“党员先进性”主题教育讨论、接受一次革命传统教育等活动。

2005年，区总工会党支部以建设“堡垒支部”、争创先进党支部为目标，以加强支部自身建设为重点，充分发挥支部堡垒作用，夯实党建工作基础，开展了“增强纪律观念，自觉接受监督”“发挥党员先进性”“党员权利保障条例”等主题教育活动，把教育、活动、实践、提高有机结合起来，使学习活动向深度和广度拓展。1—5月，区总工会党支部按照市级机关保持共产党员先进性教育活动的总体部署，组织全体党员集中精力投入到先进性教育活动。“七一”前夕，区总工会机关党支部组织所有党员和入党积极分子，前往仙渡乡参观了北乡革命纪念馆。重阳节前夕，组织全体党员前往厦河村参观省委机关旧址，金秋时节还组织开展了老同志钓鱼比赛，通过开展一系列活动，增强了党支部的凝聚力。同年，区总党支部加强自身建设，机关党建工作制度规范，严格“三会一课”制度，支部“三会一课”及学习活动党员参与率均达100%，各项制度健全、台账齐全，强化了党员队伍建设，做到党内生活照章办事，认真开展民主评议党员活动，认真开展党性党纪教育和廉政法规教育、执政为民教育和警示教育，规范党员管理工作，使每个党员始终处于党组织的严格教育、管理和监督下，本年度内没有发生党员违纪现象。

2006年，在全体党员中全面开展社会主义荣辱观教育，下发《关于组织开展社会主义荣辱观教育的通知》，明确开展荣辱观教育的重要意义和实施步骤，统一思想认识。6月26日，区总工会在区政府会议中心开展了“党旗颂”职工文艺展演活动，区总工会的全体领导和机关人员登台合唱了《没有共产党就没有新中国》等歌曲。结合庆祝建党85周年开展系列活动，与社区结对共建，广泛开展爱国卫生、禁毒宣传、助残帮扶、结对助学、关心下一代等社会公益活动。同年，区总工会开展党员结对帮扶活动，区总工会全体党员分别与33户特困职工家庭结对帮扶，并发放温情联系卡，与特困职工交流谈心，为他们联系就业岗位，帮助子女减免学杂费，为其解决实际困难。在区委宣传部、区级机关党工委等部门开展的“千人帮千户，携手奔小康”活动中，全体党员和工作人员捐资200—500元，扶持城乡困难家庭。区总机关全体党员积极参与了“情系民工子弟，奉献一份爱心”活动，关心资助民工子弟学校，为民工子弟学校捐资2000元。

2007年，区总工会党建工作紧扣工作大局，科学、务实筹划党建工作，以实施“12345”党建重点工程为活动载体，全面加强思想、组织和作风建设，确保党的建设取得成效。区总工会党支部开展“12345”党建教育活动的具体内容是：一个主题教育活动，在全体党员中组织开展以“发挥先锋作用，维护职工权益”为主题的教育活动；读好两本书，为党员配发《劳动者权益公开手册》《中共中央关于构建社会主义和谐社会若干重大问题的决定》两本书籍，有针对性地制定学习内容和调研课题；履行维权职能，机关党员至少走访3名有维权诉求的职工，提供法律援助；上好四次大党课，每季度召开一次党员大会，由区总领导班子成员轮流上党课；办好五件实事：扶持一个经济薄弱村，提供1万元扶持资金，每个党员结对帮扶1名特困职工，建立信息联系卡，每名党员帮扶一名困难职工家庭子女上学，介绍1名下岗职工实现再就业，机关中层以上党员干部每人挂钩一家企业，帮助基层工会解决困难，指导工作。综合党支部和老干部支部也分别集体帮扶1名困难职工和1名困难职工子女上学。综合党支部充分发挥党员先锋模范作用，在帮困救助、职工信访工作上热情为职工办好事、办实事。

2008年，区总工会党支部在党员中开展“坚定理想信念、求实创新奉献”主题教育活动，通过集中学习、专题辅导、组织生活、撰写心得体会、知识竞赛等多种形式，帮助党员深刻理解和全面把握党的十七大精神，提高党员干部的思想素质。结合工会工作实际，开展“关注民生、关爱职工”主题活动，通过学习、调研、结对帮扶，具体落实到每个党员的实际行动中。1月，在全体党员中开展“党员职工心连心活动”，区总工会党支部为每个在职党员物色一名企业一线职工作为联系人，制作党员连心卡，确定联系内容为职工权益保障情况，企业民主管理情况和其他涉及职工利益情况以及对工会工作的意见和建议。要求每个党员同志每月至少一次与职工取得联系，平时不定期与职工保持联系，诚恳听取职工的反映，对职工反映的问题要及时处理和解决，做到事事有回音，件件有落实，并对职工反映的问题、处理的结果、解决的情况认真做好记录。2月，组织开展党员“政治生日”活动，机关党支部核实每个党员的入党月份，选定了一个学习日为在该月入党的党员过“政治生日”，由过“政治生日”的党员汇报思想工作情况，对照入党初期的热情和干劲找差距、寻根源、励斗志，其他同志则提要求、提希望，最后给过生日的党员发一份诸如政治理论书籍知识读本、音像制品等“政治生日”礼物。5月12日，四川省汶川县发生7.8级强烈地震后，区总工会及时下发《关于组织开展四川汶川地震灾区献爱心活动的通知》，要求全区各级工会迅速行动起来，积极配合有关方面做好受灾职工群众的救治和帮扶工作，在动员和组织广大职工抗震救灾、保障职工群众生命安全、维护社会正常秩序等方面发挥积极作用。区总工会号召各级工会和广大职工要发扬“一方有难、八方支援”的精神，迅速掀起向灾区人民募捐爱心的热潮，向受灾地区工会和职工伸出援助之手，为灾区职工送温暖、解急难、献爱心，全力帮助受灾职工渡过暂时的困难。区总工会党支部积极行动起来，号召全体党员和机关工作人员向受灾地区献爱心，工会系统在职和离退休党员共交纳特殊党费1.38万元。6月，在迎接中国共产党成立87周年之际，区总工会党支部开展了上好一堂党课、搞好一次警示教育、开展一次献爱心活动、开好一次民主生活会、安排一次党员过“政治生日”的“五个一”活动。6月27日，区总工会党支部召开庆祝建党87周年大会。7月，按照区委组织部、区级机关党工委的部署，区总工会开展“三走进三服务”(进农村、进社区、进企业，服务发展、服务基层、服务群众)结对共建活动。9月，区总工会党支部和机关工会组织全体机关人员开展合理化建议活动，机关领导和工作人员积极参与，围绕全市工会工作如何创新、创制，各项工作求突破等内容，结合实际，开展调研，提出合理化建议50多条。

2009年，区总工会党组织按照区委的要求，在区级机关党工委的统一部署下，组织开展深入学习实践科学发展观活动，全面启动后，做到精心组织，周密安排，高标准、严要求做好各阶段工作，努力把学习实践活动办成职工群众满意、基层满意工程。同年，在区委、区政府提出的“企业服务年”活动和机关党工委提出的“三走进三服务”活动中，区总工会党支部重点围绕服务企业、服务基层做文章，认真思考和找准工会工作在围绕中心、服务大局中的着力点和结合点，积极探索工会服务中心的有效途径和载体。年内，共走访结对6次，帮助谋划致富路子，做好低收入群众的扶贫帮困工作，提供扶助资金6万元，同时又帮扶困难群众6户。与白云街道灯塔社区结对共建和谐社区，开展党员义务劳动和义工进社区活动。在迎接建党88周年之际，组织开展上好一堂党课、组织一次民主生活会、开展一次传统教育、捐献一份爱心、开展一对一结对帮扶为内容的“五个一”系列活动。同年，全面加强党员的思想建设、组织建设、制度建设、作风建设和能力建设，党内制度健全，党内活动正常，党的基础工作扎实，党建工作制度规范，支部“三会一课”及学习活动党员参与率均达100%。各分支部各项制度健全、台账齐全，学习教育抓得紧，人人学习、时时学习已经成为区总工会机关每个党员干部的自觉行动。

2011年2月，区总工会党支部制订2011年度学习教育计划，充分利用工会工运大讲堂这一载体，在党员干部中认真开展党性党纪教育和廉政法规教育、执政为民教育和警示教育，引导党员干部树立正确的世界观、人生观和正确的权力观、地位观、利益观。通过教育活动的开展，使每个党员干部进一步坚定信念，做到自重、自省、自警、自励。7月1日，区总工会党支部召开庆祝建党90周年党员大会，进行党史学习教育，组织党员参观了市规划展示馆引导党员进一步了解党的丰功伟绩，感受身边的巨大变化。10月，组织党员干部开展工会工作集中调研月活动，对工会工作出现的新情况、新问题进行专题调研，共撰写调研论文18篇。同年，区总工会党支部进一步抓好制度建设，严格“三会一课”制度，“三会一课”及学习活动党员参与率均达100%。建立“机关党员学习卡”制度，详细记录党员学习的学时和内容，采取述学、评学、考学、督学等措施，检验党员个体学习效果。党总支部各项制度健全、台账齐全，学习教育抓得紧，党员干部以强烈的事业心和责任感，勤奋工作、甘于奉献。在强化党员队伍建设上，做到党内生活照章办事，认真开展民主评议党员活动。

2014年，区总工会党支部积极配合市总工会开展工会系统作风建设活动，在全体党员中重点开展以“保持党的纯洁性”为主题的教育活动，引导党员干部加强从政道德修养，保持思想作风纯洁，树立清正廉洁形象。开展了学习型机关创建活动，通过工运大讲堂、集中上党课、公务员知识培训、自主选学等形式，大力弘扬严谨求实学风，立足本职岗位、着眼工作需要，从解决实际问题出发开展有针对性的学习，以学习增长才干，以学习促进工作，进一步增强工会机关党员干部的党性观念和思想政治素质。2月，根据区委组织部、区级机关党工委《关于在区级机关部门和直属单位在职党员中开展“单位比作为、社区作表率”活动的实施意见》精神，区总工会党支部研究制定实施方案，明确专人负责，做好各项准备工作，并召开会议进行动员部署，发动组织区总工会机关在职党员积极投身这一活动中去，以增强在职党员对本职岗位的荣誉感、对居住社区的归属感，提高在职党员岗位建功的主动性、参与社区建设的自觉性。6月18日区总工会党支部决定在“七一”前后，开展“为党旗争辉，为工会添彩”主题活动，研究部署了具体教育活动方案，主要开展“阅读一本好书、参观一个红色纪念馆、考察一个现代化新农村、联系一个企业、作好一次个人工作作风分析、开展一次合理化建议、为党员过一次政治生日”的“七个一”活动。6月28日，区总工会党支部组织全体党员和入党积极分子参观刘英纪念馆，接受革命历史教育，重温入党誓词，上一堂党员先进性教育党课。11月8日，组织全体党员干部和工作人员集中观看党的十八大盛况，及时组织开展了各类学习贯彻活动。11月21日，举办了学习党的十八大精神专题讲座，邀请有关专家前来讲课。

2015年6月9日，区总工会党支部召开党员大会，邀请区纪委领导上了一堂党风党纪专题党课。7月1日，区总工会党支部组织全体党员参观南山经济开发区。11月15日，区总工会党总支召开贯彻党的十八届三中全会精神专题学习会。在开展“三解三促”活动中，区总工会党组领导定期到扶贫联系村调查研究村级经济发展情况，深入结对的5户困难群众家中进行实地走访慰问，帮助困难群众协调解决生活中的困难。组织党员干部于春节期间走进社区，开展结对帮扶工作。

2016年，区总工会党建工作以党的群众路线教育实践活动为契机，大力加强机关党员干部的思想作风建设，在学习教育活动中，区总工会全体党员干部带头参加学习，坚持集中学习、个人自学、原文领读、座谈交流、观看录像、专家讲座、参观交流等方法，抓好学习教育，不断提高党员领导干部查摆问题、改进作风、服务群众的自觉性。区总工会专门下发《关于开展区总工会机关党员干部"走进基层，征求意见"活动的实施方案》，广泛征求各方面意见。区总工会党支部和各分支部党员干部按照有关要求，查摆自身存在的遵守党的政治纪律、"四风"方面存在的突出问题，按照"衡量尺子严、查摆问题准、原因分析透、整改措施实"的要求，形成个人对照检查材料，开展批评和自我批评。4月，区总工会党支部结合开展的党的群众路线教育实践活动，在党员干部中开展"走进基层，征求意见"活动，深入到所联系镇、村、社区、企业工会征求意见，听取工会干部、职工群众的意见和建议。同年，按照区委及区级机关党工委的统一部署，开展社区党员服务区活动，为在职党员打造8小时工作时间外服务群众的"新阵地"，区总工会安排了10名党员分成5组，分别到灯塔社区、白云社区和厦河门社区开展党员服务区活动，通过走访社区班子成员、走访困难居民群众，了解社区发展困难，积极寻求解决办法，尽心尽力帮助社区解决实际问题。同时，每名党员以自身优势和特长，发挥党员志愿者作用，为社区居民提供政策宣传、法律咨询、设施维修、民事调解等各类志愿服务活动。

2017年，区总工会党建工作紧紧围绕巩固和拓展党的群众路线教育实践活动成果的主题，着力推动区总工会机关党建工作的组织生活制度化、规范化、常态化，提高机关党组织的创造力、凝聚力、战斗力。"七一"前夕，区总工会党支部集中开展一次党风廉政教育，组织党员在工人文化宫集中观看了反腐倡廉电视教育片，进一步提高党员干部的党风廉政意识。同时，举行一次组织民主生活会，每个党员通过开展民主生活会回顾上半年的工作思想情况，开展批评和自我批评，党组成员参加双层次的组织民主生活会，进一步沟通交流，凝聚了合力，促进了工作。结合阶段性重点工作，组织党员开展一次多层次的帮扶困难职工活动，对新一批持特困证职工和大病职工帮扶对象普遍走访和广泛调查，进一步深化和提升了帮扶困难职工活动的实效性。

2018年新年伊始，莲都区总工会积极响应区委区政府"洁净我的城，迈上新征程"丽水莲都新春万人志愿者服务活动号召，参加万人大清扫活动。
区总工会党员参加2018年春结后义务植树活动暨万名党员先锋林植树活动。为深入学习贯彻党的十九大精神，进一步提高全体党员党性意识，增强党员党性观念，更好的发挥党员先锋模范作用，真正做到全心全意为人民服务的宗旨，区总工会机关党支部组织全体党员前往老竹镇新陶村《南乡革命纪念馆》开展形式多样的主题党日活动。组织全体党员赴遂昌县王村口爱国主义教育基地，以红色背景为依托，开展了一次锤炼党性的学习教育活动。

2019年区总工会认真完成党支部换届选举工作。把工会党员干部进企业下车间当工人作为规定动作，切实推动"当一周工人、体工会初心"活动与基层走访服务月相结合制度化、常态化，全面提升工会"娘家人"形象，在开展服务过程中充分发挥党员先锋模范作用。2019年9月主题教育开展以来，区总工会机关党支部把学习教育、调查研究、检视问题、整改落实贯穿主题教育始终，坚持统筹推进，边学边查，边查边改，不等不靠，主动作为。组织党员干部对《习近平新时代中国特色社会主义思想学习纲要》《习近平关于"不忘初心、牢记使命"重要论述选编》、《中国共产党章程》等学习读本进行集中研学，赴中共丽水县委旧址--雅溪镇岱后村开展"不忘初心，牢记使命"主题教育使命之行活动，开展了调查研究工作并召开了调研成果汇报交流会，主题教育期间查摆出不担当不作、学习不深入不全面、深入基层调研不够等问题，针对查摆出的问题，列出整改清单，及时制定整改方案，明确整改措施，建立整改台账，扎实有序推进"不忘初心、牢记使命""主题教育。

2020年，根据区委区政对疫情防控的总体要求，区总工会党总支要求机关党员干部助力打赢疫情防控阻击战。2月，发动党员联系开发区企业，帮助企业制定外地农民工返岗措施，并组织党员先锋队到企业发放防疫器材。5月，组织全体党员到开发区开展"我当一周工人"活动。

第二节　工会干部管理培训

工会干部工作是党的干部工作的一部分，是工会组织建设的重要内容。区总工会始终坚持党管和工会协管干部的原则，做好干部工作。

干部管理　工会干部管理实行以地方党委为主，工会协助管理和双重领导以地方为主的体制。努力协助党委做好总工会机关干部、事业单位和基层工会专职干部的管理工作，按照工会工作的特点建设工会干部队伍，把在各项政治活动、生产竞赛、技术革新和技术革命等社会主义建设中，热心工会工作，能为职工群众说话办事的积极分子选拔到各级工会干部队伍中来，并建立和健全管理制度。

1949—1958年共为党政部门和企事业单位输送干部176名。

1982年3月，中共丽水县委与丽水县总工会联合转发《关于基层工会主席配备问题的通知》，规定凡200名职工以上的企事业单位都应配备相当于党政副职的干部任专职工会主席，200名职工以下的企事业单位的工会主席，一般由党的副职（或委员）兼任，均由会员民主选举，按分管权限审批、公布。

1984年8月，县总工会、县委组织部、县企业整顿领导小组联合发出《关于在企业整顿中抓紧调整基层工会领导班子的通知》，凡是基层工会领导班子调整不合格的单位，不予验收。

1986年7月，市总工会与市委组织部联合发出《关于加强工会基层建设的几个问题的通知》，基层工会委员会必须严格按照工会章程规定，如期进行换届改选。基层工会主席是党员的应参加同级党委（支部），享受同级党委副职的政治、经济待遇，副主席享受同级中层正级政治、经济待遇；工会小组长享受行政副班（组）长的同等待遇，列入同级干部管理范围，参加有关会议，阅读有关文件。对近几年由于年龄、文化等原因退出第一线的老工会干部，要与其他党政干部一样作出妥善安排，继续发挥其作用。凡属1983年底以前任职的非本人主观原因而职务下降或退居二线者，仍享受原职务待遇，对已离退休的工会老干部，要进一步关心他们的生活，使之安度晚年。

1989年，实施省颁布的《基层工会民主选举制度的若干规定》，工会正、副主席在任期内实行任期目标制，每年一次向会员或会员代表作述职报告，接受会员或会员代表的评议，会员大会或会员代表大会在评议的基础上可作出对主席、副主席奖惩决定，涉及行政和上级工会奖惩的，可提出建议。凡新当选的工会正、副主席，要参上级举办的岗位培训，培训的成绩作为工会干部考核内容之一。工会主席因故出现空缺时，在征得上级工会同意后，召开工会委员会从副主席中决定代理人选，代理时间最长不超过一年。工会主席、副主席都空缺时，召开会员大会或会员代表大会进行民主选举产生。工会正、副主席在任期内如遇有严重错误或不称职，会员大会或会员代表大会有权进行罢免。

1990年12月，全市有基层工会专职干部110人，其中基层工会专职正、副主席46人，不脱产工会干部4691人。

1994年，加强乡镇企业组建工会工作的管理，对100人以上企业要求配备专职工会干部、乡镇企业工会主席。

1998年，对企业改革进行了调研，发现部分企业随着企业形式的变化和法人代表的更换，出现撤销、合并工会的苗头，在一部分破产、兼并、歇业的企业中，工会组织自行消失。全市18家改制企业中，已经减少工会组织2家，约占改制企业的10%。

2002年6月，转发《浙江省总工会关于基层组织规范化建设的意见》，明确工会干部管理的标准：企事业工会组织机构健全，包括定期召开会员（代表）大会，按期换届；工会领导班子健全，分工明确，其构成体现群众性、代表性；建立健全工会经费审查组织、女职工组织、劳动争议调解组织等；乡镇街道工会组织形成比较完备的组织体制和工作网络，包括有较完善的工会组织机构，并有代表性、民主性原则组成的领导班子；建立本级经费审查委员会和女职工委员会，有专门的工作机构和人员编制；建立工会干部培训制度。

2005年，推行基层工会主席直选制，全区有153家基层工会直接选举工会主席。

2007年，加强对乡镇街道的工会建设，完善乡镇街道工会组织体制和干部的管理，要求符合条件的乡镇街道应成立总工会，做到机构、人员和经费到位。同年还设立了专项工会主席保障金。12月，岩泉街道和富岭街道在全区率先建立了工会委员会，选举产生了工会第一届委员会、经费审查委员会和女职工委员会，原工会工作委员会自行消失。

2010年，按照省市总工会《关于推进乡镇街道总工会建设的意见》，对乡镇街道总工会的工会干部管理提出要求，乡镇街道总工会主席在任职期间享受同级行政副职待遇。主席由同级党委组成人员兼任的，应配备专职副主席，其享受中层正职待遇。同时，要配备专职工作人员。

2013年，对没有建立职工代表大会的国有、集体及其控股企业，要求原则上建立职工代表大会，并召开职代会，实行厂务公开；工会工作委员会建制的企业，依法配备工会主席。

2015年12月，全区有基层工会专职干部268人，其中基层工会专职正、副主席125人，不脱产工会干部4362人。

2020年12月，全区有基层工会专职干部276人，不脱产工会干部6864人。

干部培训　丽水市总工会采取分层次对所属各级工会干部进行培训，加强工会干部的思想作风建设和工会业务水平的提升。一是外出培训即分期分批选送县市总工会干部和基层工会干部到省总工会干部学校接受专业培训，1950—1958年就有48人，以后还曾多次派出人员培训。二是市总工会本身通过举办政治夜校、专业培训班或短期轮训班进行培训，或以会代训和经验交流等多种形式对基层工会委员以上干部进行培训或轮训。1950—1953年，丽水市培养了一批工会积极分子，从中选出近150人，充实到各企业和事业单位从事工会工作。1953年，丽水县总工会创办职工政治夜校，以工会基本知识和形势任务、时事政策为内容，分期轮训小组长以上积极分子235人。1954年4月，全县有工会积极分子347人。1955年，全县已有工会小组长以上工会干部和积极分子1301人。是年，在对工会积极分子的调查中，发现积极分子中存在着对工会方针、任务不明确，兼职过多、职责不清等问题，针对这些存在的问题，丽水县总工会分期分批举办工会小组长以上干部业余培训班进行培训，当年的培训班共举办10期，参加培训学习的工会主席、工会委员和工会小组长共466人次，通过培训，推动了工会各项工作的全面开展。在学习培训的基础上，县总工会建立起一月一次的主席会议制度，基层工会普遍建立定期的干部会、小组生活会、生产会议和政治、技术学习会等制度。三是要求市总工会所属的产业工会、委局工委和基层工会对工会小组长、工会积极分子进行培训。四是为每个基层工会征订业务报刊及有关学习资料。

1986年，为适应改革开放的新形势和工会开展的整顿、建"职工之家"工作，市总工会先后举办基层工会干部培训班三期，参加的工会干部有121人，通过培训，使基层工会干部进一步明确了工会的性质、工会的地位、作用和方针任务，并提高这些工会干部对工会的建设重要性及工会工作方法、工作原则的认识，为工会干部素质的提高起了重要的示范作用。

1990年9月，建立市政府与总工会每年两次联席会议制度。

1995年，丽水市总工会建立干部例会制度，努力提高工会干部素质和加强干部队伍建设。

1999年5月，举办6期工会业务培训班，182名基层工会主席参加培训。同月，教育工会举办教育系统工会干部培训班，45名基层教育工会主席参加培训。

2004年，区总工会利用职工业余学校进一步加强对工会干部的学习培训工作，以党的十六届三中和四中全会精神、中国工会十四大精神以及省、市工青妇工作会议精神为主要内容，以中心组学习、干部会等形式，全年举办工会干部学习培训班6期，培训230人次。

2008年，举办工会干部和职工代表培训。举办工会干部培训班38期，培训1979人次；举办职工代表培训31期，培训2751人次。

2009年，开展工会干部和职工代表培训。举办工会干部培训班33期，培训人数1880人次；举办职工代表培训45期，培训5742人次。办理基层工会法人资格证书108家。

2010年，根据乡镇街道工会干部情况，先后3次对乡镇街道工会、系统(局)工委工会干部进行工会业务培训，提升工会干部理论水平和履职能力；组织开展30人以上企业、联合企业工会干部120多人开展企业民主管理培训，为《浙江省企业民主管理条例》的推行打基础。根据新《工会会计制度》推行需要，开展各乡镇街道、系统(局)工会工委及下属企事业单位、规模以上企业工会财务人员和工会主管会计共200多人的业务培训。是年，召开浙闽毗邻县

(市)总工会工作研讨会，开展毗邻县市工会先进工作经验交流，来自福建宁德、南平，本省温州、丽水的31个县(市、区)总工会共115名工会干部参加研讨会。

2011年，开展“工会干部素质提升”工程，对全区不同岗位的工会干部进行一次工会专项业务的知识轮训。全年开展企业民主管理、法律维权、工会财务、工会统计等专项业务培训，共培训工会干部531人次。

2012年，为认真贯彻落实全总“面对面、心贴心、实打实服务职工在基层”会议精神和省委“进村入企”活动要求，将干部培训直接和“进村入企”相结合，在实战中培训干部。总工会制定出台了干部联系企业制度，组织工会干部分三组深入开展“进村入企”走访调研活动，走访调研的主要内容包括摸清企业生产经营情况、职工队伍稳定情况、企业劳动关系运行情况、职工群众诉求情况、工会工作情况等。活动开展以来，共走访企业54家、乡镇(街道)总工会3家、事业单位6家、村社3家，召开座谈会55场，与职工面对面交流1227人次。走访调研结束后，及时整理企业存在问题，并分别向有关部门汇报。对于职工提出的生活困难受灾、大病医疗等问题，工会及时伸出援手救助，共补助困难职工和困难劳模48人，发放补助金55600元。这次“进村入企”活动，切实转变了工会干部的工作作风。

2013年7月9日至7月12日，区总工会在省总工会干部培训中心举办全区基层工会主席培训班，学习工会最新理论知识，进一步提高基层工会干部履职能力。

2014年区总工会举办基层工会主席培训、信息工培训和全区工会经审干部培训共400余人次。

2017年，抓好工会干部队伍建设，将“两学一做”学习教育常态化、制度化融入日常工作，积极参与全国文明城市创建、护航十九大安保维稳、“六三三”等中心工作。同时，抓好工会系统党风廉政建设，首先抓文件学习，其次是每季度召开党风廉政建设专题例会，再次是推行“三重一大”事项集体研究，由纪检组全程监督。

2018年，进一步加强工会干部队伍建设。加强政治引领，抓好工会干部培训。不断推进政治学习，同时，深入学习习近平新时代中国特色社会主义思想和中国工会十七次全国代表大会精神，在工会各项工作中，充分发挥工会联系党和群众的桥梁纽带作用，强化干部的预防教育。同时加强党风廉政建设，坚持民主生活会和组织生活会，规范工作运行机制，规范帮扶资金的使用，严把经费审核关。进一步改进工会干部工作作风，举办五期职工“业务小讲堂”，同时举办全区各产业工会主席，乡镇(街道、园区)总工会主席、副主席，部分乡镇(街道)、系统(局)工委主任、部分企业工会主席共40人参加的改进工会工作作风培训班，提升工会干部的履职能力。

2019年，自“不忘初心、牢记使命”主题教育启动以来，区总工会严格按照中央、省委、市委、区委统一部署和要求，对全区工会干部全面推进主题教育工作。做到“四个立即”，即立即开展动员部署、立即健全组织领导、立即制定实施方案、立即进行学习贯彻。坚持廉洁自律，持之以恒，做到思想到位、执行到位、整改工作到位。区总工会成立了服务企业领导小组并制定助力企业发展的具体方案，联系并服务企业127家，服务企业职工12105人。

2020年7月2日至5日，由莲都区总工会举办的基层工会主席培训班在省总工会干部学校金华浦江教学点举行，来自莲都区各产业工会、乡镇(街道、园区)工会(工委)、系统(局)工委、企事业单位工会主席等40多人参加了培训。此次培训共4天，以理论学习和现场教学相结合，特邀省总干校教授围绕《中华人民共和国工会法》与《中国工会章程修正案》、新时代智慧工会普惠化服务、贯彻工会十七大精神、工会财务管理实务等进行了理论性、针对性、实践性的讲解。11月3日至6日，莲都区总工会在浙江省总工会干部职工学校本部举办2020年全区基层工会主席培训班，参加培训班的有15大系统的工会主席共计46人参加培训。

第三节 “职工之家”建设

1984年4月，丽水县认真贯彻全国总工会关于整顿工会基层组织，开展建设“职工之家”活动的决定。全县基层工会在试点的基础上，分期分批开展组织整顿，同时开展创建工会“职工之家”活动。是年10月，县总工会制定下发《关于整顿工会基层组织建设“职工之家”考核验收实施细则》，决定用三年左右的时间，把基层工会组织建立“职工之家”作为能体现工会性质、宗旨和工会章程，全面落实工会方针、任务、密切联系群众，工人信得过、替工人说话办事、维护自己所代表的群众的利益的重要基础工程，开拓发展基层工会组织领域。12月，全市第一个乡镇企业工会大众电器厂工会“职工之家”成立。至年底，丽水汽车运输分公司、县电力公司、县纸箱厂三个基层工会建成“职工之家”，经县总工会考核合格并验收，成为全县首批“职工之家”。

1985年，验收合格的“职工之家”34家，其中“先进职工之家”8家。

1986年，验收合格的“职工之家”135家，其中“先进职工之家”31家。

1987年，验收合格的“职工之家”140家，其中“先进职工之家”27家。在创建“职工之家”活动中，时任丽水市总工会党组书记曾石祥、丽水啤酒厂工会主席林国平、地区水电工程处工会副主席童笑媛获省优秀“职工之友”称号。

1988年，验收合格的“职工之家”140家，其中“先进职工之家”32家。

1989年，验收合格的“职工之家”143家，其中“先进职工之家”49家。

1990年，验收合格的“职工之家”160家，其中“先进职工之家”49家。9月，制定《丽水市基层工会建设“职工之家”的考核实施细则》和《评选先进“职工之家”办法》。

1991年，丽水市毛巾厂获省级模范“职工之家”荣誉称号，1993年又获全国模范“职工之家”荣誉称号表彰。

1994—1997年，市总工会积极开展“职工之家”建设，共建合格“职工之家”161家，丽水毛巾厂工会被评为全国模范“职工之家”，碧湖啤酒厂被评为省级模范“职工之家”。1997年中华全国总工会下发《关于贯彻落实工会总体思路，把建设职工之家活动提高到新水平的实施意见》，丽水市总工会贯彻落实全总意见，于该年的7月7日专门发文进行深入部署，并进行调查了解，据统计，到1997年底全市已建合格“职工之家”160家。

2002年，区总工会把对非公企业工会规范化建设作为大事来抓，8月，区总工会从35家非公企业中选择22家企业为合格“职工之家”的重点建设对象。经过认真考核，确认浙江中信建筑工程有限公司工会等21家非公企业工会获2002年度合格“职工之家”称号。

2003年，合格“职工之家”创建活动进一步深入，坚持建会、建制、建家并举，以规范化建设为抓手，深入开展合格“职工之家”创建活动，建非公企业“职工之家”36个，占应建数的85.7%。丽水市华侨学校、丽水市港源商贸有限公司工会、丽水市宏志科技有限公司工会和莲都外国语学校工会被评为市级先进“职工之家”。

2004年，莲都区雅溪一级电站工会被评为省级模范“职工之家”。莲都区雅一电站、莲都区财政局机关工会等19家为区级合格“职工之家”。

2005年，22家基层工会建成合格“职工之家”，全区累计有合格“职工之家”217家。碧湖工会被评为省级示范乡镇工会，浙江飞雁羽绒有限公司工会被评为省级模范“职工之家”；2家乡镇工会获评市级示范乡镇工会，4家企事业基层工会获市级先进“职工之家”称号。

2006—2007年共建合格“职工之家”50家，累计已建合格“职工之家”267家。2006年莲都区中山小学被评为省级“职工之家”，获评市先进“职工之家”3家。2007年获评市级先进“职工之家”3家。

2009年，莲都区双溪小学工会、丽水市舒美特鞋业有限公司工会获评市级先进“职工之家”。对已获评“职工之家”的单位进行检查复评。2010年，区瓯宝实业有限公司工会获丽水市工会创优争先活动“十佳先进职工之家”称号。

2016年，共评选莲都区区级先进“职工之家”5个，先进工会工作者30名，优秀职工之友10名。大拇指和百兴茹业被评为市级“职工之家”示范点。

2020年，新冠病毒肆虐，严重影响了人们的生产生活，疫情期间，工会组织真正体现了“职工之家”的职能。1月，区总工会出台了《莲都区总工会关于助力打赢防控阻击战和发展总体战的通知》，指导企业平稳有序复工。为解燃眉之急，为企业提供防疫物资，区总工会累计为79家企业发放口罩23000多个；发动企业协会统一采购消毒水、口罩等防疫物资。疫情期间，区总工会筹集慰问资金30.55万元，慰问防控一线的医务人员和防控区域、重点行业（单位）参与疫情防控和监测的一线工作人员计2600多人。同时，制作原创歌曲《你的模样》《向阳而行》，多家媒体予以关注和报道，网络点击量达50余万次。召集企业代表、法律顾问召开稳定企业和谐劳动关系座谈会。指导和要求企业对就业结构性矛盾、社保领域问题、劳资双方利益平衡、和谐劳动关系处理等方面制订预案。区总工会还走访服务企业110家，听取各方反映并收集问题70余项，现场帮助解决50余项，相关部门协助解决20余项。及时落实75家企业返丽的外地务工人员的交通补助，工业园区共为企业发放1081561.90元的交通费及有关补助，分别采取“包车”“包专列”“四区拼车”等方式为企业接回50多名省外务工人员返回莲都，得到企业的一致好评。

莲都区被评为全国模范“职工之家”一览表

表2-5-3-1

时间	公司
1998年	浙江天帆毛巾集团公司工会
2003年	仙都啤酒有限公司工会
2008年	丽水市莲都供电局工会委员会

莲都区被评为浙江省模范"职工之家"、模范"职工小家"一览表

表2-5-3-2

时间	公司
1997年	浙江碧湖啤酒有限责任公司工会 [后改为燕京啤酒(浙江丽水)有限公司工会]
2000年	浙江仙都啤酒发展公司工会
2003年	莲都供电局工会
2004年	莲都区雅溪一级电站工会
2005年	浙江飞雁羽绒制品有限公司工会委员会
2006年	莲都区中山小学工会
2007年	丽水市百货大楼有限公司工会床上用品柜组工会小组

莲都区被评为丽水市先进"职工之家"、先进"职工小家"一览表

表2-5-3-3

时间	公司
2002年	丽水市水花电器有限公司工会 莲都区供电局工会
2003年	莲都区花园中学工会 浙江中信建筑工程有限公司工会 丽水润晟食品有限公司工会 丽水市宏志科技有限公司工会 莲都外国语学校工会
2004年	莲都区雅溪一级电站工会 丽水市南方建筑工程公司工会
2005年	浙江飞雁羽绒制品有限公司工会 莲都区囿山小学工会 莲都区中山小学工会
2006年	浙江金龙房地产投资集团有限公司工会 丽水万控电气公司工会 大洋路学校工会
2007年	莲都区雅溪二级电站工会 浙江红顶服饰有限公司工会 莲都区莲都小学工会
2008年	莲都区双溪小学工会
2009年	瓯宝实业有限公司工会 浙江成功塑胶有限公司工会

第四节　工会积极分子培养

工会积极分子是指不脱离生产(工作)岗位从事工会工作人员。他们与广大职工群众朝夕相处,关系密切,利用业余时间积极开展工会工作,是工会组织开展各项工作、各种活动的一支重要的骨干力量。工会积极分子队伍的建设,是工会组织建设的重要工作,区总工会及所属各级基层工会从自身工会组织筹备工作开始,就十分重视对工会积极分子的选拔、培养、教育和管理。

区总工会十分重视、发现和培养工会积极分子,壮大积极分子队伍。自1949年7月,丽水县建立第一个基层工会组织开始,就把这项工作列入重要议事日程。

1953年3月,丽水县总工会创办职工政治夜校,以工会基本知识、形势任务和时事、政策为教材,分期分批对工会小组长以上工会积极分子进行轮训。分期轮训小组长以上工会积极分子235人,取得效果。

1954年,全县有工会积极分子347人,1955年,全县有工会积极分子1301人。

1956年8月,县总工会在工人文化宫召开丽水县首次工会积极分子代表大会,表彰优秀工会积极分子和评选出席省工会积极分子代表大会代表。1958年全县有工会积极分子1400多人。

1963年9月,县总工会召开丽水县第二次工会积极分子代表大会,表彰优秀工会积极分子。

1980年起恢复评比先进和表彰奖励优秀工会积极分子制度,有效地激发了广大工会积极分子的工作热情,工会积极分子队伍不断壮大。3月5日至7日,丽水县总工会召开1979年度工会积极分子代表大会,出席会议的代表260人,列席代表45人。中共丽水县委书记霍在宝,副书记、县“革委会”主任于成章,县委常委、组织部部长张德堂,省总工会丽水地区办事处副主任张瑞甫、周锡宪,县机关有关部委办、局负责人出席大会。于成章、张德堂、张瑞甫在大会上讲了话。丽水动力机械厂、丽水油泵油嘴厂、丽水针织厂、县棉织厂、酒厂、化肥厂、印刷厂、火柴厂、塑料厂、服装厂、晶体管厂、饮食服务公司和省汽车运输公司丽水分公司、丽水邮电局、农科所、医药公司等16个基层工会代表在大会上介绍了工会工作经验。会议评出1979年度县级优秀工会积极分子42名。

1981—1983年,县总工会采取按会员人数比例把县级优秀工会积极分子名额分配到基层工会,各基层工会按县总工会制定的评比条件,在评选基层工会积极分子基础上,评比、推荐县级优秀工会积极分子,上报县总工会审查批准后印发光荣榜,予以表彰。

1984年4月3日至4日,丽水县总工会召开工会积极分子代表大会,参加大会的有地、县基层工会的优秀工会积极分子以及有关部门负责人共296人,中共丽水县委副书记樊宝兴、省总工会丽水地区办事处主任徐炳生出席会议,并分别作题为“毋忘团结奋斗,致力振兴中华”“发奋努力、开拓前进”的报告。丽水电业局、丽水县农业银行、丽水动力机械厂、丽水油泵油嘴厂、丽水火柴厂、丽水电池厂、丽水县五金厂、丽水县纸箱厂、丽水县职业业余学校和省汽车运输公司丽水分公司等10个单位的工会积极分子代表作大会发言,从不同角度交流了做好基层工会工作的经验和体会。大会表彰了1983年度优秀基层工会专职干部11名,县级优秀工会积极分子190名。

1985年4月17日,县总工会表彰1984年度优秀工会工作者22名,优秀工会积极分子240名。

1986年4月11日,丽水市(县级)总工会召开工会工作会议,会上表彰了1985年度3个先进"职工之家"、26个先进基层工会,14名先进工会专职干部,222名市级优秀工会积极分子和10个生活后勤全面先进单位,47个"一条龙"竞赛单项先进单位和36名生活后勤工作先进个人。

1987年4月30日下午地、市工会联合召开庆祝"五一"国际劳动节暨表彰先进大会,中共丽水地委副书记徐松林、中共丽水市委副书记黄献进及地、市基层工会领导、先进集体代表、先进个人等500多人参加大会。省总工会丽水地区办事处主任徐炳生宣读了受省、地工会表彰的先进集体和先进个人名单。市总工会副主席俞冬梅宣读了市总工会表彰的1986年度31个先进"职工之家"和201名优秀工会积极分子名单,以及生活后勤"一条龙"竞赛的先进集体和先进个人名单,并由地市领导分别给他们发了奖状和奖品。会上还听取了文明、优质服务单位丽水市城关镇太平坊粮站的代表和省优秀"职工之友"龙泉城郊区林业站工会主席邵献水的事迹演讲。

1988年4月27日,召开1987年度工会先进表彰大会,中共丽水市委副书记樊宝兴、省总工会丽水地区办事处副主任王兰溪、市总工会主席王宗祥先后在表彰大会上讲话。大会表彰了市级优秀职工之友12名,市级优秀工会积极分子283名。

1989年3月25日下午,市总工会召开工会工作会议,工会工作委员会主任、基层工会主席、专职干部、1988年度优秀工会积极分子和先进集体代表共300余人参加会议。市总工会主席王宗祥回顾肯定1988年工会工作成绩后提出1989年工会的四项任务。省总工会丽水地区办事处主任黄伍根就新时期工会的性质、地位和作用,以及如何进一步落实中国工会"十一"大精神,在治理整顿、深化改革的全局中,充分发挥工会的作用发表了讲话。丽水电业局、丽水市晶体管厂、丽水毛巾厂分别介绍了先进"职工之家",搞好工会财务改革和关心职工生活福利等方面的工作经验。会议表彰了32个先进"职工之家",11名优"职工之友",290名优秀工会积极分子及工会财务、生活后勤先进集体和先进个人。

1990年3月31日上午,市总工会召开1989年度总结表彰大会。中共丽水市委副书记李殿学出席会议并作书面发言,市总工会主席王宗祥作1989年工会工作总结和当前工会工作意见的报告。丽水羽绒厂、丽水电池厂、地区邮电局工会、地区医院工会女职工委员会交流了工作经验。会议表彰了1989年度49个先进"职工之家", 14名优秀"职工之友",325名市级优秀工会积极分子。

1990年12月底,全县有工会积极分子4691人,优秀工会积极分子1106人,优秀"职工之友"38人。

1991年3月23日上午,市总工会召开工会工作表彰大会,会上地区汽车运输公司工会、浙江油泵油嘴厂工会和碧湖镇工会工作委员会等三个单位代表作了发言。会议表彰了4个先进"职工之家",228名优秀工会积极分子,16名优秀"职工之友",27名工会财务工作积极分子，3名工会经审工作积极分子，29名女工工作积极分子和20名工会后勤生活工作积极分子。

1996年，全市表彰工会先进单位22家，工会工作积极分子37人。

2000年，全区表彰工会先进单位18家，工会工作积极分子14人。

2003年，全区表彰工会先进单位7家，工会工作积极分子10人。

2004年，全区表彰工会工作积极分子12人。

2008年，全区表彰工会工作积极分子18人。

2013年，全区表彰工会工作先进单位6家，工会工作积极分子20人。

2014年，全区表彰工会工作先进单位5家，工会工作积极分子30人。

2016年，全区表彰工会工作先进单位5家，工会工作积极分子28人。

2018年，全区表彰工会工作先进单位8家，工会工作积极分子24人。

第六章　参政议政

工会参政议政是指各级地方工会领导人或选出的工会代表参加地方党委、政府、人民代表大会、人民政协领导机构的有关会议，建言献策，反映工会和职工意愿，代表工会组织和广大职工直接参与国家和社会的事务管理、监督的重要形式。工会参政议政和企业民主管理还充分体现了职工在国家、企业中的主人翁地位和权利，是贯彻落实党的全心全意依靠工人阶级方针的重要途径。

第一节　当选人大代表、政协委员

1949年10月，中华人民共和国成立后，各级工会相继建立。各级地方党委、人大、政府、政协的领导机构中，也先后都有工会领导人或职工代表参加，发挥参与和监督作用。11月，丽水县各界选出的8名工人代表参加丽水县第一届各界人民代表会议，第一次以国家主人翁的身份参与商讨国家、社会事务。

1951年1月，丽水县第一届四次各界人民代表会议上，店员陈群文当选为常务委员会委员后，积极参政议政，在抗美援朝大生产运动中作出了显著成绩。县长、县各界人民代表会议常务委员会主席刘冠军亲笔给陈群文写信“你在这抗美援朝大生产运动中报告了许多宝贵的经验，如和平签名运动，自动献给弹药（捐献飞机大炮），检举税收（检举偷税漏税）等，希望进一步发动群众掀起大生产运动，结合大张旗鼓镇压反革命宣传活动，完成你今后工作计划”。此后，在丽水专员公署召开各界代表座谈会、县历届各界人民代表会议和城关区各界人民代表会议上，县总工会均推荐一定数额工人代表出席。

1952年开展的民船和手工业合作化运动中，县总工会通过基层工会组织发动船工和手工业各业工人带头参加合作社，团结和监督业主办好合作社。同年11月，县第二届第一次各界人民代表会议代行人民代表大会职权，有13名工人代表（占会议代表总数的7.22%），投票选举县长、副县长，首次行使当家作主的权利。

1955年，国家私营工商业进行社会主义改造，县总工会协同政府教育发动职工督促资方接受改造。协助政府做好清产核资和改善经营管理工作。在实行公私合营中多数基层工会主席和一些工会积极分子经县工会推荐受政府委任，作为公方代表参加企业管理。

1979年，县工会参与了调整职工工资工作。

1980年县七届人民代表大会有54名工人当选为县人民代表，占全县代表总数的21.6%。教工王燕卿当选为县人大常委会副主任并自七届起连任至十届。县八届人民代表大会上，县总工会主席曾石祥，一线工人、省级劳动模范阮爱珍当选为县人大常委会委员。九、十两届市（县）人民代表大会，均有市（县）总工会主席和工人代表当选为市（县）人大常委会委员。

市(县)政治协商会议第一届至第九届委员会,市(县)总工会主席或副主席应邀为委员,并有一定比例工人代表应邀为委员进行宏观参政。

1985年,贯彻中共中央办公厅、国务院办公厅批转全国总工会党组《关于工会参加党和政府有关会议和工作机构的请示》,市(县)总工会参与了经济体制改革,劳动争议仲裁等工作。

1986年,市总工会牵头组织8位人大代表和政协委员开展职工物价监督活动,为顺利出台物价政策作出努力。

1987年,组织10位人大代表和政协委员协同政府推行企业承包经营责任制。

1988年,丽水金笔厂职工叶丽萍当选为全国七届人大代表。

1990—2000年共两届市(县)人民代表大会,有42名工人当选为代表,出席会议参政议政,参与管理国家、社会大事。县总工会还运用劳资集体合同的形式,监督私营企业对职工的录用与辞退,保障职工权益。

2008年,区总工会主席詹军出席全国总工会第十五次代表大会,成为莲都区第一位出席全国工会代表大会的代表。

2013年,区总工会主席尚小林当选为出席全国总工会第十六次代表大会代表。10月,赴北京参加中华总工会第十六次全国代表大会。

2000—2020年,区总工会是区人大的成员单位,区总工会主席和副主席多次兼任区人大常委。这期间,共有278名工会会员当选为省、市、区(市)人大、政协代表、委员、常委。

第二节　配合中心工作

工会组织从成立那天起,就在中国共产党的领导下,配合党在各个时期的中心工作,密切联系广大职工群众,做好工会工作。1949年,中华人民共和国成立后,在各个不同历史时期,丽水市莲都区总工会紧密配合各级党委、人大、政府、政协的各项中心工作,在配合中,发挥自己的作用。

1950—1960年,工会组织积极配合政府参加抗美援朝、镇压反革命、土改、一化三改造运动。

1986年,市总工会牵头组织开展职工物价监督活动,为顺利出台物价政策作出努力。

1987年,协同政府推行企业承包责任制。

1990年,建立市政府与总工会每年两次联席会议制度,并参与了第二轮企业承包经营责任制工作。

1994—1997年,市总工会专门派出人员参加市委组织部,市计经委党组对国有企业党委领导班子的考核工作。

1997年,市总工会积极参与企业改制工作,专门派出人员参与市企业改制领导小组工作,并在其中发挥工会组织的作用。

2000年,区总工会参与全区有关重点工作,如文明卫生城市建设、农村现代化教育、农村脱贫致富奔小康工作指导组、综合治理工作、人口普查工作等。

2013年，创建国家卫生城市和省级文明城区是莲都区委区政府的重点工作，为了配合区委区政府的“双创”工作，区总工会建立了创国卫工作领导小组，由区总工会主席任组长，分管副主席任副组长，明确一名工会干部任联络员，同时选送一名工会干部到区创卫办，专职帮助区创卫办开展创国卫工作。区总工会多方配合全区创卫，多次在本单位开展卫生整治工作，同时在办公大楼大门口开辟创卫和健康宣传专栏并定期更换。

2014年，区总工会职工志愿服务队有在册志愿者156名。围绕区委、区政府的中心工作，结合工会本职，开展多种形式的咨询、帮扶、技能传、帮、带等志愿活动；配合区委、区政府开展的“五水共治”“创国卫”等双创活动和开展清理河道、清洁小区等活动1380多人次。

2015年，为确保完成分配区总工会创建卫生城市的任务，区总工会把创建指标分解到每一个人。同时抓宣传发动，抓创建巡察，使区总工会创卫工作落到实处。

2016年，充分发挥职工志愿服务队、劳模服务队、小荷志愿者等平台优势，多次组织志愿者参加莲都区“六边三化三美”活动。

2019年，莲都区总工会配合政府为加快企业发展，成立了服务企业领导小组，制定助力企业发展具体方案，联系并服务企业127家，服务企业职工12105人。区总工会多次开展工匠交流活动，解决劳动争议55起，开展了十多场公益法律服务活动、4场就业创业专场招聘会。同年积极配合政府开展“五水共治”工作，积极参与“五水共治”巡查，通过河长制巡查20多次，多次陪同市区级河长巡查联系河道，较好完成“五水共治”监督工作。

第三节　积极建言献策

1989年，市九届人民代表大会换届前，市九届人民代表、市总工会主席王宗祥书面建议改变市人大代表中生产第一线工人偏少的现状，为市人大常委会采纳。

1990年，建立市总工会与市政府每年两次联席会议制度，并参与企业二轮经营承包工作。

1992年，面对丽水企改制，职工下岗的实际情况，如何维护职工的合法权益，市总工会作了大量的调查研究工作，并形成调查报告上报市委、市政府。

1996年，在丽水市十届人大四次会议上，市总工会副主席黄娇翠代表市总工会就如何解决困难企业职工生活问题作专题发言。

1997年，在丽水市（县级）政协十届五次全会上，黄娇翠代表市总工会作大会发言，发言的题目是《一个值得十分重视的问题——下岗职工、失业职工再就业问题的意见和建议》。

1998年3月12日，丽水市政协召开十一届一次全会，在会上，丽水市政协常委黄娇翠代表市总工会作“努力做好下岗职工再就业工作确保社会稳定”的大会发言，她的发言从三个方面提示各级党政领导、工会领导要重视这一问题：一是丽水市企业下岗职工的基本情况；二是原因分析；三是意见和建议。她的发言得到政府、政协及有关部门的重视。

1999年2月，市政协十一届二次全会召开，黄娇翠就解决下岗职工再就业问题作第二次大会发言，她发言的题目是《立足实际想方设法努力做好下岗职工再就业工作》，她的两次发言，围绕一个主题：要解决好下岗职工的就业问题，从职工就业这个大问题上关心职工生活发挥工会作用。

2004年，在积极参与市、区人大《中华人民共和国劳动法》《中华人民共和国工会法》执法检查整改落实情况督查的同时，进一步以全国人大常委会开展《中华人民共和国工会法》执法检查为契机，开展《中华人民共和国工会法》贯彻实施情况自查，巩固市、区人大执法检查的成果。主动参与企业改革、改制工作，代表职工利益充分发表工会部门的意见、建议，有效维护了职工的合法权益。

据不完全统计，从1990年至2020年，各级工会委员代表共向人大、政协提出代表建议和议案138篇(条)。内容包括促进再就业、城市文明建设、关心在职女工，解决农民工工资拖欠、加强基础设施建设、关心留守儿童、提高职工待遇等内容。

第四节　参与企业改革

党的十一届三中全会后，工业企业进行恢复性整顿，开展清产核资和扭亏增盈工作。1981年10月起，工业企业实行经营责任制，即实行主管部门和企业两级承包。

1984年国务院扩大企业自主权规定发布后，工业产品的计划生产数量减少，工业消费品价格实行国家定价和指导价相结合；在丽水动力机械厂等企业进行工资总额与经济效益挂钩、试行厂长负责制为主要内容的中型企业改革，在国营小企业实行集体经营。

1985年开展了国营、集体工业全面整顿工作。企业改革从扩大企业经营自主权起步。

1987年起全市工业企业推行承包经营责任制，承包期限为3年，承包经营的主要形式是上交基数递增、超收发奖。同年全面推行厂长负责制。

1988年，贯彻《中华人民共和国工会法》，深化和发展厂长负责制和经营承包责任制，调整产品结构，工业总产值增长较快。

1990年，开展第二轮承包责任制。在推行承包制的同时，企业兼并工作和放开经营改革试点，如丽水机床厂被油泵厂兼并。党的十四大确定国有企业转换经营机制、加快国有企业改革、把企业推向市场，鼓励兼并、规范破产、促进企业优胜劣汰等一系列大政方针。4月，全市工交、建筑企业建立停产半停产情况申报制度。5月，印发《关于全市各级工会参与和完善新一轮承包经营责任制的工作意见》，建立新一轮承包指导工作小组。

从1994年开始，丽水市全民、二轻集体企业开展了深化改革工作。1月，丽水化工厂改制成股份制企业，改名纳爱斯公司，由国家股、法人股、个人股组成，是丽水地区首家股份制企业。随后其他企业也根据自身的情况，进行不同形式的改制，除股份制的形式外，丽水市企业改制的形式还有：破产重组、解散重组、破产、解散改制、企业兼并、租赁经营、企业解散等等。企业改制后，调整了企业的资本结构，政府不再插手企业的生产经营活动，企业依照法律规定，独立自主、自主经营、自负盈亏，政府部门在政策允许的范围内，尽可能为企业做好服务。企业改制后，企业的用工制度和分配制度也进行改革。

企业改革是一件大事，在莲都区企业重组、改制、破产等工作中，凡涉及企业和职工的重大利益。莲都区各级工会组织主动配合，积极参与，努力做好以下两方面的工作：一是深入宣传、贯彻、落实区委区政府的工作方针，并派工会干部协助政府及各部门做好企业的改革工作，打好企业改革的攻坚战；二是协助有关部门认真做好职工的稳定工作，在企业改革中，广泛听取职工意见，最大限度地保护好、调动好、发挥好职工群众的积极性和创造性，引导职工理解、支持和参与改革，为推动企业改革、维护企业稳定发挥重要作用。

1997年，市总工会参与市水泥厂、市精化厂破产和职工安置工作，同时积极参与全市解困和职工再就业工作。

1998年，为认真贯彻中共中央、国务院召开的全国国有企业下岗职工基本生活保障和再就业工作会议精神，推进再就业工程，协助政府和企业妥善解决下岗职工再就业问题，丽水市总工会成立丽水市总工会促进再就业工作领导小组，刘敏春任组长、应梅玲任副组长。工作领导小组在市总工会统一领导下，在促进再就业中发挥“协调、研究、综合、指导”作用。

2000年，始终把企业改革作为重要工作，主动配合政府及有关部门做好企业改制的各项工作，如，先后参与市动力厂等12家破产企业职工安置和市火柴厂等9家兼并企业职工分流工作。关心下岗职工的生活和再就业，改制企业工会组建工作等。

2004年“五一”前夕，区总工会根据区委区政府的要求，首先对浙江安托油泵油嘴有限公司职工基本情况和思想动态进行专项调研，对64户困难职工进行慰问，为配合该企业改制工作发挥了工会应有的作用。在该企业破产清算期间，区总工会针对涉及各种利益关系的2800多人，登门上访，充分听取他们的意见和建议。在广泛听取职工意见、建议的基础上，提出解决问题的办法，使暴露出来的问题得到圆满解决，获得各方一致好评。

第五节　职工民主管理

职工民主管理制度的产生　1949年，在推行公营工厂设工厂管理委员会实行民主管理的同时，燧昌火柴公司等私营工厂也先后建立有工人代表参加的工厂委员会和治安护厂委员会，对工厂进行民主管理，着重讨论企业的生产经营和职工福利。

1950年9月，在城区私营商业南货业进行劳资协商会议试点后，私营商业全面推行这一制度，并按行业建立职工民主管理小组，公私合营后建立党政工团联席会议决定企业管理中的重大问题。

1956年，在企业中又先后推行职工代表会议制度。

1957年，把企业现行的由工会主持的职工代表会议改为常任的职工代表大会制度。

1958年，县总工会组织推广“两参、一改、三结合”[工人参加管理、干部参加劳动；改革不合理制度；领导干部、技术(管理)人员和工人三结合]的管理经验。

1960年，“两参、一改、三结合”的内容写进“鞍钢宪法”，推动了全县各企业对这一管理制度的进一步实施。

1962年开始贯彻《国营工业企业工作条例(草案)》(工业七十条)，职工代表大会制度成为对企业民主管理的主要形式，这种形式一直持续到“文化大革命”。

民主管理委员会　1978年7月，县邮电局建立职工民主管理委员会制，中国工会“九大”以后，县总工会把实行民主管理，恢复和建立民主管理委员会大会制作为工作重点抓。

1984年，中共十二届三中全会通过《中共中央关于经济体制改革的决定》。随着企业经济体制改革的开展，职工代表大会的审议、监督、维护的"三项职权"得到落实和加强。职工的民主权利进一步扩大，民主选举厂长、车间主任和民主评议干部工作通过试点稳步推开。全县有丽水火柴厂等7个单位民主选举基层行政领导人。26个单位民主评议基层领导干部。

1985年底，丽水县有93个单位恢复和建立民主管理委员会，在民主管理委员会中一线职工占60%以上，女职工也占一定的比例。多数单位同时建立和健全了会议制度和民主程序。通过了《职工守则》《生产保卫责任制规定》《职工宿舍分配制度》《职工食堂管理制度》《幼儿园管理制度》等厂规厂纪，体现了职工的主人翁精神，强化了企业管理机制，解决了一些行政手段难以解决的"老大难"问题。如丽水县家具厂民管会提交职工代表大会讨论制定的《防火公约》，解决了该厂几十年来屡禁不止的禁烟禁火难题。

1986年9月，中共中央、国务院颁发全民所有制工业企业三个条例，即《中国共产党全民所有制工业企业基层组织工作条例》《全民所有制工业企业厂长工作条例》《全民所有制工业企业职工代表大会条例》。三个条例的颁布，推动各企业制定和修改本企业贯彻三个条例的实施细则，使民管会组织制度、各项职权、民主程序用企业内部"立法"形式落实，成为民主管理中共同遵守的准则。

1987年3月，市总工会抽调力量组成5个调查组，由领导带领，对26家企业的民主管理工作进行抽样调查，调查的重点是：发挥企业职代会作用的经验教训、企业党政工三者关系的现状、职代会五项职权落实情况、职代会代表及主席团成员素质、当前民主管理工作中普遍存在的问题和原因。5月，召开了民主管理工作研讨会。12月，与市委组织部、市经委联合召开全市第一次工业企业民主管理经验交流会。经委直属、二轻、粮食、商业、供销系统厂矿企业和丽水汽车运输分公司等党、政、工领导100余人参加，中共丽水市委委员、组织部长姜人敬作动员报告，丽水汽车运输分公司、地区建筑工程公司、丽水化肥厂、市工具厂、晶体管厂、味精厂、烟糖公司等单位作民主管理工作经验介绍。

1988年以后在企业民主管理中，职工代表大会把审议企业内部重大决策作为重点，提高了民主管理水平，多数企业职代会认真落实"五项职权"，逐步把议题放在生产经营方面的重大问题上，审议内容深入生产经营、财务管理、技术进步以及收益分配等领域，包括工资奖金、经济责任制等。民主评议和监督行政领导干部也有新的发展，把评议干部和对干部考核、提拔使用和奖励结合起来，不仅监督了干部，还不同程度地改善干部和工人群众的关系，抵制和克服了一些不正之风。企业民主管理体系和工作制度开始走向制度化，丽水毛巾厂等单位健全了民主管理联席会议制度和职代会专门工作小组的工作制度，开展经常性的活动，还推选职工代表参加企业管理委员会，参与协助厂长决策；丽水油泵油嘴厂企业承包后，为分配职工住宅，举行了四次厂长与职工民主对话，既沟通了经营者与生产者的思想，又解决了职工关心的"热点"和企业领导的"难点"，调动了两个积极性。

1993年7月，市总工会下发《关于私营企业工会建设的若干规定》，明确规定："私营企业中已建立民主管理制度的，应坚持并逐步完善。"

1995年3月，全市现代企业试点工作会议召开。市总工会主席叶松青发表《加强工会工作和职工民主管理，推进企业制度建设》的讲话，强调：建立现代企业制度，必须加强工会工作和职工民主管理，完善职工代表大会制度。

2001年，全区各级工会着力建立健全以民主管理为基本形式的基层民主管理制度，企业的改制方案、经营管理、涉及职工切身利益等重大事项都通过职代会形式予以公开。7月3日，区总工会下发《关于非公有制企业试行民主管理制度的意见》，要求全区范围内的非公有制企业在三年以内实行民主管理委员会制度，并明确规定民主管理委员会制度的内容，要求和民主管理委员会所行使的职权。

2006年，全区非公企业民主管理委员会制度建设进一步扩大建制面，68家百人以上非公企业建立了民主管理委员会，建制率达87%。

2013年，区总工会推进民主管理委员会程序的规范化建设，重点进行分类指导和典型示范，在总结经验的基础上，在万邦鞋业有限公司和不知慢运动服饰有限公司召开观摩会，以此指导面上工作。

2019年，将民主管理委员会制度建设融入现代企业管理的体制、机制和组织架构之中，进一步形成企业决策民主、管理科学、监督有效的优势，构建起有效的利益协调机制、诉求表达机制、矛盾调处机制和权利保障机制。组织工会干部开展职工代表巡视活动，重点巡察莲都工业园区非公企业职工有关劳动报酬、工作时间、安全卫生、保险福利、职工培训、劳动纪律等事项。是年，全区企业、学校、医院等单位民主管理委员会建制数达387个。

厂务公开　1999年，丽水市总工会按照地委办下发的《工业推行厂务公开制度，加强企业民主管理的意见》，开展厂务公开工作，并把厂务公开与职代会制度、职工民主管理工作相结合。市总工会在丽水市厂务公开领导小组的领导下，做好厂务公开的具体工作。全市18家国有、集体或国有、集体控股企业中有11家实行了厂务公开，雅一电站在全区厂务公开经验交流会上介绍了他们的工作经验，有力促进了这项工作。至年底，全区51所学校全部建立校务公开制度，卫生、文化、科研部门61个单位建立院（所）务公开制度或财务公开制度。

2000年，全区公有制企业建立厂务公开制度26家。国有、集体控股公司10家建立董事长和监事会，其中还有5家建立了职工持股会。

2001年，科、教、文、卫部门组织建立厂务公开制度54家，建制100%。

2002年，全区国有、集体企事业单位69家坚持厂务公开制度，其中学校54家、粮食企业3家、改制企业10家、国有及控股企业2家。

2004年，按省委办公厅、省政府办公厅《关于进一步加强企事业单位改制改革过程中厂务公开工作的通知》和区委办、区府办《关于深入实施厂务公开制度的通知》精神，区总工会开展改制企业厂务公开试点，并在改制企业和非公企业中推广厂务公开制度，全区公有制企事业单位厂务公开进一步巩固和深化，有21家规模以上非公企业开展厂务公开工作，参与面95.5%。

2005年，积极维护职工民主权利，推行职工民主管理，民主监督工作。是年新增厂务公开企业12家，累计达68家，公有制企业职代会、厂务公开巩固率达100%。非公企业建立职代会和推行厂务公开制度的企业达26家。

2007年，新增厂务公开企业4家，累计非公企业厂务公开40家，组建率达98%；69家公有制企事业单位厂务公开率100%。11月召开全区厂务公开经验交流会，3家企业作专题交流，促进厂务公开工作。

2008年，厂务公开工作进一步加强，全区国有集体企业与事业单位厂务公开推行率达100%，有40家规模以上非公企业实行厂务公开和职代会制度。6月，召开全区厂务公开经验交流现场会，同时在非公企业普遍推行厂务公开制度。是年，市厂务公开领导小组对全市厂务公开工作进行检查，全区的厂务公开工作获得了一致好评。碧湖工会被全国总工会评为"百强乡镇示范区"；莲都区人民政府被评为全市推行厂务公开民主管理工作先进单位、莲都区大洋路学校被评为全省厂务公开民主管理工作先进单位。

2009年，5家国有企业建立职代会和实行厂务公开，165家事业单位都建立了职代会，实行厂务公开；非公企业638家，已建职代会、实行厂务公开制度的446家，组建率70%，68家规模企业全部建立职代会并实行厂务公开制度。区域性建立职代会并实行厂务公开制度的有4家，行业1家，涵盖企业47家。除职代会外企业还通过职工恳谈会、黑板报、公开栏等形式，扩大透明度和职工群众的知情权。根据丽水厂务公开办公室〔2009〕4号文件精神，经逐级推荐申报，组织检查评比，市厂务公开办研究决定：授予莲都区等3个县(市、区)推行厂务公开民主管理工作一等奖，授予莲都供电局等20个单位"丽水市厂务公开民主管理工作先进单位"称号，授予莲都区厂开办、区总工会干部杨建忠等10名同志"丽水市厂务公开民主管理工作先进个人"称号。

截至2010年底，全区14家国有、集体及控股企业全部实行厂务公开制度，建制率达100%。121家事业单位实行事务公开，公开率100%；规模企业68家全部实行厂务公开制度，建制率100%，非公企业厂务公开建制数576家，建制率为71%；区域性厂务公开、职代会建制数为10家，涵盖企业412家；行业性职代会、厂务公开建制数1家，涵盖企业47家。同时，根据《莲都区厂务公开民主管理要点》的相关要求及目标，进一步完善厂务公开工作制度、规范公开内容，取得明显效果。

2011年，坚持"巩固、完善、拓展、创新"的要求，促进厂务公开民主管理工作深入开展。进一步巩固深化国有、集体企业以及教育、文化、卫生等事业单位的厂务(校务、院务)公开，同时以规范和完善职代会制度为重点，努力推进规模以上非公企业厂务公开和民主管理工作。在开展工会干部培训的基础上提升厂务公开的力度。至年底，全区国有集体控股企业、事业单位全部实行厂务公开制度，规模以上非公企业66家，全部实行职代会和厂务公开制度。

2012年，全区各系统工会和基层企事业单位，通过层层抓建章立制、规范运作、深化发展和检查指导，使全区厂务公开民主管理工作健康深入发展并取得成效。全区5家国有、集体及控股企业全部实行厂务公开、全区126家事业单位全部实行厂务公开、全区非公企业职代会、厂务公开建制率均达到84%，区域性职代会厂务公开建制数为20家，涵盖企业860家；行业性职代会、厂务公开建制数2家，涵盖企业98家；66家规模以上非公企业职代会、厂务公开建制100%。

2013年，全区国有、集体企事业单位职代会与厂务公开推行率达100%。非公独立建会企业实行厂务公开累计达204家，建制率达85%。实行"双亮"活动的独立建会企业180家，覆盖率达到独立建会企业总数的75%。

2014年，全区事业单位和国有企业职代会和厂务公开建制率达100%。独立建会的非公企业职代会建制率90%，厂务公开建制率85%以上。瓯宝安防科技股份有限公司被评为全国厂务公开民主管理先进单位。

2020年，莲都区委、区政府高度重视厂务公开工作，每年安排厂务公开工作经费3万元并列入区财政经费预算。将厂务公开工作充实到乡镇(街道)及部门工会工作考核内容。形成了党委统一领导、党政共同负责，成员单齐抓共管、职工群众广泛参与的领导体制和工作机制。根据《莲都区厂务公开民主管理工作要点》的工作要求及目标，区委区政府创新工作机制，规范公开内容，突出以规范和完善职代会制度为重点，落实企业职工的知情权、参与权和监督权。全区企事业单位全部实行厂务公开制度，公开率100%；有143家事业单位实行政务公开。独立建立职代会、厂务公开的企业有145家，建制率达94.7%，厂务公开工作成效显著。丽水万控科技有限公司被丽水市总工会评为厂务公开民主管理先进单位。

第六节　职工代表大会

职代会制度的建立和履行　1957年，贯彻中共中央《关于研究有关工人阶级几个重要问题的通知》，职工代表大会制逐步成为企业实行民主管理的主要形式。

1959年4月，温州专区公路运输局丽水运输段建立职工代表大会制，召开了首届一次职工代表大会。县邮电局、浙江省第七地质大队等相继建立职工代表大会制，吸引职工参加企业管理，讨论企业生产、管理和职工生活福利方面的重大问题，并发动职工同贪污、浪费、弄虚作假欺骗国家、打击报复等违法行为进行斗争，在实行政治、生产、财务三大民主中发挥了群众监督作用。

1978年7月，丽水县邮电局恢复职工代表大会制后，定期召开会议，在局党组支持领导下，配合、监督行政完成揭批查任务，并组织劳动竞赛，开展合理化活动，抓好职工业余教育，协助安排职工住房，发放生活困难补助，办好职工食堂等。从此，凡建立工会组织的单位都要求实行职工代表大会制度，同时开展建设“职工之家”活动。

1980年，县总工会贯彻中国工会“九大”和九届三次会议精神及省总工会1980年工会工作要点，协助有关方面着重抓好职工代表大会工作，丽水汽车运输分公司、地区公路总段、丽水动力机械厂、丽水油泵油嘴厂也先后恢复和建立职工代表大会制。以上五单位通过职代会广开言路，发扬民主，集中群众智慧，共提出书面提案305件1082条，其中涉及生产与管理，劳动竞赛和合理化建议共359条，占33.55%；干部作风方面157条，占14.67%；厂规厂纪方面97条，占9.06%；职工生活福利271条，占25.33%；其他方面198条，体现了职工主人翁精神，加强了企业管理，解决了职工急需的生活福利问题。动力机械厂提请职代会讨论制订了十二项规章制度。油泵油嘴厂职代会群策群力出主意想办法提高产品质量、节约原材料、降低消耗和扩大销售，扭转了产品滞销的局面；通过提案和相应决议，解决了幼儿园托儿所房子问题，扩建了职工食堂，并建立经济管理委员会；还建造了300平方米职工宿舍。丽水汽车运输分公司给87名长期分居职工调动工作。县邮电局和丽水汽车运输分公司提请职代会讨论制定按条件计分分房办法，合理分配好12781平方米宿舍(其中邮电局2523平方米，汽运分公司10245平方米)。

1981年4月中共丽水县委办公室《工作情况》和《浙江工运简讯》先后转发和刊登省总工会丽水地区办事处和丽水县总工会联合调查报告《企业中一项不可缺少的基本制度—关于推行职工代表大会制的调查报告》，到7月底，国营工业、交通运输、基本建设企业共36个(含地属5个)单位建职代会26个(含地属2个)。职代会权力机构作用有：对企业生产经营方面的重大问题有审议权；对涉及职工切身利益的问题(主要是分房)有决定权；对企业重大规章制度有审议权和决定权。是年10月，中共丽水县委批转县委组织部、县经委、县财办、县总工会《关于加强职工代表大会制工作的报告》，要求各级党委把推行职代会制提到议事日程上来，县委组织部、县经委、县财办和县总工会成立推行职代会制度联合办公室，县委常委、组织部长徐仁俊亲自抓办公室工作，制订分期分批推行职代会制度工作计划，确定丽水毛巾厂和县百货公司为联系点。先后于1981年10月和1982年5月主持召开有关企业党委(支部)和基层工会负责人会议，从中国社会的性质、党的根本路线、国家制度和党的领导等四个方面的高度，从理论和实践两方面阐述企业实行民主管理，建立党委领导下的职工代表大会制的必要性和紧迫性，从思想上解决在社会主义企业中谁是企业的主人问题，要做到真心实意地相信和依靠职工群众；真心实意地尊重职工代表各项民主权利，真心实意地倾听职工群众中的各种不同意见、批评和建议；真心实意地为职工和企业办几件实事、好事；真心实意地开好职工代表大会做到制度化，把推行职工代表大会制工作列入议事日程奠定思想基础。到1981年底。全县已恢复和建立职代会制的企业共26个，其中，国营工建交25个企业中已建立13个，占52%；国营财贸31个企业中，已建立10个，占32.6%。

1982年新建职代会的单位36 个。全县建立职代会单位65个，国营工建交企业已建单位占应建数的88.9%，粮食系统9企业和金融系统3家银行，已于6月底前全部建立职工代表大会。

1983年全县应建职代会单位106个，已建81个，占76.4%，其中应建职代会的集体企业17个，已建11个，占64.7%。

1984年新建职代会的单位15个。至1985年底，全县恢复和建立职工代表大会制度的单位93个，恢复和建立的职代会组织一线工人代表占60%以上，女职工代表有一定的比例；普遍制定了职代会实施细则，建立和健全了会议制度和民主程式；通过了《职工守则》《计划生育补充规定》《严格劳动纪律》《生产保卫责任制规定》和《职工宿舍分配管理制度》《职工食堂管理制度》《幼儿园管理制度》《托儿所管理制度》等厂规厂纪，体现了工人主人翁精神，强化了工厂企业的管理机制，解决了一些行政手段难以解决的“老大难问题”。

1988年，全市36个乡镇建立职代会。

1990年底，全市恢复和建立职工代表大会的单位有129个，应建单位全部建立。4月，建立基层企业召开职工代表大会申报制度。

1995年，加强对商业小企业工会组织建设和职工民主管理，要求商业小企业也要坚持和完善职工代表大会和职工大会制度，经营门店和组柜要建立健全民主管理小组，经营者要定期向职代会或职工代表大会汇报工作。

1996年，在建立现代企业制度中，完善工会工作和职工民主管理，职工代表大会每半年召开一次，充分发挥了工会组织在建立现代企业制度中的作用。

1998年，有50户企事业单位建立职工大会制度，有150家企事业单位建立职代会制度，建立和巩固率均为80%，这些单位中，凡涉及企业重大问题由职代会讨论。这些单位中，实行干部民主评议、民主测评制度达80%以上，从制度上为企业民主管理打下良好基础。

1999年，全市企业职代会建制率、民主评议干部、业务招待费报告制度三项工作完成率均超过85%。

2000年，区总工会配合组织部门和企业主管部门对95%已建立职代会报告制度的企业和单位的领导干部进行民主评议和考核，要求公有制企业业务招待费使用情况应向职代会报告。

2001年，加强企业民主管理工作，共有64家国有、集体企业单位建立职代会，建制率达100%。民主评议企业领导人10家，招待费向职代会报告64家，建立职工董事长、监事会10家。

2004年，积极推行乡镇(街道)工会代表大会制，联城镇召开首届镇级工会代表大会。进一步加强以推行企事业单位职工代表大会等民主管理制度为重要内容的基层民主政治建设，在新组建的工会组织中，同步建立女工、经审、劳动争议调解和劳动保护监督组织。区供电局、雅一电站、雅二电站等国有企业职代会和厂务公开巩固率达100%。22家规模以上非公企业建立职代会制度，建制率100%。经考核，全区有56家独立建会的非公企业工会达到合格“职工之家”标准。

2005年区碧湖、丽云两个乡镇召开首届工会代表大会。

2007年，区总工会完善基层工会职代会报告制度。同年，新增职代会5家，至年底规模以上非公企业建职代会40家，组建率达98%。同年莲都区政府与区总工会建立联席会议制度并于年底召开联席会议，共商工会和职工大事。

2008年，莲都区总工会建立乡镇(街道)工会代表例会制度，实行工会代表常任制。认真贯彻《企业工会工作条例》，确定2家试点企业和68家规模企业为扩面单位；办理工会法人资格证书547户，创工会法人登记历史纪录。建立基层企事业职代报告制度，5家国有企业建立职代会制度，136家事业单位(教育卫生61家，农林、建设、文化等75家)建立职工大会制，实行校务或政务公开。新建非公企业职代会7家，累计85家，其中区域性职代会4家，涵盖中小企业293户。

2009年，维护职工民主参与、民主管理、民主监督权利。及时召开劳动关系三方协调机制会议，有条件的乡镇街道也召开劳动关系三方协调会，对解决劳动关系纠纷起了较大的作用。年底，区政府与区总工会召开联席会议，就实行规范性津补贴后工会经费划拨、落实工会财务规范化管理、进一步保障企业工会主席合法权益等问题进行讨论形成共识。落实《非公企业职工代表大会制度实施条例》，完善基层职工代表大会报告制度。

2010年，莲都区建职代会的企业达714家，其中事业单位实行职代会制度121家，规模以上企业68家，非公企业593家。同时，部分企业还开展职代会民主评议企业领导干部、中层干部活动。开展职工对话会、恳谈会等形式的活动，建立职代会报告制度，促进职工民主管理工作。进一步完善职工民主管理制度,完善职工民主管理工作。

2012年,全区非公企业职代会建制率达84%,区域性职代会建制数20家,涵盖企业860家;行业性职代会2家,涵盖企业98家。规模以上职代会建制数66家,建制率100%。

2020年,莲都区总工会以规范和完善职代会制度为重点,深化创新民主管理,着眼于落实企业职工的知情权、参与权和监督权。

干部民主评议 开展职代会民主评议企业党政领导,是各级工会组织职工开展民主参与、民主管理、民主监督的重要工作。

1996年实行民主评议的企业35家,评议率29%。

1997年职代会民主评议领导干部企业367家,评议率85.9%。企业业务招待费使用情况向职代会报告337家,报告率80%。

1998年5月26日,转发省委组织部、省总工会、省计划与经济委员会《关于加强职工代表大会民主评议企业领导人员工作的意见》,推动了职工代表大会民主评议企业领导人员工作的开展。是年,职代会民主评议领导干部的企业720家,评议率为67%。企业业务招待费使用情况向职代会报告372家,报告率为70%。

1999年职代会民主评议领导干部和业务招待费向职代会报告率达88%。

2020年,职代会民主评议干部和招待费向职代会报告率94%。

第七节　创建劳动关系和谐企业

中共十六届五中全会提出构建社会主义和谐社会的宏伟目标,集中体现了人民的愿望,时代的要求,而创建劳动关系和谐企业是构建和谐社会的重要支撑,没有企业的和谐,就不可能有真正意义上的社会和谐。企业和谐的劳动关系,源于政府、企业和工会三方的努力,其中企业工会在其中发挥着独特的不可或缺的作用。

2006年,劳动和社会保障部、中华全国总工会、中国企业联合会、中国企业家协会《关于开展创建劳动关系和谐企业与工业园区活动的通知》(劳社部发〔2006〕25号),结合丽水市创建劳动关系和谐企业活动领导小组《关于开展创建劳动关系和谐企业活动实施意见的通知》(丽政办发〔2006〕60号)精神,按照省政府、市政府关于开展创建劳动关系和谐企业工作部署和市政府办公室《关于开展创建劳动关系和谐企业活动实施意见的通知》(丽政办发〔2006〕60号)要求,市和各县(市、区)都成立了创建劳动关系和谐企业活动领导小组并下发实施意见和考评办法,同时结合工会早已在企业开展的“双爱双评”活动一并列入市劳动关系三方协商会议主要议题。“双爱双评”活动即评爱企业的优秀员工,评爱员工的优秀经理。企业爱员工、员工爱企业活动,是全国工会系统的主要活动载体,是深入学习实践科学发展观、建设和谐企业、和谐社会的重要举措;是建立稳定和谐劳动关系,充分调动经营者、劳动者的创造性和积极性,不断增强企业凝聚力和竞争力的评价体系。莲都区的创建活动在区委区政府支持下做到早动员、早部署、早创建。是年,评选表彰劳动关系和谐企业20家,关爱职工优秀业主10名,热爱企业优秀员工10名,规模以上企业开展创建活动面已达71%,为全市起了示范带动作用。

2007年，莲都区总工会深入开展劳动关系和谐企业创建活动。有11家企业通过区级“劳动关系和谐企业”评估。浙江中信建筑工程有限公司、莲都雅一电站、浙江飞雁羽绒制品有限公司、浙江金龙房地产投资集团获“丽水市劳动关系和谐企业”称号，同时在企业中建立劳动关系预警机制。

2008年，参加创建和谐的企业累计为181家，规模以上企业69家全部参加。经莲都区创建劳动关系和谐企业领导小组考核审定，5家单位获“2008年度劳动关系和谐企业”称号，15家单位获2006年度和谐企业复核合格，3人获“2008年度关爱职工优秀业主”称号，7人获2008年度关爱职工浙江优秀业主称号，4人获“2008年度热爱企业优秀职工”称号。

2009年，为在金融危机背景下进一步稳定劳资关系，根据浙江省创建劳动关系和谐企业活动领导小组2009年工作意见，市政府启动了第二轮劳动关系和谐企业和劳动关系和谐工业园区创建工作。创建以建立“互利共赢、和谐稳定”的新型劳动关系为目的，进一步扩大创建面，着力抓量的扩大，推动质的提升。“双爱双评”也逐步融入创建劳动关系和谐企业活动之中。同年，劳动关系和谐企业创建领域不断拓宽，瓯宝家业有限公司等4家企业被区政府授予劳动关系和谐企业称号、上海英雄金笔丽水有限公司10家和谐企业经复查考核合格仍保留和谐企业称号。181家企业参加创建活动，占建会企业总数83%，其中有36家已达到创建评选条件。非公规模以上企业全部参加创建活动。开展“强保障、促和谐”生活后勤推进试点年活动，累计开展这项活动的企业112家。同年，面对严重的国际金融危机，为稳定企业，及时了解国际金融危机对企业的冲击和影响，稳定职工队伍，市总工会联合市人劳社保局、企业家协会共同策划开展了“莲都区共同约定大行动”，以保岗位、保工资、实现“稳员增效”为重点，由企业工会代表职工与企业主通过协商，约定双方的责任，签订共同约定书，督促企业努力做到不裁员、稳定工作岗位、按时足额发放工资和缴纳社会保险；职工要努力做好工作，维护企业利益。在全区企业开展“共同约定行动”中，企业工会代表职工与企业经营者签订“共同约定书”，共分两大部分：一是企业方的四项承诺，二是职工方的四项承诺。“共同约定书”的签订使企业和职工成为休戚与共、命运相关的共同体。2009年全市共有153家企业签订了“共同约定书”。

2010年，区总工会进一步推进和谐企业建设，加强民主管理取得实效。浙江不知慢运动服饰有限公司荣获浙江省创建劳动关系先进企业称号；瓯宝安防科技股份有限公司荣获浙江省“双爱双评”先进企业称号；燕京啤酒有限公司总经理朱振三荣获浙江省“双爱双评”优秀企业家称号，其公司职工胡楚雄荣获浙江省“双爱双评”优秀员工称号。

2011年，面对企业存在的困难，区总工会主动作为，注重源头参与，通过走访企业了解企业和谐创建的情况，督促企业及时与职工签订劳动合同，完善企业各项规章制度及职工劳动保护工作，主动关心、善待职工，做到依法用工，保证职工体面劳动，增强企业职工的主人翁意识，热爱企业，与企业同荣辱、共患难。全年，莲都区独立建会的254家企业开展创建和谐企劳动关系活动创建面85.2%，有54家企业被评为省、市、区级和谐企业。

2012年，全区劳动关系和谐企业创建取得新成果。全区独立建会企业274家，参与创建和谐企业248家，创建率90.5%，非公规上企业全部参加和谐企业创建。全区43家企业被授予“劳动关系和谐企业”称号，其中省级和谐企业1家，市级和谐企业13家。

2013年底，全区建会企业1198家，参与劳动关系和谐企业创建单位1099家，创建率91%，非公规上企业全部参加创建活动。是年，鱼跃酿造有限公司、中航混凝土有限公司、乾麟电机有限公司、燕京啤酒有限公司等4家企业获丽水市劳动关系和谐企业称号，全区共有47家企业被授予“劳动关系和谐企业”称号，其中省级和谐企业2家，市级和谐企业13家。

2016年7月，区总工会举办“我为和谐企业建功立业”新媒体演讲比赛，来自基层的15名工会积极分子参赛，130余名工会会员观看比赛。

2018年，区总工会组织8家企业在南山工业区为12对工会积极分子举办“爱在莲都、缘定一生”集体婚礼。

2019年，区总工会为了给新就业形态劳动者和户外劳动者提供更优质的服务，让“累了，找娘家人”口号深入人心，下发《关于开展莲都区总工会户外劳动者服务站点建设的通知》，投入资金15万元，以职工服务中心户外劳动者服务站点为圆心，逐步向各乡镇街道辐射。区总工会还联合区委组织部共建了绿谷先锋驿站、文明办小荷志愿者站点，环卫局爱心驿站共77家，开发上线“累了么”小程序驿站应用，推出十大新就业形态劳动者专属福利，提供精确的导航功能，基本覆盖全区户外劳动者，有效解决户外劳动者“吃饭难、喝水难、休息难、如厕难”等实际问题。此举传递了工会温度，助力产改提高，促进和谐企业建设，大力推动新业态劳动者加入工会工作，为党工共建数字化改革的红色根脉强基工程。

2020年2月，区总工会采取“包车”“包列车”“回区拼车”等方式，为在南山工业区务工的外省人员返丽复工提供方便，使企业和职工的关系进一步融洽。

第七章　职工生产劳动

以经济建设为中心是中共十一届三中全会的重大决策和战略部署，作为工会组织多年来始终坚持以经济建设为中心，把它作为工会的长期任务和履行建设职能的重要工作。进入21世纪特别是撤地设市建区后，莲都区总工会积极组织全区干部职工和全体会员，以饱满的精力，开展了不同形式、不同内容、不同层次劳动竞赛，合理化建议、技术革新、技术比武、技术协作、技术咨询等活动也开展得红红火火，并取得了显著的成效，有力地促进了莲都区经济发展和社会进步。

第一节　劳动竞赛

劳动竞赛组织　1952年6月，专区工会办事处贯彻全国工会生产工作会议提出的工会工作必须以生产为中心，无论国营企业还是私营企业都要组织职工群众开展劳动竞赛的精神，在全区工会工作中开展以生产为中心，发动职工群众开展生产竞赛，为恢复和发展生产做了大量的工作。12月召开县工会第一次代表大会，正式成立丽水县总工会后，开始设立工作部门。县总工会成立以后，在各个不同时期，一直领导和组织职工开展各种类型劳动竞赛活动。

1966—1976年，十年“文化大革命”，工会组织停止活动，劳动竞赛也被迫中断。十年“文化大革命”结束后，恢复了工会组织，劳动竞赛活动得以继续开展。

1986年4月2日，丽水撤县设市，丽水县总工会改称丽水市总工会。5月，中共丽水市委、市政府批转市总工会《关于动员全市职工开展劳动竞赛，为实现“七五”计划振兴丽水经济献计出力的报告》，成立丽水市劳动竞赛委员会，副市长沈广尧兼任主任，金文声、雷诚、陈应雄、王贤芳任副主任。市经委、二轻、电力、交通、商业、粮食、供销、建委等都建立委、局劳动竞赛委员会，其中经委直属、二轻、电力、商业、粮食、供销6个系统所属企业全部建立劳动竞赛领导小组，交通、建委两个系统所属企业也有半数以上建立了劳动竞赛领导小组，并于6月9日下午在市工人文化宫影剧院召开“广泛开展社会主义劳动竞赛动员大会”，市委、市人大、市政府、市政协主要领导参加。市劳竞委主任沈广尧主持大会，市委书记徐嘉木作动员报告。号召全市职工投入社会主义劳动竞赛，要求各级领导把劳动竞赛工作列入党、政工作的重要议事日程做好思想发动和组织工作。丽水市劳动竞赛委员会成立后，除了组织全市劳动竞赛外，从1986开始恢复了市级劳动模范的评选工作。

丽水市（县级）劳动竞赛委员会成立后，设立办公室，由市劳动竞赛委员会副主任、市总工会副主席王贤芳兼任办公室主任；吴伯卿任市劳动竞赛办公室副主任，办公室其他人员由各系统抽派人员参加，一年轮值两个系统，每个系统派出1人，借用到劳动竞赛办公室工作，借用时间一年，一年后再由另外的系统抽人到劳动竞赛办公室工作。

丽水市总工会是全市劳动竞赛的组织单位，在劳动竞赛委员会成立后，市总工会和劳动竞赛委员会一起，开展全市劳动竞赛活动和劳动模范评选工作。劳动竞赛委员会撤销后，市总工会重新承担了全市劳动竞赛活动和劳动模范评选工作。撤地建市建区后，莲都区总工会承担全区劳动竞赛活动和劳动模范评选工作。

开展各种形式的劳动竞赛 1949年10月，中华人民共和国成立后，国家正处于百业待举、百废待兴的局面，当时的丽水也和全国一样。为了迅速改变落后面貌，在职工中开展了“劳动创造世界”“谁养活谁”的阶级教育和中国革命斗争史教育。丽水县职工响应中共七届三中全会的号召，贯彻全国工会生产工作会议提出的“工会工作必须以生产为中心，无论国营企业还是私营企业，都要组织职工开展劳动竞赛”的精神，发动广大职工群众参加生产和开展劳动竞赛，为恢复国民经济和发展生产多作贡献。

1950年，丽水搬运工人多装快运支援前线，民船工人参加解放沿海岛屿的军运。10月，中国人民志愿军赴朝参战，职工中迅速掀起支援抗美援朝的爱国主义增产节约运动，广大职工提出“工厂就战场、机器就是武器”的口号，推动和促进生产的发展。丽水县电信局20名职工承担并完成了过去36人的工作任务。私营工、商业职工自动降薪支持企业恢复生产、经营，为争取国家财政经济状况的好转作出努力。

1951年，各行各业为支援抗美援朝，开展了爱国主义劳动竞赛，增加生产，厉行节约。

1952年，丽水县在公营、公私合营和私营工厂企业中普遍开展增产节约运动，发动私营工厂企业职工督促资方遵守共同纲领搞好生产、提高质量降低成本。

1953年，国家第一个五年计划开始，丽水县总工会组织职工开展增产节约和先进生产者运动，发动各行各业职工制定爱国公约和竞赛保证条件，落实各项措施。丽水运输公司学习苏联的先进经验，采取大车拖小车与循环调车，加速车辆周转和开展节约汽油、轮胎等竞赛活动，全年上缴利润130亿元(旧币)，占全省运输系统上缴利润的1/3。下半年，丽水县9个地方国营厂通过开展增产节约劳动竞赛，有5个厂超额完成产量指标，6个厂超额完成利润指标，3个厂超额完成劳动生产率指标。

1954年，丽水县总工会贯彻全国总工会《关于把劳动竞赛向前推进一步的决议》和《关于在全国范围内开展技术革新运动的决定》，把劳动竞赛从体力型转变到智力型，从比较偏重体力转变到改进生产技术和劳动组织上来。由偏重数量转变到提高质量、降低成本、改善操作条件、注重安全生产，以提高企业管理水平为目的的方向上来。县总工会组织干部下基层帮助总结生产竞赛的经验，纠正了竞赛中拼体力、加班加点和忽视质量、不注意安全生产的偏向。学习鞍钢革新能手王崇伦，将竞赛引向改进生产技术、改善劳动组织和提高企业管理水平。同年5月，丽水县总工会发动职工抓住生产关键问题开展合理化建议活动，在“五一”举办县技术革新展览。丽水印刷厂技工封大佑在革新中创造的数纸器，一年可为国家节约470万元(旧币)，入选全省313个重大革新项目之一。

1955年，丽水县工会二届六次委员会议作出决定，动员全县职工响应《中华全国总工会为保证完成和超额完成发展国民经济第一个五年计划告全国职工书》的号召，推进劳动竞赛，克服竞赛中的形式主义，加强个人与个人，小组与小组竞赛的领导；坚持贯彻“学习技术、改进技术、掌握技术”的方针，并明确不同行业的竞赛标准。

1956年2月，全国总工会作出《关于开展先进生产者运动的决议》。在丽水县总工会的组织下，该运动得到了落实，更大规模的劳动竞赛活动在丽水县开展。在竞赛中，丽水第二碾米厂推广了5项先进经验，提高了出米率。从1956年5月到1957年底共多产大米6.07万公斤，被评为县厂际竞赛先进单位。该厂职工赵雨亭在国家第一个五年计划期间，动脑筋、搞创新，革新技术，改进设备，不断提高劳动生产率。其中改进后的碾米机，台时产量由625公斤上升为1100公斤，改进后的砻谷机，台时产量由1400公斤提高到3000公斤。做到8年出满勤、8年无事故，后被评为全国劳动模范。

1958年，丽水县开展“双反”（反浪费、反保守）、“双比”（比先进、比多快好省）竞赛活动。5月14日，丽水县总工会作出《关于组织全县职工学习赵雨亭的决定》。

1959—1961年国民经济发展出现严重困难，1961年，中共中央决定实行“调整、巩固、充实、提高”的方针，丽水县总工会组织开展以技术革新和技术革命为中心的劳动竞赛和增产节约运动。

1963年，在工业、交通企业中开展“五好”企业和“五好”职工竞赛，在职工中以“五好”（政治思想好、完成任务好、遵守纪律好、开展学习好、团结互助好）为目标，开展比、学、赶、帮、超先进生产者运动，季检查，年终总评。对达到“五好”标准的职工授予荣誉称号，由县人民委员会发给铜质“五好职工奖章”。

1964年，继续开展以创“五好”为目标的比、学、赶、帮、超增产节约劳动竞赛和工业学大庆运动，组织职工开展评比先进活动。丽水动力机械厂被命名为大庆式企业。

1965年，丽水县总工会组织厂（店）际和同行业、同工种竞赛，丽水羽绒厂职工赶超国际先进水平，使3个产品12项质量指标全部达到国际水平，提前100天完成年度国家计划。丽水啤酒厂先后7次组织29名职工去外地兄弟厂取经，学习和推广了32项先进经验，使甲级黄酒的出酒率从1963年的64.44%，提高到1964年的100%。

1966—1976年，十年“文化大革命”，工会停止活动，没有具体统计数据。

1977年，工会恢复活动后，即组织开展“厂举大庆旗、人学王进喜”的劳动竞赛。

1978年在工业学大庆，财贸“双学”（学大庆、学大寨）运动中，开展了以优质、高产、多品种、低消耗为主要内容的劳动竞赛，丽水针织厂举办“创10万条无疵巾”劳动竞赛。丽水动力机械厂连杆组、丽水油嘴油泵厂风磨班和磨工班获“产品质量信得过班组”称号，被省总工会、省机械局命名为马恒昌式班组。

1979年，挡车工阮爱珍首创“17万条无疵巾”的纪录，获1979年省级劳动模范称号。同年，挡车工叶雪萍又创“23万条无疵巾”的纪录。

1980年4月，全总通过《关于动员职工为四化立功，深入开展增产节约运动迎接党的十二大召开的决议》。地区工会办事处和丽水县总工会在丽水县动力机械厂开展为四化立功竞赛试点。6月下旬，召开基层工会主席会议，介绍动力厂竞赛活动的基本做法，并由县府发文推广动力机械厂的竞赛经验，推动了全县增产节约运动。县经委系统年产值超计划11.53%，成本降低，质量提高。丽水动力机械厂提前两个月完成八大经济技术指标。S195

型柴油机整机质量合格率达到98%，在省第三次“质量活动月”突击抽查中被评为全省四家同行业厂的第一名。丽水火柴厂通过竞赛取得实效，在全国火柴质量评比中连续三年名列榜首，获省优、部优称号。

1981年，阮爱珍、叶雪萍在全省毛巾织造挡车操作比赛中分别获44英寸普通织机和电动织机竞赛总分第一。

1982年，继续开展“为四化立功”活动。丽水地区运输公司除抓住以生产为中心的优质、高产、低耗竞赛外，还先后开展安全行车无事故、抓优质服务、开节油竞赛等活动，取得好成绩。丽水粮油化工厂举办小指标百分赛，丽水丝厂举办操作能手比赛。

1983年，丽水县举办“当主人、献计策、反浪费、挖潜力、降消耗、增效益”劳动竞赛活动。

1986年丽水撤县建市，5月，建立丽水市劳动竞赛委员会，各系统局也建立了相应的组织，形成了党政工团齐抓共管劳动竞赛的局面。市总工会和劳动竞赛办公室要求全市职工围绕生产建设中心，广泛开展“五个一”活动，即做一件好事、参加一项改革实践、提一条合理化建议，练好一门基本功，增产节约一百元。全市厂际、班组间竞赛和各种单项竞赛全面开展。市供销社制定“九比九赛”劳动竞赛细则；市商业系统普遍开展“五赛五比”；市三家建筑公司开展比进度、比质量、比安全、比节约、比效益为主要内容的劳动竞赛；丽水公路段在新亭道班举行养路道工操作技能比武。9月，市总工会在丽水化工厂召开劳动竞赛现场会，在劳动竞赛中涌现出一批先进集体和个人，如丽水化肥厂合成车间维修班，一年来完成小改革12项，在增产节约、增收节支中取得了较大成绩。是年12月，市总工会和市劳动竞赛委员会在市工人文化宫三楼展厅联合举办劳动竞赛图片展览。在全省粮食系统优质服务竞赛中，丽水市太平坊粮站以优质服务被评为1986年省粮食系统先进集体。

1987年2月，地、市联合召开“双增双节”(增产节约、增收节支)运动动员大会。3月，用放录像和演讲会的方式宣传丽水啤酒厂、丽水化工厂、太平坊粮站开展“双增双节”劳动竞赛的先进经验。第四季度，市劳竞办在21家工矿企业开展厂际“优胜红旗”劳动竞赛活动，并对参赛的工矿企业在尊重人才、利润、质量、安全生产、人均增收节支、合理化建议、劳动竞赛组织工作等七个方面进行综合考核，丽水毛巾厂获评三年厂际竞赛优胜单位。市建委工会工作委员会获浙江省1987年“双增双节”劳动竞赛优秀组织单位称号；丽水化肥厂在省总工会和省石化厅联合举办的“全省小化肥支农光荣杯劳动竞赛”中捧回“支农光荣杯”。

1988年，在深化改革和落实承包经营责任制的新形势下，市总工会和市劳动竞赛办公室贯彻省总工会电话会议精神，组织职工开展“五创”(创先、创优、创新、创汇、创最佳效益)竞赛的同时，更大规模地开展群众性“献百元”活动，发动群众从本单位、本部门的实际出发，按照人均增收节支一百元的要求，订出“双增双节”竞赛目标和主攻方向。确定丽水市毛巾厂等10家企业为合理化建议联系点，市建委为同行业竞赛联系点，市经委和城关镇工办为厂际竞赛联系点。9月，召开“双增双节”劳动竞赛经验交流会，丽水羽绒厂、市百货公司中山街商店、市玻璃纤维厂介绍了开展劳动竞赛的经验；市建委系统开展“十比”同行业劳动竞赛情况。在省建筑企业“百日安全生产”竞赛中，有13个单位、81个工地3325名职工参赛，在全省联评中，市第四建筑工程公司被评为优胜企业，处州针织厂工地被评为优胜工地。是年，全市有14513名职工参加劳动竞赛，占全市职工总数的42.62%。

1989年，全市工矿企业开展“创六好效益企业”竞赛。商业系统开展“创三优、迎国庆”竞赛；市建委系统开展“五比五取胜”行业竞赛。各行各业还开展了单项、精干、短期竞赛活动，城关镇汽车配件厂是一个乡镇企业，在职工中开展节约一度电、一滴油、一段钢材竞赛，取得好成绩。浙江油泵油嘴厂、市玻璃纤维厂、市热工仪表厂被评为1989年度“六好效益企业”优胜单位。丽水金笔厂瓷质氧气组获全国“五一”劳动奖状。在全省文明车站评比中，丽水客运公司被评为文明车站。11月，省总工会副主席顾秀秀等来丽调研、检查“双增双节”劳动竞赛活动开展情况，给予了充分肯定。是年，市劳动竞赛委员会、市总工会联合举办1987—1989年丽水市劳动竞赛图片展览。

1990年，市总工会组织“短、精、快”竞赛、抓骨干企业继续开展“五创”立功竞赛。浙江油泵油嘴厂和浙南制药厂被省总工会、省计经委定为“双增双节”竞赛重点试点单位。丽水客运分公司开展以雷锋为榜样的“三看三比”竞赛活动，先后组织技术、业务操作比武和知识竞赛等。丽水啤酒厂糖化车间开展班组赛，严格按照工艺规范精心操作，取得显著效果。

1991年1月，响应省劳动竞赛委员会确定的围绕国务院提出的“质量、品种、效益年”活动要求，在全市开展“当主人、献一计、创一流、比贡献”效益杯劳动竞赛，为实现“八五”计划建功立业。全市各系统、各企业、各单位根据自身的特点，先后开展厂际竞赛活动和三赛六评等竞赛活动，并取得好成绩，全市增产增收7699.8万元，节约开支286.4万元。

1992年，丽水市总工会在职工中继续开展“效益杯”劳动竞赛，以“三赛六评”为竞赛主题，“三赛”即赛提高产品质量、赛产品合适对路、赛增长经济效益；“六评”即评先进班组、评合理化建议标兵、评技术革新能手、评销售能手、评生产操作能手等。

1994年，全市开展重点工程立功竞赛。丽水毛巾厂开展多种形式的社会主义劳动竞赛，提花车间、平织车间开展千条无疵巾、百只无疵轴标兵赛，喷整车间开展喷花操作技术能手赛，漂染车间开展小改革的技术革新赛，机修车间开展修旧利废和优质服务活动。

1996年，市总工会、市劳动竞赛委员会发文，在全市开展争当“九五”功臣立功竞赛活动。浙江天帆集团重奖生产标兵；纳爱斯公司开展“比质量、夺高产、讲奉献” 竞赛活动；重点工程金温铁路站开展北隧道达标竞赛；金融系统开展首届女职工技术比赛等。双增双节、合理化建议、技术革新、技术改进、技术培训也都取得新成果。

1997年，组织职工开展劳动竞赛和职工技术比武活动，全市开展争当“九五”功臣立功竞赛活动进一步得到落实。纳爱斯公司雕牌皂车间开展为期一个月的车间竞赛；市玻璃纤维厂开展比质量、比产量、比产片率、比文明生产、比安全生产竞赛；市粮食系统开展创四好优质服务竞赛；市金笔厂女工委开展比质量、比产量、比精神文明为主要内容的巾帼奉献月活动；商业系统、电力系统、供销系统、邮电系统、市工行等根据本系统的特点有选择性地开展各种不同类型的竞赛活动。

1998年，继续开展争当“九五”功臣立功竞赛活动，在竞赛中评出先进集体10个，先进个人23名，并于“五一”节进行表彰。

1994—2000年市总工会，开展了各种类型的劳动竞赛、技术创新、技术比武、职工合理化建议等活动共计27次。全市6年来共提合理化建议1200多条，实施建议750多条，产生效益2700多万元；全市职工开展岗位培训达1万人次，开展各项技术比武150多项，参加5000多人次。2000年，全区有12家企业开展各项劳动竞赛活动，创经济效益1325万元。

2001年，共收集到提合理化建议64条，采纳17条，创经济效益34万元；各种技术比武35项，参加人员1236人，各种技术培训38期，参加人员1949人；举办各种知识竞赛、岗位练兵33次，参加人员1744人。

2007年，老竹林业中心站荣获“全国工人先锋号”称号，莲都供电局荣获“全国五一奖状”。继续贯彻《关于全区开展社会主义劳动竞赛活动的意见》，全区40家规模以上的工业企业中23家企业开展不同形式劳动竞赛，参赛人数6761人，产生经济效益685万多元。

2008年，把激发调动广大职工的积极性和创造性与社会主义劳动竞赛活动有机结合起来，带领广大职工为建功“十一五”发挥主力军作用。积极开展各项劳动竞赛活动，积极推广职业技能带头人制度。新建职工技能培训2家，全区已有职工培训基地7家，全年开展各类培训117期，参加培训1万多人。通过开展技能培训、技术讲座、技术攻关、等岗位练兵、技术比武活动，提高职工队伍素质。全年获全国技术比武金奖1人，省技术比武金奖1人。

2009年，面对世界金融危机带来的冲击，区总工会深入开展以创建“工人先锋号”“千万职工大行动，转型升级立新功”为主题的劳动竞赛。全区有41家规模企业3662名职工参加各种竞赛活动，参赛面达73.5%。在工业企业、重点工程建设、服务行业三大领域，全面开展以“保增长、促发展”“抓创新、促转型”“练技能、提素质”“抓节能、增效益”“重安全、促和谐”五大主题为主要内容的劳动竞赛活动。

2010年，在全区范围内开展“千万职工大行动，转型升级立新功”为主题的竞赛活动。以全面开展“创先争优”活动为载体，劳动竞赛、技术比赛、岗位练兵等多种形式活动为抓手，动员组织广大职工开展“同舟共济保增长、建功立业促发展”为主题的职工建功立业活动。在各项竞赛中，浙江依莱特纺织有限公司丙纶面料研发部荣获“浙江省工人先锋号”称号，丽水万控电气有限公司喷塑车间获“丽水市工人先锋号”称号。

2011年，组织开展以“创业创新、保稳促调、转型升级”为主题的劳动竞赛活动，有5048人次参加劳动竞赛。

2013年，“工人先锋号”创建活动深入开展，莲都区“96345”市民服务中心等5家单位被授予丽水市工人先锋号荣誉称号。浙江乾麟缝制设备有限公司微型大扭矩伺服节能电机创新工作室被命名为浙江省职工高技能人才创作室，获省财政补助3万元。

2015年，为发挥立功竞赛在建设美丽幸福新丽水重点工程中的重要作用，区总工会上报并经市总与市发展改革委联合审定，决定开展“建设美丽幸福新丽水”立功竞赛活动，并把市区重点工程瓯江大溪段（莲都区段）项目作为2015度重点参赛项目。是年，成功举办电子商务技能比武、美发职业技能比赛、农商行业技能比赛、卫生监督技能竞赛和动物检疫技能竞赛，大大提高职工技术业务能力，营造了学技术、强硬功的氛围。10月，全区职工技能培训班，共有120余名企事业单位职工报名参加烹饪和电工等技能培训学习。

2016年，开展重点工程立功竞赛和群众性劳动竞赛活动，以参加丽水市“建设美丽幸福新丽水”立功竞赛中的瓯江莲都段建设等5个项目为重点参赛项目，举办全区重点工程劳动竞赛。同时联合区电商举办“勇安杯”莲都区第三届互联网创业创新大赛，联合卫计局举办基层卫生岗位练兵和技能竞赛。

2017年，区总工组织职工开展各种竞赛活动，注重职工技能提升，推荐申报古堰画乡为省级特色小镇创建立功竞赛项目；联城农民新社区三期（里东安置）项目参加市重点工程立功竞赛，先后开展轧钢筋和砌砖墙技能比武；同时举办职工高处作业培训、面点烘焙和养生菜肴烹饪培训，举办返乡人员创业创新大赛、全区卫生应急技能竞赛等各类技能比武。

2018年，举办省、市环境监测工技能大赛，莲都区代表龚超芳获个人二等奖。联合区委人才办、区农办、区人力社保局下发《关于举办莲都区首届"乡村能人"系列技能技艺竞赛推选活动的通知》，在全区开展"身边工匠"推选活动，宣传莲都区优秀传统技艺人才。

2019年，在浙江省总工会开展的2018—2019年建设"两美"重点工程立功竞赛中，浙江丽水瓯江风情旅游度假区管委会获浙江省"五一劳动奖状"，丽水市莲都区旅游投资发展有限公司建设部获浙江省工人先锋号荣誉。同时，浙江省总工会拟推荐莲都区"丽水市百货大楼有限公司跑团俱乐部（工会小组）"为全国模范职工小家、浙江航星电机有限公司工会主席汤丽芳为全国优秀工会工作者。

2020年11月 ，在丽水市第二届"绿谷工匠"技能大赛中，富兴波获数控车工项目三等奖、琚以功、陈宁太、樊辉辉、关石明分别获得焊工项目一等奖、二等奖和2个三等奖。12月，联合区委人才办举办莲都区第三届"乡村能人"系列技能技艺竞赛。联合画乡小镇联合工会开展"情怀故事醉莲都、立功匠心美画乡"立功竞赛活动。莲都区美容美发行业联合工会代表丽水市参加浙江省总工会主办的2020浙江美容美发职业技能竞赛，周林获得女子盘发造型项目冠军，获"浙江省美发大师"荣誉称号，专业美发组综合排名第三，朱平平获专业美发组男女剪吹造型项目季军，孙韦波获"浙江美发名师"荣誉称号。

第二节　技术革新与职工合理化建议

"一五"期间，技术革新的主要内容是改进技术，提高技术、改造旧设备和学习掌握新技术。"二五"期间，以技术攻关技术交流，改手工操作半机械化、机械化以及合理化建议为重点。

1952年，丽水全县有872名职工提合理化建议2367条，60%得到实施。

1953年，开展技术革新运动，全县首次举办技术革新展览会，参观人数达3800人。

1954年5月，县总工会举办技术革新展览会。展出革新成果20项，其中丽水锯板总厂的"开方锯板法"，一年可创财富900余万元，省工会温州专区办事处印发了该厂开展技术革新运动的报告，肯定了这个厂领导重视、支持职工合理化建议和加强技术人员与老工人的思想教育，推进技术革新运动的经验。地方国营丽水新华印刷厂工人封大佑创造数纸器，台机年创财富477元，被省工会列为全省较大技术革新项目之一。

1955年，全县职工共提合理化建议282件，其中有128件是关于技术革新的，新华机器厂工人严增干提出改进刀排建议并改进"园球刀排"，提高工作效率2.6倍。丽水运输处工人徐龙欣提出的革新点子并创制了"偏心轴活动模子"，使工作效率提高2倍。新建盒片厂工人周荣生创造"小切机"，盒片日产量从原来的35万片提高到52万片。丽水电厂线路工杨大楠，提出6条改进线路的合理化建议，为国家节约资金8000余元。

1956年，县工会举办技术革新展览会，展出实物400多件，其中有新产品200多件，改进工具100多件。据工业和交通运输单位统计，1—6月技术革新项目683件。省“一五”劳模赵雨亭改进碾米机、砻谷机，推广“三机米”，坚持“轻机多碾”等五项先进技术，提高了出米率，增产大米21.49万公斤，节约机油192公斤，节约木炭16990公斤，增加各项收入11121元。

1953年至1957年6月底，全县工业、交通、运输、建筑、商业、粮食等产业职工，共提出合理化建议4403条，被采纳2288条，为国家节约资金创造财富共20.58万元。

1958年，丽水铁工厂和丽水运输段职工，试制成红旗牌小型拖拉机、飞跃一号拖拉机、磨粉机、双(单)人打稻机和护路与消防两用工程车等。后因丽水县城规划为瓯江水电站库区，丽水铁工厂迁并永康拖拉机厂，小型拖拉机没有在丽水投产。同年，丽水县举行技术革新展览会，温州专区在丽水召开现场会。6月27日，中共浙江省委书记林乎加、温州地委书记张一樵及副书记李文辉等人，参观丽水铁工厂制造的红旗牌小型万能拖拉机、万能磨粉机、双(单)人打稻机和丽水运输段修理车间制造的“飞跃”一号拖拉机、县农机合作工厂制造的收割机等农机新产品及其他工业、交通运输手工业等新工具新产品。

1959—1961年，在国民经济出现严重困难时，中共中央决定实行“调整、巩固、充实、提高”的八字方针，丽水县总工会围绕国民经济调整这个中心，组织开展了以技术革新和技术革命为中心的增产节约运动。

1978年，丽水县服装厂青工吴志健，试制成功滚筒式凹领机，提高工效3倍。

1979年，成立丽水县先进刀具比赛办公室，制定《丽水县先进刀具单项比赛组织办法》，推进了技术进步活动。

1986年3月，贯彻实施国务院修订颁布《合理化建议和技术改进奖励条例》，县总工会围绕增强企业活力，提高经济效益这个中心，立足基层，面向企业，面向社会，努力发动职工开展合理化建议活动和举办各种技术培训班，提高职工技术素质。丽水啤酒厂职工围绕节约煤、电、粮、瓶、箱从“能源、原料、包装”三个方面提合理化建议，全厂一年共提合理化建议128条，被采纳96条，实施65条，取得实际经济效益75万元，其中供销部门提出的一条合理化建议，就为企业增加经济收入20余万元。

1987年上半年全市职工提出合理化建议2340条，采纳1040条，实施653条，其中优秀合理化建议和小改革单项创经济效益5000元以上的28条。丽水化肥厂小改革21项，创经济效益10万多元。丽水化工厂小改革9项，创经济效益2万元，节约原材料价值18.04万元。丽水服装厂的一项小改革，创经济效益6万元，节约能源1.85万元。市饲料公司天宁寺饲料厂，设备耗能大，经采纳合理化建议，在原设备上安装电容屏，使功率因素从原来的0.5千瓦时上升为0.98千瓦时，全年节电56000千瓦时。市家具厂采纳实施6条建议，提高产值6.08万元。上半年“双增双节”运动中，丽水油嘴油泵厂、丽水毛巾厂、丽水火柴厂、地区医院和市建筑材料厂、良种场、曳岭粮管所、劳动服务公司等19个单位统计，职工提出合理化建议649条，采纳399条，实施273条，增益30.92万元。其中，丽水毛巾厂职工提出合理化建议65条，采纳实施8条中有大项目5条，创经济效益3.8万元。

1989年，丽水羽绒厂在以技术革新为主要内容的“双增双节”劳动竞赛中，引进国外的充绒机，自制六台自动电子秤充绒机，节支27万元，提高工效50%。地区线务站实施职工合理化建议22条，增益1万元，通过修旧利废创值3.63万元，节约行政费支出1.74万元。丽水电视台为迎接中华人民共和国成立40周年，早日开通24频道，领导和职工自己动手卸车、装机，节支4000多元；乡镇企业碧湖热工仪表厂，采纳实施职工合理化建议5条，年创经济效益5万余元。

1990年，地区水电工程处采纳职工建议，在进料处和拌和台上加装自己研制的“粉窗”后，台班节约水泥500—600公斤，仓面粉尘下降80%，进料工由3人减为2人，并减轻了粉尘危害。地区木材厂采纳实施职工建议30条，增益7.7万元。市建材厂实施职工建议12条，创益6.42万元。市第三塑料厂实施职工建议3条，创益2万元。市粮食车队把职工合理化建议活动与思想政治工作、生产经营管理和经济责任制结合，车队面貌大变，1—7月创利润13.6万元，上缴税收4.34万元。城关镇白云山学校，采纳分管勤工俭学老师建议，变购置新课桌为旧课桌贴面更新，节支3492元。

1980—1990年，全市职工共提出合理化建议33831条，被采纳15591条，已实施7383条。已实施的建议中能计算创造价值的1638条，共创造(节约)价值1153.14万元。

1991年3月20日，全国总工会、国家计划委员会授予丽水毛巾厂包聪发“全国合理化建议和技术改进活动积极分子”称号。6月19日，盛纯乐获“浙江省最佳合理化建议和创造发明奖”。11月，在“七五”全国星火计划成果博览会上，丽水市压铸厂盛纯乐的代铜新型压铸材料获金牌奖。7月16日，地区劳动竞赛委员会召开全区劳动竞赛经验交流和表彰大会，丽水毛巾厂职工包聪发被评为丽水地区合理化建议活动积极分子，受表彰。

1994年在开展的各项劳动竞赛活动中，“质量月”是其中的一项重要的竞赛活动。浙江纳爱斯化工股份有限公司皂化QC小组获1994年度全国优秀质量管理小组、浙江省1994年度优秀质量管理小组荣誉称号，同时获评浙江省1994年度优秀质量管理小组的还有丽水啤酒厂解决啤酒喷涌现象攻关QC小组。

1999年，全市职位共提合理化建议452条，被采纳223条，实施127条创经济效益453万元。开展岗位培训4376人。组织职工参加技术比武768人次。

2000年，各企事业单位发动职工提合理化建议，据不完全统计共收到合理化建议135条，经采纳实施后创经济效益1082万元。

2001年，全区职工开展合理化建议活动，共提合理化建议64条，采纳17条，实施15条，创经济效益34万元。

2002年5月24日莲都区总工会、区经贸局、区人劳社保局、区科技局、区委宣传部、区工商分局、区财政局、区科协联合发文《关于开展职工经济技术创新活动的实施意见》，提出创新活动的总体要求、主要内容、表彰奖励、重要措施等方面的内容。

2003年9月16日，区总工会下发《关于在非公企业中进一步开展合理化建议活动的通知》，加强非公企业职工合理化建议工作。

2004年，区总工会围绕“三区并举”发展战略，以提高职工素质为切入点，制定《莲都区职工技能带头人管理办法(试行)》，开展一系列经济技术创新活动，组织参加了农网配电工、电子商务锅炉工等省、市级举办的多项技能比赛，莲都区选手蔡敏荣在道路客运从业人员知识技能竞赛中获得全市一等奖。继续在全区非公企业中广泛开展职工合理化建议活动，46家企业共收到合理化建议726条，采纳484条，实施349条，产生经济效益499.3万元。

2005年，全区共有4284名职工参与合理化建议活动，其中女职工2201人，共提合理化建议909条，采纳559条，实施402条，取得经济效益599万元。为加强职工技能培训，区总工会、区人劳劳社保局联合建立职工技能培训基地，组织职工参与技术比武活动，莲城宾馆职工徐鉴在全省饭店行业服务技能大赛中获调酒服务项目四等奖、丽水市饭店行业技能大赛调酒第一名；莲都区潘世平和陈孔义参加全市钳工比武分别获二等奖和三等奖。莲都区代表队获团体第二名；区本级共开展7项职工技术比武活动；制定并实施职工技能带头人制度。莲城宾馆职工徐鉴被评为丽水市饭店服务员职业技能带头人。

2007年，据不完全统计，全区共收集技术革新合理化建议667条，被采纳167条，产生经济效益710万元。技术比武活动取得新成绩。区总工会与莲都供电局联合举办配电线路工技术比武选拔活动。在全省农村合作银行系统技术比武中，莲都郑玢加获汉字输入第一名。继续推广职业技能带头人制度。在市举办的电焊工、贩金工比赛中，莲都区队获个人贩金工第三名。教育工会选送的梅山中学教师周爱群参加在重庆举行的第二届“思想品德”全国论文评比，获一等奖。

2008年，共有5061位职工参与劳动竞赛活动，共提合理化建议1434条采纳524条，创经济效益698.94万元，用于劳动竞赛奖金89.92万元。

2009年，全区企业提合理化建议576条，采纳261条，产生效益229.6万元。全区技术培训、技术比武，技术讲座、技术攻关、名师带高徒、绝技绝活演示等陆续开展。参加区级职工技能比赛803人，2人通过比赛晋升技术等级。共有227人参加三个重点工程立功竞赛。全区累计有各类技能培训基地23所，其中农民工培训基地15所。

2010年，以全面开展“创优争先”活动为载体，劳动竞赛、技术比武、岗位练兵等多种形式为抓手，组织职工参加丽水市举办的技术比武活动，获第一名1人，第二名1人。同时代表丽水市参加省级技术比武。区供电局、区农商银行先后开展电力施工技能比武、金融系统专业点钞技能比赛。丽水百货大楼、瓯宝、万电气等公司结合生产需要自主开展技术比武。

2011年，广泛开展技能培训、技能帮带、技能竞赛、技能晋级四位一体的职业技能提升工程，各企业结合自身实际开展活动，取得实效。组织职工积极开展合理化建议活动，全年各基层工会共提合理化建议580条，262条得到实施，取得经济效益226.7万元。

2012年，积极组队参加省、市、区职工技术比武活动。莲都区选送的谢志波、周成伟、孙顺仁3位选手参加全市职工技能比武大赛分别获数控铣工第一名及工具钳工第一名、第二名，并代表丽水市参加全省数控铣工、工具钳工比赛。

2013年，积极组队参加丽水市技能比武大赛，综合成绩名列前茅。恒信汽车有限公司方忠赋获得汽车修理组第一名，安达轴承有限公司张文贤、吴伟华分别获电焊工组第一名和第二名，并代表丽水市参加省职工技能比武。

2014年，区总工会积极组队参加省、市职工技能大赛，多个项目获奖，连续两年综合比赛成绩名列前茅。

2018年，开展全区职工优秀安全生产合理化建议评选活动，区总工会择优选送10条合理化建议，经市总工会组织相关专家认真评审，全市评选出优秀安全生产合理化建议18条，其中莲都区获得优秀奖3条。7月9日，丽水工业园区瓯宝安防科技股份有限公司在包装车间举办了2018年“比质量赛技能”竞赛活动。本次比赛按照车间岗位专门制定，比赛项目也是车间员工平时上班所做的内容。最终，共评选出一等奖1人，二等奖1人，三等奖1人。本次竞赛由瓯宝公司主办，丽水工业园区总工会承办共同举行。

2020年6月13日，区总工会举办“名师工匠团队”暨“名师带徒”签约仪式，共结对师徒60对。8月22日，区总工会举办2020年职工转岗、再就业家政技能培训班，共30余名职工参加培训。9月2日，区总工会举办全区制冷与空调特种作业人员培训班，共计61名职工参加培训。

1980—1990年合理化建议一览表

表2-7-2-1

年度	开展合理化建议的单位数(个)	所属职工人数(人)	提出建议的		年初至报告期末累计		已实现建议中能计算出全年创造价值的	
			人数(人)	总件(件)	已采纳数(件)	已实施数(件)	件数(件)	创造价值(元)
1980	58	3067		233	159	85		126188
1981	11	2683	55	42	29	26	7	34000
1982	16	5618	194	179	127	32	22	1083280
1983	15	3878	321	301	217	145		1127345
1984	37		1044	1199	711			876540
1985	47	11244	1508	1345	780	554		985645
1986	60	12139	2063	2378	1134	527		2074300
1987	95	17330	4273	5781	1872	985	409	1905968
1988	92	17080	2433	2736	723	582	343	1647839
1989	121	13927	5954	7392	4334	1786	380	2153072
1990	182	22705	8996	12467	5505	2661	537	2506732

第三节　职工技术协作

职工技协组织　职工技术协作组织是职工自愿结合，开展群众性科学技术活动的社会团体，具有独立法人资格。其主要任务是技术攻关、技术交流、技术转让、技术开发、技术精扶等技术协作活动。

1984年11月，丽水地区工会办事处召开5个县工会群众生产工作会议，并组织到温州市职工技协及平阳化工厂参观学习职工技协工作。提出建立丽水地区职工技术中心的设想。同年，丽水县总工会成立职工技术协作组织。

1985年1月24日，经行署批准同意建立丽水地区工会职工交流站。县总工会把职工技协工作纳入工会工作议程并开展外出参观学习及有关活动。

1986年9月，成立丽水市职工技术协作筹备委员会，由徐永武、金锡球、汤如真、张月连、孙国富、余备建、李德文7人组成，市总工会主席徐永武任主任。同时，先后成立市职工金属切削技术交流队筹备小组、市职工电子、电器技术交流队筹备小组、市职工机械技术交流队筹备小组，分别由余备建、李德文、李惠富任组长，制订培训班、技术讲座和技术比武计划并组织实施。

1987年，丽水市总工会贯彻《浙江省职工技术协作委员会章程》和《浙江省职工技协关于开展市地职工技协工作"五好"竞赛活动的意见》，于是年5月，正式成立丽水市职工技术协作委员会，通过《丽水市职工技术协作委员会章程》，夏宾身副市长任名誉主任，市科委总工程师管嗣同为技术顾问，市总工会副主席俞冬梅任主任，徐海华、汤如真、蔡人宅、刘朝会任副主任。丽水市总工会职工技协建立后，逐年发展。至年底，丽水市职工技协又建立丽水市总工会职工技协电子技术交流队、金属切割技术交流队、机械修理技术交流队。

1990年底，市职工技协下属有29个基层职工技术协作委员会，拥有会员709人。

1992年12月，同意浙江油泵油嘴厂建立职工技协组织并为市职工技协团体会员单位。

1994—1997年，新建基层技协组织3个。

2001年，新建职工技协组织3家。

2010年，新建职工技协组织7家。

2018年，新建职工技协组织12家。

职工技协活动　1985年，丽水县总工会开展技协活动，组织12名工人赴桐庐县进行金属切削技术交流活动，展出与销售各种硬质合金切削刀法、可转位刀具、切削刀具、刃磨工具，并开展现场操作表演、技术讲座、技术咨询等活动。

1987年4月初，举办全市车工4个项目(车内外园、挑蜗杆、车螺杆、割片)技术比武，有12个队38人参加，交流先进经验，推进技术进步。中旬，邀请浙江省先进刀具技术推广队、北京市总工会技术交流站、湖南省株州601厂、南京刀具厂的工程师、技术员47人来丽水进行技术交流，在市工人文化宫举办技术讲座，在丽水机床厂、丽水动力机械厂、丽水油嘴油泵厂进行加工技术难度较高的高速挑蜗杆、精刨加工、超磨加工、车圆球、外圆滚压等14项技术现场表演和传授，并为丽水油嘴油泵厂提供车圆球的先进技术图纸，还帮助大众电器厂解决加工特种不锈钢七项生产技术难题，为特种不锈钢厂解决加工7米长1.6吨重的不锈钢切削难题，为该企业承接的一批75万元的业务解决了技术难题。是年6月，市职工技术协作交流站开始对外有偿技术服务，市职工技协下设电子技术、金切技术、机械修理技术等三个技术交流队，20个基层技术协会，会员524人。丽水机床厂技协小组应邀为青田县有关厂家攻克结线机等技术难题，创社会效益4.5万元。据统计，1987年市职工技协和企业技协小组共为基层企业解决生产难题15个，创社会效益10万元。丽水市职工技协在开展技协活动中，不为名不为利，为群众免费服务，免费修理电视机、收录机、电子琴等家电35件。

1988年，全市有1710名职工参加了各类技术革新、技术攻关活动，有1903名职工参加65项技术操作比赛活动。丽水化肥厂职工技协主任赵善泉，发明魔链新工艺、新产品，取得了国家专利权，被评为省优秀技协成果，省职工技协授予奖杯和证书。

1984—1990年，市职工技协（包括下属基层职工技协），开展了经常性的技协活动，共为企业攻破技术关键156项，创经济效益191.86万元，推广新技术218项，创经济效益88.5万元，有偿服务366项，成交金额125.79万元，上交税款2.70万元，纯收入32.32万元。共举办技术培训462次，培训18204人次，并举行技术表演147次，参加表演和观摩7800人次。

1991年，丽水羽绒厂职工技协小组於伟波的自动充绒机获省职工技协优秀成果奖。

1992年4月，地区财税局科委、工会办事处联合作出《关于职工技协有偿服务活动的规定》。同年，地区职工技协向"北京国际发明展览会"推荐丽水县压铸厂工程师盛纯乐创造发明的"高强度代铜新材料"项目，获铜牌奖（该项目曾于1991年6月获得纽约第14届世界发明家博览会世界发明家铜牌奖）。

1993年12月，在省总工会召开职工技协成立10周年暨表彰大会上，丽水市电业局徐抗胜获省职工技协先进个人称号；盛纯乐"代铜新材料"项目获省职工技协优秀科技成果奖；市总工会吴伯卿的论文《试论市场经济中职工技协工作对策》获省职工技协论文二等奖。

1994年，丽水市职工技协、职工企事业开展"四技"服务，全市开展"四技"服务活动80项，成交额460万元。

1996年，市工会技协努力完成地区工会下达的考核指标，市职工技协召开第二次会员代表大会，通过技协章程，选举产生了第二届技协委员会。

1997年，市工会技协积极动员组织基层技协开展技术协作活动，全年市技协成交额比1996年增长25%，技术收入增长35%。

1998年，成立职工技协组织，兴办经济实体，开展技术攻关、技术革新、技术培训、技术咨询、技术服务活动，各基层技协技贸合同成交额达300多万元。

1999年，大力发展职工技协工作，本着巩固、发展、成熟一家、活动一家、收效一家的原则，新建职工技协3家，使全市职工技协达到21家，年技贸合同成交额达到300多万元。市房产处职工技协副会长叶巧兰工作成绩突出，被评为全国技协工作积极分子。

2000年，职工技协技术开发创经济效益240万元。

2004年，职工技协工作进一步加强，新建技协组织2家，完成技贸成交额73.6万元。

2008年，围绕"拓宽科技服务，规范活动行为，加强组织建设，完善管理制度，确保持续发展"的总体要求，全区技协的技术贸易成交额达1200万元，创营业税48万元，所得税36.13万元。

2010年，全区技术贸易成交额1117万元，上交各项税款40多万元。全年新增职工技协组织7家。

2015年，区总工会下发《关于职工技协若干问题的通知》，就企事业职工技协的技术开发、技术转让、技术咨询、有偿技术服务、技术服务收入所得税、团体会费等问题作了规范说明。这些改革为职工技协活动的顺利开展提供了基础，促进了全区职工技协工作的不断发展。

2020年，全区新增职工技协组织3家，实现技术贸易成交额908万元，上缴各项税额24万元。

1984—1990年职工技术协作活动情况表

表2-7-3-1

年度	职工技协		攻破技术关键		推广新技术		技术培训		技术表演		技协有偿服务			
	委员会（个）	会员（人）	项数（项）	创造经济效益（元）	项次数（项/次）	创造经济效益（元）	次数（次）	参加表演及观摩（次）	次数（次）	参加表演及观摩（次）	实现项目（项）	成交额（元）	税款（元）	纯收入（元）
1984	2		12		54		110	3409	45	1640				
1985	8		14		92		91	2236	26	966				
1986			30	1418000	8	180000	65	1540	14	436				
1987	15		39	147000	18	68000	51	4847	37	2560	12	43330	477	12477
1988	21	448	22	48000	13	213000	46	2317	25	2231	165	608115	4780	106325
1989	26	546	25	169610	21	232000	77	2452			107	427499	13782	123594
1990	29	972	14	136000	12	192000	22	1403			82	179000	7933	80780

第四节　劳动保护

20世纪50年代初，开始培养劳动保护干部，建立劳动保护组织，贯彻党和国家的劳动保护法规，执行“安全第一，预防为主”的劳动保护方针。

1952年，丽水县总工会按照国务院规定，执行企业职工伤亡事故月报制度。在私营企业中“除陋规”，陋规包括搜身制，衣、裤不准做口袋，寝室夜间反锁门等，保障职工的人身权利，在国营企业中推行集体劳保合同。

1953年，丽水县总工会设劳动保护科，配备专职劳保干部，管理工会劳动保护工作，督促工厂企业改进安全设备与建立安全生产制度，协同政府定期进行安全卫生大检查，当时事故较多的丽水运输公司开展了反事故斗争活动。县总工会在国营企业推行劳保合同制，保障工人人身权利。

1954年，县工会召开首次劳保工作会议和工业卫生劳保会议。

1955年，县工会把监督企业改善劳动条件，做好防暑降温列为工会劳动保护工作的重点，制定制度，进行例行检查。

1956年，总结了防暑降温的8条经验和3点教训。8月，贯彻国务院颁布的“三大规程”（工厂安全卫生规程、建筑安装工程安全技术规程、工人职员伤亡事故报告规程），广泛地向职工群众开展了宣传，教育职工群众关心和监督规程的实施。

1957年，全县有12个工厂普遍采取厂房开窗通风、搭凉棚遮阳、安装土风扇、人工浇水、供应清凉饮料等多种降温措施，改善劳动条件，激发了职工群众的生产积极性。

中共十一届三中全会以后，贯彻中共中央《关于认真做好劳动保护工作的通知》，除高温季节例行防暑降温监督检查外，把工会劳动保护工作的重点放在改变伤亡事故多，职业病多，环境“四害”（废水、废气、废渣、噪声）严重的局面。

1979年，县皮革厂制革车间12人苯中毒，县总工会会同县劳动局多次深入车间调查，与厂领导研究采取防毒措施后，控制中毒现象的发生。

1980年，国务院规定每年5月开展“安全月活动”。县总工会对丽水水泥厂和丽水毛巾厂等5家企业进行检查和专题调查。

1981年，贯彻省总工会《关于当前工会群众劳动保护工作的意见》，对18个工厂企业的工会劳动保护组织情况进行了调查了解，18个单位均未建立基层工会劳动保护工作委员会，其中丽水毛巾厂等10个单位由领导兼管；县食品公司等9单位设有工会劳保委员；地质七分队等单位设有工会小组劳动保护检查员或安全员。是年，县总工会、省总工会丽水地区办事处对丽水水泥厂再次进行检查，对厂区离城远没有医务室，粉尘浓度大于123毫克/立方米，工人患硅肺病人数直线上升，为改善粉尘浓度设计的机械制水泥流水线基建已三年未能投产，财政拨款基建自来水未动工兴建等问题，提出限期整改的建议报告给政府。还与劳动部门对全县9个企业中易致硅肺危害的25个铅、苯作业点如何改善劳动条件和妥善解决硅肺与铅、苯中毒的问题，提出积极建议。并对全县正在运行的34台锅炉进行了安全生产检查，对隐患提出应对措施，消除不安全因素。1981年以来，配合劳动部门对全县160余名锅炉司炉工分期分批进行了专业培训，考核发证上岗。

1983年，参加县人民政府统一组织的安全生产大检查，全县工业、建筑、财贸3系统21个单位，查出事故隐患713条，进行了整改。丽水县五金配件厂、丽水动力机械厂获浙江省1983年度安全生产、文明生产先进集体称号。

1984年，县总工会会同县建委，组织县建筑工程公司领导和职工群众，就1983年5月21日职工俞翠兰因工伤死亡事件进行反思，制定加强安全生产和劳动保护4条措施：一是公司建立质安科、设备科、班组安全员和生产安全监察意见通知书制度；二是印发各工种岗位安全操作规程，人手一册；三是改善作业环境，增加劳保器具，增添安全帽350顶，安全网56片，围网40片，安全带12条，安全劳保鞋350双，劳保棉衣350件，并定期进行安全生产大检查；四是把工人俞翠兰工伤死亡日定为公司安全日，每月21日公司经理带领有关人员现场检查，效果明显，1984年1月至4月比上年同期工伤事故下降31.25%。

1985年，宣传贯彻全国总工会颁发的《工会劳动保护监督检查员暂行条例》《基层（车间）工会劳动保护监督检查委员会工作条例》和《工会小组劳动保护检查员工作条例》。

1987年，市总工会发出《关于认真加强工会劳动保护工作的通知》，要求按条例规定，300人以上的企业工会设劳动保护监督检查委员会；300人以下的企业工会设1—2名劳动保护监督检查委员；企业工会小组设劳动保护检查员；委局工会工作委员会设12名基层工会劳动保护监督检查委员。还通过举办劳动保护知识竞赛等活动，加强对职工进行三个条例的宣传教育，并开展工厂企业劳动保护工作总结评比活动。

1988年，组织基层工会劳动保护监督委员会（小组）77个，给各基层工会印发劳动保护手册7000份。试行《工会劳动安全监督意见通知书及回执》制度，并规定了工作程序，全市有21个企业开始实行。是年7月，市人大、市政府派出干部，由市总工会牵头组成防暑降温检查组，分别对劳动强度较大，劳动条件和劳动环境较差，女工比较集中三种不同特点的丽水毛巾厂、丽水电池厂、丽水棉织厂、丽水水泥厂、丽水火柴厂和丽水丝厂6家国营企业和市工具厂、市塑料总厂、市五金总厂铝材窗纱分厂、市皮革总厂、市服装厂、市第三塑料厂6家集体企业进行了检查，针对防暑降温工作中存在的问题提出整改意见48条，三天后进行复查。通过复查，34条整改意见得到落实。是年，还建立和健全了人身伤亡事故报告制度，市总工会参与5起（5人）重大事故的调查处理。

1990年，市总工会先后组织防暑降温、安全生产、防火工作等5项劳动保护工作检查。参与丽水火柴厂一职工触电死亡等重大安全事故的调查处理；参加了经委和二轻系统安全合格班组验收检查活动。一年来培训劳动保护安全生产员400余人次。

1992年11月，建立丽水市劳动鉴定委员会，主任尤招贤。

1996年6月，会同劳动部门对34家企业的安全生产、防暑降温工作进行检查，开展“在职工身边找隐患”活动，共查出事故隐患250条，限期整改114条。参与全市职工死亡事故调查处理10起，重伤1起。与地区工会一起，举办工会安全监督员培训班，丽水市工会30多名安监员参加培训。

1997年，协助市政府及职能部门开展安全生产大检查2次，职工伤亡事故调查处理6次，防暑降温检查1次，在全市职工中继续开展“职工身边找隐患”活动，共查出事故隐患219条，限期整改161条，切实保障职工在生产过程中的劳动安全。

1998年，全市建立、健全、调整各级工会劳动保护监督检查组织，重新配备500多名劳动保护、安全生产监督员。对27家重点企业检查员进行全面调整。

2001年，加强区、乡镇、企事业单位三级工会劳动保护监督检查网络建设。建立工会劳动保护委员会26个（100人以上），在企业设立劳动保护监督检查员101人，组建率达100%。

2004年，完善劳动保护职业安全机制，联城、大港头、碧湖、万象街道、岩泉街道、紫金街道、工业园区已建立乡镇、街道工会劳动保护组织，调整了劳动保护监督检查员。

2015年，莲都区所有乡镇（街道）工会全部实施劳动保护分级管理模式，其覆盖面达到100%。全区独立建会的企业196家，开展劳动保护分级管理工作的有企业186家，并录入省总工会数据库，录入率95%以上。

2020年，开展《浙江省劳动保护监督条例》培训考核工作，发放劳动法律监督员证书31本。

第五节　安全生产

1978年，贯彻中共中央《关于认真做好劳动保护的通知》，工会劳动保护工作得到恢复和加强。

1980年，国务院规定每年5月开展“安全月”活动，进一步加强了工会劳动保护工作。丽水县总工会按照中央精神，认真开展安全月活动，加强安全检查，对检查出的事故处理坚持“三不放过”的原则，即事故原因不清楚不放过、事故责任者和职工群众没有受到教育不放过、没有防范措施不放过。

1981年，丽水县总工会会同地区工会办事处对丽水水泥厂进行粉尘和硅肺问题的专题调查，对存在问题提出整改意见。

1983年5月21日，丽水县建筑公司一工地发生一起因工死亡事故，原被误定为是本人失误所致，经复查后给予纠正原鉴定结论。

1985年1月全总书记处根据国务院有关要求，制定公布了劳动保护监督三条例。

1987年11月10日至13日，丽水县总工会举办学习三个条例研讨会，120余名基层工会干部参加研讨会。

1994—1997年，配合劳动部门开展安全生产大检查12次，参与职工伤亡事故调查处理52起，全市召开安全生产、防暑降温工作检查会议4次；建立工会安全生产监督网络，开展职工身边找隐患活动，共查出事故隐患860条，限期整改516条。

1995年，市总工会开展企业防暑降温工作宣传，同时会同市安委会、劳动部门组织检查组对企业的防暑降温和安全生产工作进行检查。

1996年6月19日至20日，市总工会会同市安委会、市劳动部门组织5个检查组，对全市34家国有、集体、乡镇、个私企业的劳动安全、防暑降温工作及在全省开展的“安全生产周”“事故隐患整改月”“在职工身边找隐患”等活动进行检查，据34家企业不完全统计，共查出事故隐患250条，要求立即进行整改130条，限期整改114条，增加投入5.34万元。下半年又专门发文对20多个企业进行重点检查，并参与全年伤亡事故调查处理11次。

1998年，市总工会在参与“三合一”厂房安全检查中，查出事故隐患70多起，发整改通知书21份，伤亡事故调查处理2次。同时开展“安全生产周”“职工身边找隐患”活动，并开展防暑降温大检查。

1999年，努力做好安全生产劳动保护工作，市总工会与劳动部门一起，对230名工会干部、私营企业主进行安全生产知识教育和培训。对全市38家企业安全生产进行检查，查出事故隐患79条，发整改通知书65份、停工通知书5份；7月中旬开展防暑降温工作检查，重点抽查15家。

2000年，抓好安全生产劳动保护工作，组织安全生产劳动保护咨询活动，与劳动等部门一起，组织51检查组对201个企业进行安全生产检查，查出事故隐患510条。通过检查，各企业落实整改措施，整改率83%。同时，区总工会还参与全区安全生产政策和制度的制定。

2001年，做好安全生产防暑降温工作，区总工会分4个组对13家企业进行安全生产防暑降温工作检查。

2002年3月中共中央宣传部、国家安全生产管理局、中华全国总工会、共青团中央联合发出《关于开展2002年“全国安全生产月”活动的通知》，在全国开展了第一个“安全生产月”活动。为此，市总工会向各县(市、区)总工会，市直有关单位转发全国和省安全生产文件及“市安全生产月”活动方案，要求各县(市、区)扎实开展“安全生产月”活动。莲都区总工会积极参与，并做好各项工作。根据各单位的具体情况，先后开展学习宣传，发放宣传资料8476份，开展安全咨询8次，组织安全检查4次，共有65人参加安全检查;检查发现事故隐患45条，落实整改措施40条。5月16日，莲都区总工会建立安全生产领导小组，区总工会主席詹军任组长。

2003年6月，莲都区总工会会同区有关部门联合开“安全生产月”活动启动暨宣传咨询活动，大力宣传贯彻《中华人民共和国安全生产法》《中华人民共和国职业病防治法》和全总有关工会劳动保护监督检查三个条例。

2004年6月，区总工会与区安监局一起开展防暑降温、安全生产大检查，检查14家企业，提出事故隐患整改措施20条。工会会同区安监局于10月份举办安全员、工会劳动保护监督检查员培训班。全年参与职工重大伤亡事故调查和处理5次。同年“安康杯”竞赛活动深入开展，建立“安康杯”竞赛活动领导小组。

2005年，积极开展安全生产和劳动保护工作，4个街道，18个乡镇建立“安康杯”竞赛领导小组，54家不同类型的国有、非公工业企业和建筑企业参赛，参赛职工达2567人。丽水速诚电机制造有限公司、丽水正达建筑工程有限公司被评为市级“安康杯”竞赛优胜企业，燕京啤酒(浙江丽水)有限公司被评为“安康杯”竞赛优秀组织单位，徐佩佩、李光明被评为市级“安康杯”竞赛先进个人。有6家企业新建劳动保护监督检查委员会，58家企业实行并使用工会安全提示卡，同时开展安全生产、防暑降温工作检查。

2008年，区总工会积极组织“安康杯”竞赛，维护职工权益。全区68家规模以上企业全部参加“安康杯”竞赛活动。同时积极向中小企业延伸，各乡镇、街道组织中小企业参赛，参赛的大中小企业有537家，参赛率87.6%。537家大中小企业的940个班组参与班组安全建设，参加人员12557人次。浙江红顶服饰有限公司获全国、省“安康杯”竞赛优胜企业。

2009年，继续开展“安康杯”安全生产竞赛，68家规模企业继续全部参赛，碧湖、丽云、紫金、万象、岩泉等乡镇、街道工会联合组织企业参赛，参赛的大中型企业537家占应参赛企业的87.6%。同时，推进民营企业班组安全建设，537家企业940个班组的17557名职工参加。

2010年，莲都区总工会、莲都区安全生产监督管理局下发《关于开展安全生产、防暑降温工作检查的通知》，要求各产业工会，镇乡、街道工会、系统(局)工委及有关基层工会，要求认真贯彻落实《中华人民共和国安全生产法》《中华人民共和国劳动法》《中华人民共和国工会法》以及全国总工会、国家安监局《关于加强非公有制企业工会劳动保护工作的意见》，切实维护职工在劳动过程中的劳动安全健康合法权益，结合全国“安全生产月”活动和市、区“安康杯”竞赛活动，确保广大职工在高温季节有一个良好的工作环境和安全环境。要求全区各企事业单位从三个方面开展安全生产、防暑降温工作检查：一是加强领导，提高认识。二是明确任务，落实措施。为职工创造良好的劳动、学习、安全、健康环境。三是改善环境，确保安全。要求各单位督促辖区企事业单位安全管理人员或工会劳动保护监督检查员在7月15

日前对本单位安全情况开展自查自纠。8月中旬，区总工会与卫生部门开展粉尘整治和安全生产咨询宣传活动，发放宣传资料2000余份。10月下旬，全区企业踊跃报名参加"安康杯"安全竞赛，规模企业参赛率100%，中小企业达85%。碧湖工会获丽水市"安康杯"竞赛优秀组织单位，雅一电站、瓯宝安防科技股份有限公司获"安康杯"竞赛优胜企业称号，飞雁羽绒制品有限公司服装车间一班获市"安康杯"竞赛优胜班组称号。

2011年，围绕"提高认识、遵章守纪、落实责权、安全发展"的竞赛主题，至年底，国有及国有控股企业、已建工会的规模企业全部开展"安康杯"竞赛活动。镇乡（街道）工会组织所属企业开展"安康杯"竞赛活动参与单位达80%以上。同时，深入开展劳动保护分级管理的企业有157家，其中A级23家、B级103家、C级31家，全区企业的安全生产管理水平和职工群众安全防范能力有了明显的增强。

2012年，莲都区各级工会组织继续抓好安全生产、劳动保护并开展"安康杯"安全生产竞赛，全区"安康杯"竞赛成绩显著。是年，莲都区被评为浙江省"安康杯有限公司"竞赛优秀组织单位，燕京啤酒（浙江丽水）糖化班被评为浙江省"安康杯"竞赛优秀班组。

2013年，继续开展"安康杯"竞赛，区总工会获全国"安康杯"竞赛优秀组织单位荣誉称号；区总工会杨文获浙江省"安康杯"竞赛活动先进个人称号，丽水万邦鞋业有限公司获浙江省"安康杯"竞赛优胜单位称号，岩泉街道总工会等5家单位和不知慢运动服饰有限公司朱小洪等2人获市级"安康杯"竞赛先进单位和先进个人称号。

2014年，莲都区企业参加全国"安康杯"竞赛的参赛率达85%以上，其中丽水万邦鞋业有限公司被评为全国"企业安康杯"优胜单位，中航混凝土有限公司车队被评为浙江省"安康杯"优胜班组。7月，对全区工会主席进行安全生产知识培训。

2015年，结合生产、工作实际开展"安康杯"竞赛，完成市总工会布置的"安康杯"竞赛各项任务，深入企业开展防暑降温送清凉活动。

2016年，继续开展"安康杯"竞赛活动，强化劳动安全保护意识。一是开展"查身边事故隐患、提合理化建议"活动，全区职工85%以上参赛，有4条安全生产合理化建议被评为2016年度丽水市优秀安全生产合理化建议；二是各企业积极参加年度全国"安全生产月"活动，强化企业安全生产，增强职工安全意识；三是乡镇（街道）工会实施劳动保护分级管理模式，这一模式的覆盖率达100%，已开展劳动保护分级管理的企业229家，省总工会数据库录入率95%以上。

2017年，坚持以贯彻落实新《中华人民共和国安全生产法》为契机，组织区域性、行业性"安康杯"竞赛。区总工会参与5起安全生产事故调查处理工作，并就事故中的违法违规和侵犯职工合法权益的行为发出工会的声音；选送的2条涉及安全生产工作的合理化建议先后获浙江省安全生产合理化建议二、三等奖；8条安全生产合理化建议获丽水市优秀奖。

2020年，举办"安康杯"安全生产知识竞赛活动，岩泉街道、紫金街道、万象街道、白云街道、丽水工业园区和碧湖镇6个总工会分别组织基层工会参赛队参加竞赛。

2003—2010年获省、市、区级“安康杯”竞赛荣誉一览表

表2-7-5-1

年　度	单位/姓名	荣誉称号
2003	莲都供电局	市级优胜企业
2004	丽水市莲都区总工会	省级优秀组织单位
2004	浙江中信建筑工程有限公司	市级优胜单位
2004	莲都区总工会	市级优秀组织单位
2004	莲都区安监局副局长孙黎明	先进个人
2006	丽水市莲都区雅溪一级电站	市级优胜企业
2006	丽水市华东金属构件有限公司	优胜企业
2006	丽水市莲都区雅溪一级电站	优胜企业
2006	莲都区安全生产监督管理局	优秀组织单位
2006	浙江方正电机股份有限公司	优秀组织单位
2006	莲都区总工会干部许育庆	先进个人
2006	莲都区供电局副局长、工会主席徐巍峰	先进个人
2007	浙江红顶服饰有限公司	市级优胜企业
2007	浙江红顶服饰有限公司	区级优胜企业
2007	丽水市五金有限责任公司	区级优胜企业
2007	浙江飞雁羽绒制品有限公司李训明	先进个人
2007	莲都区总工会	区优秀组织单位
2007	莲都区大港头镇工办叶土根	区级先进个人
2007	浙江飞雁羽绒制品有限公司李训明	区级先进个人
2009	莲都区紫金街道工会委员会	区优秀组织单位
2009	浙江红顶服饰有限公司生产车间成衣四	区级优胜班组
2009	莲都供电局工会办黄俊杰	区级先进个人
2009	莲都区万象街道办事处工会陈国武	区级先进个人
2010	莲都区安全生产监督管理局	市级优秀组织单位

第六节　劳动模范与先进工作者的评选和管理

评选表彰　1952年5月，由于丽水专区建制撤销、丽水县总工会(筹)归属省总工会温州专区办事处管辖。同年12月12日召开代表大会、正式成立丽水县总工会。

劳动模范(有的部门称先进生产工作者，下同)是一级政府赋予一线劳动者的最高荣誉，是人们学习的榜样。丽水县劳动模范和先进生产(工作)者评选，始于1954年，而在1954年前，已有王继武、胡德洽、茅阿忠、金少荣、裴长根、柴真根、林光发7人，因工作业绩突出，成为职工心中的标兵而被分别被推荐为省一等、二等、三等省级劳动模范。1954年7月，中共丽水县委、县政府公布成立丽水县劳动模范评选委员会暨丽水县首届工业劳动模范代表大会筹备委员会，县长缪春生任主任委员，县工会第一副主席郑炳湘任副主任委员，评选工作由县总工会牵头组织实施。是年7月开展的评模活动，全县共评出基层级劳动模范130人。于1954年8月7日至10日在县工人文化宫召开了丽水县首届工业劳动模范代表大会，到会劳模代表62人，列席代表9人，评出1953年度县级劳动模范24名。其中，一等劳模3名(同时选为出席省劳模代表大会代表)，二等劳模9名，三等劳模12名。

1955年1月29日分别成立丽水县1954年评选工业劳动模范委员会和丽水县1954年评选国营商业、合作社劳动模范委员会，发动全县职工在总结交流一年来学习推广先进经验，提出合理化建议，进行技术革新，开展增产节约劳动竞赛方面的成就和经验的基础上，评出基层级劳动模范95名，先进生产(工作)者101名，出席温州专区劳模代表大会代表17名，列席代表3人。并有叶仁德等6人在温州专区第二届工业劳动模范代表大会上被评为1954年度温州专区级劳动模范。

1956—1963年，先进人物评选都以先进生产(工作)者的称呼出现，推荐到省级的仍称劳动模范(或先进生产者、工作者)。

1956年经过群众性总结评比，全县评出丽水县出席浙江省1955年先进生产(工作)者代表会议先进班组代表2个，先进生产(工作)者代表23人。

1957年，组织全县7000余名职工投入总结评比活动，至5月初评选结束，共评出1956年度基层级先进单位47个，先进生产(工作)者621人，县级先进单位6个，先进生产(工作)者83名。工业、交通运输和商业系统有11名职工和1名职工家属被评为省级先进生产(工作)者。是年8月31日，在县工人文化宫工人大会堂召开表彰大会，县长高乘骢分别给101名省、县级先进单位代表和先进生产(工作)者授奖。

1958年4月1日至4日，在县工人文化宫工人大会堂召开1957年度先进生产(工作)者代表会议，会上宣读了丽水县人民委员会命令公布的12个县级先进单位和41名先进生产(工作)者名单，评出出席浙江省1958年先进生产(工作)者代表会议的代表10名。

1959年3月17日至19日，召开1958年度工业、建设、交通社会主义建设积极分子大会。会间，县人民委员会领导给全县25个社会主义建设先进单位和326名社会主义建设积极分子，分别授予奖旗、奖状和奖品。是年，20名代表出席省工、建、交社会主义建设积极分子大会。

1960年，共评出1959度先进单位31个，先进生产（工作）者1500名，其中基层级1200多名，县级284名，省级9名，全国群英会代表1名。

1961年，在社会主义劳动竞赛中，全县涌现了650多名技术革新能手，177个先进单位（其中先进班组116个，女先进集体2个），2402名先进生产（工作）者（其中女173名）。4月12日至16日召开了丽水县工业、基建、交通先进生产（工作）者代表大会，有26位代表在大会发言介绍经验，共评出县级先进单位23个，县级先进生产（工作）者165名。

1962年2月27日至3月2日，召开了丽水县1961年度工交、财贸先进生产（工作）者代表会议，出席会议代表共238人，有41名代表在大会发言或书面发言，评出出席浙江省工业、建设、交通、财贸系统先进集体和先进生产（工作）者代表会议代表15名；会议通过了《丽水县1961年度工交、财贸先进生产（工作）者代表会议倡议书》，县委、县人委领导给到会的238名先进集体和先进生产（工作）者代表颁发了奖状。

1963年，全县共评出1962年度先进集体33个，先进生产（工作）者428名。

1966—1976年“文化大革命”期间，由于工会组织被迫停止活动，劳动模范评选工作停止。

1978年3月16日至18日，召开丽水县群英大会，有农业、工交、财贸、文教、卫生、政法、共青团、妇女8个方面的先进集体和先进个人代表、特邀代表和列席代表共3851人参加会议。其中工业、财贸、文教、卫生系统的代表共1326人。地委书记刘俊芝到会讲话，县委书记刘敬宗作报告。大会通过了《丽水县群英大会倡议书》，大会表彰了工交系统先进集体40个，先进个人138名，财贸系统先进集体6个，先进个人54名，文教系统先进集体10个，先进个人91名，卫生系统先进集体6个，先进个人54名。

1986年，丽水市成立市劳动竞赛委员会，恢复评选劳动模范和先进集体、先进生产（工作）者工作。评选表彰工作由市总工会和劳竞委办公室共同具体组织实施，后逐渐全部转由市总工会承担。组织建立劳模评选委员会及办公室，主要评选县一级劳动模范，制订劳模评选管理办法，同时推荐省级和全国劳模候选人，模范集体候选单位，全国五一劳动奖章获得者候选人和全国五一劳动奖状候选单位。1986年开始，县（市）级劳动模范每年评选一次，每次5名（1993前），后改为二年评一次

1987年4月30日，地、市联合召开庆祝“五一”暨表彰先进大会。会上表彰了1986年度市级劳动模范9名和61个先进集体、276名先进个人，并发了奖。是年，在对1986年评选的市级劳动模范进行表彰后，市委、市政府对市级劳动模范评选工作进行规范管理，即从1987年起，全市每年评选市级劳动模范5名，原则上不突破，由各系统劳动竞赛委员会和工会、工委联合推荐候选名单，经市劳动竞赛委员会、市总工会初评，报市委、市政府审定后命名。1990年，经市委、市政府领导提议，由农业劳模原由农业部门单独评选，现在也一并参加市劳动竞赛委员会、市总工会劳模评选，数量保持5名不变，候选人由农业部门推荐。

1988年4月份，经市劳竞委、市总工会初评，市委、市府领导审定，评出1987年度市级劳动模范5名，先进集体10个，先进班组20个，先进生产（工作）者50名，并于4月29日在市工人文化宫同乐楼召开了表彰会。

1989年评出1988年度市级“双增双节”先进集体10个，先进班组20个，先进生产（工作）

者57名，市级劳动模范4名。

1990年，评出1989年度“双增双节”劳动竞赛先进单位16个、先进班组26个、先进个人67名，以及优秀组织者10名，市级劳动模范4名。

1991年，共评出1990年度“双增双节”劳动竞赛先进集体17个，先进班组23个，先进生产（工作）者69名，“双增双节”劳动竞赛优秀组织者9名，市级劳动模范5名。

1995年9月至1996年3月，开展全市劳模普查工作。

1996年“五一”前夕，经市总工会推选、市政府批准，评选出1994—1995年度5名市级劳模，《丽水日报》等新闻媒体刊登了他们的先进事迹。市总工会又评选出十佳工会工作先进集体，30名先进个人。

2003年，丽水市政府（地级）出台《丽水市劳动模范和模范集体评选及管理办法》，第一次开展市级劳动模范和模范集体的评选工作，莲都区（原丽水市、县级）总工会负责市级劳模候选人和模范集体（候选单位）的推荐工作。当年，区本级共评出区级劳动模范5名，12月27日召开劳模迎春联欢大会，给41位劳动模范送慰问品，进一步建立和完善劳模档案。

2007年“五一”前夕，评选表彰2004—2006年度区级劳动模范10名，在《处州晚报》上开辟新当选劳模事迹介绍专栏。

2008年，劳模推荐评选工作获得新进展，经推荐获市级劳模7人、先进集体2个，推荐获得省“五一”劳动奖章1人，省工人先锋号集体1个。区总工会主席詹军出席全国工会第十五次代表大会并荣获全国优秀工会工作者称号（享受省劳模待遇），成为莲都区第一位出席全国工会系统代表大会的代表。区总工会还组织“五一”劳模座谈会、离退休劳模座谈会、劳模体检等活动，劳模俱乐部活动有序开展。在莲都区首届道德模范评选中，经区总工会推荐和区首届道德模范评选领导小组审核，莲都区劳动模范江君佐、熊金平、黄卿平、李涛、邱华、梁银香分别当选为助人为乐、诚实守信、敬业奉献、尊老爱幼道德模范，体现了老一代劳模风采。

2009年，徐海勇、魏国培获省级劳动模范称号。

2010年，劳模推荐评选工作取得新突破，高溪乡高溪村叶敏君被评为“全国劳动模范”，是莲都区第一个获此殊荣的劳动模范。

2012年，开展省“五一”劳动奖章（奖状）、省杰出职工和区劳模的评选工作。莲都区雅一电站站长李晓明荣获浙江省“五一”劳动奖章；莲都区环卫局职工涂良华获丽水市“金锤奖”杰出职工和浙江省优秀职工称号。区级劳动模范推荐评选工作从2011年11月正式起动，经过一系列程序，评选出陈晓建等10名区级劳动模范。2012年4月26日，区委、区政府召开2007—2011年度区级劳动模范表彰大会。

2013年，做好省“五一”劳动奖章、奖状、市劳动模范和模范集体的评选工作。区莲城宾馆叶晓燕获省“五一”劳动奖章；瓯宝安防股份有限公司陈晓建等10人被评为丽水市劳动模范；莲都区人事劳动仲裁院、莲都区公安分局岩泉派出所、莲都区白云街道城西村等3家单位获丽水市模范集体荣誉称号。

2014年，莲都区碧湖长豇头专业合作社熊金平、区安全生产监督管理局孙黎明、区96345市民服务中心纪旭红被评为浙江省劳动模范，莲都区大港镇利山村被评为浙江省模范集体。

2016年，推荐燕京啤酒有限公司包装车间副主任夏锦文、丽水市建设局莲都分局雅溪建设（规划）所所长张春龙为市“五一”劳动奖章获得者并被授予莲都区劳动模范。

2017年，经推荐、审查、考察、评选、公示，共评选出2012—2016年度区级劳动模范15名，市“五一”劳动奖章获得者2名。并举办莲都区“五一”劳动节庆祝大会表彰莲都区劳模，市委常委、莲都区委书记杜兴林出席会议并作重要讲话。

2018年，完成市级劳模和模范集体推荐工作，谢力等10人当选为市级劳动模范；丽水百兴真菌生物科技有限公司等3家单位被评为市模范集体；浙江航星电机有限公司集体荣获省“五一”劳动奖状；莲都区国税局税源管理一科被评为浙江省工人先锋号。

劳模宣传培养　1954年，丽水县首届劳模大会和省二届工业劳模大会召开后，为加强对工业劳模的培养教育管理，发挥其在生产中的带头作用，丽水县建立1954年评选工业劳动模范委员会时，吸收县首届一等工业劳动模范封大佑参加评委会。县工会采取每月一次劳模座谈会，把劳模们组织起来学习和交流经验。

1958年4月，丽水第二碾米厂工人赵雨亭被评为浙江省第一个五年计划劳动模范，5月14日，县工会作出《关于组织全县职工学习赵雨亭的决定》，开始有组织地开展向劳模学习活动。

1959年，经过各项运动考验，思想进步，生产积极，具备党员条件的工人优秀分子98名，被吸收加入了中国共产党。将工作一贯积极负责，立场坚定的20名工人，推荐到企业领导岗位。

1982年，开始青壮年文化补课，注重对劳动模范先进人物培养。丽水毛巾厂两名省劳动模范经过补课，分别考上省纺织工业学校和县委党校中专班，学成后，分别走上工厂的领导岗位。

1983年1月中旬，县总工会与省总工会丽水地区办事处的领导一起，家访慰问7位省劳模，在“文化大革命”中受冲击、迫害的1951年省一等劳模王继武无比激动地说：“工会领导带着党的温暖来看望我，比给我提两级工资还高兴。”

1986年1月15日，省总工会丽水地区办事处组织“丽水地区省级劳动模范汇报团”，在市工人文化宫影剧院作了两场报告，有2000余名职工听讲受教育。汇报团成员中有丽水地、市单位省劳模吴品禾、陈春平、许绍朴、叶丽萍、吕迪轩。4月30日，为庆祝“五一”国际劳动节一百周年，地、市联合召开劳动模范座谈会，50年代老劳模和80年代新劳模，以及地、市主要领导共30余人参加，市委书记徐嘉木在会上讲话。劳模代表向全区职工发出《积极行动起来，开展社会主义劳动竞赛，为实现“七五”计划，振兴丽水经济献计出力、建功立业》的倡议书。

1991年2月8—9日，市总工会领导陪同中共丽水市委及省总工会丽水地区办事处有关领导对45名劳模进行慰问。5月，开展会员“活动月”，举办劳模一条街宣传活动。

1995年2月10日，召开劳模座谈会，慰问历届劳模。为庆祝“五一”劳动节和全国总工会成立七十周年，在市体育馆召开庆祝大会，17支工人合唱队1000多名职工参加演唱。

1997年5月1日，市总工会举办劳动模范联欢晚会，弘扬劳模事迹，并为全市劳模进行一次体检，建立劳模健康档案，关心劳模身体健康，树立劳模光荣，尊重劳模、爱护劳模的社会氛围。

1999年，利用报刊、广播、电视对劳动模范先进事迹进行广泛宣传，其中重点宣传15名劳模的模范事迹；对3名下岗劳模再创业的事迹进行了特别报道。

2005年，利用新闻媒体大力宣传劳模事迹，弘扬劳模精神。

2007年，与区委宣传部一起，在全区举办首届大型劳模事迹报告会，从全区59名各级各届劳模中选出有代表性的6名劳模，进行事迹宣讲活动。

2009年，组织召开"五一"劳模座谈会，区委区政府领导参加并发表重要讲话。39位劳模开展献爱心活动，共捐助爱心资金1.149万元。在开展各种劳动竞赛中，莲都区老竹林业站获浙江省和"全工人先锋号"称号。

2010年7月18日，区总工会组织全区各级劳动模范参观上海世博会。

2012年5月1日，区委、区政府召开全区各级劳动模范座谈会，区委书记林健东出席会议并发表讲话。会后，全国知名中医专家为劳模举行健康讲座。同年，各级劳模档案采集工作完成，实现档案动态管理。

2015年，区总工会成立劳模服务队，以讲座、技术指导、志愿服务等形式，开展为民服务活动。

2017年，区总工会举办"我为劳模拍张照""中国梦·劳动美"职业摄影大赛，170名摄影师为劳模拍摄300多幅摄影作品参赛。

2019年6月，区总工会组织全区各级劳模赴温州进行短期考察工作，并到康奈集团和洞头海霞军事公园参观考察。

2020年，配合省总工会课题研究，为撰写《劳模故事里的浙江精神》一书，对莲都区12名劳模进行面对面深度采访。

规范管理　1982年11月，地区工会办事处贯彻1980年全总发布的《劳动模范工作暂行条例》，部署加强对省级以上劳动模范先进人物的管理工作，逐步建立、健全、完善省部级以上劳动模范和先进人物档案。

从1986年起，每年春节或"五一"前后，市总工会都举行劳模座谈会，地市领导和劳模、先进生产（工作）者们亲切交谈，倾听他们的经验和意见，鼓励他们再立新功。

1988年，市劳竞办收集整理了1954—1987年全国和省（部）级劳动模范的事迹材料等，建立劳动模范档案。

1987年4月30日，对1986年评选的市级劳动模范进行表彰后，市委、市政府（县级）对市级劳动模范评选工作进行规范，同时对市级劳动模范的管理作出明确规定。

1989年6月初，市总工会组织全国和省、市级劳动模范进行体格检查，有29人参加。经检查多数劳模患有疾病，有的患有严重疾病或多种疾病，基本健康的仅占13.8%。市总工会当即向市委书面报告体检情况并建议：劳模所在单位要对劳模目前生产、工作、生活情况进行一次检查；对健康状况不佳，不宜继续担任目前工作的要予以另行安排；在同等条件下优先改善劳模的居住条件；经常关心已退休劳模生活和健康状况。中共丽水市委办公室于7月12日批转报告，强调从工作、学习、生活等各方面关心劳模是各级党组织义不容辞的职责，要促使全社会尊重、爱护劳模。7月25日，市委书记张福新批示：此通知下发后，到年底请总工会牵头对贯彻落实情况作一次全面检查，从现在开始就要督促落实，特别是通过努力可以办到的，如治疗和必要的短期休养，减轻身体健康欠佳者的工作负担等。建议工会主席、副主席分别联系几个劳模。为执行市委指示精神，市总工会发出《关于开展学习劳模，加强劳模管理工作的通知》，商请身体状况欠佳劳模所在单位给予安排适宜工作、治疗和短期休养政策，并制作劳模情况登记表，建立每年7月登记一次的制度，作为市总工会加强劳模管理一项基础工作。是年12月18、19日两天，由市总工会、市劳动竞赛委员会牵头，对全国和省、市劳模进行春节慰问，省总工会丽水地区办事处、市总工会以及各有关部门的负责人参加，共分5个组分头走访慰问，倾听劳模们的意见和建议，了解他们的住房和其他生活条件，询问他们的工作和身体情况，并向每个劳模送了慰问信和慰问品，劳模们深受感动，表示要戒骄戒躁，再接再厉，在新形势下立新功。

1999年12月，组织全市劳模进行体检。

2002年，对全区劳模进行全面体检，共用体检费6720元，同时为省部级以上劳模办理家庭财产保险，14名省部级以上劳模人均10万元，共计14万元。

2005年，坚持开展区劳模俱乐部活动，协助区政府认真落实省、市、区劳模待遇，做好生活困难劳模的走访、慰问和帮扶工作，组织落实劳模体检和疗休养工作。

2007年，健全劳动模范管理档案和台账，建立完善劳模后备库工作。

2009年，组织劳模体检。为区总工会劳模俱乐部3位70岁以上劳模祝寿，同时组织劳模疗休养。认真做好各级后备劳模集体和劳动模范后备库工作，成立区总工会爱心俱乐部，属区劳模俱乐部下属的一个爱心公益活动组织，由区各级劳模、工会干部及有志于从事社会公益事业的各界人士自愿组成。年底对困难劳模进行慰问，共慰问困难劳模10人发放慰问金额1.76万元。

2010年4月30日，区总工会在莲城宾馆召开庆“五一”劳模座谈会，历届劳模40多人参加。

2011年，加强劳动模范管理工作。对5个莲都区历届劳动模范集体、1个全国“五一劳动奖状”单位、1个省级模范集体、3个市级模范集体、61名历届各级劳模(全国劳模2人、全国“五一劳动奖章”1人省部级劳模22人、市级劳模8人，区级劳模28人)组织开展体检，劳模疗休养工作，对困难劳模开展帮扶，并进一步健全劳模档案工作。

2012年，加强劳模管理，关心劳模生活，落实劳模待遇，及时向区委、区政府汇报劳模情况，得到重视和支持。根据劳模的实际情况，改变了一次性发放医疗费的做法，从2012年起，根据有关文件规定，实行实际报销的办法，本年度共报销医疗费6000余元，慰问困难劳模18人发放慰问金18000元，发放劳模津贴15700元。组织劳模疗休养、体检，重阳节召开劳模座谈会等。

2013年，组织劳动模范疗休养，组织全体劳动模范进行健康检查，为劳模报销医药费7000元。全年慰问困难劳模19人，发放慰问金5.4万元。市委常委、区委书记毛子荣亲自慰问省劳模江君佐。省劳模、囿山小学退休教师朱广华结合双创工作，撰写《秘验偏方500条》赠送给各级劳模，宣传健康知识。区总工会向每位劳模赠送全年《浙江工人日报》《丽水日报》。

2014年，组织劳动模范学习党中共十八届四中全会精神，提高劳模法制意识，创建区劳模疗休养基地，建成古堰画乡、利山两家劳模疗休养接待站。完成莲都区各级劳模档案信息采集工作，实现了档案的动态管理，劳模管理各项活动走在全市前列。

2015年4月，成立劳模服务队，每月至少2次开展形式多样的"送服务、送技术、送温暖"活动。分别于6月、9月、12月组织劳模参加年度体检和劳模疗休养。在人才创新平台上，弘扬劳模精神，劳区安监局孙黎明、丽水市鱼跃酿造食品有限公司陈旭东的创新工作室被评为丽水市2015年度优秀职工高技能人才创新工作室。

2017年，为了确定劳模疗养承办单位，区总工会坚持公平公正、公开透明的原则，采用公开竞争，无记名投票的方式，确认9家劳模疗休养承接单位，为管好、用好劳模专项经费提供范例。

2020年初，召开年度莲都区劳模座谈会，成立莲都劳模志愿者服务队和宣讲团并举办授旗仪式，每月组织劳模"进企业、进社区、进乡镇"，开展志愿服务和主题活动。全年以"疫无情人有爱"为主题，开展"爱心助农""走进革命老区"等志愿活动7次。其中，劳模志愿服务队队长、市劳模沈香女当全年开展各类志愿服务活动就有：宣传来料加工、干细胞捐赠、无偿献血、垃圾分类、多次进街道、进社区、进企业宣讲。省劳模陈旭东每月19日参加"逢九小荷"志愿活动。至年底，所辖乡镇(街道)有志愿者队伍30支。4月，区总工会在工会大厦八楼建立"劳模之家"活动室。5—6月，组织40余名劳模赴景宁、龙泉疗休养，9月，组织65岁以上劳模开展学习考察。11月，配合省总工会开展"劳模故事里的浙江精神"课题研究，对其中的12名劳模进行面对面深度访谈。12月，举办劳模趣味运动会和劳模体检、慰问受洪灾影响的3名困难农民工劳模。

12月，区总工会制定《莲都区劳动模范日常管理工细则》，细则共11条，于2020年底实施。

劳模工匠服务管理　2017年，支持劳模工匠岗位创新。区总工会在开展"莲都工匠"选拔中特别注重劳模工匠的岗位创新。区总工会向市总工会选送了陈旭东、孙黎明等3位工匠作为培养选拔对象。孙黎明劳模创新工作室推出安全生产漫画和安全生产手册系列得到省总工会、市总工会的肯定；鱼跃酿造被列入工匠培养选送单位，陈旭东作为鱼跃酿造的掌门人，又兼具劳模身份，在"2017年第十四届中国中华老字号百年高峰论坛暨中华老字号掌门人大会"上荣获"中华老字号华夏工匠奖"。

2018年，丽水鱼跃酿造有限公司陈旭东被评为"浙江工匠"。莲都区"金伟健劳模创新工作室"和"莲都区蔬菜生产技术创新工作室"被命名为丽水市第六批高技能人才工作室。

2019年，开展莲都区劳模弘扬践行"浙西南革命精神"劳模学习会并组织各级劳模赴云和、景宁的浙西南革命教育基地参观学习。组织开展"五一"廉政专题劳模座谈会，全区各级劳模35人参加。组织各级劳模赴温州开展短途考察活动，举办莲都区第二届"乡村能人"系列技能技艺竞赛推选活动，每个项目的前3名获得者被授予区级"技术能手"荣誉称号。

2020年6月，区总工会举办"名师工匠团队成立暨'名师带徒'签约仪式"，本年度结对师徒60对，充分发挥劳模、工匠和各类高技能人才的示范带动作用。12月，区总工会联合区委人才办举办莲都区第三届“乡村能人”系列技能技艺竞赛活动；联合画乡小镇联合工会主办“情怀故事醉莲都，立功匠心美画乡”立功竞赛活动；莲都美容美发行业联合工会代表丽水市参加浙江省总工会主办的2020浙江省美容美发职业技能竞赛，周林获得女子盘发造型项目冠军并获“浙江美发大师”称号，专业美发组综合排名第三，朱平平获专业组美发男女剪吹造型项目季军，孙韦波获“浙江省美发名师”称号。11月，在丽水市第二届“绿谷工匠”技能大赛中，富兴波获得数控车工项目三等奖，琚以功、陈宁太、樊辉辉、关石明分别获得焊工项目一等奖、二等奖和两个三等奖。浙江丽水瓯江风情旅游度假区管委会获浙江省“五一劳动奖状”、丽水市莲都区旅游投资发展有限公司工程公司获省工人先锋号称号。

根据《关于2020年评选表彰全国模范职工之家、全国优秀工会工作者的通知》精神，浙江省总工会推荐莲都区“丽水市百货大楼有限公司跑团俱乐部（工会小组）参加全国模范职工小家”、浙江航星电机有限公司工会主席汤丽芳参加全国优秀工会工作者的评选。

劳模俱乐部　为加强劳动模范的管理和开展劳模活动，莲都区总工会在获得区政府的支持并落实劳模专项活动经费的前提下，于2003年10月，建立了莲都区劳模俱乐部，由区总工会主席刘敏春兼任莲都区首任劳动模范俱乐部主任。区总工会专门提供40多平方米活动场所。有了活动场所和专项活动经费，劳模活动正常开展。在2004年的一次劳模俱乐部的活动中，省劳模江君佐了解到有2位劳动模范家庭生活比较困难，就主动提出与他们结对帮困，并提出在劳模之间开展结对帮困的设想和建议，得到了各级劳模的响应和区政府的重视。

2010年，莲都区劳模俱乐部进行换届选举，省劳动模范潜国平成为莲都区劳模俱乐部第二届主任，劳模的各项活动仍有序开展，8月组织劳模体检，9月组织全体劳模参加上海世界博览会，重阳节组织60岁以上劳模共度佳节，并为3位60—70岁老劳模过生日。

2019年11月20日，《莲都区劳模俱乐部制度》建立并公布，制度包含5个方面：劳模思想政治学习制度；劳模精神的弘扬和宣传；劳模义务服务“四进”活动；学习考察活动；设立劳模创新平台。

劳模后备库　2008年，在区总工会建议下，区政府对《后备模范集体和劳动模范管理库》《莲都区劳动模范评选管理办法》作了进一步修改，为加强和改进劳模管理工作打下了基础。在莲都区首届道德模范评选活动中，经工会推荐，全区6位劳模分别当选为助人为乐、诚实守信、敬业奉献、尊老爱幼道德模范。

劳模待遇　1. 自从“文化大革命”结束，恢复劳动模范评选后，凡企事业单位以工资为收入的人员评上劳动模范都可晋升一级工资，1992年，市政府专门发文，对林叶平、麻祥兴、庄启传、杜建英、林恒5位劳模晋升一级工资，晋级指标从企业的3%或新增效益晋级指标中使用，从批准之日起使用。后来因为和工资政策相抵触，所以晋升工资规定停止执行，不再晋升工资而改为一次性奖励1000元。

2. 劳动模范不犯错误则终身享受劳模荣誉。从1986年起每年春节或“五一”劳动节都要举办各级劳模座谈会，地、市领导参加；各级领导要定期走访劳模。

3. 每年组织各级劳动模范体检或疗休养。

4. 建立各级劳动模范档案，建立劳模协会，落实管理部门。

劳模荣誉称号取消　对获得劳模荣誉称号的人员由于严重违法违纪，并在社会上产生了不好的影响，为维护劳动模范称号的纯洁性，经报政府批准予以撤销劳模称号。自改革开放以来，共有12人被撤销各级劳动模范称号。

第八章　法律保障

“主动依法科学维权”是中国工会十五大对各级工会组织提出的新时期维权工作的指导思想。依法办事，依法维权、依法保障职工的合法权益是工会工作的根本。多年来，莲都区各级工会组织始终坚持这一方针，通过法律培训、普法教育，提高工会干部和广大会员、职工的法律意识，以法律为武器维护职工权益。

第一节　工会法律工作组织

法律顾问处　1983年7月，丽水县总工会率先设立县总工会法律顾问室，聘请县法律顾问处常年法律顾问，解答有关法律问题的咨询；协助审查或代拟有关法律事务文书；解决与其他单位或个人有关法律行为的问题；向职工群众进行法制宣传教育等。10月，中国工会第十次全国代表大会通过的《中国工会章程》规定：全国县和县以上工会要设立工会法律顾问组织，为保障会员和工会组织的合法权益服务。丽水市总工会早在法律顾问处建立以前，为增加职工法律知识，培养业余法律顾问和开展法律宣传、教育做了大量工作。

1992年7月18日，经丽水市编制委员会同意，将原法律顾问室改为工会法律顾问处，列入市总工会部室机构，并配备专职干部负责这项工作。

2004年，机构改革后，法律顾问处不复存在。

工会劳动法律监督委员会　1998年，丽水市总工会建立劳动法律监督委员会，市总工会副主席应梅玲任主任。加强对劳动法律贯彻、落实、实施情况的监督和管理。积极开展“监督四季行”活动（春查劳动合同签订、夏查劳动安全保障、秋查社会保险缴纳、冬查工资报酬支付）。根据2016年12月下发的《浙江省工会劳动法律监督条例》的文件精神，要求25人以上独立建会的非公企业都要求建立工会劳动法律监督委员会，25人以下的非公企业要求有劳动法律监督员。

2017年，共参与调查案件48件，法律监督72件。区总工会设立单独信访窗口，开通维权服务热线“12351”，聘请专职律师，依法为符合条件的职工会员提供法律援助服务。区总工会与区人劳社保局成立了丽水市工会系统首家劳动人事局仲裁派出庭，派出庭、调解室成立后，调解、裁决各类劳动争议案件32起。

2019年3月，区总工会参与处理了沃尔玛百货有限公司丽水解放街分店下岗人员安置工作，成功安置85人。

2020年6月，全区非公企业148家，乡镇街道总工会5家，工业园区总工会1家，乡镇街道工会工委9家，全部都成立了劳动法律监督委员会，覆盖率100%。同年，开展职工法律咨询

33件，为职工代理出庭案件8件，收到良好效果。

法律援助(维权)中心　2003年10月，市、区总工会，市、区司法局等八个部门联合成立丽水市法律援助中心，并在市法律援助中心专门设立市职工维权工作站，当年莲都区受援职工达273人次，接受法律咨询1080人次。

2006年初，区委成立区职工维权工作领导小组，下半年，莲都区总工会成立工会职工法律维权中心，至年底，共接待来信来访职工280批计571人次。

2008年，职工法律维权中心共接待职工来信来访88件，涉及109人次，办结88件，办结率100%。同年还加强了工会职工法律维权中心建设，在乡镇建立了民工法律维权中心和咨询站。

2011年，莲都区总工会着力创新社会管理，促进职工维权工作迈上新水平，构建社会化维权网络，探索经济欠发达地区职工维权新机制，创新社会管理。在建好区级维权中心的基础上，整合行政资源，规范建立乡镇(街道)维权工作站，工会工委建制的10个乡镇(街道)均成立维权工作站，做到人员、办公场所、工作机制三落实。同时建立企业职工调解委员会，做到三同步，即在组建企业工会时，同步建立调解委员会、女工委员会、签订劳动合同。到年底已建企业调解委员会67家。

2020年，为适应职工的特点和需求，确保服务的针对性和有效性，区总工会根据省总工会统一部署，组建了由1名工会干部和3名律师组成的法律志愿服务队，全年共开展公益法律服务行动3次，入企法律宣传2次，发放宣传资料2000多册，接受咨询500余次。

第二节　信访维权和法律顾问

信访　解放初，县总工会(筹)和城区区工会重视职工群众信访工作，确定专人兼管，做好来访接待和来信登记、交办，通过劳资协商和行政手段处理了大批劳资纠纷和职工工资及生活福利方面的问题，维护了职工群众的权益，调节了劳资、行政与职工间的关系，纠正了工会工作中的某些缺点。

1954年，县搬运服务站民主改革中，没有区别工龄长短和家庭具体情况，“一刀切”确定动员回乡务农对象，造成部分职工上访，职工陈某某七次上访申诉，经调查确有正当理由，县工会建议行政复议，恢复了陈某某的工作。

1955年上半年，县工会受理职工信访133件，截至7月底，办结109件(另有因人事变动，地址不明无法处理11件)，其中有检举资本家违法行为的；有要求解决劳动争议、工资和劳动保险待遇的；有要求工作的；有反映工会干部不关心群众疾苦的；有要求参加工会的；有不服开除会籍处分的；也有询问工会业务的。从信访案件中可看到部分资方代表抗拒社会主义改造的动态，以及工会干部作风上存在的问题等，通过办理信访案件，贯彻了党和政府的政策，教育了干部，改进了工会工作，维护了职工群众的权益。

1983年6月，贯彻中共中央书记处第四十七次会议纪要《关于工会性质和任务的论述》的精神，县总工会发出《关于加强群众来信来访工作的通知》，要求基层工会进一步加强信访工作，做到件件有着落、事事有答复，对于侵犯和损害职工利益的事，工会要理直气壮地代表职工利益，替职工说话，并建立和健全信访工作制度，将信访列入年度总结检查评比内容。是年，县总工会先后调查处理丽阳中学、囿山小学教师被打等重要信访案件13起。9月，丽水县总工会共接待80多人，解决了一些久拖的疑难信访案件。

1988年1月，丽水油嘴油泵厂20余名职工集体上访，反映该厂在工改中对人均增资1.8元的规定不合理，没有按照上级有关部门文件规定增资。市总工会派员调查后提出四条书面建议：(一)建议厂党、政、工联合召开职工代表民主协商对话会，解难释疑，沟通思想，消除对立情绪，在未做好工作前，原工改方案暂缓执行；(二)对这次工改进行一次认真检查，对个别群众意见比较大又不合理的条款，予以适当调整；(三)从团结愿望出发，对有关冲突事件认真调查，妥善处理；(四)做好思想政治工作，教育职工识大体，顾大局，及早恢复正常生产，为"四化"多作贡献。书面建议引起市党政领导重视和厂领导的正确对待，市经委派出工作组进厂，做好职工工作，妥善解决了问题，缓解了矛盾。

1989年11月，市总工会综合职工群众反映社会分配不公现象，撰写出调查报告《分配不公现象损害了企业职工利益》一文，在省工会《工会简报》上刊出。

1990年7月，建立主席接待日制度和常委联系一厂一户制度。是年，受理职工来信142件，来访30人次。

1994年，接待企业职工信访180件(次)。

1995年，在市场经济新形势下，丽水部分企业被兼并、租赁或破产，效益不好的企业职工生活困难，加上劳动关系、工资关系尚未理顺等原因，造成职工信访、个人和集体上访的人数增多。据不完全统计，1995年先后接待信访265件次，接待集体或个人上访600多人次。为了有效解决信访和个人集体的上访问题，市总工会全力以赴，做到及时调查、及时汇报、请示、及时解决。4月初，市火柴厂134名职工集体上访问题解决。6月下旬，部分企业离休干部因大病医疗问题没有解决准备上街游行，市总工会从领导到普通干部紧急行动起来，做好疏导工作，协助市委妥善解决问题。

1996年，热情接待职工来信来访，上半年职工群众来信来访180多件，及时予以处理结案。全年共处理职工来信来访545次，上访职工1000多人次，结案率达90%以上。

1997年，市总工会共接待来访职工800多人次，来信227件次，处理结案率95%以上，调处职工伤亡事故6起；先后召开困难企业服装厂、市处州针织厂职工座谈会，共商脱贫办法。协助政府妥善处理无线电厂、制刷厂等困难企业职工集体上访事件；妥善解决来信来访的有关问题136件。

1998年，接待职工来信来访633件人，其中来信221件，已结案400件。4月，参加地区工会组织开展的法律"一条街"咨询活动。

1999年上半年，共接待职工来访414人次，来信13件次，市总工会与各有关部门联系，共同做好来信来访的处理工作。接待职工法律咨询113人，为职工出庭代理案件15件，为职工提供法律援助11件。据不完全统计，全年共接待职工来访1060人次，其中集体上访13批746人次，收到职工来信21件，调解劳动争议案件5件，劳动仲裁案件3件。

2000年，接待职工来信来访61批916人次，其中集体来访25批653人次，收到职工来信

23件，处理21件。

2001年，共接待职工来信来访600多人次，其中集体上访350多人次，参与劳动仲裁案件2件、民事代理案件6件，解答职工法律咨询22人次。

2002年，区总工会重视信访工作，做到领导亲自抓，部室具体抓，每个工会干部职工都有义务抓。同时根据国务院、省有关信访条例，建立“莲都区总工会职工信访工作制度”。至年底，区总工会共接待处理来信来访75件次，涉及职工1061人次，其中来信11件次，涉及职工734人次，职工来访64次，涉及职工327人，其中集体上访7次。2004年，全年共接待职工来信17件次，职工来访96批次，涉及职工382人次。为困难职工提供法律援助和服务，受援职工273人。协助配合劳动部门做好民工工资清欠工作，全区受理投诉案件131件，为615名民工追回被拖欠工资109万元，押金6600元，清欠率98%。同年，根据《国务院信访条例》《浙江省信访条例》，莲都区总工会制定《区总工会领导接待日制度》。

2005年，区总工会领导信访接待日制度正式实施，做好职工来信来访接待处理工作。是年，区总工会被评为全区信访工作先进集体。积极开展“劳动者权益保护宣传周”活动，共发各种宣传资料3000多份，接受职工咨询700多人次。

2008年，将每月15日定为区总工会领导接待日，通过领导接访，成功处理华阳太阳能丽水售后服务公司安徽民工胡某的工伤死亡案件。区总工会及乡镇(街道)工会建立并制定处置事件的紧急预案和劳动关系预案机制。是年，区总工会共接待职工来信来访88件次涉及103人次，办结88件。认真调查处理农民工工资拖欠问题，为湖南、四川、山东等省100多名农民工追回被拖欠的工资138万元。为促进工会工作者依法科学维权，2008年举办了有工会干部、企业主和职工代表参加的法律培训3期，429人参加培训。

2009年区总工会领导进一步完善每月15日的领导信访接待日制度，处理重大信访案件。区总工会及乡镇、街道工会建立劳动关系预警机制并形成三级网络。区总工会全年共接待职工来信来访94件次，办结率100%。

2010年，莲都区维权中心共接受职工来信来访78件次，职工来访82人次，办结78件，办结率100%。先后3次会同区人劳社保局、区安监局、区司法局、区卫生局及博翔律师事务所的知名律师开展义务法律咨询，发宣传单5000余份，接受职工咨询120人次。是年，莲都区职工维权帮扶中心荣获浙江省“百佳”关爱农民工先进单位、丽水市职工维权帮扶先进集体称号。

2013年，充分发挥工会劳动关系预警和应急事件处置机制的作用，确保职工队伍和社会稳定，全年职工维权中心共接待来电来访85件102人次，办结率100%。

2020年，莲总工会以职工服务中心为依托，设立了单独信访窗口，开通了维权服务热线“12351”，聘请专职律师，依法为符合条件的职工会员提供法律援助服务。为适应职工的需求和特点，确保服务的针对性和有效性，区总工会根据省总工会的统一部署，组建了由1名工会干部和3名律师组成的法律自愿服务队，全年共开展公益法律服务行动3次，入企法律宣传2次，发放法律宣传册2000多册，解答问题500余次。

法律顾问　1983年7月，县总工会设法律顾问室，运用法律武器为职工说话办事，依法维护职工的民主权利和合法权益，聘请县法律顾问处律师章甦为常年法律顾问：(一)解答有关法律问题的咨询；(二)协助审查或代拟有关法律事务文书；(三)就业务上的法律问题提供建议；(四)解决与其他单位或个人有关法律行为(包括签订合同契约和维护职工合法权益等)的问题，必要时，可以全权代理参加诉讼、调解或者仲裁活动；(五)向职工群众进行法制宣传教育。至9月底，就接待来访80人次(45个案件)，解决了一些久拖疑难信访案件，如职工陈某因车祸致残，生活不能自理，肇事当时由肇事单位付给1000元医疗、护理费。因不敷支出，其子要求提高垫付标准问题，拖延4年得不到解决。顾问室受理后，参照有关规定进行协商并达成协议，由肇事单位再付给一次性补偿医疗、护理费共3984元结案。职工孙承庆生前欠工作单位944元债务，多用于赌资和乱吃滥用。死后遗产仅值150元，为偿债，孙的埋葬费、抚恤金和当月工资共400元全被扣抵，而后，孙妻退休，单位认为"夫债妻还"名正言顺，又按月从其妻退休金中扣除5—10元抵债，虽经《民主与法制》公开答复支持孙妻不负偿还义务，但单位领导不予理睬，坚持继续扣款。法律顾问室受理后，由律师去单位领导处阐明，被继承人的债务，并非资助家庭生活，而是用于个人挥霍浪费，依照"适用限定继承的原则"，配偶和子女不负代为偿还的责任，从此单位不再扣除其妻退休金，事后县总工会干部回访孙妻，老人说："我跑了好几年的事，经律师一经办就解决了，感谢工会为我办了一件好事。"

1984年共受理房屋、婚姻、赡养、交通肇事等案件58起，其他信访105件。支持水泥厂工会不服公安机关对工人王小林以交通肇事赔偿医疗费和行政拘留10天并立即执行的裁决的申诉，根据《中华人民共和国治安管理处罚条例》第十八条第五项之规定，提请公安机关复议后撤销了裁决，使王小林免受冤屈。

1986年，接待法律咨询114起，接受委托，为当事人和被告代理辩护5起，代写诉状、答辩状7份。

1987年1月，市总工会与市律师事务所签订续聘常年法律顾问协议书，律师事务所增派律师吴丽青与律师章甦共同担任常年法律顾问，每月15日、30日下午到市总工会法律顾问室办公。

1989年11月，配备一名专职工会法律干部参加法律顾问处工作。

1990年，参与第二轮企业承包经营责任制工作，直接参与了经委直属、二轻、建委38家企业的承包工作，组建了一支有21名有法律工作者证件的职工参加的全市工会系统业余法律工作者队伍。7月，开始建立主席接待日制度和常委联系一厂一户制度。

1992年7月18日，经市编委同意，将原法律顾问室改为工会法律顾问处，并配备专职干部负责这项工作。

依法维权　随着市场经济体制的建立和完善，非公有制经济不断壮大，一些企业职工权益受侵害的现象屡见不鲜。一些非公有制企业由于劳资双方地位差异大，部分业主自身素质不高，法律意识淡薄，使工会维权工作受到影响。基层工会干部(尤其是非公有制企业工会干部)在依法开展工会工作维护职工正当权益过程中，其自身权益也受到影响。为了加强工会干部队伍建设，保障工会干部合法权益，解除基层工会干部(重点是非公有制企业工会干部)维权的后顾之忧，2005年，区总工会拨出50万元设立专户，建立了基层干部维权保障金，并成立保障金管理委员会，制定出台了相关的制度。保障金主要用于补助为维护职工合法权益而遭受不公正待遇，造成生活困难的工会干部。基层工会干部因依法开展工会工作，自身权益受到侵害的，根据伤害程度一次性补助500—2000元。为保障职工按时拿到工资，区政府于2005年建立欠薪应急预案。应急指挥部下设办公室（综合协调组）、治安保卫组、调查处理评估组、宣传报道组。市总工会领导为办公室（综合协调组）和调查处理评估组成员，主要职责是开展事件现场职工的情绪稳定、思想教育和劝导工作，负责群体性劳动纠纷事件职工谈判代表的现场推选工作，向市应急指挥部提出事件处理的意见、建议。是年，区政府建立了欠薪（临时）应急专项资金制度安排专项应急资金，要求有关乡镇安排一定的资金建立二级应急专项资金。

2011年，莲都区维权帮扶工作得到强化，维权服务向基层、向职工诉求渠道畅通。全年维权帮扶中心共接到来信来访62件次、217人次，办结62件，办结100%。莲都区职工维权帮扶中心获浙江省“百佳”关爱农民工先进单位、丽水市职工维权帮扶先进集体等荣誉称号。

2012年，充分发挥乡镇（街道）维权工作站、企业调解委员会的作用，同时设立专门法律顾问共同参与职工维权。全年维权帮扶中心共接到来访66件次、83人次，办结66件，办结率100%；接听来电69起，全部办结；来信1件办结。

2017年，全面贯彻落实《浙江省工会劳动法律监督条例》，将热心为职工服务、协调能力强，有一定法律基础知识的人吸收到法律监督队伍中来。通过举办培训和业务考试，有60余名参训者拿到浙江省工会劳动法律监督员证，工会劳动法律监督工作增添新生力量。

自区总工会成立劳动维权派出厅、调解室后，有兼职仲裁员6名，其中，法学本科生、硕士研究生、劳动关系协调师各1名，新聘请律师事务所法律顾问1名，全年共办理案件19起，其中调解10起、裁决6起、撤诉3起。

2019年，开展多次“遵法守法•携手筑梦”服务农民工公益法律服务活动，区总工会法律服务队分别于3月7日、3月26日联合泽厚（丽水）律师事务所、白云街道、北苑路社区开展公益法律服务活动和 “防欠薪”宣传活动。

2020年，根据《浙江省工会劳动法律监督条例》，莲都区总工会构建覆盖全域的劳动关系预警机制，全区独立建会的非公企业有160家，已建劳动关系委员会或有监督员的非公企业148家，占92.5%。全区乡镇（街道）园区工会都成立了劳动法律监督委员会，覆盖率100%。

第三节　劳动争议调解

1949年，从建立县总工会（筹）开始，就把劳动争议调解工作摆在重要议事日程上。

1952年县总工会成立后，由工会劳保部承办劳动争议调解。

1954年县工会撤销部建制改设专职委员后，由劳保委员作为县工会的代表主持调解，一般都运用劳资协商会议形式进行，依据党和政府的政策、法规替工人说话，维护职工的切身利益。公私合营后，县总工会由于片面强调国家利益和工人利益的一致性，忽视长远利益和眼前具体利益矛盾，加上批判“工团主义”“经济主义”和“工会消亡”论影响，对劳动争议调解工作有所忽视。

1985年，丽水县总工会参与了经济体制改革和劳动争议仲裁工作。

1988年10月，市总工会会同市劳动局召开有关单位领导400余人参加的贯彻国务院《国营企业劳动争议处理暂行规定》和《浙江省国营企业劳动争议处理实施细则》大会，要求1989年6月底前，90%的生产企业建立由职工、行政、工会三方代表组成的劳动争议调解委员会，并尽快培训骨干开展工作。

1989年底，全市已建立基层劳动争议调解委员会168个，应建单位全部建立，有调解人员622人。在组建过程中，市总工会会同市劳动仲裁委员会把好审批关：一是企业行政代表不超过1/3，行政主要领导人不能参加；二是企业行政代表一般不担任调解委员会主任；三是要有肯为女职工说话办事的女工代表。至年底，市总工会与市劳动仲裁委员会联合主办三期培训班，分批培训全市企业劳动争议调解委员会主任，还举办了一期企业行政主要领导参加的学习班，一学法规"二学调解、仲裁的程序和方法"三学剖析案例，提高企业行政领导对处理劳动争议意义的认识，增强了调解人员的责任心，并提高调解人员业务水平和办事能力。市总工会在大力宣传有关法规，指导基层劳动争议调解组织开展业务的同时，还确定一位副主席参加市劳动争议仲裁委员会，并积极参与办案，

1990年底，市劳动争议仲裁委员会共承办劳动争议案27件，市总工会每案介入并坚持全过程监督，做到了解案情细节掌握第一手材料，在处理中有效地维护职工利益。市晶体管厂有两名职工因自己办厂而影响工作等原因，厂方给予除名处理引起纠纷，但经查证，该两名职工连续旷工没有超过15天且一年累计旷工没有超过30天，作除名处理没有法律依据，市总工会介入此案后，依法调解，将除名改作辞退，双方当事人都表示满意。市总工会还在日常工作中搞好咨询服务，有效地避免了劳动争议的发生。丽水棉织厂一职工打报告要求退职，而厂方发文给予除名处理，市总工会收文即向厂工会了解，该职工既无旷工也无其他错误，只因自己开了一家小商店主动要求退职理由正当，经过调解，厂方同意该职工退职，避免了劳动争议的发生。丽水火柴厂要辞退一名违纪职工，厂方派专人来市总工会询问，经了解，辞退条件符合，但告知一般应先由企业发出辞退警告，以达到教育本人的目的，厂领导接受建议发出黄牌警告，限期三个月改正错误。

1998年，在企业改制中，工会集中时间、人力，深入基层走访，对职工反映的热点问题进行重点调研，主动参与劳动争议调解，全年协助劳动部门参与3件劳动纠纷案件的仲裁和处理。

2000年，协调企业劳动关系，全年共调解劳动争议案件12件，参与劳动争议仲裁案件7件。

2005年，在推广义乌工会社会化维权经验的基础上，莲都区总工会把建立劳动争议调解组织工作向乡镇（街道）拓展。至年底，建立乡镇（街道）劳动争议调解组织14家，建制率达55%，42家企业工会建立劳动争议调解委员会，全年为403人次提供了职业介绍服务，实现再就业120人次。同时在非公企业建立劳动争议调解组织18家。

2010年底，全区基层工会所在单位建立劳动争议调解委员会238个，劳动争议调解员621人，其中职工代表370人。是年，受理劳动争议案件78件（次）。

2012年，区总工会参与劳动争议调解37起，为职工追回补偿款223万元，有效维护了职

工合法权益。

2015年，区总工会输送了27名基层工会调解员到省总工会参加劳动关系调解培训，均取得岗位证书。

2018年，区总工会发文，要求各级基层工会重视劳动争议调解工作，建立劳动争议调解委员会，把矛盾化解在基层。

2020年，全年参与劳动纠纷调解17次，为职工追回补偿金54万元。

第四节　劳动关系协调机制

政府与工会联席会议制度　政府与工会联席会议，是贯彻落实党的全心全意依靠工人阶级根本指导方针，充分发挥工会在党和政府与广大职工群众之间的桥梁纽带作用，进一步密切政府与职工群众的联系，推进政府决策的民主化、科学化，促进莲都区改革、发展和稳定的有效方式。联席会议以邓小平理论和“三个代表”重要思想为指导，按照中央关于全力推进社会主义物质文明、政治文明、精神文明和社会文明协调发展、建设社会主义和谐社会的要求，充分发挥工会组织民主参与和社会调节的作用。联席会议的主要内容：政府及有关部门通报关于经济社会发展的方针政策和有关重要工作部署，工会通报围绕大局开展工作及职工生产生活的基本情况；研究解决涉及职工权益和工会工作中遇到的问题等。联席会议由地方工会和政府有关部门针对当前职工群众所普遍关注的突出问题及工会工作中的重大问题，通过深入的调查研究，共同商议确定，并在会前作好充分的协调和沟通。联席会议一般由政府主要领导主持，联系工会的政府领导和同级工会负责人参加。根据会议的具体内容，安排政府其他领导和有关部门负责人出席，必要时，可邀请职工代表、劳动模范、基层工会干部列席。联席会议一般每年举行一次。如遇特殊情况或重大问题，经政府和工会协商，及时召开。联席会议的筹备由政府办公室和工会共同承担。联席会议确定的事项形成会议纪要，会后及时印发，有关各方要认真贯彻执行。政府系统的督查机构负责督促检查。

自2007年4月至2020年底，区政府与区总工会在莲都会议中心共召开联席会议13次，主题是加强劳模管理、设立困难职工维权帮扶和加强工会财务规范化等重大问题。

劳动关系三方协调会议制度　为建立稳定和谐的企业劳动关系，形成适应社会主义市场经济要求的劳动关系调控机制，经区政府同意，建立莲都区劳动关系三方协调会议制度，从2002年8月1日起施行。区劳动关系三方协调会议制度，在区政府领导下，由政府、工会、企业三方代表组成的常设性宏观协调劳动关系的会议制度。其基本职能是为政府制定有关涉及劳动关系的政策文件提供咨询建议；协调处理全区性有关劳动关系的重大问题；指导全区各级地方劳动关系协调工作。三方会议由区人事劳动社会保障局、区总工会、区经贸局三方组成。区人事劳动社会保障局领导任主任，区总工会、区经贸局领导任副主任，同时各方自行确定本单位处、室人员参加。设立办公室，商定每年原则上开会2次，内容为当年值得研究的劳动关系中的重大问题。

2003年，为进一步协调劳动关系，区总工会参与全区劳动关系三方协调有关工作外，将劳动关系三方协调会议制度向乡镇(街道)延伸,在乡镇(街道)建立了劳动关系三方协调机制。

2004年4月,规范劳动关系三方协商会议制度,召开区劳动关系三方协调机制会议,重点讨论分析全区企业工资现状和如何解决非公企业职工工资拖欠问题。10月22日,在区人劳社保局会议室召开区劳动关系三方协调会议,人劳社保局副局长叶端庭主持。会议主要内容:一、检查全区《中华人民共和国劳动法》《中华人民共和国工会法》贯彻实施情况和下步工作意见建议;二、通报交流三方在各自协调劳动关系中的情况和存在问题、下步对策;三、调整三方协调会议组成人员。会议就商讨的内容提出了相应对策、措施和下步工作安排,并发表会议纪要。

2005年,共有16个乡镇(街道)建立了劳动关系三方协调组织机构。

2007年10月24日,在区人劳社保局召开三方协调会议,主要内容是学习《中华人民共和国劳动合同法》并提出宣传贯彻意见;拟调整莲都区最低工资标准。会议完成议题后,要求各方抓紧落实并发了会议纪要。

2008年2月28日,积极维护职工民主参与、民主管理、民主监督权利,召开区劳动关系三方协调机制会议,对解决劳动关系纠纷形成共识。4月10日,召开三方协调会议,主要学习《中华人民共和国劳动争议调解仲裁法》,会后发会议纪要。同年底,区政府与区总工会召开联席会议,共商劳模管理和加强工会财务规范化工作。

2009年、2010年共召开三方协调会议4次,解决劳动关系纠纷中需要解决的问题。

2016年,区总工会努力构建和谐劳动关系,会同区人劳社保局成立丽水市工会系统首家劳动人事仲裁派出庭,规范开展仲裁调解工作。仲裁派出庭严格按照劳动争议调解仲裁规定设立机构、拟定程序,所做的调解协议具有法律效力,简化职工维权程序。派出庭配有法律硕士、法学本科生、劳动关系协调师各1名,劳动关系协调员4名。10月开庭后,审理劳动争议案件12件,其中裁决4件、调解6件、撤诉2件。派出庭的工作,受到省人力社保厅的高度评价。

2017年,区总工会积极参与创造企业和谐劳动关系和"双爱"活动,举办和谐劳动关系业务培训2次,60余家企业工会主席、人事主管参加,并开展区创建和谐劳动关系暨"双爱"活动先进企业评选,对燕京啤酒(浙江丽水)有限公司等15家企业进行表彰和奖励。

2020年,区总工会以职工服务中心为依托,设立了单独的信访窗口,开通了维权服务热线"12351",聘请专职律师,依法为符合条件的职工会员提供法律援助服务。主动与区人力资源和社会保障局、区经济商务局、区工商联合会等沟通,寻求支援,多方联动,形成齐抓共管的工作氛围。到12月底,建会企业开展工资集体协商176家,企业总签订率达90%以上。

评选"十佳职工维权之星"　2005年8月,莲都区总工会在全省率先向社会推出"十佳职工维权之星"评选活动,经层层发动和筛选,全区共上报"维权之星"候选人35人,后经区总工会常委研究确定20名候选人公开接受市民的评选。20名候选人中有律师、信访干部、人大代表、政协委员、劳动模范、非公企业工会干部,也有党政干部,涉及方方面面,很有代表性。"十佳职工维权之星"评选活动进行网上公开评选。"十佳职工维权之星"评选活动网页于11月1

日正式上传，到11月30日中午，短信投票达52078票，总留言数达38590条。经过网上评选、群众评议，评委研究，最后确定“十佳职工维权之星”和“莲都区职工维权优秀工作者”各10人。

2006年1月10日，莲都区总工会在纳爱斯广场举办了“职维权之星”大型颁奖大会。浙工工会网、《浙江工人日报》、丽水总工会网、《处州晚报》、莲都区政府门户网、丽水市民网、丽水信息港都作了详细报道。

第五节　集体合同和工资集体协商

集体合同　1995年，市总工会以贯彻《中华人民共和国劳动法》为契机，开展集体协商，签订集体合同试点工作。首先，把《中华人民共和国劳动法》的学习、宣传、贯彻、实施的重点放在基层并深入指导；其次，在4月、5月、10月分3批组织132人到省总干校培训，10月还召开部分企业工会主席集体协商集体合同座谈会；最后确定市石油公司为丽水市集体合同试点单位，并于8月18日举行集体合同签字仪式，为丽水集体合同制度建立打好基础。市石油公司试点经验成功后，市总工会又派出协调小组参加处州针织厂、啤酒厂现代企业制度试点和集体协商、集体合同再试点，经过2个月的试点工作，取得成功的经验，随后在各系统各企事业单位逐步推广集体协商、集体合同工作，到年底，全市共签集体合同37家。

1996年，市总工会把贯彻实施《中华人民共和国劳动法》作为重中之重的工作，按省总工会提出的“三抓”（抓数量、抓质量、抓成效），实现“三化”（规范化、制度化、经常化）的要求，积极推行集体协商、集体合同制度，1996年共签订集体合同30家，履行情况检查17家。市供销社14家企业在6月底全部签订集体合同，成为全市的排头兵。市政府专门召开集体合同座谈会。至年底，市建委系统全部完成签订工作，粮食系统完成90%。全年全市共签集体合同38家，同时还建立履行情况检查组。

1997年，市总工会以贯彻《中华人民共和国劳动法》为契机，积极推行建立集体合同制度，把这项工作向难度大的企业拓展，至年底新签集体合同89家，检查集体合同履行情况38家，有89家企业建立集体合同履行情况监督检查组，全年全市127家企业建立集体合同制度，占丽水市应签集体合同企业的50%。

1998年，新签集体合同16家，续签4家。全市应建平等协商集体合同企事业单位123家，已建立的企事业单位123家，签订率达100%。

1999年，全市有8家国有、集体企业签订集体合同，完成城关、碧湖两镇非公有制经济集体合同签订工作，覆盖企业22家。

2000年，6家公有制企业全部签订集体合同，覆盖职工1477人；非公有制企业172家已签订集体合同100家，占58.14%。

2001年，新建非公企业建立集体合同制度6家，企业集体合同续签率100%。

2004年，碧湖、大港头、联城、双溪、老竹5个镇和白云、万象、紫金、岩泉4个办事处均建立劳动关系协调机制，同时推动大多数企业建立工资协商和平等协商集体合同制度，平等协商集体合同签建率达95%以上，老竹、巨溪、丽新、太平等乡镇及粮食总公司等集体合同续签率100%共有218家非公企业建立工资协商机制，签建率100%。

2005年，加强工会维权工作，注重源头参与。全区新签集体合同90家，累计已签集体合同367家，签建率97%。集体合同履行情况向职代会报告情况进一步建立健全。

2007年，新签订集体合同4家，到期合同续签5家，累计签集体合同企业386家，覆盖企业581家。

2008年，新签集体合同27家，其中区域性集体合同4家，行业集体合同2家，覆盖企业275家，累计已签集体合同354份，签订率100%

2009年，新签集体合同16家，其中区域性、行业性集体合同13家，覆盖企业469家；68家规模企业全部签订集体合同。全区累计签订集体合同371家，签订率99.2%；是年续签集体合同7家。

2010年，签订集体合同的基层工会367家，签订率97%；到期的集体合同全部续签，并且建立集体合同履行情况向职代会报告制度，同时区总工会把集体合同和工资协商专项集体合同向非公企业拓展作为重点来抓。至年底，全区签订集体合同和工资专项集体合同的基层工会387个，涵盖单位901家，其中独立建制的非公企业227家，签订率83%；区域性集体合同（包括工资专项合同）10家，行业性集体合同（包括工资专项合同）3家，实现全覆盖。

工资协商　2004年，积极推进企业建立工资协商制度，使这项制度更好地维护职工的合法权益。

2005年，累计有367家企业实行工资协商制度，其中独立建会的非公有制企业115家建立工资协商机制。

2008年，全区各级工会积极指导企业实行工资协商制度，规模以上企业68家，全部实行工资协商制度，独立建会的企业开展工资集体协商累计达174家，占应签企业的80%。

2010年，区总工会不断探索工资集体协商机制，实行工资集体协商与集体合同签订同步进行，不断扩大工资集体协商在企业中的覆盖面。通过工资集体协商推动“职工增收、企业增效”，促进企业与职工“互利双赢、共同发展”，有效促进企业劳动关系的和谐稳定。至年底全区完成工资集体协商227家，占83%，行业工资集体协商3 家，区域性工资集体协商10家。为了解工资协商在企业中推行的效果，区总工会专门组织课题组深入企业调研。在调研中发现一些好的做法。不知公司通过“询价”和一线职工签字确认等手段，确保职工对工资的话语权；瓯宝安防科技有限公司召开企业方与职工方代表会议，规范工资集体协商签订程序。

2011年，区总工会开展工资协商工作专项调研，指导企业规范合法地做好工资集体协商工作，并将不知、瓯宝、供电、丽百等企业的先进经验予以推广，要求企业根据经营情况和当前最低工资标准、行业工资标准及职工岗位特点，合理确定本企业的工资标准。至年底，莲都区独立建会企业已有269家签订工资集体协商，占比达到90.2%。行业工资集体协商3家，区域性工资集体协商10家。

2012年，推进工资集体协，维护企业和职工双方合法权益，建立和培养了高素质的工资集体协商小组成员、职工代表和指导员队伍。对工资协商实行分类指导。瓯宝安防科技有限公司坚持独立开展工资协商工作，签订以增加职工资收入为主要内容的工资集体合同。至年底，全区274家独立建会的企业全部签订集体合同和工资集体协商合同。开展行业签订工资集体协商2家，涵盖企业98家，区域性签订工资协商15家，涵盖企业588家。

2013年4月，区总工会开展了以提高一线职工工资水平作为重点内容的“签订行动月活动”，全区已建工会的企业100%开展签约行动。在2012年的基础上，已签订集体合同和工资集体协商企业的续签率达100%。签订行业性工资集体协商2家，涵盖企业105家；签订区域性工资集体协商19家，涵盖企业750家。

2014年，莲都区独立建会企业工资集体协商续签211家，区域性和行业性工会续签21家，涵盖855家企业，续签率100%。

2015年，工资集体协商工作有新进展。水电协会成为莲都区新增行业性工资协商典型。开展工资协商问卷调查，通过对岩泉街道辖区内3家企业一线职工和管理人员的现场问卷调查，职工对工资协商的满意度较高。年底开展集体合同数据库录入工作，录入率达90%。

2016年，企业民主管理的重点是做好工资集体协商的续签工作。全区独立建会企业开展工资集体协商142家，行业性工资集体协商涵盖企业84家，区域性工资集体协商涵盖企业750家，总签订率90%以上。

2017年10月，举办企业工资集体协商培训，60家企业的工会主席、人事主管参加。集中发起企业工资协商签约行动，莲都区单独建工会开展工资协商142家；行业性工资集体协商涵盖84家企业；区域性集体协商涵盖企业750家，总签订率90%。丽水市鱼跃酿造食品有限公司被评为丽水市工资集体协商提质增效示范点。

2018年，组织全区基层工会主席培训班，开展无欠薪业务知识培训，重点学习《浙江省企业工资支付管理办法》。

2019年，区总工会联合泽厚（丽水）律师事务所、白云街道、北苑路社区开展“防欠薪”宣传活动，推动莲都区2019年企业工资集体协商签约行动的开展。是年，莲都区独立建会企业开展工资集体协商165家，行业性工资集体协商涵盖企业84家，区域性工资集体协商涵盖企业750家，续签率100%，总签订率达92%以上。

2020年，建会企业开展工资集体协商176家；行业性工资集体协商涵盖企业93家；区域性工资集体协商涵盖750家，总签订率达90%以上。

第九章　政治宣传和文化体育活动

在加强工会组织建设的基础上,围绕党在各个时期的中心工作,持之以恒地加强工会干部的思想建设,认真开展工会的思想政治和宣传教育工作,是工会工作的中心所在。根据工会的特点,莲都区总工会对职工进行思想政治教育,开展群众性的文化、艺术、体育活动,培养职工的爱国主义思想、共产主义理想和道德情操,增强职工主人翁意识,在各项政治宣传教育活动中,取得了显著成绩。

第一节　思想政治教育

1949—1950年,县总工会(筹)和城区区工会,在中共丽水地、县委和省总工会(筹)丽水专区办事处领导下,在职工中开展"劳动创造世界""谁养活谁"和中国革命斗争史与抗美援朝保家卫国的教育,发动职工投入"三反""五反"运动。回忆对比忆苦思甜,提高了职工的阶级觉悟和热爱共产党、热爱新中国的政治热忱,以国家主人翁的态度恢复和发展生产,组织工会,建立工人纠察队,护厂护店和协助政府维护社会治安。

1950年12月,丽水电信局工人带头响应中央财委会公告和全总号召,推动全县所有的公营企业工人放弃年奖双薪,支持政府克服困难。

1951年上半年,组织工会积极分子学习、讨论《中华人民共和国工会法(草案)》,提高对工会组织的认识。7月在全县职工中宣讲《中华人民共和国工会法》,整顿和健全工会组织,依照会员条件清理会员,提高职工主人翁责任感。在推销第一期胜利折实公债中,一个仅有"一条扁担,两根绳子"财产的码头工人认购了13份,城区职工认购数超过了省分配全专区5000份的总任务。1951年10月起,在职工中开展抗美援朝保家卫国宣传教育,46名工人参加中国人民志愿军,城区有3152户工人捐献抗美援朝款人民币25046.55万元(旧币),搬运工人多装快运支援前线,并有60名搬运工人和民船工人调往温州等地直接参加解放沿海岛屿军运。

1951年4月,在搬运工人中开展了反封建斗争,公审枪毙了大水门码头的封建恶霸许显坤。1951年上半年开始,还在职工中进行土地改革、镇压反革命和工农联盟教育。1951年下半年起,在职工中开展"三反""五反"教育,揭发不法资本家行贿、偷税、漏税、偷工减料、盗窃国家经济情报等"五毒"行为。"五反"后,资方以停伙、停工、不发工资等手段报复工人,私营工厂、商店、汽车业资方逃税,消极经营,偷漏税收情况频发,在总结"五反"经验教训的基础上,店员工会于1952年8月成立协助税收委员会,有68人(占当时店员的1/4)参加协税组织,是年8月12日,在季评中查出逃漏营业额人民币75000万元(旧币),补税人民币2676.69万元(旧币),店员检举资方偷漏税40起,增加税收753.54万元(旧币),并监督资方健全账册,做好税源控制、税户管理，得到税务局多次表彰。

1953—1957年，在职工中进行工会知识和形势任务教育，宣传党在过渡时期总路线，发展国民经济第一个五年计划和粮食统购统销政策。

1953年春节，城区和碧湖镇有894名青年工人报名参军，占青工总人数的52.4%。是年，由点到面，在搬运、建筑、手工业、私营工厂和碧湖镇分三批进行了民主改革，废除了行会把持、学徒“三三制”（三年学徒、三年半作、三年老师）和“投师状”“齐行酒”、店员“无袋衣”“倒锁门”等陋规。还在职工中进行了巩固劳动纪律的教育，省工会温州专区办事处转发了县工会关于国营运输公司丽水保养场贯彻巩固劳动纪律四条经验（正面教育，提高认识；评比选模，树立旗帜；召开劳模座谈会，树立劳动光荣思想；处理屡教不改者）。是年12月，开始向职工宣传党在过渡时期总路线和发展国民经济第一个五年计划，推动增产节约劳动竞赛，结合社会主义工业化和对私营资本主义工商业进行社会主义改造的宣传，开展工农联盟教育，贯彻粮食统购统销政策，动员职工购买经济建设公债。

1955年2月，协同政府组织180余辆手拉车调往温州，担任支前运输任务。是年，各工厂企业举办废品展览会，用事实说明开展增产节约运动的意义，并组织团员为主体的青年节约队活动，据6个节约队统计，仅第三季度检回废品遗物价值23000元。县工会配合政府对资本主义工商业进行社会主义改造，首先发动45家棉布零售商店职工监视资方非法活动，运用职工政治夜校，举办有私营商业店员、汽车工人和工商联职工76人参加的对私营工商业社会主义改造骨干业余训练班两期，召开私营企业职工代表会议等，学习、宣传党的社会主义改造政策，发动职工参加清产核资。通过培训，都成为推动私营工商业社会主义改造的骨干力量，广大职工及时向政府反映资方思想动态，向资方宣传走国家资本主义道路十大好处，贯彻“既团结又斗争”的原则，国泰药房职工向政府检举了资方逃资与幕后资金4000元问题，曹同泰大棉布店资方经职工教育动员后为职工增资600元，并通过劳资协商揭发企业开支大，经营盲目，机构臃肿，挂名支薪等不合理现象，促使资方改善经营管理，敲锣打鼓接受社会主义改造。

1956年，全县职工认购经济建设公债人民币128500万元（旧币）。1956年12月，县工会组织城关456名职工走访近郊三个高级农业生产合作社和南明区高级农林牧生产合作社，将330册图书和45套画片分赠农民兄弟；丽水铁工厂工人将一台在节前特意赶制出来的打稻机赠送给联兴社，农民接受礼物后表示，要生产更多的粮食和工业原料支援社会主义工业化。同年，丽水县总工会贯彻全国总工会《关于加强工会建设，改正领导作风的决定》《关于工会基层组织总结与选举的规定》，在全县基层工会中加强思想建设和作风建设。

1958年，贯彻中共八大二次会议精神，宣传鼓足干劲，力争上游，多快好地省建设社会主义总路线。

1959年7月，省总工会老工人代表团一行4人到丽水作革命传统报告，有2500多名职工听讲，推动了“三查两爱”活动。

1960—1963年组织职工学习毛泽东主席著作，全县各基层单位共有121个学习小组，1993人参加学习活动。针对国家困难时期职工思想状况，开展备战支前形势教育和以阶级教育为基础的国际主义、爱国主义、社会主义教育，向职工讲清楚国民经济困难的性质和原因，宣传“调整、巩固、充实、提高”八字方针，进行“八字”方针积极意义和工人阶级领导责任的教育，全县有8169名工人响应缩短工业战线，加强农业第一线号召奔赴农村，县总工会协同有关部门做好了安置工作。县总工会通过向全县职工宣传勤俭持家过日子的丽水农机厂工人许成富和勤俭节约好干部丽水林场工会主席赵荣兴的典型事例，在职工中倡导勤俭节约过日子的新风尚，兴起参加爱国储蓄的热潮，并推动了以提高质量为中心环节的增产节约运动。

1964年，发动广大职工投入社会主义教育运动和创“五好”为目标的比学赶帮增产节约运动，宣传学解放军、学大庆，开展学雷锋做好事活动。

1965年，在组织职工开展学习毛泽东著作活动中，加强班组、俱乐部、业余学校和职工宿舍(家属)等四个阵地的思想政治工作。

1977年，工会组织恢复后，贯彻中共十一大精神。

1978年6月，县总工会、共青团县委、县文教局联合通知“开展新时期总任务和新宪法宣传月活动”，是年11月，召开工会宣传工作会议和举办基层工会干部学习班，宣传中国工会“九大”精神，弄清新时期新形势下工人阶级的历史使命和工会工作在新时期的基本方针任务。

1979年，贯彻中共十一届三中全会和全国五届人大二次会议精神，工会思想政治工作从以阶级斗争为纲转变到以生产建设为中心的教育上来。

1980年，通过举办学习班等形式，发动各级工会干部学习、讨论“实践是检验真理的唯一标准”，提高对新时期党的思想路线的认识。

1981年，开展“五讲”讲文明、讲礼貌、讲卫生、讲秩序、讲道德，“四美”心灵美、语言美、行为美、环境美为主要内容的文明礼貌活动。基层工会配合行政通过制定和实施《青工守则》《厂规厂纪》等方式，对职工进行社会主义和爱国主义教育。工人文化宫搞好电影映前“五讲四美”幻灯片放映，组织放映《雷锋》影片，展出《没有共产党就没有新中国》《缅怀老一辈无产阶级革命家》《向雷锋学习》《可贵的主人翁精神》等新闻照片，组织20余名专业和业余摄影工作者，选摄本县职工在“五讲四美”活动中涌现的好人好事新闻照片，印发到较大的基层工会展览宣传。是年9月，县总工会召开有基层工会主席、宣传委员共113人参加的工会思想政治工作会议，讨论工会思想政治工作的重要性，抓什么，怎么抓等，并从丽水动力机械厂等10单位发言交流中总结出开展职工思想政治工作5条共同经验：一是要主动争取党委重视围绕党的各项任务开展；二是党政工团四个轮子一起转，党是领导，各方配合；三是从两个维护出发；四是指导思想必须讲求实效，善于做一人一事一点一滴工作；五是解决思想要与解决实际相结合。丽水的经验总结得到省总工会丽水地区办事处的肯定和全国总工会表扬。10月24日，《浙江工运简讯》第39期刊发了县总工会撰写的《加强新时期职工思想政治工作问题的讨论》的文章。

1982年，县总工会在“五讲四美”活动中，一抓思想教育；二抓具体行动；三抓检查评比。将不顾个人安危，抢救6名落水孩子的碧湖邮电所青年职工赵丽生；四年如一日，坚持天天早上班迟下班，全心全意为群众做好事的丽水汽车运输分公司职工吴贤长和为民服务的县人民银行职工章发枝等人组成“五讲四美”宣讲团，由县总工会副主席郑爱和带领到丽水无线电厂、丽水电业局、丽水动力机械厂、丽水汽车运输分公司等11个工厂企业现身说法巡回演讲，有3000余职工听讲受教育。3月，县总工会创办《文明之花》专刊，收集传播“五讲四美”活动中的好人好事，与县经委联合召开“五讲四美三热爱”现场会，到活动开展较好的丽水电池厂、丽水动力机械厂、丽水汽车客运站学习取经，运用文化宫阵地开展全民文明礼貌月宣传。县教育工会与主管局联合举办庆教龄会和“五讲四美”为人师表评选活动，向全县从教三十年以上的149名教师颁发荣誉证书，提倡尊师重教新风尚。是年5月，全国总工会发布《职工守则》，县总工会组织各级工会配合行政教育职工订立《文明公约》和遵守《职工守则》，并要求工会积极分子重视做好家访，把思想政治工作送上门。

1983年，在学习中共十二大文件过程中，邀请一线工人叶雪萍、徐庆普、张建群组成共产主义思想宣讲队，用同代人教育同代人的方法，到基层单位宣讲，直接听讲受教育职工有4200余人。是年7月上旬，中共丽水县委批转县总工会党组为贯彻中共中央批转全国总工会党组《关于在职工中开展读书活动的报告》作出的《关于组织和引导职工群众开展读书活动的请示报告》，县委批示读书活动由宣传部牵头，总工会具体负责抓。由中共丽水县委宣传部、县总工会、共青团县委、县计经委组成工作组到丽水电池厂试点取得经验后，“振兴中华”职工读书活动全面推开，是年全县24个单位组织起189个读书小组，2020名干部、职工参加读书活动。在县总工会举办的“振兴中华”职工读书心得征文比赛中，收到作品128篇，有21篇获奖。在“振兴中华”职工读书演讲比赛中，有9个单位的20名职工登台演讲，都以中国近代史史实为依据，联系现实，联系职工思想，讲出了当代工人的愿望与追求——做“四有”(有理想、有道德、有文化、守纪律)职工。是年11月至12月，县总工会还部署开展了“振兴中华”职工读书活动情况系统自查和综合检查及总结评比。

1984年，继续开展全民文明礼貌月活动。以建设文明单位作为“五讲四美三热爱”的基本形式和基本内容。3月，在丽水化工厂召开了有县工业、二轻和地属企业共29个单位参加的创建文明单位现场会。以“振兴中华”读书活动为载体对职工进行爱国主义和共产主义教育，激励职工奋发向上。县委建立由中共丽水县委宣传部部长颜锦荣、副部长王宗祥、县总工会主席曾石祥、县计经委副主任江焕德、共青团县委书记纪伟平组成的职工读书活动指导委员会。全县有宣讲员92人，辅导员130人，理论骨干163人，故事员17人，开展了形式多样的读书活动。各基层工会举办读书演讲比赛44次，120人参赛，听众5948人，有232人参加读书征文活动，收集文稿177篇，获奖72篇，读书辅导讲座140次，听众6636人，各类读书知识竞赛46次2390人参加，获奖286人。丽水动力机械厂等29个企事业和机关单位建立读书指导委员会或指导小组，各基层工会建立读书小组320个，全县参加读书活动的职工5010人。11月，县总工会再次举办读书征文和演讲比赛，并组织演讲优胜者到城关、碧湖、丽云、雅溪、曳岭的厂矿企业巡回演讲，听众2000余人，其中3人参加省总工会丽水地区办事处组织的读书演讲比赛，县粮食局职工徐进，还参加了省总工会举办的演讲比赛。工人文化宫配合“振兴中华”读书活动，出刊《读书园地》17期。下半年，还根据《国营企业职工思想政治工作纲要(试行)》和县委宣传部部署，配合行政采取“脱产轮训”“半脱产学习”和“业余轮训”等多种形式开展青工政治轮训。

1985年，宣传“两个文明”建设一起抓，免费放映《威振南疆》电视17场，受教育职工达

5000余人次。职工读书活动从实际出发，根据职工接受程度和兴趣爱好，围绕“中华要振兴，祖国要富强”的主题，分层次安排和引导，全县参加读书活动3528人，其中35岁以下青工2658人，科技人员341人，厂企领导151人，教师医务人员378人，共建读书小组150个，其中社会科学小组59个，474人参加；文化技术小组80个，921人参加；管理科学小组11个，73人参加；兴趣爱好小组64个，549人参加。各基层工会继续配合党委（支部）搞好青工政治轮训。在首次教师节活动中，县总工会开展尊师重教宣传教育，带头为学校、为教师办实事做好事，邀请优秀教师座谈，举办电影招待，赠送教学器材，推动基层工会为教师办实事，其中城关片集资2万元，全县基层工会捐赠物资折合人民币3万元。

1986年3月中旬至4月上旬，市总工会（县级）与司法局联合举办第一期普法师资培训班，市属35个单位地属8个单位共48人参加，学习了中华人民共和国宪法，刑事诉讼法、治安管理处罚条例和法理、司法文书等课程。6月，又先后在城关、碧湖两镇培训普法师资95名，还挑选优秀学员组成讲课组到基层单位讲课，市工人文化宫配合举办了法律知识竞赛活动，全市有3000余名职工参赛。市总工会召开了工会宣传工作会议，贯彻全总《加强劳动纪律，培养职业道德，在两个文明建设中发挥主力军作用》，举办“学劳模、守纪律、争贡献”读书演讲比赛，优秀者4名参加地区比赛，3人获奖，丽水电池厂工人程凤君被省总工会表彰为省读书活动积极分子，丽水市被评为丽水地区1986年度读书演讲活动先进单位。

1987年，市总工会会同市委宣传部举办企业党委（支部）书记、工会主席学习班，进行反对资产阶级自由化思潮，坚持建设具有中国特色的社会主义教育。在职工读书活动中，引导职工学好《坚持四项基本原则，反对和抵制资产阶级自由化思潮》《建设有中国特色的社会主义》《伟大时代主人翁》三本书，召开工会宣传工作会议和举办中共十三大文件学习班，发动和组织职工学习贯彻中共十三大精神，正确认识我国社会主义初级阶段，正确理解和掌握社会主义初级段党的基本路线、经济发展战略和深化经济体制改革。市工人文化宫配合学习，举办十三大专题知识竞赛。把十三大主要精神，编成越剧、京剧小演唱，进行宣传，影剧院放映《端正党风教育》《理解万岁》《党的十三大辅导报告》录像27场，8050人次受教育。还专场组织城郊中小学师生6400余人观看老山前线英雄事迹录像《理解万岁》。

1988年，市总工会建立创建文明单位领导小组，制订《提高服务效能，创建文明单位计划》，与省总工会丽水地区办事处联合召开部分地、市属企业党、政、工和职工代表参加的学习宣传企业法座谈会，中共丽水地委委员、市委书记徐嘉木，省总工会丽水地区办事处主任黄伍根到会讲话。10月，市人大、中共丽水市委宣传部、市经委、司法局和市总工会组织执行企业法检查组，对19个国营企业和7个企业主管单位进行了执法检查，企业法的学习宣传，鼓舞了企业的积极性，调整和融洽了企业内部关系，职工主人翁精神增强，如丽水毛巾厂急需购进原料而贷款有困难，职工两天内自动集资40万元借给厂方。市教育工会召开教书育人为人师表成果发布会．将11篇优秀论文汇编成册，其中朱广华和方芝兰的论文被省中小学教书育人研究会录用。教师节期间，还为70岁以上的退休老教师50余人举行祝寿会，丽水行署专员、中共丽水市委书记、市长到会向老教师献花祝贺，省电视台在《浙江新闻》栏目中播放。在“三忆三爱二提高”教育活动中，市总工会向各级工会发出向教育基金会捐资的通知，有136个基层工会和职工个人捐资共1.8万元。

1990年，在对职工进行形势任务教育中，市总工会抽调8名干部，分期分批到丽水电池厂、处州针织厂、市竹胶板厂、晶体管厂、罐头厂、木器厂、万象制衣总厂等8家企业，组织职工开展“企业有困难，我们怎么办”大讨论，提合理化建议，为国分忧，为企业解难。注意掌握职工思想动态，发现不安定苗头，做好细致的思想政治工作，缓解矛盾。是年6月和9月，协同党政部门妥善处理好丽水电池厂电机车间和市塑料总厂凉鞋车间停工怠工事件。3月，开展“学雷锋、树新风”活动，市工人文化宫拍摄并展出职工“学雷锋见行动”摄影新闻剪辑；组织“职工学雷锋演讲比赛”，有邮电、交通运输、工厂、商业、卫生等19个基层工会的20名职工参赛，联系本行和本职工作讲述本人或自己身边学雷锋好人好事。7月，举办职工“七一颂”演唱比赛，有18支合唱队参加，1500多名职工观看演出。为配合宣传中国举办举世瞩目的亚运会，工人文化宫影剧院于8月举办“迎亚运有奖电影活动”，历时一个月，放映迎亚运活动影片30场，组织观众15000人次，为亚运组委会集资5010元。

1991—1992年，丽水市总工会(县级)根据中宣部、国家计委、全国总工会《关于在企业职工中进行基本国情和基本路线教育的通知》要求，进行企业职工“双基”教育，历时两年。通过教育，使广大职工进一步加深对我国国情和党的基本路线的理解，坚定了建设有中国特色社会主义的信心，激发了主人翁精神和责任感，进一步理解、支持和参与改革促进企业生产发展和经济效益的提高。

1993—1994年，丽水市总工会组织广大职工学习《邓小平文选》第三卷，努力建设“四有”职工队伍，把学习邓小平理论与学习党的十四届三中全会精神与贯彻中国工会十二大会议结合起来，同时组织开展社会主义市场经济基本知识教育，增强职工改革意识、竞争意识和市场意识。

1997年初，认真落实党的十四届四中、五中、六中全会精神，进步加强领导班子和干部队伍思想政治建设，提高领导班子整体素质，增强凝聚力和战斗力。根据上级部署，丽水市总工会开展了“奉献于事业、服务于人民”主题活动。该活动共分三个阶段：一是学习教育阶段，二是党性党风对照检查阶段，三是整改落实阶段。为了使活动有条不紊地开展，市总工会党组专门召开班子会议，统一思想，明确要求，制订主题活动实施计划和工作安排，召开干部动员会，进行广泛宣传，认真组织实施。通过各种文件材料的学习、对照检查，特别是党性分析心得交流和落实各项整改措施、完善制度，使该主题活动取得了显著成果。

1999年7月，地区工会办事处转发《中华全国总工会关于坚决贯彻执行党中央关于处理和解决“法轮功”问题的决策和部署的通知》，市总工会按地区工会办事处通知精神认真贯彻执行。发动全市总工会干部及基层工会开展揭批活动。

2000年，根据上级党委部署，莲都区总工会开展以“讲学习、讲政治、讲正气”为主要内容的党性党风教育。为了使该教育活动顺利进行，区总工会党组加强对“三讲”教育活动的领导，明确“三讲”教育工作责任制，制定活动实施方案，明确活动的目的意义、指导思想。

2001年9月，根据市委《关于开展解放思想大讨论的通知》精神，区总工会结合工会工作实际，组织机关干部、职工开展了解放思想大讨论活动。大讨论分为四个阶段，即学习发动阶段、对照检查阶段、整改提高阶段、检查评议阶段。各基层工会干部系统学习了江泽民总书记“七一”重要讲话，统一思想，提高对大讨论活动的认识。通过解放思想大讨论，提高了工会机关的办事效率和服务质量，树立了工会机关“勤政为民、开拓创新、务实高效、清正廉洁”的工会良好形象。

2002年，认真学习“三个代表”重要思想，经过制订规划、开展学习培训、对照检查、整改提高三个阶段。通过“三个代表”重要思想的学习，提高了工会干部对党的信念和宗旨的认识，增强工会干部的服务意识和作风建设，增强工会干部历史使命感和历史责任感。

2003年，继续学习江泽民总书记“三个代表”重要思想。在学习、实践“三个代表”重要思想活动中，莲都区总工会党组组织干部职工分析新时期工会工作的新特点，努力把推动党的全心全意依靠工人阶级的根本指导方针落实到基层，充分调动广大职工群众的积极性、创造性，为促进经济建设和社会进步作出新贡献。

2004年，根据中共丽水市委、丽水市人民政府转发的《中共丽水市委宣传部、市司法局关于在全市公民中开展法制宣传教育的第四个五年规划》精神，开始“四五”普法教育。区总工会抓好本单位全体干部职工法制学习，配合有关部门和单位，对全市职工进行法制宣传教育。一是抓好区总机关全体干部职工学习宪法和基本法律、法规知识；二是组织基层工会干部和企业经营管理人员重点学习、掌握社会主义市场经济法律法规知识；三是认真组织广大职工群众学习法律知识；四是健全工会干部法制教育制度、理论中心组学法制度、工会专业法律培训制度。区总工会还组织机关干部参加普法办举行的法制宣传培训和学法建档考试，学习的法律法规主要有：《中华人民共和国劳动法》《中华人民共和国工会法》和《省实施办法》《浙江省私营企业工会条例》《浙江省集体合同条例》《工会女职工委员会工作条例》《浙江省女职工劳动保护办法》等。

2005年，根据市委、区委的统一部署和安排，区总工会党组决定，从1月开始，利用半年时间，在全体机关党员中开展以实践“三个代表”重要思想为主要内容的保持共产党员先进性教育活动。区总工会党组结合机关工作实际，专门制定了《关于开展以实践“三个代表”重要思想为主要内容的保持共产党员先进性教育活动的实施意见》。共产党员先进性教育共分三个阶段：第一阶段，学习动员阶段，主要内容为动员部署，组织学习，开展“先锋形象、心系职工”大讨论、“访革命圣地，听先进事迹，受革命教育”活动；第二阶段，分析评议阶段，主要内容为开展“两查一谈一评活动”；第三阶段，整改提高阶段，主要内容为对第二阶段查摆出的问题和情况，通过“抓落实、明方向”，抓好制订整改方案，落实整改措施，抓好整改监督三个环节。区总工会党员先进性教育活动，取得了显著的成果。

2007年，根据省委省政府《关于在全省开展“作风建设年”活动的意见》和丽委办《关于在全市开展“作风建设年”活动的实施意见》的要求，区总工会总结全区工会的实际情况，深入开展“作风建设年”活动。活动从3月开始，到12月底结束。分三个阶段：第一阶段，宣传发动，提高认识；第二阶段，查找问题，边整边改；第三阶段，建章立制，总结提高。区总工会对开展“作风建设年”活动高度重视，把这项工作作为重要的政治任务来抓，精心部署、认真动员，加强思想教育，抓好学习，推动理论学习向深层次发展。通过作风建设年活动的开展，取得一定的成效，不断提高工会干部的思想政治理论水平，形成了踏实的工作作风和良好的精神风貌。

2008年，为切实加强工会干部队伍建设，区总按照上级部署，在全体工会干部职工中开展了“树新形象、创新业绩”主题实践活动。区总工会首先成立了大讨论活动领导小组，制订了实施方案，组织全体工会干部开展解放思想大讨论。提出了“突出三个落实，做到三破三立”的明确要求。主要内容：把解放思想落实到振奋精神、增强信心上；把解放思想落实到破除旧观念，确立新观念上；把解放思想落实到创业创新、务求实效上。破除“得过且过”思想，确立“奋发向上”观念；破除“因循守旧”思想，确立“开拓创新”观念；破除“畏难不前”思想，确立“知难而进”观念。组织工会干部深入到基层进行调研，主动联系村企社区，开展“创业创新送服务”活动。通过活动，初步形成了一支适应新形势，有踏实工作作风和良好精神风貌的工会干部队伍。

2009年，按照市委、区委部署，经区总工会党组研究决定，从3月开始至8月，区总工会开展深入学习实践科学发展观活动。区总工会党组经过认真研究，制订了《莲都区总工会开展深入学习实践科学发展观活动实施方案》。开展学习实践活动的方法步骤，共有三个阶段；一是学习调研阶段、二是分析检查阶段、三是整改落实阶段。通过深入开展学习实践科学发展观活动，取得明显成果：一是使全体工会干部进一步明确，工会工作必须围绕和服务于积极动员职工为“十一五”建功立业这一中心任务开展；二是进一步固本强基，切实加强工会组织建设；三是进一步关注民生，积极履行工会组织维权职责；四是进一步凝心聚力，加强工会干部和职工队伍建设。

2010年，为认真贯彻中共十七届四中全会精神，进一步加强区总工会作风建设，根据市委、市政府、区委、区政府“深化作风建设年”活动的统一部署，结合巩固和扩大学习实践科学发展观活动的成果和全区工会工作实际，从4月起，区总工会开展“深化作风建设年”活动。活动共分三个阶段：第一阶段，宣传发动，提高认识；第二阶段，破解难题，全面推进；第三阶段，建章立制，总结提高。通过活动，巩固了近年来工会加强作风建设的成果，增强了全体工会干部的服务意识和提高工会办事效率；全面落实科学发展观，紧紧围绕区委区政府中心工作，坚持“保增长、调结构、惠民生、促和谐、强党建”这一工作主线，服务大局、服务企业、服务职工，全面开展“创先争优”活动，不断提升素质，开拓创新，推动工会工作上新台阶。

2015年，区总工会狠抓工会思想建设和作风建设，一是抓党建落实“三会一课”制度，全年召开党员大会、专题组织生活会6次、党课4次。组织开展“学党章、守纪律、讲规矩”主题教育活动；利用党组理论中心组和干部职工夜学，组织学习上级重要会议精神和重要文件精神并交流学习情况。二是抓廉政建设，加强廉政教育，认真学习《中国共产党廉洁自律准则》《中国共产党纪律处分条例》，全面梳理完善集体决策制度、财务管理制度、干部考核制度、公务接待制度、党风廉政制度等，使党风廉政建设落到实处。三是尽心尽力下基层，无论“五水共治”，还是“六边三化三美”建设，都能做好自己的工作。

2017年11月初，在丽水工业园区举办“颂歌献给党•礼赞十九大”职工文艺演出并穿插进行十九大知识现场问答，邀请市委党校教授专题授课，全区劳模、离退休干部到会听讲。十九大期间在公众号转发相关权威信息营造学习宣传十九大舆论氛围。

2019年，“不忘初心、牢记使命”主题教育启动以来，区总工会严格按照中央、省委、市委、区委的统一部署，全面推行主题教育工作。区总工会及基层各级工会认真学习贯彻习近平总书记的重要讲话精神和“不忘初心、牢记使命”主题教育工作会议精神，全面落实主题教育的目标要求，做到“四个立即”，即立即开展动员部署、立即健全组织领导、立即制订实施方案、立即进行学习贯彻。在日常工会工作中推动宣传工作进一步向企业覆盖、向职工拓展、向基层延伸，深入践行“浙西南革命精神”，牢记“丽水之赞”弘扬劳模精神、劳动精神，以“莲都作为”落实“丽水之干”，把学习贯彻习近平新时代中国特色社会主义思想与研究谋划工会工作结合起来，抓重点、补短板、强弱项。

2020年，疫情期间，区总工会出台了《莲都区总工会关于助力打赢防控阻击战和发展总体战的通知》。莲都区总工会要求全区各级工会组织和工会干部积极行动起来，按上级的要求投身防疫抗疫之中，指导企业平稳有序复工。为企业提供防疫物资。累计为企业发放口罩23000多个，有79个企业领取。发动企业工会统一采购消毒水、口罩等防疫物资，发放给企业职工以解燃眉之急。区总工会在疫情期间筹集专项慰问资金30.55万元，慰问疫情防控一线医务人员和疫情防控区域、重点行业（单位）参与疫情防控和监测的一线工作人员2600多人。制作原创歌曲《你的模样》《向阳而行》，多家媒体予以报道和关注，网络点击量50余万。召集企业代表、法律顾问召开了稳定和谐劳动关系座谈会，指导企业针对就业结构性矛盾、社保领域问题、劳资双方利益平衡、和谐劳动关系处理等方面制定预案。2020年走访服务企业110家收集问题70项，现场帮助解决50项，相关部门协助解决20项。及时落实返岗交通补助，75家企业、园区共为企业发放金额1081561.9元。采用了“包车”“包专列”“四区拼车”等方式为企业接回50多名省外务工人员顺利返莲，得到企业的好评。

第二节　职工业余学校与职工文化技术教育

职工业余学校简况　丽水市莲都区职工业余学校为区总工会所属的公益二类事业单位，机构规格为正股级。职校贯彻落实党中央、省委 、市委和区委关于工会工作的方针政策和决策部署，在履行职责过程中坚持和加强党对工会工作的集中统一领导。主要职责：一是承担党委、政府部署的职工社会公益性活动、教育培训等公共文化服务职能，参与政府有关为教育培训等购买社会服务；二是承担全区工会干部的教育培训和全区职工职业素质提升相关工作；三是组织开展职工素质类培训、职工技能培训等工作；四是完成区总工会交办的其他任务。

1950—1965年，职工业余教育学校通过各种形式的辅导、补习，使大批职工脱盲和提高了文化水平。使职工中文盲半文盲由解放初期的80%减少到40%，青年职工基本上扫除文盲。

1979年至1990年，主要开办电气、化工、档案、财会等大中专学历班及各类文化班、各类初中级技术培训班，有班级385个，培养学员21376人次。

2000年以后，职校根据企业需求本着“干什么，学什么，缺什么，补什么”的原则通过自身办学与相关单位联合办学的形式设科办班，举办会计、统计、人事劳资、劳动仲裁、档案、文秘、企业中层干部、工会干部、少儿培训等一系列培训班。

2009年，区职校主要是通过校企结合的模式开展少儿培训教学。

2020年，与省总干校合作设立了“红+绿”融合发展理念教学点。

学校创建和发展　1950年9月开始，省总工会丽水专区办事处(筹)在丽水城区囿山小学校舍创办职工业余学校，设校务委员会，由工会代表，学员代表和囿山小学负责人组成，店员工会陈群文任主任，共5个班，学员273人，以识字为主，兼学时事政策，教师除基层工会干部担任外，由囿山小学教师义务兼课。

同一时间里，设在碧湖镇的总工会(筹)，在碧湖镇创办职工业余学校，委托县文化馆干部何赞东负责具体筹办并任教师，初办时学员只有20余人，后增至80余人。

1951年下半年，在城区除设在囿山小学的职工业余学校继续办学外，当时职工人数较多的大东华火柴盒片厂、荣林火柴盒片厂和县搬运服务站均单独办学，4所职工业余学校共有学员353人；碧湖镇职工业余学校发展为51个班，学员267人，大港头亦办起一个班，学员32人，全县共13个班，学员652人。在校学员中，大半是文盲半文盲。教师除碧湖镇职校有一名专职教师外，其余都是小学教师义务兼课或有一定文化的基层工会干部职工兼任。

1952年7月，全县有职工业余学校13所(其中厂校5所，地段性学校8所)共33个班，学员1219人。1952年下半年，县人民政府分配6名专职教师。

1953年，全县有职工业余学校9所，设有普通和中级共87个班，学员1419人，专职教师13人，兼职教师69人。下半年起，贯彻“整顿巩固，重点发展，保证质量，稳步前进”的方针。首先是加强对职工教育的领导，建立了校务委员会，公布了校长、副校长和教导主任，县总工会宣传部部长许继善兼校长，专职教师王邦强任副校长，建立以教学为中心的会议、备课、授课等制度，开始实施常规教学。

1953年，温州专区确定丽水县为祁建华速成识字法重点推行试点县，招收干部职工中文盲半文盲对象入学，每班45人，学习15天时间，要求识字1500个，共2期4班。后转入以写作为主的巩固阶段，开办初小班与高小班，由单科教学向多科教学发展，开设语文、算术、常识等课程。

1954年7月，经省总工会批准，在县工人文化宫工人大会堂北侧建造县职工学校教室6个，是年9月23日举行丽水县职工业余初等学校新校舍落成暨1954年度第一学期开学典礼，县职校共招9个班450人，教师22人，其中专职教师4人。同期，全县职工业余学校共18个班，学员697人，专职教师8人，兼职教师25人。

1955年2月，县职工业余学校与县机关干部业余文化补习学校合并，改名为丽水县干部职工业余文化学校，由分散办学改为集中办学，厂办校陆续停办，共办24个初中班，分三段授课；早晨为机关干部班；上午为武装民警班；晚上为工厂企业职工班。1955年9月，丽水县人民委员会发文，由中共丽水县委宣传部部长张洪田兼任校长，王剑峰(县人委人事科副科长)、曾维远(县人委文教科副科长)、王寿荣(县工会第二副主席)任副校长，王邦强任教导主任。是年2月，县工会与县扫盲办公室联办职工业余学校兼职教师学习班，参加学习的有28位兼职教师，学习内容分政治、教学业务、典型经验介绍三课。

1956年初，中共中央、国务院发布了《关于扫除文盲的决定》，要求在3—5年内基本扫除职工中的文盲。是年2月，县工会召开职工教育工作会议，县工会领导作了关于职工业余教育问题的报告，订出县职工业余教育今后十二年的规划，并要求单位和个人都要订出文化规划。1953—1957年，县干部职工业余文化学校，计扫除文盲、半文盲461人，高小毕业287人，初中毕业14人。据1965年统计,职工中文盲半文盲由解放初期的80%减到40%,青年职工基本上扫除了文盲。

1957年下半,年在干部职工业余文化学校内增设以文科为主的高中班,语文、历史、地理三科为必修课,修业期限三年。各科经考试及格,发给第一类型业余高中毕业证书,报考高等学校文科资格与普通中学高中毕业相同。

1958年,由于"大炼钢铁",大批机关干部和职工下乡,干部职工业余文化学校学员大幅度减少,只留下2个初中班,改名为丽水县职工业余中学。碧湖镇和大港头职工业余学校停办,原有职工学校教师被调离。1959年初,中共中央召开全国教育工作会议,贯彻"调整、巩固、充实、提高"的方针,县职工业余学校教师陆续落实到厂矿企业基层单位去辅导办学。职工教育又由集中办学改为分散办学。丽水火柴厂、丽水动力厂、县榨油厂和丽水运输段等10多个单位相继办起政治、文化、技术学校。重新出现了厂办校和地段性学校的两种办学形式。

1960年上半年,省总工会温州专区办事处在黄岩路桥召开全区职工业余教育现场会议。会后,县职工业余学校得到恢复和发展。到10月,入学965人,占全县青年职工3860人总数的25%。

1961年上半年,坚持贯彻"结合生产,统一安排,因材施教,灵活多样"的原则,在办学形式上本着"党委领导,工厂办学,大厂办厂校,小厂联合举办"的原则,在丽水城关,凡初中以上的班级,集中县职校,举办职工业余中学。分散在鹤溪镇、云和镇和碧湖镇等地的厂矿,以厂办学为主,地区相近的工厂,自愿结合联合办校。到年底全县职工业余学校在学人数猛增至2436人,其中扫盲班986人,高小班1018人,初中班384人,高中班48人。专职教师9人,兼职教师68人。从1962年起,由于丽水、云和分县,企业调整,精减职工等原因,职工参加学习人数又大幅度下降。1964年,随着国民经济情况的好转,职工业余教育逐步恢复。下半年,县职工业余学校办了7个班级,入学453人。

1965年,县职工业余中学借用梅山小学教室办了4个初中班(因职校校舍被部队借用),学员约200人,专职教师4人。

1966—1976年"文化大革命"期间,县职工业余学校停办。

1950—1965年,职工业余教育,由于为职工服务,为社会服务的办学宗旨明确,干部办学热心,学员学习积极,学校的发展虽有起落,但学习人数不断增多,办学方式也灵活多样、除了正常性的上课外,还办起了家庭辅导和自学小组、组织了形式多样的讲座。通过各种形式的辅导、补习,使大批职工脱盲和提高了文化水平,改变了全县职工队伍的文化结构,提高了职工素质。

"文化大革命"结束后,特别是中共十一届三中全会以后,随着全党工作重心的转移,职工教育也开始进入新的发阶段。1978年县工具厂、丽水机床厂率先办起了职工业余学校,参加学习的职工有114人。

1979年3月,县职工业余学校恢复招生,开办了三个班,学员88人。4月,省总工会在杭州召开了职工业余教育工作座谈会,根据中央提出的职工文化水平到1985年普遍提高到高中毕业的要求,首先发动基层办学,以1966年后进厂的青年工人为重点对象,着重办好初中程度的文化技术班。5月，地、县工会相继召开了职工业余教育工作会议，提出了调查摸底制订规划，迅速把职工业余学校恢复和发展起来的要求。县总工会对30个厂矿单位5812名职工的文化程度和技术情况进行了调查，其中初中以下文化程度的有4486人，占职工总数的77.2%，文盲半文盲847人，占职工总数14.6%，三级工以下的3022人，占职工总数52%。许多青年工人有学历没学问，有文凭没水平。到1979年底，全县办学的厂矿单位由1978年的2个增至12个，学员由114人增加到1024人。此外，县金笔厂、丽水化肥厂、地区气象局、县饮食服务公司，雅一电站、丽水汽车运输分公司等单位举办了各种技术讲座。

1981年6月，县人民政府批准丽水县职工业余学校备案，县总工会任命章庆霞为校长，职校工作逐步走向正规，规模不断扩大。到年底，共15个班级；学员735人，兼职教师17人，专职工作人员3人。

1982年1月，全国职工教育管理委员会、教育部、劳动总局和全国总工会联合发出搞好青壮年职工“双补”（文化补课、技术补课）通知，1982年上半年，县职校办了16个班级，学员905人。根据7月份地区文化鉴定考试及格人数统计，全县语、数、政治三科及格的补课职工中职校学员约占1/3。下半年“双补”任务繁重，除原有班级外，招收初中文化补课的职工1800名。

1983年县职校在继续搞好“双补”的同时，沿着“中技、高中和高等职工教育并驾齐驱”的办学思路，1984年共办58个班，学员3397人次，学校除原有4个教室外，还租用梅山中学5个教室，建立了一个教学点，下半年，经省电视大学批准，增设了电气、化工两个专业电大教学班，学员全脱产学习三年。1985年下半年又增办了电大文科新闻、档案两个专业班。

1984年，职校实行校长负责制，财务管理实行“独立核算，差额补助，经费包干和超收按规定比例分配”的办法，并试行责权利和德勤绩相统一的岗位责任制，调动了教职工的积极性，增强了活力。1985年起取消经费差额补助，办学经费自负盈亏。1984年、1985年两年，毕结业学员共2447人，其中考入电大、成人高校、中专等共有205人。

1986年，市总工会任命周根翠为市职工业余学校副校长。1987年，市总工会又公布专职教师吴春英任教导主任和由5人组成的校务委员会。

1987年以来，执行国务院批转《国家教委关于改革和发展成人教育的决定》，“把开展岗位培训作为成人教育的重点，在工人中，要着重抓好班组长、生产骨干和关键岗位人员的培训”。市职工业余学校逐步实行教育重点的转移，形成以岗位培训和技术培训为重点的多层次多专业的办学格局。在办学层次上，有高中、电大的文化学历教育，有低（就业前）、中级技术培训，有车间主任、班组长的岗位培训，在办学方法上，政治文化教育与技术教育相结合，业余与脱产、正规与短期培训相结合。同时，先后与市劳动局、市经委、市技术培训站、市档案馆、市电大工作站、市统计局、市人事局、市劳动服务公司等单位联合办学。是年共办文化班27个，学员1700人次。中级技术培训班4个，学员147人。短期岗位业务培训班3个，学员133人。电大班4个，学员104人。与有关部门联办班组长培训班3期，学员153人。青年自学辅导班3个，学生222人。是年7月，举行复校10周年校庆，并举办教学成果展览。

1988年办有36个班，在校学员2078人次，其中与经委联办岗位培训班就有14个。是年开始，实行“送教上门”，在职工人数较多的丽水毛巾厂和离市区较远的丽水啤酒厂设立教学点。每年开设班级至少有4个，这些班级的教材选购，教学计划的实施都由市职校负责。在工厂开班办学，到课率高，效果好，深受企业领导和职工群众的欢迎。

1987年、1988年两年，举办的两期档案培训班，学员112人，在教学过程重视学员实际技能的提高，在学好理论课的基础上，安排了追踪考核内容，并在市晶体管厂进行尝试，通过考试达到预期效果，1988年第5期《浙江工运》刊登了追踪考核教学成果。两年来，使24个企业单位先后建立起综合档案室，配备了专兼职档案员。

1990年全年办班42个，学员2218人次，其中开办了班组长培训，中层干部培训，企业九大员培训，统计专业培训等8个门类24个班级。自年底，职校有教室7个，办公室1个，专职教师3人（其中高级教师1人）。复校以来先后聘请管理人员4人，兼职教师76名，学校拥有固定资产2.7万元（房屋除外），教学设备有录像机1台，彩电2台，收录机2台。

自1979年3月至1990年近十二年中，共办班级385个，培养学员21376人次。其中电气、化工、档案、财会等大中专学历班37个，学员1677人次，各级各类文化班246个，学员14344人次，各级各类初、中级技术培训班112个，学员5365人次。通过文化补习、业务技术和岗位培训的学习，1979年以来，在工作中能把所学知识运用于实际，在技术革新和小改革中获得省、地、县科技成果奖的有45人，技术革新项目55个；被选拔到领导岗位担任厂长、经理、车间主任的有25人。

市职工业余学校，1981年以来，多次获得省、地、县（市）嘉奖，其中1982年，浙江省人民政府授予浙江省职工教育先进单位称号。1983年、1985年、1986年和1988年均被浙江省总工会评为省职工教育先进集体。1983年，校长章庆霞被省总工会评为先进办学专职干部，被全国总工会授予优秀工会工作者称号。1989年9月，教导主任吴春英分别被省总工会和全国总工会宣教部授予省先进职工教育工作者和全国工会优秀职工教育工作者称号。1991年第三期上海《成人教育研究》，还刊发了王贤芳、周根翠撰写的《深化工会职校教学改革，提高职工岗位素质》文章。10月5日至7日，浙江省职工教育研讨会在丽水市职工业余学校召开。

1995年，职工学校努力开辟新生源，有全科班12个560名学员，岗位培训班4个205名学员。1995年，高考上线考生达62.6%，有72名学员上公费线。

1996年，市职工业余学校坚持抓好职工培训的基础上，走出校门，面向社会办学。与市人才交流中心、计经委等联系农转非指标，形成自身办学的优势，扩大了生源，加强了教学管理并取得较好的经济效益。

1997年，市职工业余学校被省总工会评为工会办学先进集体。

1998年，职校加大办学力度，采用多形式多层次办学方式，开办全日制大专、中专、初中班，夜高中，增设文秘、会计统计、涉外财会、电脑、土建等专业，以及新芽特色班。为提高办学质量，聘请教授、副教授、讲师等27人到学校讲课。上半年，涉外会计48个毕业生，有18人被企事业单位录用，1人被送大学深造。职校学生陆伟，7月在宁波举行的11届运动会航海模型比赛中获F3—V3.5项目和F3—E级两个项目冠军，打破青少年纪录。8月14日在杭州举行的1998全国青少年航海模型锦标赛上又获得F3—V3.5级项目金牌和F3—E级第二名。

1999年，职工业余学校成立电脑培训中心，当年培训职工500多人，其中对下岗职工300多人实行优惠培训，取得等级合格证书的有273人。开设日语，英语中、高级班，营销技能培训班等，注重教学质量和社会效益。经丽水市教育委员会批准，丽水市总工会职工业余学校从1999年秋季开始招收初一学生两个班,办学规模为6个教学班。

2000年下半年,职工业余学校在校生由上半年的117人增至245人,中专在校生112人;举办外语类、成人高复班及业余高中班,年培训500多人。

2001年,区总工会职工业余学校有初中学历班12个,学员726人;各种成人夜高中培训班、成人高复班8个,共有学员390人;计算机应用班1个,69人。

2004年,职工业余学校初中九年制义务教学蓬勃发展,在初中段学生625人中考上丽中分数线42人,其中上公费线7人,被区教育局授予全区唯一的"三星级"民办学校荣誉;成人文化、学历教育取新成绩,在校财会中专有126人,成人业余高中有161人,教育质量一直处于全区领先水平。全年接纳成人电脑、外语、公务员考试、学生高考复习、职业技能及各类考前辅导培训学员1300余人。成人文化、学历教育取得新成绩。同时职工业余学校全年举办工会干部培训班6期,参加培训230人。

2008年,职工业余学校坚持学历教育与技能培训相结合的教育方针,全年组织中小学生培训1万多人次,开展各类技能培训30余场,组织各类学历教育90多次,实现社会教育与经济效益同步增长。

2009年,职工业余学校充分履行教育培训职能,对下岗职工和企业工人开展学历教育和各类技能培训,提高职工的文化素质和技术技能。全年开展学历教育150人,技能培训1085人。开展送文化到企业,帮助企业建立职工书屋,指导莲都供电局、红顶服饰、万控电气等多家企业建立"电子书屋",并给职工书屋送书2000 余册。

2010年,进一步为广大职工提供广阔学习平台,营造良好的学习氛围,职工业余学校积极引导有条件的企业创建职工学校,开展职工培训,中国瓯宝有限公司成立"瓯宝培训中心(瓯宝学院),并被丽水广播电视大学评为丽水市首个"校企合作培训基地"。区商业工委、区供电局利用自身优势和工作需要,开展各类技能的培训,形成了不断学习,提升素质,争先创优的气氛。

2011年,职工业余学校在开展职工学历教育的同时,积极开办排舞、京剧表演、绘画、拉丁舞等各类兴趣培训班,提高职工的文化素养和品鉴能力,并着力促进文化繁荣,加强基层企业文化建设,倡导"快乐工作、健康生活"理念,提倡和谐的企业文化,在全区企业中实施企业职工文化建设"126"计划,丰富企业职工文化建设的内涵。创新文化宣传途径,搭建职工文化参与平台,在元宵节、国庆节、"五一"劳动节开展大规模的灯谜活动,职工业余学校定期举办丰富多彩的文化活动,陶冶了职工情操。

2012年,区职工业余学校分别在农民工比较集中的碧湖行口村、岩泉九里村建立了2家面向社会务工人员开放的"农民工文化家园",同时选择职工较多条件许可的瓯宝、万控、供电三家企业建立"农民工文化家园"。在万邦鞋业等三家企业开展创建省级"职工书屋"活动,开展送书、送体育活动用品送活动设施等活动,改善一线职工特别是农民工的学习、生活条件,繁荣了职工业余文化生活。

2013年,依托区职工业余学校继续开展"创建学习型组织、争做知识型职工"活动,深化学习型班组的创建工作,提升职工的文化素质。在丽水万邦鞋业有限公司、莲都外国语学校、丽水括苍房产有限公司创建了3家省级职工书屋。区总工会为省级农民工文化家园碧湖行口村送上电脑、投影仪等学习设施和书籍，改善一线职工特别是农民工的学习生活条件，不断提高职工素质。

2014年，区职工业余学校在农民工相对集中的企业开展创建“职工书屋”活动，改善一线职工特别是农民工的阅览条件。全区共建29家市级职工书屋，11家省级示范书屋。创建10家市级职工文化家园，其中行口村被评为省级文化家园，莲都区雅一电站大坝水工小组获中华全国总工会授予的全国模范职工小家的称号。

2016年，为进一步丰富繁荣企业工会文化和企业职工文化生活，区职工业余学校为5家规上企业“职工书屋”各赠送价值3000元的图书，为万邦鞋业等5家“六有”工会示范企业配备宣传框，丰富非公企业工会文化元素。同时做大做强“网上工会”，强化网络平台建设。同时配合区总工会创建微信公众号，围绕创建全国文明城市、全域旅游等大局工作、工会重要职能和工会服务职工的政策信息，定期推送有关内容；其次以全区各基层工会干部为群体建立“莲都工会大家庭”微信群，及时联系基层工会，改版单位网站，以工会职能为基础进行改版，改版后的工会网站启用独立域名并于11月正式上线。

2018年，配合区总工会做好信息撰写上报工作，共完成上报舆情112篇，工作信息135篇，其中被区政府门户网站录用文字信息30篇，图片信息5篇。数篇工作信息分别被《处州晚报》、浙江新闻客户端、《浙江工人日报》等转载。微信公众号关注人数3587人。对区总工会微信公众号进行改版，新增职工服务板块，包含“医疗互助”“疗休养”“爱心透析”“金秋助学”“送温暖”五大菜单。

2019年，组织丽水万控科技有限公司和浙江航星电机有限公司2家企业120名职工开展技能培训，根据不同企业和职工的实际需求，分别制定个性化课程。在开展职工技术比武工作中，联合燕京啤酒丽水公司、万控公司、红花物业有限公司组织开展业务技能比武大赛。同年，完成撰写工会工作信息130篇，其中被区政府门户网站录用文字信息25篇。数篇工作信息分别被《处州晚报》、浙江新闻客户端、《浙江工人日报》等媒体转载。微信公众号累计关注人数4177人。全年累计发布微文256篇。在喜迎新中国成立70周年之际，区总工会组织基层一线职工，录制《咱们工人有力量》《我和我的祖国》等歌曲串烧MV，用艺术形式展现一线职工爱岗敬业争先创优的劳动者风采。

2020年，履行工会职工教育的职能，开展下岗、失业人员以及农民工素质教育、职业技能培训、工会干部培训等方面工作。在区总工会微信公众号“劳动最光荣”专栏中集中宣传20名富有代表性的劳模工匠和先进职工典型，突出宣传在抗击疫情、复工复产一线中涌现的先进典型。举办“致敬新时代，莲都好声音”全区首届职工十佳歌手大赛，来自全区基层工会18名职工参加决赛。同年，举办“释放压力 放飞自我”职工心理团辅活动，缓解职工因新冠肺炎疫情带来的心理冲击和工作生活中的精神压力，来自全区50名机关、企事业单位职工参加活动。8月25日，莲都区职工业余学校举办2020年职工转岗、再就业家政技能培训班，来自莲都区需转岗、再就业和家政服务行业的30余名职工参加了此次培训，培训主要帮助因受疫情影响需转岗、再就业职工提高就业竞争力，获得一技之长，实现再就业。同年，为进一步加强莲都区企业职工重点群体的职业技能培训力度，提升劳动者就业和创业能力，加强制冷与空调特种作业人员的安全意识和安全技术水平，落实《中华人民共和国安全生产法》第二十七条生产经营单位的特种作业人员持证上岗制度。9月，莲都区职工业余学校举办2020年特种作业人员培训班来自各基层企业工会职工制冷与空调特种作业人员共有100余人参加了培训，投入经费2.43万元。10月，与莲都区人劳社保局联合开展民宿新媒体运营技巧和推广培训，莲都区“农家乐”(民宿)职工疗休养承办单位共51人参加培训。

(附)城中中学　莲都区城中中学是丽水市莲都区总工会所属的一所全日制民办初中，1999年经莲都区教育局(原丽水市)批准开办，校址设在中东路3号，区总工会职教大楼内，因学校位于丽水城区中心地带(府前)故取名为“城中中学”。学校占地面积1158平方米，建筑面积3665平方米。1999年秋季开始招收初一新生2个班110人，教职工9人(含兼职)学生大部分来源于在城区打工的农民工子女。学校规模最多发展到15个班，学生852人，教职员工45人。由于学校的发展，原校址适应不了办学的需求，2005年学校在区教育局扶优扶强政策的支持下，从原校址搬迁到丽水小水门原公办学校校址江滨小学内(原江滨小学搬到原梅山中学校舍)，学校体制改成私人办学，校名不变。2008年由于城区旧城改造小水门一片全部拆迁，因此学校再度搬迁至丽水火车站水东金东村原水东中学(原水东中学学生并入梅山中学)。学校校园占地面积5914平方米，校舍建筑面积2000平方米，10个班，574名学生，25名教职工。有寄宿制学生100多人。学校拥有两幢教学楼，一幢学生宿舍楼，有食堂、洗澡间、计算机房、实验室、仪器室，教室配备了多媒体，学生宿舍全部安装了空调，建立了校园广播网，学校拥有计算机50多台。学校自创办以来培养了近2000名初中毕业生，每年都有学生考上省一级重点高中(丽水中学)。

职工业余学校历任校长一览表

表2-9-2-1

时间	职称	姓名
1950年	主任	陈群文
1953年	校长	许继善
	副校长	王邦强
1955年	校长	张洪田
	副校长	王剑峰(县人委人事科副科长) 曾维远(县人委文教科副科长) 王寿荣(县工会第二副主席)
	教导主任	王邦强
1981年	校长	张庆霞
1986年	校长	张庆霞
	副校长	周根翠
1987年(增设校务委员会)	教导主任	吴春英
1994年4月	校长	周根翠(任市职工业余学校)

续表2-9-2-1

时间	职称	姓名
1997年	校长	周根翠
	副校长	吕云兰
2002年3月	校长	陈秀珍(任莲都区职工业余学校)
	副校长	刘雪美
2005年5月	副校长	王筱芳(任莲都区职工业余学校常务)
2005年11月28日	校长	叶方采(任莲都区职工业余学校)
	常务副校长	王筱芳
	常务副校长	尤恒芳
2008年	校长	王筱芳(任莲都区职工业余学校)
	副校长	尤恒芳
2020年12月	副校长	戴小丽(任莲都区职工业余学校)

第三节　工人文化宫与职工文艺体育活动

丽水县工人文化宫的设立和发展　丽水县工人文化宫是1951年工会发动工人自力更生兴建的全区第一个工人乐园。1951年3月，省总工会(筹)丽水专区办事处着手筹建工人俱乐部，成立工人俱乐部委会办事处主任王宝轩兼任筹委会主任，下设筹建、宣传、组织三个股，工会发动丽水城区工人积极参与，提出“有钱出钱，有力出力”，发动丽水城区工人集资和义务劳动建造工人俱乐部，得到广大职工响应，连失业工人也捐钱出力，筹集资金人民币2000余万元(旧币)，并组织工人利用工余时间从龙泉采购杉木，义务劳动拆运旧城砖。经丽水专署批准，于1951年4月在府前三衙后原处州府台衙门旧址破土动工巡演兴建，11月落成主体工程集会和演剧两用的工人大会堂一座，而后又将剩余的500余支杉木等建材，在大会堂南北两侧和舞台后面建造21间(砖木结构平屋)活动室，总建筑面积1250平方米。定名丽水县工人俱乐部，当时占地面积约3万平方米，1952年10月1日正式开放。

1952年10月1日，县工人俱乐部正式开放，设有图书室、阅览室和棋类活动室等。图书室是当时俱乐部主要活动项目之一，图书室面积20余平方米，藏书2000多册，每日借书20多人次。书架、书橱各5个，俱乐部共两名专职干部，其中一人兼管图书。1968年藏书增加到6000余册，同时开辟了60余平方米阅览室，有《人民日报》《浙江日报》《工人日报》《人民画报》《解放军画报》等20余种报纸杂志和连环画。阅览室从1952年建立至1980年没有专职管理人员，靠一些退休老工人和工会积极分子为读者服务。

1953年12月，经丽水县职工代表会议通过改名“丽水县工人文化宫”。任命唐守元为主任。

1955年，县工人文化宫设有线广播室，线路直通城区各工厂企业，连接县广播站，工厂企业有兼职通讯员，组成通讯网络，每天除转播县站节目外，有自办节目，清晨，工间，准时播送中央人民广播电台的广播操节目。

1965年，在工人大会堂东侧，建起一个四周有看台的灯光球场(因“文化大革命”期间工会停止活动而失管，后被改建为丽水县体育馆)。

“文化大革命”期间，图书阅览室无人管理，图书丧失殆尽，一些古典名著被人洗劫一空。

1976年，拆(扩)建工人大会堂工程土建完成。

1978年，恢复开放了图书室和阅览室。

1980年，县总工会拨款2万元，装修舞台和添置大幕、乐器和35毫米电影机等。区工人文化宫图书室有图书11321册，报纸30种，各种杂志刊物221种，除周一外，坚持每晚图书出借和报刊、科技杂志阅览，日均借阅人数200余人。1981年初配备一名专职干部。

1981年，成立电影队，春节起开始放映，新建宣传柜窗30个。

1983年1月，丽水县工人文化宫《活动月报》创刊。

1984年7月，进行改革尝试，县总工会下放给工人文化宫在编干部、职工、临时工调配使用权，经费审批权，场地使用出租权，奖罚权和奖金分配权。电影队实行经济承包责任制。丽水市工人文化宫同乐楼于1984年底破土动工。

1985年，工人文化宫独立建账，经费包干，实行“三定一包”(定收入，定人员，定奖金，包工作范围和具体工作任务)。

1986年9月，新建的“同乐楼”竣工，同乐楼为钢混结构，6层，建筑面积2060平方米，总投资45.69万元，9月30日晚举行落成典礼，地、市党政工领导，有关部门负责人和群众代表共500余人参加，市总工会主席徐永武介绍建设概况，地委组织部部长陈锦耀、市长张福新为同乐楼落成剪彩。10月，增设离退休职工活动室、桥牌、象棋活动室和乒乓球室。同年，是文化宫图书馆借阅人数最多的一年，借阅读者达73500多人次，文化宫每年投入购书经费6千多元，订报80多份，杂志、画报180多种。

1987年，市总工会决定文化宫实行主任负责制、下放活动管理、人事安排和经费使用权。是年，工人文化宫先后开设游乐场和舞厅，恢复和扩大了职工象棋、桥牌、乒乓球、越剧等兴趣小组和文艺团、队组织。12月，省总工会丽水地区办事处组织九县(市)工人文化宫负责人对丽水市工人文化宫“上等级、上水平”考核、检查，市工人文化宫评为丽水地区优秀工人文化宫。

1988年3月，实行“双文明”经营承包责任制，“包死基数，确保上交，结余分成，歉收自补”，通过招标、投标确定由郑祥永承包，同时任命为工人文化宫主任。是年7月，文化宫内部实行层层承包。

1989年，文化宫影剧院更换电影座机后，在全市电影幻灯汇映中获二等奖，承包人袁李进被评为省先进放映员。在承包经营2年中，社会效益和经济效益都有提高，有偿服务纯收入6.57万元，储备事业发展基金1.66万元，上交市总工会折旧资金3.23万元，运用市总工会返回折旧资金购置了成套音响设备和部分灯光设施。

1990年，根据省总工会《关于完善市、县工人文化宫改革的意见》，改为“双文明”主任负责制，端正文化宫“三为”(为社会主义服务、为职工群众服务、为工会建设服务)服务方针，把社会效益放在首位。《文化宫双文明责任书》规定了突出社会效益的八项指标，取消了舞厅和影剧院对外承包和个人承包，还制订了经济考核指标，实行双层责任制管理。是年购置10台迪斯科游乐车，开辟了少儿游乐室，9月，办理市人大代表建议，投资近万元，将排练厅改建成全市第一家中老年舞厅。又耗资2.7万元，改建文化宫花园，新建彩色喷泉。同年，市工人文化宫有工作人员12人，占地面积4278.49平方米。设有图书馆、阅览室、展览厅、离退休职工活动室、游艺室、乒乓球室、健身房、台球厅、同乐舞厅、中老年舞厅、露天茶园和可供放映电影、电视录像、文艺演出及召开中小型会议的影剧院一座。同年，有基层工会图书室62个，藏书89043册。市工人文化宫图书馆为作为辅导工作，举办基层工会图书管理员辅导班，开展一些书评、座谈会、交流会、“图书馆之友”联欢晚会等活动。当年，区工人文化宫图书室藏书34600多册，以文学书籍为主，收藏一些名著、党史资料和工会史料图书，阅览室280平方米，每天可容纳上百名读者，有固定资产10万多元，已是一个初具规模的小型图书馆。是年，市工人文化宫图书馆在创建“文明图书馆”活动中，被评为市级先进图书馆。

1995年，文化宫开辟活动场地160平方米，新增活动项目3个，全年共有36万人次参加文化宫活动。

1997年，市工人文化宫经过几年的改革取得实效，文化宫的宫容宫貌、内部管理、服务态度都有了较大的改观，在全省文化宫“达标创先”活动中，被评为省先进文化宫。同年，任命张健为文化宫主任，郑祥永、许春生为副主任。

1999年10月，市总工会以庆祝中华人民共和国成立50周年和澳门回归为契机，举办“庆国庆电信杯交谊舞大赛”和开展迎回归卡拉OK比赛。同年，工人文化宫又被评为省先进工人文化宫。

2000年，莲都区工人文化宫配合区总工会中心工作开展各项活动，先后举办“元宵大型灯会展”“‘五一’职工歌手比赛”“‘大红鹰’杯职工卡拉OK大奖赛”，全年各项大型活动6次。10月下旬，成立灯谜协会，成为文化宫又一项主要活动。

2002年，根据区总工会对莲都区工人文化宫的改革要求，文化宫部分职工受区总工会指派，文化宫休闲活动中心与水东农夫山庄签署“水东娱乐城合作开发协议”，协议从2002年3月1日开始至2005年12月31日止，协议的签订扩大了工人文化宫的活动范围。区总工会领导就有关事宜也与被派遣的4位同志签订书面协议书。同年，陈秀珍兼任区工人文化宫主任。

2005年11月，王筱芳任区工人文化宫常务副主任。

2008年，为进一步发挥文化宫职能，更好地为职工服务，下半年区总工会对莲都区工人文化宫剧场、原文化宫活动楼及文化宫场地内花坛、平屋（原维权中心办公地点）进行改建，改建后形成两个活动中心、图书阅览室、停车休闲处，初步实现文化娱乐休闲一体化服务。同年，图书阅览室坚持免费向职工开放，并开展送书到企业活动，全年送书到企业达4000册。电影队送电影、幻灯下企业和基层宣传共72场（次），观众达6万多人次。同年10月配合省职工艺术表演团到南山工业园区送演，切实履行了服务职工，丰富职工文化娱乐生活的职能。

2009年，区总工会对文化宫进行改革，要求与市场经济接轨，确立“服务职工、面向市场，坚持公益、市场运作”的方针，明确权责，对文化宫的资产管理、活动开展进行全面规范，除必要的用于文化娱乐活动经费、政府补助外，其他渠道一律“断奶”。设立奖励基金，用于相关人员的奖励，最大限度地激发工作人员工作积极性。下半年，区总工会与文化宫签订了委托协议书：一是经营市场化。文化宫内的资产出租及日常管理，委托文化宫负责，双方分成。二是服务有偿化。文化宫每承办一次全区性文娱体育活动、每开展一次送电影进企业及其他各类教育、宣传活动，区总工会都给予一定额度的补助。三是人员货币化。借用到其他部门的机关工作人员，区总工会也按一定的标准支付给区文化宫。

2010年，区文化宫先后举办全区职工大型比赛4次，各类文体活动8次，送电影进企业60多场（次），接待各类职工会员达成3万多人次，初步实现了收支平衡，并有了5万多元的盈余，真切尝到了改革的“甜头”。

2012年，创建职工书屋、职工电子书屋28家，开展丰富农民工业余生活的“送万本图书、万份报纸、百场电影、百场演出”活动。

2014年，举办“劳动我最美”主题征文比赛和职工气排球比赛。

2015年，区文化宫建有电影院、乒乓球室，开设有棋牌、象棋项目等，无偿提供广大职工会员活动。举办各类职工比赛和文体活动100多起，惠及职工近万人。

2017年10月，区工人文化宫班子调整，程美双任主任，朱睿晔、李海飞任副主任。

2018年，区文化宫高效利用和盘活场地。为更好保障文化宫开展形式多样的活动有舒适的环境、浓厚的氛围、配套的设施、完善的设备，让文化宫灯亮起来、职工群众多起来、活动开展起来、知名度提高起来，在大洋路街面醒目位置悬挂“工人文化宫”牌子，一楼工会大厅安装文化宫文体活动和资讯宣传栏、六楼文化宫电梯口安装标识、大厅安装人员公示栏、展示栏，购置瑜伽垫、棋具、画板架、合唱台、笔墨纸砚、茶具等一系列活动用品，开设棋类、书法、油画、舞蹈等活动室、职工成果展示厅，所有活动室均免费对基层工会开放，据统计活动室使用300余次，惠及职工上千人，满足职工群众日益增长的多样化学习需求，陶冶职工情操。

为了加快区文化宫事业的发展，使文化宫各项事业紧跟时代步伐，区工人文化宫采取各项有力措施。首先，规范内部管理、加强制度建设，严格落实各项管理制度。制订年初计划和做好年终总结，严格执行文化宫资产、岗位责任制等各项管理制度，明确职责，理顺关系，加强管理。严格执行规定，职责分工明确，同事团结协作，完成各项工作。加强与工会一楼、二楼动岚健身中心、三楼睿达资优教育的合作管理，完善合作协议，落实消防管理责任书，每月定期检查，节假日重点检查，发现隐患及时整改，确保安全。其次，是做好工会资产日常经营和管理。区工人文化宫为公益单位，服务职工，通过对文化宫院固定资产保值增值的经营等进行不断改良、管理，保持文化宫院内交通秩序有序，环境卫生清洁，做到安全第一。通过市场化运营，盘活和激发新形势下文化宫的发展，新的运动场地、健身器材、管理模式顺应时下文化宫的长远发展。最后，是充分发挥文化宫干部的专长。文化宫切实发挥干部职工专业特长，用其所长、用其所能，充分调动干部职工工作积极性、主动性，激发干事热情，有效推进各项工作，增强团队战斗力，助推文化宫长远发展。为倡导全民健康生活方式，积极创建全国文明城市，由区工人文化宫牵头在栝苍故道举办莲都区基层工会登山比赛，来自14个乡镇（街道）、各系统局工委、规模以上企业80多名选手参加。

2019年，继续重视和完善制度建设，强化管理意识，规范管理，免费开放活动场所。莲都区工人文化宫开展的各项活动与培训等均为公益性，不收取任何费用。现有篮球场、健身房、舞蹈室、各类兴趣小组活动室等活动场地面积2000多平方米，设施配套免费向全区工会会员和基层工会开放，基本满足了职工业余文体活动需求，据统计活动室使用300余次，惠及职工上千人，满足职工群众日益增长的多样化学习需求，陶冶职工情操。同年，以区文化宫为主阵地，采取“走进来+送出去”活动模式，通过宫（文化宫）、站（乡镇街道总工会）、点（基层工会）串联起来发挥资源共享的最大化，全力推进全区职工文化的繁荣和发展。区文化宫还落实制度，提升自身管理能力。制订年初计划和做好年终总结，明确职责，严格执行文化宫各项管理制度。与合作单位完善合作协议，落实消防管理责任书，每月定期检查，节假日重点检查，发现隐患及时整改，确保安全；每月制定坐班巡查记录表，负责文化宫活动场地的登记管理、安全巡查等工作；定期召开内部例会，做好会议记录和留底，为下步工作做好规划和部署；安排专人对接各协会，掌握第一手资料，了解协会工作动态，整理和收集台账资料。注重打造队伍，整合资源长远发展。文化专业人才是工人文化宫各项活动开展的重要保障，梁健同志作为美术学硕士人才被区总工会引进，与各领域、学校11名老师合作，通过自有文化宫干部职工发挥专业特长，聘任文化宫公益老师，提高专业人才比例，完善人员培养，全面提升整体素质，助推文化宫长远发展。

2020年，莲都区工人文化宫在各级党委和工会组织的领导和支持下，在积极参与抗疫的前提下，仍能团结奋进，真抓实干，开拓创新，尽职尽责，不断提升服务职工水平，发挥了“职工的学校和乐园”作用。根据年初工作目标，履行工会职能，关心职工文化生活，扎实开展各项工作，为促进工会事业发展做出新贡献。

首先，凝聚精神力量，鼓舞一线战“疫情”。一是莲都区职工公益合唱团老师们原创歌曲《你的模样》，向为抗疫作出贡献的火神山、雷神山一线建筑工人致敬，网络点击量过百万并被多家媒体转载；二是航星电机工会主席汤丽芳，别出心裁，倡导网上拜年，巧用快板创作了《网上十拜年》，该作品被莲都发布广播稿录用，在莲都区各村进行循环广播；三是大港头镇联合工会主席杨建军用国家非物质文化遗产唱响“防疫曲”，自创丽水鼓词《扫光病毒看今朝》，号召群众齐心协力共同扫除病毒；四是区总工会挂职副主席李丽革原创写词、区总工会张可倾情演唱《向阳而行》，欢迎丽水英雄凯旋，向所有“最美向阳者”点赞，引起热烈反响；五是组织线上防疫知识有奖竞答活动，丰富职工群众居家健康文化生活，加强对新型冠状病毒、疫情防控等相关知识的了解和掌握，加强自我防护，立足岗位，齐心战“疫”，共有上千人次参与，发放话费奖励6500元。

其次，结合开展“红五月”活动，唱响劳动主旋律。激发广大职工群众劳动热情和创造活力，唱响“劳动最光荣、劳动最崇高、劳动最伟大、劳动最美丽”的主旋律，激发广大劳动者在全区各条战线上立足岗位、建功立业、共同抗疫的工作热情。一是营造劳动最光荣氛围，在区总工会微信公众号开辟“劳动最光荣”专题专栏，集中宣传20名富有代表性的劳模工匠和先进职工典型，突出宣传在抗击疫情、复工复产一线涌现的先进典型；二是开展当一周工人活动，区总工会干部职工助力全区防控防疫和复工复产“两手抓两战赢”，在区属所建工会非公企业中开展当一周工人活动，解决企业发展过程中的困难与问题，并记录每天“今天，我是一名工人”日记，汇总编印成册；三是开展正能量诵读活动，以“诵读传递正能量、争做中国好网民”为主题，引导职工在诵读中传习新思想，感受经典魅力，开启智慧人生，共有22件作品制成音频在公众号展示。

在提升内部管理的前提下，强化服务意识。组织外出考察学习先进工作经验，8月17—18日到东阳市总工会、海宁市工人文化宫学习借鉴在运营管理、公益培训、活动组织、职工文化建设创新与发展方面的先进经验和做法，通过外出学习考察，加强与兄弟工会的联系和交流，学习发达地方先进工作经验；规范管理开放活动场所，区工人文化宫开展的各项活动与培训等均为公益性，不收取任何费用。有篮球场、健身房、舞蹈室、各类兴趣小组活动室等活动场地面积2000多平方米，设施配套免费向全区工会会员和基层工会开放，基本满足了职工业余文体活动需求。据统计活动室使用300余次，惠及职工上千人，满足职工群众日益增长的多样化学习需求，陶冶职工情操；提升自身管理能力，制订年初计划和做好年终总结，明确职责，严格执行文化宫各项管理制度。每月定期检查，节假日重点检查，发现隐患及时整改，确保安全；每月制定坐班巡查记录表，负责文化宫活动场地的登记管理、安全巡查等工作；定期召开内部例会，做好会议记录和留底，为下步工作做好规划和部署；安排专人对接各协会，掌握第一手资料，了解协会工作动态，整理和收集台账资料。

为进一步丰富全区职工业余文化生活，陶冶职工高尚的艺术情操，营造健康向上的文化氛围，打响职工公益系列培训品牌，莲都区工人文化宫开展了2020年“莲工联心”职工公益类培训班。第一期公益类培训班培训对象为：太极拳、花艺民间舞爱好者；第二期培训的对象为：DIY手工包、油画基础班、朗诵基础班、拉丁舞基础班。

文艺活动 1949年、1950年，发动各基层工会利用工余时间组织职工教唱革命歌曲和发动职工教学秧歌，组织职工业余秧歌队、腰鼓队。

1951年配合抗美援朝宣传教育，利用织布公、大华、大东华火柴盒片厂和碧湖成衣工会秧歌队、腰鼓队开展街头宣传活动，尤以利用织布公司腰鼓队训练有素，舞姿优美，称誉一时。

1953年，县工人文化宫举办文艺晚会12场，观众6000余人次，演出话剧、越剧、京剧、歌剧和舞蹈等节目41个，其中《违犯劳动纪律的结果》《这是正道》《宇宙锋》等，对当时巩固劳动纪律、贯彻总路线和宣传婚姻法都起了积极作用。

1955年春节，举办了首次职工文艺会演，并进行评奖，获奖节目有丽水运输处的歌剧《海上渔歌》，建筑工会的越剧《两兄弟》和工人歌舞队演出的《青年联欢舞》等。

1958年10月，县职工业余剧团在工人文化宫大会堂演出大型话剧《西望长安》，连演8场，场场满座。

1960年，丽水代表队在温州专区工、建、交、财贸职工业余文艺会演中演出创作节目《共同跃进》、诗歌朗诵《永远先进的李惠富》、越剧对口唱《歌唱跃进》、小演唱《丽水运输段大跃进》，贯彻执行了“文艺为政治，为生产，为群众服务”的方针，配合进行了形势和社会主义劳动竞赛宣传活动。

1978年，工人文化宫除举办文艺晚会和歌咏会各一次外，放映电影165场，电视50场，演戏15场，观众场场上万人次。

1979年举办职工业余文艺演出5场，还举办了职工创作会演，有13个基层工会的业余宣传队演出节目22个。是年国庆节，活动内容多、规模大，自9月30日起至10月4日，日进宫活动人数均在3000人以上。1980年，除组织职工文艺演出14场，观众11600人次，应老职工要求，举办说书219场，讲了《说岳》《封神榜》《三国志》《水浒传》等10多个故事，听众21170人次。还举办了全县首次"美术、书法、摄影展览"和"职工业余摄影展览"，组织职工业余文艺创作歌词35首，曲27首，其中送地区参赛16首，送省参赛8首获奖2首。美术、书法、摄影203件，其中7件美术、摄影、书法、篆刻作品被省总选中参加巡回展出。

1980年，工人文化宫从建立起就注重从爱好文体活动的工人中发现和培养积极分子，建设起一支能为活跃阵地活动和促进基层俱乐部工作的业余积极分子队伍。县工人文化宫为基层工会俱乐部开办小提琴、声学、舞蹈、化妆和说书训练班共6期，培养各类文艺骨干279人，组建起业余乐队、业余创作组、业余摄影组、业余书法小组、业余美术组各1个和业余管理员11人，共118人。

1981年，重大节日文艺演出6场，创作节目舞蹈《戏水》，独唱《生活也是一首歌》参加地区职工业余文艺会演，分别获优秀节目奖和演出奖。《戏水》还参加了省职工文艺会演。是年6月上旬，组织40余名业余文艺积极分子赶排舞蹈戏曲等节目14个，由县总工会领导带领去碧湖镇慰问第一线工人，还送戏到车间、医院慰问坚守岗位的职工。同年，培训业余摄影、美术基础、太极拳等骨干557人，其中为期一个半月的摄影训练班，学员205人。

1982年3月，为庆祝毛泽东《在延安文艺座谈会上的讲话》发表40周年和莲城第二届文艺音乐、舞蹈晚会，县总工会与县文化局、共青团县委联合组织11名热爱文艺创作的职工下厂、下村，到畲乡搜集素材，创作反映工农兵、少数民族"五讲四美"为主题的歌词歌曲30多首，舞蹈3个，筛选其中13个音舞节目参加地区演出，有8个节目获奖，其中优秀奖2个，创作奖2个，演出奖4个。还配合县妇联举办了"六一"幼儿文艺演出。同年，在有关单位支持下，选邀工厂、学校、部队业余作词、作曲、编舞爱好者9人组成小分队，先后到丽水油嘴油泵厂、丽水丝厂、丽水军分区，独立连和水阁公社旭光大队、畲族聚居地龙江公社山根大队参观访问，收集素材，创作出反映工、农、兵、少数民族"五讲四美"题材的歌词，有《缫丝姑娘》《我们要筑金光道》《采桑曲》《青春，在烈火中闪光》《夜巡》《农家好》《祖国处处都绿化》等12首，谱写了《青春，在烈火中闪光》《前进的脚步》《深情的箫》《护士的歌》《祖国处处都绿化》等10首曲子，还创作反映少数民族风俗的群舞《戴凤冠的时候》和反映工人生活的独舞《断臂姑娘》。

1983年，举办职工五月歌咏会，有175个节目，2000余名职工参赛，还举办二胡、吉他、小提琴和舞蹈讲座四期，以"丽水新貌"为主题的业余摄影比赛。

1984年5月，举办全县职工文艺调演，有41个单位56个节目参赛，其中有18个创作节目，县烟糖公司独舞《天涯歌女》获优秀奖，丽水动力厂三人舞《渔家乐》获创作一等奖，地区财税干校女声独唱《在希望的田野上》、地区茶厂吉他弹唱《我的中国心》、丽水棉织厂男声独唱《龙的传人》同获演出一等奖。5月14日晚，获奖的部分节目为中共丽水县第六次代表大会的代表作专场演出。10名歌手参加地区职工"建设者之歌"创作歌曲歌手集训，孙国富的"快乐歌"获歌曲创作奖，武京平、金杭获演出一等奖，钟丽华、卢建平获演出二等奖，其中金杭参加省职工歌咏比赛获三等奖，丽水油嘴油泵厂畲族职工钟丽华参赛后被选送专业培训成为浙江省畲族民歌歌手。是年，还举办智力竞赛、中秋赏月活动、联谊演出、友谊舞会及职工美术、书法、摄影展览，县二建公司职工金鸣参加全国《摄影世界》比赛获二等奖，地区航管所职工李建良获《摄影世界》月赛一等奖，丽水汽车运输分公司职工郑国强的《喜盈门》和陈丽生的《夕阳伴我归》分获省职工摄影赛一等奖，并入选全国第十二届摄影比赛，是年全县职工在省内外报刊上发表摄影作品144件。

1985年，组织文艺演出3场，大型灯谜，知识竞赛7期，刊出宣传窗10期，放映电影、电视录像1712场。1986年，举办各种演出20场，在法制教育电影宣传周中，放映《少年犯》《心灵的火花》《检察官》等影片10场，受教育观众7242人次，还组织电视录像慰问队，到碧湖、丽云、曳岭、雅溪区和雅一、雅二、郎奇等山区农村、水电工地慰问放映，举办即时摄影大奖赛，有90名业余爱好职工参赛。在地区"学劳模、学先进"摄影比赛中，张建民的《优秀党员高进良》、杨长的《优秀辅导员王伟平》获最佳作品奖；郑国强的《安全行车优秀驾驶员》、周伟生的《优秀护士周慧珍》获优秀作品奖。

1984—1986年，举办文艺、体育、美术方面各种培训班41期，有2490人参加，还建立起文化宫越剧队，队员14人，每周三活动。

1987年，举办大中型活动74项174次，有"五一"职工《文明之花》歌咏比赛，地、市卫生系统文艺演出比赛，周末京剧、越剧演唱会和时装设计大奖赛等，还组队赴奉化参加声乐比赛，丽水市队获第二名。同年，举办女子健美训练班，简化鹤翔桩气功训练班3期和美术基础知识训练班等。

1988年举办大中型活动49项次，开辟老年人活动室，"老人乐"越剧演出场等，全年参加活动达25万人次。是年9月在同乐楼五楼舞厅，举办"金秋文艺联欢会"，地、市领导和300余名干部、职工参加联欢，有京剧、越剧清唱，男女声独唱和舞蹈等。

1989年元旦，中共丽水市委宣传部与市总工会等单位联合举办"丽水市元旦业余京剧、越剧大奖赛"，有40余名业余爱好者参赛。是年国庆，市总工会举办建国40周年职工文艺会演，全市十大系统和地属单位共68个基层工会109个节目参赛，演员617人。分音乐、舞蹈、戏曲三场公演，获奖节目作专场公演，8100余职工观看了演出。

1988年和1989年，共举办文体训练班33期，培训骨干1045人，其中1988年，举办交谊舞，卡拉OK演唱、健身健美操、振动柔姿霹雳舞，一指禅气功、新潮夏装裁剪缝纫、书法等培训班13期，培训各种骨干458人。

1990年，举办各项活动38次，有47.44万人次参加。春节、"五一"劳动节和国庆节期间，分别举办较大型的游园活动和"六一"儿童画比赛、"七一"小合唱比赛，聘群艺越剧团在"老人乐"越剧厅全年演出355场，观众53250人次。中老年舞厅10月初开放至年底，接待近3000人次，前来聚舞的有医生、教师、离退休干部、个体户，也有地、市领导。同年，举办绘画、交谊舞、气功等培训班14期，培训各种活动骨干506人。

1991年6月1日，市总工会举办"六一"幼儿书法、绘画比赛，有机关、厂矿8所幼儿园41名幼儿参赛。10月1日，丽水市职工业余歌手许春生的男声独唱《山乡歌手》和金杭的《快把月亮背回来》，分获浙江省第二届职工文艺会演一等奖和创作一等奖。11月26日，丽水市职工业余作者创作的被誉为“丽水巴比松”的50余幅丽水风情油画，在浙江美术学院展出。

1995年，市总工会和市工人文化宫组织全市17支工人合唱队共1000多名职工参加演唱会，庆祝“五一”国际劳动节和庆祝中华全国总工会成立70周年。同年，响应省总工会宣教部提出的开展愉快周末活动的号召，开办职工文艺培训班4期，培训骨干308人。

1996年，工人文化宫坚持正确的办宫方向，开展文体宣教工作，配合市总工会举办多项文体活动，由俱乐部、足球协会组织的各项活动丰富了职工文化娱乐生活。

1997年，利用“五一”国际劳动节和丽水市第七个会员月开幕之机，举办“职工之声”文艺演出，有34个节目参演，预演后有20个节目参加会演，丰富多彩的职工自编自演的文艺节目歌颂了工人阶级，宣传了工会，同时体现了广大职工讲文明、树新风崭新的精神风貌。开展喜迎香港回归活动是当年文娱活动的主题。市总工会举办“迎回归爱祖国”系列活动，市财贸工会、市教育工会及各工会工委以各种形式及娱乐活动，来庆祝香港回归；市工人文化宫、职工业余学校利用工会阵地，组织多场爱国主义演讲比赛、足球邀请赛和知识竞赛。

1998年，文化宫俱乐部、职工足球协会、读书会活动丰富多彩，共举办各种活动57次，举办各类培训班12期，有300多人参加培训。

2000年，举办职工歌手比赛，并选送了节目参加省里的比赛。

2004年，为庆祝“五一”国际劳动节，举办歌曲、书法、美术、摄影活动，有1800人次参加。

2006年，分别在中秋节和国庆节，举办“向外来民工送文化”活动，为他们免费放映电影，赠送书籍，组织他们开展唱歌、摄影等文娱活动。

2009年，国庆期间开展“爱我中华，唱响红歌”，庆祝中华人民共和国成立60周年红歌小组赛，共有17个单位102人参赛并进行评奖。积极开展灯谜活动，共为企业送灯谜1500多条。

2011年，以“红五月”活动为载体，举办“和谐颂歌献给党”大型歌舞晚会，3000多名观众观看演出。晚会展现了莲都职工负重拼搏、攻坚克难开拓创新的精神风貌，展现了党和政府关心职工、爱护职工、服务职工的关爱之情。为倡导全民健康生活方式，积极创建全国文明城市，在栝苍故道举办莲都区基层工会登山比赛，来自14个乡镇（街道）、各系统局工委、规模以上企业80多名选手参加。

2013年，积极组织职工参加省首届职工艺术节演唱、戏曲、书法美术、摄影漫画动画六个项目比赛。莲都区选送的动画作品《励志女孩创新创业故事》获浙江省动画大赛金奖，是此次艺术节丽水市唯一获得的金奖。

2017年，为不断推进实施文化惠民活动，莲都区总工会开展 “送电影进基层”活动，在万地国际影城为职工每月包场热门电影，享受视觉盛宴。同年，为丰富职工业余文化生活，更好发挥工会职工阵地作用，区总工会成立职工摄影和书法兴趣小组，举办莲都区首期职工书法公益讲座，全区有40余名职工参加。开展“中国梦•劳动美”职工摄影作品大赛。比赛历时一个多月，参赛人数达100余人，收到有效投稿作品200多件。经过专家评委评审，共评出一等奖2名、二等奖10名、三等奖30名、优秀奖20名。

2018年，为庆祝“五一”国际劳动节，开展“庆‘五一’、猜灯谜”活动。本次共有1000多条灯谜，现场人来人往络绎不绝，活动深受职工群众欢迎。国庆期间，举办丽水市围棋“棋王”

赛，来自各县（市、区）80多位围棋选手角逐“棋王”称号，棋手们在比赛中运筹帷幄，斗智斗勇，经过两天七轮的激战，最终黄梓铭、尤乐涛、李烨阳分别获得2018年丽水市围棋“棋王”赛成年男子组、青少年男子组和女子组的冠军。11月，组织开展莲都区第一期职工公益类培训班，来自全区机关企事业单位的180名在职职工参加为期一个月的公益瑜伽、书法、合唱、花艺培训。11月29日，组织开展基层工会活动，来自基层工会主席50余人深入基层一线，学习先进经验、交流工作体会、体验工业旅游职工休养单位；12月16日，与区知联会共同举办的“同心知联•共享阳光”小候鸟暑期读书班正式启动。来自蓝天制笔的30名小朋友汇聚一堂，为期半个月的读书班活动由企业为职工子女提供安全、舒适的假期环境。12月，组织开展莲都区第二期职工公益类培训班，所开课程都是职工群众所想、所愿、所盼，前期经调查研究、征求意见、宣传预热扩大知晓面，共有130人参加古筝、茶艺、围棋、油画基础班，学员们从零基础开始，以饱满的热情和认真的态度，跟着老师们一起学习交流。12月30日晚，在丽水工业园区瓯宝安防科技股份有限公司举办“中国梦•劳动美”浙江省职工优秀文艺节目巡演（莲都站），来自省内各地市工人文化宫的优秀演出团队偕同丽水工业园区企业代表共计120人，为辛勤劳动的园区职工献上歌舞盛宴，并开展中国工会十七大、浙江省工会十五大、“八八战略”等知识有奖问答，共有上千职工观看演出。

2019年9月27日，联合工业园区管委会在恒大科技有限公司举办“壮丽70年奋斗新时代”——2019年莲都区“中国梦•劳动美”文艺演出，演出的18个节目均由非公企业职工、工业园区、区总工会等自编自导自演。职工们用自己精心创作编排的文艺节目，热情讴歌新中国成立70年来的光辉历程和伟大成就，弘扬践行“浙西南革命精神”，用艺术形式展现基层一线职工爱岗敬业、争先创优的劳作风采，营造劳动最光荣的浓厚氛围。春节期间，开展“同心同书祖国新春好”书法文化惠民——送万福进万家书法公益活动，在乡镇上、村里、城区街上、企业进行书法志愿者和爱好者们共开展10余场活动，送出对联作品3000多幅；举办元宵佳节游园活动，与职工群众同欢、同庆、同乐，活动以职工群众喜闻乐见、形式多种、通俗易懂的项目为主，分为游园区、猜谜区、优秀职工书法、摄影作品展览区，活动累计兑发奖品上千份，参与游园活动的职工群众达700余人；送演出进基层丰富文化生活。职工公益合唱团定期授课活动多，每周四晚八楼职工合唱室就阵阵钢琴声奏响，首首歌曲唱响，《红旗颂》《春天的故事》《走向复兴》《不忘初心》等等，老师认真授课，学员们静心学习，累计上课39次。参与录制莲都快闪《我和我的祖国》、参与录制MV《咱们工人有力量》和《我和我的祖国》，参与莲都区统战系统学习贯彻十九届四中全会精神暨新春文艺晚会。全年还加强了职工公益书法协会技艺交流，每周三、日晚上，文化宫书法活动室灯光通明，书法爱好者齐聚一堂练习交流书法技艺，专业书法老师会现场指导、引导、辅导，不断提高毛笔书法书写技巧和书写水平，提升艺术造诣。同时组织职工公益灯谜协会研讨创作活动，协会组织会员到浙西南革命纪念馆进行采风活动，通过参观听取讲解激发创作热情，在展馆的图片与文字前，当场创制专题谜作，用灯谜创作践行“浙西南革命精神”，定期召开每月例行谜会，进行灯谜创作、研讨交流，弘扬传统文化。组织元宵佳节游园活动灯谜活动专区、鱼跃公司百年大庆猜灯谜活动等。

春节前夕开展“莲工联心”书法公益活动，深化“三服务”工作为职工群众书写对联走进丽水工业园区、工会大楼、池岭村等地；举办丽水市、莲都区总工会机关工会迎新春晚会暨联谊活动，展现了工会干部日新月异、蓬勃发展的良好风貌，增进了市、区工会友谊、加强交流，不断提升工会干部职工素质，活跃干部职工文化生活；组织下属公益协会、公益授课教师、积极学员代表召开积极分子座谈会，大家踊跃发言，不忘初心、凝心聚力、共话未来；举办二期“莲工•益”大课堂公益培训，开设太极拳、民族舞、花艺等7门基础课程，疫情后的工会职工激情被点燃，250余名工会会员欢聚一堂，以优质师资、精品课程倾力奉送，学员们从零开始学习，营造健康向上的文化氛围，打响职工公益系列培训品牌。

疫情期间，为满足职工需求，合唱团推出直播课，让职工学员们在家一样上课、一样歌唱、一样欢乐。职工公益合唱团每周四晚固定上课，丰富全区职工业余文化生活，提升职工的综合素质和艺术修养，2020年开课29次，累计78次。

丰富职工文化生活，拍摄“扶贫路悠悠”视频。以“讲扶贫故事展工会风采”为主题，视频中讲述浙江省劳模、工匠陈旭东擦亮鱼跃的百年老字号金字招牌，以产业扶贫的故事和浙江省劳模金林美拉高标杆投身于“农+绿”产业扶贫的故事。举办“致敬新时代莲都好声音”全区首届职工十佳歌手大赛，11月13日晚7点，来自全区各基层工会的18名职工参加决赛，本次大赛通过美声、民族、通俗等唱法，以独唱的形式呈现。决赛经过专业评委和一线医护人员、劳模等人员组成的现场大众评团打分评选，莲都区囿山小学蔡倩霞等10人获得十佳歌手称号。全年开展送电影进基层活动，为方便职工就近观影，全年以购买服务方式在MT梦电影城包场3次，普及垃圾分类、宣传劳动光荣等幻灯片，播放时下热门影片，惠及职工500余人，为职工送上精神大餐。

职工体育　1950年至1953年，在职工中推广男女老少皆宜的广播操。

1954年，“五一”节，县总工会举办了丽水县第一届工人体育运动大会，以此为契机，职工体育运动逐步开展，丽水运输段工会委员会把开展职工体育活动列为议事日程，首先组织起职工篮球队，坚持每天两次工间操制度。

1956年4月，在工人体育场举办第二届职工体育运动大会，有33个单位500余名职工运动员参加。林校教工金伟秋以1.59米好成绩破县跳高纪录，获得冠军。

1981年，成立丽水县职工篮球队，男队12人，女队10人，参加地区职工篮球赛，男队获冠军，女队获亚军，是年“五一”节，举办了为期一个半月的职工象棋锦标赛和围棋个人友谊赛。配合有关部门举办了“六一”幼儿运动会。6月，组队参加遂昌、丽水、青田三县职工象棋对抗赛，获团体冠军。8—9月，举办职工简，七太极拳骨干训练班，参加学习的学员来自24个单位共40人，有单位领导、工会主席，也有一般职工，退休教师韩柏龄任教练，经一个月业余学习，全体学员基本掌握二十四式陈式太极拳全部动作，能单独连贯练打，为各基层工会培养了一批推广太极拳骨干。

1983年2月，举办全市象棋、围棋冠军赛。是年6月，丽水县职工乒乓球代表队参加省总工会丽水地区办事处举办的全区职工乒乓球赛，队员孙丽民获男子单打第一名。

1984年1月，丽水电池厂男子篮球队、丽水汽车运输分公司工会中国象棋队，被评为浙江省职工业余优秀体育运动队。2月，运用节假日举办小型象棋赛90场，围棋赛56场，乒乓球赛30场，还举办了规模较大的全县职工篮球赛，有21个队294名运动员参赛。8月至10月，在县人民体育场举行丽水县第三届职工田径运动会，17个比赛项目中，楼坚强以35′63″2的成绩破男子10000米县纪录；罗丽东以46.2米的成绩破男子标枪县纪录；徐宁以32.26米的成绩破女子标枪县纪录；金晓辉以10.37米的成绩破男子铅球县纪录。10月，丽水县职工代表队，在地区首届工人运动会上顽强拼搏，获26个项目第一名，10个第二名，4个第三名，并获得田径比赛团体总分第一名。楼坚强、黄旭华、刘剑波、杨军4人分别破四项田径运动地区纪录。12月，县总工会与县体委联合举办职工篮球联赛，有全县和省、地属单位33支男女代表队372名运动员参赛，经过4个月110场比赛，县机关男队和丽水汽车运输分公司女队分别夺得男、女冠军。

1986年春节、“五一”节，分别举办象棋、桥牌邀请赛，还举办了历时69天的全市职工象棋团体赛，有44个队176名队员参赛，夺取前三名是丽水汽车运输分公司一队，地区建筑工程公司队和丽水汽车运输分公司二队。12月，职工乒乓球队到金华参加浙江省8个市县职工乒乓球赛，经24场拼搏，取得团体第二名。

1987年，承办浙江省8市县工人文化宫俱乐部第一协作区第二次活动“桥牌比赛”。国庆节期间，与体委联办首届职工足球赛，有6个基层工会组队参赛，市工商银行队夺得冠军。为开展体疗活动，是年邀请南京五台山气功师来丽水举办简化鹤翔桩气功训练班7期，有机关、企事业单位的干部、职工、教师、学生、医务工作者、农民、解放军等1000余人参加。

1989年3月，组织首次职工风筝比赛。5月，举办了职工交谊舞和职工乒乓球比赛，“五一”女职工围棋表演赛。7月，举办了老年职工迪斯科比赛。11月，举办职工足球比赛，有7个队140多名运动员参赛。

1990年，利用露天茶园场地，开展群众性中国象棋活动，共组织表演赛25场，个人等级赛28场，擂台赛3轮20场，逢节假日和周末都有比赛，全年吸引了棋迷观众12800多人次。是年，全市有基层单位体育协作组织29个，专职工作人员4人，各类球队262个，队员2566人，体育竞赛704次，21452人参加，参加国家体育锻炼标准活动21人，达标17人，参加体育活动2204人，其他体育活动7153人，市总工会职工篮球队1支，队员15人，还有一支由市区各机关、团体、企业、事业单位爱好球类活动的女职工组成的“妈妈篮球队”，队员都是20世纪80年代初建队时进队的“姑娘”，十来年如一日，从姑娘“打成”妈妈，天天坚持晨练，从来未间断过。

1991年11月16日，丽水市职工足球协会成立。

1993年，市总工会与宣传部、文化局、广电局等单位联合举办全市企业歌曲创作、演唱比赛。

1995年，文化宫新开辟活动场地160平方米，新增活动项目3个，全年共有36万人次参加文化宫各项活动。

1998年，组织开展职工乒乓球、足球、象棋、歌咏等比赛共13场。

2002年，在全区开展万名职工健身活动，有5万多职工参与。

2004年，工人文化宫休闲活动中心坚持正确的导向，以健康向上丰富多彩的活动吸引职工，全年接纳活动参与者达43000余人次，其中以工会团体名义参与的达10200人次。

2006年，与区体育局联合举行了全区职工“迎奥运”健身系列活动。

2008年，举办中老年健身操培训班3期，培训骨干178人。

2009年5月，区总工会开展“讴歌劳动、唱响工会”宣传月活动，充分发挥工人文化宫和职工业余学校的工会阵地作用，文化宫先后举办全区职工乒乓球赛、双扣比赛，共组织26支队伍参赛，9月份又举办职工象棋赛。文化宫俱乐部先后组织基层俱乐部活动3次。

2010年，举办“迎省运、展风采”职工排舞大赛，3000多名观众观看比赛，同时选派选手代表丽水市参加浙江省总工会举办“迎国庆”浙江省首届职工健身排舞大赛，夺得金奖，参加浙江省首届体育大会开幕式表演赛，荣获第一名。5月，组织开展莲都区机关职工篮球赛，16支代表队展开激烈的角逐。工人文化宫、基层工会俱乐部不定期开展形式多样的活动，如象棋比赛、插花比赛。

2011年，开展了排舞与工间操的推广两项运动，后来丽水排舞为大众熟悉并走进街头巷尾。为了推广工间操，区总工会为机关事业单位举办了三期第九套广播体操骨干培训班，共有79个单位文化体育骨干参加培训。

2012年，积极组队参加省、市职工运动会，在全市第一届职工运动会上莲都区获团体第三名。同年，在发挥工人文化宫窗口作用的同时，不定期送电影到基层，全年累计放电影30场，观众近万人。区职工灯谜协会制作各类灯谜3000条，在园区、城区举行大型灯谜竞猜活动。协会自编出版的《万象虎啸》刊物被全国谜协评为全国十大谜刊之一。在全市第一届职工运动会上，莲都区获团体第三名。

2013年，区总工会开展系列活动，丰富职工生活。4月21日，举办天宁工业园区“庆五一”职工运动会。5月30日，在碧湖工业区举办“瓯江涌春新莲都人”文艺晚会。7月7日，举办“莲城之恋爱在盛夏”青年职工联谊会。9月15日，举办丽水工业园区首届男子三人篮球赛。10月1日，举办“猜灯谜、闹元宵”大型灯谜竞猜活动。12月3日，区总工会组建的莲都职工艺术团“中国梦•劳动美”进天宁工业园区演出收到良好效果，其中3个优秀文艺作品进入市级节目库。走访150多家基层工会，走访困难职工和劳模100多人。

2014年，区总工会充分发挥工人文化宫窗口和阵地的作用，区总工会以“红五月”为载体，举办浙江省第二届全民体育节暨莲都区职工“迎五一”登山比赛等全区性大型活动5次，制作灯谜3000多条。莲都区职工艺术团“中国梦、劳动美、工会情”在岩泉工业区慰问演出，取得很好效果。

2015年，元宵节期间举办职工灯谜竞猜活动。安排企业乡镇(街道)工会会员电影活动17场次2800多名职工参加，与中国摄影网联合举办“相约丽水城”相亲活动，庆“五一”万人健步走活动，莲都区1000余名职工参加。5月8日，举办区财贸工会首届职工趣味运动会，33家单位350多名职工参加。11月15日，举办“中国梦•劳动美”全区职工文艺会演。

2017年，工会新大楼建成投入使用后，配齐工人文化宫的活动场地，篮球场、羽毛球场，大楼六楼设有舞蹈室、书法室，并成立书法、摄影兴趣小组，开展各项职工活动60多次。10月8日，为倡导全民健康生活方式，积极创建全国文明城市，区工人文化宫在栝苍故道举办莲都区基层工会登山比赛，来自14个乡镇(街道)、各系统局工委、规模以上企业80多名选手参加。

2018年，组织开展“送体育器材到基层”活动，全年“送器材”进基层共5万元，惠及职工

4500人。推出两期公益类职工体育培训，来自全区机关企事业单位300余名在职职工参加瑜伽、排舞、健美操、围棋等培训。举办“中国梦•劳动美”职工摄影、书法比赛，收到作品405幅。开展“中国梦•劳动美”浙江省职工优秀文艺节目巡演暨丽水市工业园区优秀企业、职工颁奖晚会。主办“爱在莲都•缘定一生”职工集体婚礼。与区知联会共同举办“同心知联•共享阳光”小候鸟暑期读书班活动。联合区团委、区妇联举办七夕青年交友活动。推动职工阅读活动广泛开展，至年底，工会新建职工书屋3个，报省级职工书屋1个。举办“快乐工作、健康生活”职工降压特训营活动。开展“职工在线朗读”活动，至年底活动已开展23期，展播音频作品28份。挖掘和成立全区职工喜闻乐见的各类公益协会，如职工灯谜协会、围棋协会、书法协会、摄影兴趣小组等定期开展活动。

2019年，区总工会以购买服务方式组织文体活动18场次，惠及职工4500人。组织开展6期职工公益类培训班，来自全区机关企事业单位670名在职职工参加培训，所开课目涉及古筝、茶艺、围棋、油画、乒乓球、瑜伽、书法等13个品类。国庆期间，举办第十四届丽水市围棋“棋王”赛，来自各县(市、区)共有百余位围棋高手前来参赛，经过两天七轮的激战，产生丽水市围棋“棋王”赛成年男子组、青少年男子组和女子组冠军。

2020年10月24日和31日，在莲都区工人文化宫六楼举办“衢州有礼运动柯城”中国围棋之乡联赛丽水分赛区比赛。比赛分为两个阶段，每日进行3轮比赛。围棋之乡联赛为棋友们搭建了一个展示、交流、传播、切磋的平台。

基层工人俱乐部　1953年，县工会发动基层工会筹建俱乐部。

1954年，全县基层工会已办起工人俱乐部14个。

1960年，工人俱乐部增为28个，一般由基层工会主席或宣传委员兼任俱乐部主任，普遍有专用(或会议室兼用)活动室，订有报纸杂志、备有羽毛球、乒乓球、象棋等运动器具，丽水运输段、丽水锯板总厂等单位还建有职工篮球场。各基层工会俱乐部经常单独或联办小型文娱晚会和体育活动，开展厂(店)际体育竞赛。至年底，有基层俱乐部图书室36个，藏书53256册，业余文工团、剧团4个，参加演出人员128人。

1979年，全县有11个基层工人俱乐部恢复活动。

1983年5月，在全省第四次工人文化宫俱乐部工作会议上，丽水油嘴油泵厂工人俱乐部被评为省基层工人俱乐部先进单位，12月，县总工会会同企事业主管部门联合通知，全县基层工会分批分期恢复或成立工人俱乐部，并拨出专款资助部分基层工人俱乐部购置文体活动器材。县工人文化宫在搞好阵地活动的同时，担负起辅导基层俱乐部开展活动，确定专人下基层协助物色人才，建立制度，安排活动。

1984年，县工人文化宫组织基层工人俱乐部开展协作活动，全县有职工400人以上的甲级俱乐部8个，200人以上的乙级俱乐部15个，中小学校教工丙级俱乐部12个，每月都有协作活动。是年4月，丽水师专、浙江林校、丽水商校、丽水中学、囿山小学等10所学校的教工俱乐部的代表，在城关镇中学操场举行教工俱乐部首次协作活动，除小组唱《我们的俱乐部》《开宝箱》《金银箱》外，有16步集体舞，“斗牛”和“拔河抓奖”等活动。是年，县电力公司、县纸箱厂、丽水动力机械厂、丽水汽车运输分公司工人俱乐部被省总工会丽水地区办事处评为地区先进工人俱乐部。

1985年，全县基层俱乐部39个，按制度组织协作活动36次。10月，县工人文化宫组织部分基层俱乐部主任和文艺骨干共27人去宁波、余姚两市参观学习。

1986年，新建基层俱乐部15个。是年起，打破了按甲乙丙分组开展协作活动界限，每次协作组活动，东道主可以是一个或两个，也可以几个基层俱乐部做东联办，活动对象自由邀请，全年开展协作活动35次，参加主办单位60个，内容有文学艺术、体育竞赛，读书活动和文化休息，直接参加活动人数达4473人。是年，市教育工会协同工人文化宫推进教工俱乐部多形式多渠道开展文体活动，共举办文艺晚会、演讲比赛和体育竞赛46次，有5000余人次参加。9月，在丽水中学举办了首次教工运动会，30个代表队450名教工运动员分别参加了43个项目的比赛。

1987年，78个基层俱乐部组织了38次协作活动，有3596人次参加。

1988年，成立市基层工人俱乐部协会，由基层俱乐部主任会议选举产生9人组成第一届理事会，市工人文化宫主任郑祥永任会长，李可青任副会长，华盾任秘书长。理事会商定，每一团体会员，每年交纳会费300元，协作活动和活动经费，由协会统一安排统筹开支。

1989年，基层工人俱乐部协会召开了年会，制订全年活动计划，是年举办协作活动11次，有青年职工喜爱的趣味圣诞晚会，女职工及其子女喜爱的“母子乐”活动，也有各层次职工都喜欢的联欢晚会、野餐等，有1800多人参加。

1990年，继续办好基层俱乐部协作活动14次，有2310人次参加，内容有知识性的偏旁拼字，趣味性的招待舞会、野炊，还有竞技性的自行车障碍赛、羽毛球赛等。是年12月，市工人文化宫组织全体工作人员深入32个基层俱乐部调查组织情况、阵地设施、活动开展、经济来源及对市工人文化宫工作的意见和要求。促进基层俱乐部建设，协调市工人文化宫和基层工人俱乐部关系。至年底，全市有基层工人俱乐部85个，专职工作人员6人。

2005年，莲都区基层工会俱乐部活动取得新成绩，有17个会员单位600多人参加各项活动。俱乐部分别举行大型趣味性活动，赴外地参观、学习、交流，举办首届“银泰杯”职工乒乓球比赛。莲都区职工灯谜活动丰富多彩，共制谜面1000多条，累计已达1万多条。编辑的《万象虎啸》谜刊被评为全省十佳谜刊。

2007年，元旦、春节期间上街挂灯谜3000多条。基层工会俱乐部先后举办“女职工风采展示”“争做文明知识型职工”演讲比赛。举办“职工排舞”培训班和全区首届“电力杯”排舞大赛，有22支团队400多人参赛。与莲都供电局、浙江万控集团有限公司等多家非公企业举办系列大型迎“奥运”文体活动。

2008年，对文化宫俱乐部协会进行调整，根据活动特色，下设5个分会。组织基层工会俱乐部成员开展了3次活动，增强了工会凝聚力。区总工会职工灯谜协会开展迎春、元宵群众猜谜，迎“奥运”网上猜谜活动，及内部业务知识研讨等活动17次，有5万人次参加。

2009—2014年，基层工人俱乐部每年都举办舞蹈、体育、竞猜等丰富多彩的职工活动，有近30万人次参加。

2014年，区基层工人俱乐部停办，工作职能移交给区工人文化宫。

莲都区职工灯谜协会　莲都区职工灯谜协会是职工文化兴趣组织，是非常活跃的一个民间文化团队。

职工灯谜协会的前身是原丽水市工人文化宫职工灯谜兴趣小组，曾在20世纪七八十年代配合工人文化宫举办过多次大型灯谜展猜活动。90年代后期，随着社会文化的广泛兴起，莲都区灯谜民间艺术得以不断普及深入，灯谜爱好者和灯谜创作人员逐渐增多，2000年10月正式成立了莲都区职工灯谜协会。后经拜当代谜界高手、杭州市职工灯谜协会副会长王钦振先生为师，协会档次明显提升。2020年协会有会员50人，会员中，有全国生肖谜社社员2人，丽水市民协灯谜专业委员会会员20人。协会成立多年来，每年均有数百条创作谜被《中华灯谜》《春灯》《中国报刊谜汇》《全国灯谜信息》《中华谜艺》五大谜刊及全国各地谜界内刊选用发表。协会自行出刊《万象虎啸》一书多期。本会会员曾在《处州晚报》《丽水日报》开辟灯谜专栏，并在《丽水广播电视报》发表大量灯谜作品，与全国200多名谜师、谜家建立友好关系，相互交流创作作品，并多次参加全省、全国组织的灯谜赛活动。

2003年，5人8次获《中国报刊谜汇》谜主荣誉称号；7人入编《中华灯谜年鉴》；2003年9月，秘书长富一民荣获第三届“新世纪之声”全国参评文学作品征文谜作类三等奖。

2004年5月，莲都区职工灯谜协会副会长彭金元荣获“农行杯”浙江省灯谜邀请赛自荐佳谜。

2005年7月，副会长杨建忠、彭金元参加由中华谜艺社江西农耕笔庄联办的“之海书画”海内外咏梅灯谜作大赛获“优秀奖”。辛勤耕耘，喜结硕果，莲都区职工灯谜协会以自身的勤奋，在全国灯谜界争得一席之地，为弘扬丽水民间灯谜艺术文化做出了努力和贡献。

2006年至2014年，莲都区职工灯谜协会每年都在春节、元宵节、中秋节等举行全区性的职工活动，丰富了职工的业余生活。

第十章　工会保障工作

工会保障工作包含互助互济、劳动保险、集体福利和物价监督等内容。对困难职工实行帮扶，开展“进万家门、知万家情、解万家难、暖万家心”送温暖活动，履行工会第一知情人、第一帮助人职责，是各级工会组织的重要工作，也是工会组织的一项最基本的任务。莲都区各级工会认真做好这项工作，把党和政府的关怀送到工职工的心上，密切工会和职工群众的关系。

第一节　互助互济

职工困难救助和互助储金会　解放前夕，丽水县城工厂、商店倒闭108家。1950年3月，利用织布公司每天只能销布12匹，最困难时全厂50台织机只能维持10台开工。1950年5月统计，城区失业工人289人，半失业工人399人，共688人，占工人总数的1/5，碧湖、大港头也有百人失业。是年“五一”，全国总工会号召全国工人捐献一天义务劳动救济失业工人，丽水工人积极响应，供给制的机关干部也开展“一盒烟一斤肉”活动，有的机关人均捐献四天粮菜金，丽水军分区部队也参加了捐献，全县捐集人民币1154.59万元(旧币)，大米288公斤，除上交外，留下20%给县城42名生活困难的失业工人。全县各级工会采取了以下措施:①动员工人自动降薪支持工厂、商店恢复生产、经营;②介绍重新就业，专署和军分区鞋厂安排了51名失业工人，各专业公司安排了37人;③发动失业工人组织起来生产自救，如开办缝纫合作社等;④教育失业工人自谋生产自救门路，有的上街摆小摊，有的挑货郎担下乡，也有的回乡种地。不仅救活了一批企业，缓解了当时失业工人的困难，对安定社会秩序也起了积极作用。同年，在公营企业中，县电信局自发组织互助会，处州师范、丽水邮局等虽未组织互助会，职工自愿出钱救济本单位失业工人。

1951年，聘请城区基层工会干部13人于6月13日建立劳保福利委员会，领导城区各基层工会开展劳保福利事业。

1952年，开始在基层工会开展互助储金会活动，救助失业工人287名。

1953年，有17个基层工会办起互助储金会，会员1204人，资金12921万元(旧币)。

1954年，县工会给15名失业工人发放救济金人民币309万元(旧币)。同年，县城34个基层工会136名会员获得工会发给的困难补助费人民币319万元(旧币)，碧湖镇150万元(旧币)。

1955年春节，发给11名失业工人救济费128元，县工会于是年9月20日发出公开信支持失业工人响应丽水县人民委员会参加垦荒的号召，鼓励失业工人到最艰苦的地方去用双手开创新生活，协助政府分两批组织47名失业工人去水阁乡和景宁县农村举办农林牧高级生产合作社，接收温州市116名失业工人到郑地乡大山峰垦荒。同年，贯彻全国总工会劳动保险部公布的《互助储金会组织通则》，互助储金会进一步发展。

1956年6月，全县有42个基层工会组织起互助储金会，会员2653人，占职工总人数的54.5%，拥有资金14122元，1—6月借款达3469人次，累计借款额20932元，对于解决职工临时困难起到积极作用。同年，工会发放困难补助费5660.61元，351名生活困难的会员得到补助。国营丽水木材加工厂，由厂长、工会主席6人组成职工生活调查小组，通过家访了解情况，对20名生活困难的职工进行了救济，还拨出福利费和工会经费459元，帮助17名职工还清了债务。

1956年间，协同政府民政部门分批组织部分失业、半失业工人到平原、高溪两乡插社安家，参加农业生产。

1959年，县总工会教育各级工会干部关心群众疾苦，积极配合行政做好生活困难职工的补助工作，做好家访，及时帮助职工解决困难。50年代，职工人均收入6元以下给予定期补助，婚丧、生育、病伤遇有临时困难给予临时救济。

1962—1963年，在中共中央"一手抓生产，一手抓生活"的方针指导下，工会更加重视抓职工生活福利工作，53个基层工会支出困难补助费人民币27000余元（旧币），并协同有关部门对缺衣少被职工补助了棉布5800多尺，絮棉450公斤。

1978年，县总工会恢复活动后，职工互助储金会得到巩固和发展。

1979年8月，全县已办起互助储金会81个。

1980年，全县有互助储金会94个，储金额118061元，丽水动力机械厂储金会帮助146名职工解决了437次临时困难。

1982年，有117个基层工会成立互助储蓄金，参加互助储金会人数13023人，占职工总人数的59.42%，储金总额达257605元。1980—1986年，累计参加人82535人次，储金总额1425199元。

1979—1990年，共给生活困难的会员发放补助费人民币485711元，13444人次得到补助。

1997年，开展以"1+1"为主要内容的职工互助互济活动，共有19个企业建立职工补充保险，5529个职工参加互助补充保险，累计基金534.83万元，支付金额5.09万元，196人领到补充保险金。同年，市粮食局建立系统扶贫解困储金会，市自来水公司建立职工退休基金会，纳爱斯公司建立职工工资累积金制度。

1998年，全区已有6118名职工参加互助补充保险，325名职工享受了互助补充保险待遇。

1999年，全区新增补充保险组织16个，参保职工4471人，参保金额474.66万元。

2000年，全区新增补充保险组织21个，参保职工3769人，参保金额537.8万元。

2001年，市总工会下发《关于在非公有制企业中开展职工互助互济活动的指导意见》（丽总工发[2001]47号），并连续4年将建立职工互助保障机制列为县（市、区）总工会年度重点工作考核内容。据统计全区有62家企业开展了这项活动，参加各种互助补充保险组织的总人数9725人，2001年享受互助补充保险待遇的3220人次。

2002年,全区新建职工互助补充保险组织87家,参加各种互助补充保险的人数达2万多人。

2003年,全区建立以“1+1”为主要内容的职工互助补充保险组织达163家,参加职工达15712人。

2004年底,又有11家企事业单位建立以“1+1”为主要内容的互助互济制度,全区共建立职工互助补充保险组织174家,共筹资金350多万元。参加互助补充保险的职工达14612人。

2005年,新建立“1+1”为主要内容的职工互助互济补充保险组织达191家。

2006年,新建立“1+1”为主要内容的职工互助互济补充保险组织29家。同年,全面推进工伤保险,凡莲都区企业、事业单位、民间非营利组织及有雇工的个体工商户,都必须按照《工伤保险条例》及相关配套政策的规定,依法为其全部职工或者雇工办理工伤保险参保手续,并按规定缴纳工伤保险费。

2007年,新增“1+1”互助企业10家,有丽水市彪将军快餐店、浙江永通科技发展有限公司、丽水市新戴记餐厅等。

2009年,救助困难职工113户,救助特困职工18户,医疗救助职工13户,救助困难劳模10户。新增“1+1”互助企业8家,有浙江同心集团工会、浙江水花电器有限公司工会等。

2016年,全区建困难职工档案390户,其中外来困难务工人员220户,困难职工170户,困难职工医疗救助、金秋助学、临时救助165人,共支出帮扶资金66万余元。做好困难家庭结对帮扶。副科以上领导多次实地走访黄村乡金鸟村结对贫困户,了解情况,建立档案,给予结对村帮扶资金1万元。

2020年,各基层工会运用互相资金发放抗击新型冠状病毒感染肺炎疫情专项慰问金26万元。对24名职工发放了疫情期间生活补贴4万元,救助困难职工19户,发放帮扶资金14.9万元。

救灾活动　1952年7月丽水遭特大洪灾,工会发动汽车工人245人,搬运工人200余人,船工300余人参加抢险。

1981年“4•4”龙卷风,县城及瓯江沿岸8公里范围遭灾,直接经济损失200余万元,县城8个企业损失严重(其中丽水化工厂、县五金工具厂被迫停工)。厂房被毁1785平方米,约有400户职工受灾,死亡职工及家属4人,受伤5人,县总工会干部组成4个小组深入重灾单位组织群众抢险救灾,并给经费困难的航运公司工会补助500元解决受灾职工困难。

1985年,51个基层工会捐集旧衣5054件,赠送贫困山区的农民兄弟。

1986年5月1日,石牛、水阁两乡13个自然村遭龙卷风和冰雹袭击,全市有95个基层工会发动会员捐助人民币7181.34元,粮票514.5斤,支援受灾农民。

1988年6月,洪水袭击,部分职工家庭因灾发生困难,省总工会拨给救灾款人民币9000元,市总工会拨出专款1000元,对230名受灾职工进行了救济补助。7月,市总工会委托市教育工会对灾区15个教育工会118名受灾较重的教师进行了调查,给其中113名有困难的教师发放救灾补助费4400元,市总工会领导专程去碧湖区慰问受灾教师。

1994年8月,对遭受暴雨而受灾的企业和职工,进行慰问和救助,共发放省、地、市三级慰问金10多万元。

2002年9月，第16号台风“森拉克”在温州市登陆，丽水出现严重洪涝灾害，区总工会对受灾的企业和职工进行了慰问和救助，发放省、市、区三级慰问金12万多元。

2008年，四川汶川地震发生，区总工会组织进行募捐活动，并将捐款278640元送达四川灾区。

2014年8月20日，丽水发生“8·20”特大洪灾，灾害发生后，区总工会组织职工志愿者，第一时间深入受灾现场，及时开展受灾情况调查和受灾职工、企业及劳动模范的帮扶工作。同时，深入联系社区，协助做好桃源山庄受灾点的卫生清理和灾民稳定工作。

2020年，为疫情期间复工复产的企业送防疫口罩3600多个，消毒药水2000多公斤，并为四川、贵州籍民工开展“包工回工厂”活动3次。

再就业服务中心　1994年，市总工会关心下岗、失业职工再就业工作，采取各种措施了解下岗失业职工情况，并及时向有关部门或政府反映。

1997年，市总工会参与市水泥厂、市精化厂破产和职工安置工作，积极参与全市下岗职工解困和再就业工作。3月份，工商局召开从下岗职工中录用府前菜市场协理员会议，有3名下岗职工和一名特困职工被招聘录用。

1998年，为改制企业下岗失业职工排忧解难。8月5日，丽水市总工会再就业服务中心成立。11月11日，丽水市总工会建立工会促进再就业工作领导小组，同时，对下岗失业职工情况和再就业的典型人员进行调查。至年底，共接待求职人员1730人次，有290人被成功介绍就业。同时，配合劳动部门做好下岗失业职工的技能培训和再就业工作。

1999年，经市总工会联系并与劳动部门联合，在市总工会设招聘现场，解决下岗、失业职工再就业问题，使150名下岗职工实现再就业。

2000年，参与企业改制和职工再就业工作，为职工再就业提供中介服务70多人次。

2001年，举办职工再就业培训11期，参加培训801人，协助政府及有关部门介绍安置下岗失业职工再就业302人。

2004年，协助配合有关部门开展下岗职工再就业培训工作，共举办中式烹饪、美容等各种培训30班／（次），参训职工3800人。

2007年，促进就业和再就业工作，配合劳动、乡镇，街道等部门扎实做好职业培训，全年职业培训319人，为职工介绍职业318人次，107人实现再就业。

2008年，以职工业余学校为阵地，开展职工学历和下岗职工职业技能培训，全年实现就业培训314人，职业介绍305人，实现再就业108人，农民工培训1200人。

2009年，区总工会扎实开展以帮扶困难职工为主题的“惠民行动”。在全区开展“千万农民工援助行动”，区总工会整合资源，以就业援助为重点，为农民工排忧解难。全年培训农民工3500人，职业介绍3500人，就业援助270人，维权帮扶1600人。

2010年—2018年，针对农民工和自谋职业的职工，开展如餐饮业、家政业、美容美发业等的就业培训和职业介绍，受益职工达2万多人。

2019年，为更好地服务企业，提升职工素质，莲都区开展困难企业转岗再就业职工技能培训活动。9月24日晚，莲都区困难企业转岗再就业职工技能培训活动在丽水万控科技有限公司拉开序幕。区总工会分别组织了丽水万控科技有限公司和浙江航星电机有限公司2家企业共120名职工参加了此次活动。区总工会通过前期调研，根据不同企业和职工的实际需求，分别制定个性化课程。课程有贴合职工工作需求的职业道德与劳动纪律、技能实操提高、安全生产法律法规等，也有全方位提升职工素质的企业文化与员工素质和“不忘初心、牢记使命”学习辅导等，受到企业和职工的一致欢迎。莲都区总工会本着“当好职工娘家人，温暖服务到心坎”的理念，真心实意为职工办好事、做实事、解难事。此次职工技能培训活动通过理论教学和技能实操相结合的方式，将职业素养与红色教育融入职工教育中，为提升职工的职业道德、岗位技能和工作热情，助力企业的发展起到了良好的促进作用。

2020年8月，区总工会举办职工转岗、再就业家政技能培训班，来自莲都区需转岗、再就业和家政服务行业30余名职工参加此次培训。这些参加培训的学员经过系统培训考试合格后将获得职业资格证书；9月，举办莲都区制冷与空调特种作出人员培训班，通过线上、线下培训相结合的方式进行授课与讲解，此次培训参加人员61人，投入经费2.43万元；10月，与莲都区人力资源和社会保障局联合举办民宿新媒体运营技巧和推广培训，莲都区“农家乐”(民宿)职工疗休养承办单位共51人参加培训。这些培训为后续转岗、再就业提供有力的保障。

职工医疗互助保障工作　职工医疗互助是基本医疗保障制度的重要补充，是在基本医疗保险的基础上，对职工医疗费用进行的二次补助。职工医疗互助保障工作是发扬广大职工团结友爱、互助互济的光荣传统，是工会切实维护职工利益的具体体现。经过实践运行，医疗互助不同程度减轻了患病住院职工的医疗负担，也得到了广大基层工会和职工的普遍认可。

2013年12月27日，《丽水市莲都区在职职工医疗互助保障暂行办法》经区委区政府正式发文，作为省总工会推广的全省重点性工作，这项工作于2014年全面启动。

2014年，参保职工在住院及特殊病种门诊期间都可在医保的基础上按比例予以二次报销。至年底，已参保单位279家参保职工7383人，医疗互助保障金达35万元，已有104名患病职工享受该政策福利，给付总额8.3万元。

2015年，自2014年开展这项工作以来，莲都区紧跟省、市工作步伐，做到与市里同政策、同流程，同城同待遇。是年全区职工医疗互助保障参保职工近8400人，征收保障金42万元，涉及机关、企事业单位223家，申领医疗保障金慰问金70多人，支出金额近25万元，报销金额最高达2万元。

2016年继续做好职工医疗互助保障工作，全区参保职工8899人，报销117人，报销总额15万多元。

2017年，全区职工医疗互助保障工作有新的突破，全区共有264家企事业参保，参保人数9000多人。将女职工生育保险纳入医疗互助保障报销范畴，报销范围创新高，第三期共492人申请报销，超过第一期(168人)、第二期(167人)人数之和，其中女职工生育报销部分超过1/3，第四期报销238人，报销金额27万元。

2018年，职工医疗互助保障参保单位259家，参保职工9687人，收缴保障金774960元；共支付医疗互助保障金558人次，共630571.74元。是年，召开莲都区在职职工医疗互助保障会第一次会议，完成换届改选工作。

2019年10月底，职工医疗互助保障参保单位279家，参保职工9610人，报销累计4341人次，共支付保障金881478.74万元。顺利完成莲都区在职职工医疗互助保障会法人变更和年审工作。

2020年，莲都区总工会第七期职工医疗互助共有279家单位10850名职工参保，收缴保障金108.5万元，比2019年增长13%。报销4968人次，报销总金额128.38万元，其中保障金支付112.383万元，慰问金支付16万元，保障范围涵盖了特殊病种、住院、因病身故、交通事故等；职工医疗互助解决1万多名职工就医后顾之忧。

第二节　困难帮扶

送温暖工程　开展扶贫帮困送温暖活动、关心职工生活，为职工排忧解难，是工会组织的重要工作。“送温暖”工程是莲都区总工会连续开展多年的品牌工作，是新形势下切实维护和保障困难职工合法权益，促进劳动关系和谐和职工队伍稳定的重要举措。

1951年，聘请城区基层工会干部13人组成工会劳保福利委员会，在公营企业中自发组织互助储金会帮助职工解决困难。

1953年，有17个基层工会办起互助储金会。工会组织还开展对困难职工的发放生活补助。

1954年，县城有34个基层工会136名会员获得工会发给的困难补助费319元。

1962—1963年，53个基层工会支出困难职工补助费27000元。

1979—1990年，共向生活困难的职工发放补助费485711元，13444人次得到救助。

1990年12月，市总工会拨出2540元补助停产企业生活困难的职工，市委、市政府领导参加慰问活动。

1992年1月，全国总工会书记处作出开展“进万家门、知万家情、解万家难、暖万家心”的送温暖活动，市总工会专门成立困难职工帮扶中心，设立送温暖工程基金。

1995年，丽水市总工会针对市二轻系统富余职工多，情况复杂，工作量大的情况，多次与主管及其他部门协商，使1102名富余职工得到安置。同年开展困难企业、困难职工最低工资标准和生活情况调查，全年共调查29家企业，对2000多名困难职工开展了送温暖工作。12月底，市五大班子对28户特困职工进行走访慰问。

1996年元旦、春节期间，市五大班子领导在市总工会领导的陪同下开展送温暖活动，对两家特困企业、56名困难职工进行节日慰问。市总工会坚持实事求是，共7次对企业经营、职工生活、保险、富余职工安置等多方面开展单项和全面调查，其中8—9月调查规模最大，调查涉及近百家企业的12250名职工。企业调查为送温暖工作的开展打下基础，在调研的基础上确定丽水市首批28户职工为特困户，同时，建立55户困难职工档案，确定15户困难职工为扶贫结对帮困的对象。随着一年一度“送温暖”工作的开展和各级领导的重视，“送温暖”工作已拓展为“送温暖工程”。为了扩大影响，使“送温暖工程”家喻户晓，5月4日，市总工会召开新闻发布会，市委副书记、“送温暖工程”领导小组组长杨援宁作动员报告，市总工会主席叶松青汇报工作开展情况，向28户特困户颁发特困证。市总工会十二届五次全会扩大会专门部署“送温暖工程”工作，并向全市干部职工和社会各界发出捐资倡议书。至年底捐资额已达12.6万元。

1997年初，市总工会全面部署元旦、春节期间的“送温暖”活动，市总工会领导陪同省委常委组织部部长周国富、副省长鲁松庭、省总工会生活保障部副部长郑若男等10位领导组成的省困难职工慰问团慰问丽水市4户特困职工家庭。3月5日，一张署名“张青”的3300元大额汇款单寄到市送温暖工程基金办公室，为了找到这位好心人，《丽水日报》报道了这条新闻，并在报纸上开展“寻找好心人”的活动。7月下旬开展困难和特困职工调查，9月核查材料，10月由市送温暖工程领导小组集体研究确定帮扶解困名单。是年送温暖工程结对帮困21户。

2003年，莲都区总工会决定建立“丽水市莲都区总工会困难职工帮扶中心”（以下简称中心），并以文件的形式下发。中心的宗旨是健全和完善莲都区帮扶困难职工群众的长效工作机制，更好地为职工群众特别是困难职工群众办实事。文件规定了中心的工作职能和范围、中心的受理方式、工作职权及办理程序、机构设置和人员配备等内容。

2004年，发挥困难职工帮扶中心的作用，在元旦、春节期间认真开展走访慰问困难职工，开展送温暖活动，新增送温暖基金12.3万元，全区各级党组织和工会组织结对帮扶困难职工243户。

2005年，区总工会在13个乡镇、街道建立困难职工帮扶站，任命站长和具体组成人员。在企事业单位，包括非公企业开展“1+1”互助互济活动，落实互助互济资金。至年底，有28家非公规模企业建立“1+1”互助互济领结对帮困的导小组和基金会，累计达66家。

2007年，新增送温暖工程基金8万元，共审定特困职工5户，医疗应急救助21户，困难职工104户，省级困难劳模6户，市、区级困难劳模7户，共计143户。利用元旦、春节期间进行慰问，发放慰问金73500元。各产业工会、系统（局）、镇乡、街道工会（工会工委），会同党政部门开展慰问困难职工，慰问525人，慰问金48.96万元。对80%以上建档困难职工形成一对一帮扶机制。开展“金秋助学”，受助农民工子女40人，助学金40700元。全年为农民工子女送教、送书、送文化及各种资料8300份。继续推行“1＋1”基层职工互助互济保障活动，新增互助互济组织10家累计达86家。

2008年，继续开展“1+1”互助互济活动，新增互助互济保障单位11家，累计93家，资金199296元。进一步完善困难职工帮扶场地和落实专职人员。利用元旦、春节开展送温暖活动，慰问困难职工143户，共计发放慰问款73500元。金秋助学9人，补助资金10070元，补助困难职工72户，补助资金43100元。年初，在遭受特大冰雪灾害时，组织带领工会干部亲往现场了解情况，帮助抢修，慰问受灾困难户6户，送救助款20000元。四川汶川地震后，组织发动机关工会干部、基层工会干部职工捐款捐物，共收到和捐出款物229361.8元，同时及时了解在莲川籍务工人员受灾情况，慰问川籍民工16户，共计慰问款16000元。莲都区总工会获“浙江省抗震救灾先进工会”称号。帮扶特困职工子女9名，发放助学金10070元。

2009年，利用元旦、春节、“五一”对困难职工和困难劳模开展送温暖活动，共慰问困难155户，送慰问款13.7万元，困难职工结对帮困136对。推进农民工“五险合一”社保制度，保险参与率达30%。开展金秋助学活动，发放中央财政拨助学款1.75万元。为了使更多贫困子女得到帮助，区总工会联系浙江永邦包装有限公司等5家企业捐款12万，区总工会通过审核，把爱心资助款直接发放到最困难最需要帮助的困难职工子女身上，为13户患病的困难职工发放医疗救助款10050元。继续开展“1+1”职工互助互济活动，新增互助互济保障单位8家，累计1019家。174名职工享受“1+1”惠民资助，资助金5.51万元。

2010年，深入开展困难职工帮扶工作，建立困难职工档案，完善困难职工数据库。8月份，开展“金秋助学”活动，共资助困难学生26人。元旦、春节慰问困难职工239户，发放救助金25.4万元，开展医疗救助25人。开展后勤保障、职工食堂建设取得实效。

2011年，“履行第一知情人、第一报告人、第一帮助人”职责，开展以帮扶困难职工为主体的惠民行动。利用元旦、春节开展送温暖活动，慰问困难职工239户，其中医疗救助25户、困难劳模10户，共送慰问款25.4万元。各基层工会也积极开展这项活动，全年参加本单位互助互济保障活动职工2006人，有77人获经济资助，资助金额8.4万元。开展“金秋助学”活动，共帮扶特困职工子女32名，发放助学金4.36万元。“六一”期间各基层工会走访学校关爱贫困儿童。开展女职工情况专项调查，完成女职工专项及合同签订工作，维护女职工的合法权益和特殊利益。提高“关爱行动”惠及面，对60余名困难女职工进行“两癌”筛查。

2012年，进一步扩大扶贫帮困工作，区委、区人大、区政府、区政协四大班子主要领导在酷暑期间，分别深入建筑工地、企业一线慰问职工，开展“送清凉”活动，给职工送防暑药品。完善困难职工档案和信息管理系统，2012年建困难职工档案301户，其中困难农民工157户，输入帮扶信息301人次。元旦、春节期间共慰问困难职工379人次，发放慰问金28.21万元，为困难职工子女发放助学金10.24万元。在全区范围内继续开展“爱心透析”专项救助活动，共帮助10名特困职工，发放帮扶款3.9万元。

2019年，为深入贯彻落实市、区关于助力东西部扶贫协作地区脱贫攻坚的工作要求，切实做好新形势下东西部扶贫协作工作，按照丽水市与广元市东西部扶贫协作各项部署，莲都区总工会从工会工作实际出发，坚持精准扶贫、精准脱贫基本方略，进一步深化结对帮扶，强化责任落实，助力剑阁县打好打赢脱贫攻坚战。4月8日，区总工会党组书记、主席陈森云带领莲都区疗养团赴四川省广元市剑阁县，开展对口支援帮扶工作，并签署疗休养合作协议，莲都区各级劳模及一线职工代表等60人参加。 会上，两地工会分别介绍了帮扶工作开展情况，并就经验做法及下一步的工作计划进行交流分享。为使剑阁县生活困难职工和外来务工人员能温暖过冬，区总工会送上了价值10万元的保暖内衣等物资，并向剑阁县总工会捐赠5万元资金，重点用于精准帮扶困难职工、外来务工人员，让困难职工切身感受到党和政府以及工会组织、社会各界的温暖和关怀。随后，双方签署了疗休养合作协议

2020年底，为鼓励外来务工人员留莲都过年，更好配合冬季疫情防控工作、减少人员流动，进一步发挥工会组织在打好冬春季疫情防控攻坚战中的积极作用，莲都区总工会推出五大春节礼包，积极鼓励外来务工人员尽量留在莲都过年。一是送年货。设立20万专项送温暖资金，春节前对留莲都过春节的外市籍职工开展实物慰问，对节日期间坚守岗位服务群众、不能回家与亲人团聚的一线职工，充分了解他们的具体状况和思想动态，把党和政府的关心关怀落实落细。二是送宣传。通过微信公众号向全区广大职工推送《以爱为家•留莲过

年——致广大莲都企业职工的一封信》，采用实地走访、电话联系、微信平台等办法积极开展宣传工作，指导基层工会与用人单位通过集体协商等方式，妥善安排好职工的工作和休息时间，并依法依规足额支付工资和加班等，切实维权社会稳定。同时引导广大职工提升疫情防控、防护意识，努力争取职工的理解和配合，自觉自愿留在莲都过年。三是送关爱。充分发挥莲都区总工会劳模志愿服务队的作用，在走进企业给留莲困难职工家庭送去慰问品的同时，鼓励和倡导广大职工在莲过年，充分感受到工会组织“娘家人”的温暖。四是送服务。充分发挥职工服务中心劳动关系纠纷调处职能，积极协助企业合理安排节日期间在岗工作职工休息休假，依法保障春节期间加班职工依法享受加班工资和调休，区总工会法律维权热线“12351”将在春节期间开通7×24小时服务，为全区企业和职工提供免费法律咨询服务。五是送温暖。深入开展“两节”送温暖活动，对困难职工家庭，特别是受疫情影响的困难职工家庭开展走访慰问活动，及时为符合条件的务工人员困难家庭建档立卡，同时重点关注医护人员、环卫工人、快递小哥、卡车司机、网约送餐员等抗疫一线人员、户外工作者和新业态就业群体，确保他们能过上安心、祥和的春节。

第三节　职工服务中心建设

1999年，市总工会职工服务中心婚姻保姆介绍所接待婚姻保登记1080人次，介绍成功的有240人次。

2013年，莲都区总工会按照省总职工服务中心达标考核要求积极创建省优秀职工服务中心，11月26日顺利通过省总工会的考核，验收，区总工会职工服务中心又被市纪委、市监察局上报为全市2013年度群众满意基层站所。

2014年，莲都区总工会在提质增效中加强职工服务中心建设，为了加大维权力度，区总工会会同人力社保部门成立全市工会系统首家劳动人事仲裁派出庭，中心做出的各类调解协议具有法律效力，极大简化职工维权程序。大力开展“三亮”活动，即“亮平台“亮制度”“亮环境”，营造良好服务氛围，职工服务中心被市纪委(监察局)授予“群众满意基层站”荣誉称号。全年完成“春送岗位、夏送清凉、秋送助学、冬送温暖”等各类帮扶近900人，发放各类救助资金近50万元。全年中心共接待来电来访180人，办结率100%。中心完成“爱心透析”活动，帮扶15人，共6.75万元，金秋助学帮扶63人，帮扶基金16.05万元。

2015年，区总工会新大楼的落成极大改善职工服务中心软硬件设施，法人登记变更流程、信访接待、法律援助、医疗互助等相关制度、规范都已上墙公示，电子显示屏滚动播放最新岗位资讯；按照相关标准，莲都区仲裁院总工会派出厅建设完毕，并开庭审理2起劳资纠纷。是年，完成各类帮扶救助240余人，各类帮扶资金60万元。

2017年，坚持“谁申报、谁负责”并特别引入第三方机构协助审核，剔除不符合救助条件的。全年“爱心透析”帮扶18人，发放帮扶资金8.1万元，“金秋助学”帮扶75人，发放帮扶资金21.45万元。

2018年，制定出台《莲都区本级困难职工应急救助管理办法》，全年共救助困难职工4名，发放救助金1.55万元。经申报、审核、公示、第三方审核等程序，完成“金秋助学”“送温暖”医疗救助等帮扶工作。其中“金秋助学”帮扶困难职工37人,发放帮扶资金20.1万元,“送温暖”帮扶困难职工42人,发放帮扶资金25.89万元,医疗救助帮扶困难职工6人,发放帮扶资金4.2万元。全年累计帮扶困难职工89人,发放资金51.74万元。同时进一步做好防暑降温工作,区总工会面向各条战线一线职工“送清凉”,共计1200多份,各种防暑降温措施共投入经费10万元

2019年,困难职工帮扶救助工作从3月开始正式启动,其间共收到109户困难职工申报资料,区总工会职工服务中心经过初步审核,对100户困难职工开展第三方审核,并根据审核结果,对72户困难职工进行逐一入户走访,最终确定68户困难职工列入帮扶名单,其中:医疗救助4户,生活救助32户,子女助学29户,临时救助3户。共发放帮扶资金37.09万元,其中:医疗救助帮扶资金4.1万元,生活救助帮扶资金15.39万元,子女助学帮扶资金16.2万元,临时救助资金1.4万元。为确保困难职工帮扶资金发放到位,区总工会职工服务中心对帮扶的困难职工再次进行走访确认。

2020年1月,区总工会出台《莲都区总工会关于助力打赢防控阻击战和发展总体战的通知》文件,依托区职工服务中心这个平台,为企业发放口罩23000多个,筹集专项慰问金30.55万元,指导企业疫情防控。2月,区总工会职工服务中心及时帮助企业落实返岗交通补助费,采取“包车”“包专列”“回区拼车”等方式,为50多名外省务工人员顺利返丽提供方便。为了保障困难职工家庭在疫情期间的基本生活,分别给全国级、省级的困难职工发放生活补贴,有24户困难职工收到补助资金4万元;开展困难职工帮扶工作,全年共收到困难职工申报材料49户,经核实,最终确认19户困难户,发放帮扶资金14.9万元。开展结对扶贫,积极助力四川省剑阁县脱贫工作,向剑阁县援助困难帮扶资金5万元,艾莱依慰问物资10万元,帮扶累计资金45万元。同时引导机关、事业单位、医院、学校等会员单位优先采购剑阁县农特产品;开展“一户一策一干部”结对帮扶工作,前往黄村乡池岭村,向21户低收入农户送去价值2100元慰问品,同时从低收入农户处采购农产品。开展“送清凉”活动,为环卫、电力、企业车间等35家单位2000多名一线职工提供夏日清凉用品,投入“送清凉”经费8.6万元。

第四节　劳动保险和职工疗休养

职工劳动保险　1950年下半年,省总工会(筹)丽水专区办事处在城区私营工厂企业中推行劳资集体合同,除保障工人的劳动权利外,根据不同行业,企业的经济状况,对职工的工资、花红馈赠、年节额外酬金、病假及病假工资、医药费、因工伤残待遇、因工死亡棺殓费抚恤金和职工直系亲属婚丧假、探亲假等,订立具体协议,属雏形期的劳动保险民约。

1951年2月,宣传贯彻《中华人民共和国劳动保险条例》,是年6月,县总工会设劳保部专管劳动保险工作。3月,县总工会选派干部参加省总工会劳动保险培训班业务培训。

1952年,全县有5个私营企业实施劳动保险。

1951—1952年,开始在企业中逐步实施劳动保险条例制度,丽水县有4家私营企业实施劳动保险条例。

1953年,全县又有交通公司等16个国营单位和1个私营企业实施劳动保险,劳保福利待

遇都以集体合同的形式作出具体规定，职工的生、老、病、死、伤、残得到保障。

1956年，商业、森工、地质、公路运输、粮食等系统的国营企业实施劳动保险条例。在基层工会先后建立劳动保险委员会，建立和健全劳动保险卡片制度，协助企业行政财务部门做好劳动保险财务工作。

1959年5月，未实施全国劳动保险条例的企业，开始执行中共浙江省委《关于县以上新建厂矿企业劳保福利待遇的试行办法》（简称“省劳保待遇”），并由企业行政直接管理，其标准略低于全国劳动保险条例规定的待遇。

1963年1月，根据省人民委员会通知，已实施全国劳动保险条例的企业，不论新老职工，统一享受全国劳动保险待遇；未实施全国劳动保险条例的企业，仍执行省劳保待遇。

1966年“文化大革命”开始后，劳动保险工作改由政府劳动部门和企业行政管理实施。

1975年11月起，按省内务局通知，全民所有制企业统一实施全国劳动保险条例。

1977年，工会组织恢复后，劳动保险的管理工作以企业行政为主，工会协管。

1993年5月，市总工会转发国务院《国有企业职工待业保险规定》。5月26日，市总工会联合市劳动人事局、市财政局转发《浙江省职工公伤保险暂行办法》。暂行办法自发布之日起实行。

1997年12月31日，自全国总工会颁布实施《中国工会职工互助补充保险试行办法》以来，丽水市累计建立各种职工互助补充保险组织126家，参加职工8970人，筹集资金达27820元，累计有218名职工享受保险待遇。

1999年12月，市总工会保障部参与《丽水市城镇居民最低生活保障制度暂行办法》等政策、文件的制度、修改工作，参与最低工资调整和测算，代表工会提出5条修改意见和建议，有2条被采纳。

2001年底，全区实施生育保险的企业89家，参保职工2884人。

2005年，在区政协十届三次会议上，区总工会提交的《关于完善职工医疗保障制度的建议》获优秀提案奖。同年，莲都区推出在职职工住院、退休职工住院、特种重病医疗、女职工安康4个职工医疗保障项目，参保职工7817人次，全年给付互助保障金173800元。

2006年1月，区总工会印发全国总工会办公厅《关于认真贯彻〈国务院关于完善企业职工基本养老保险制度的决定〉的通知》，要求各级基层工会组织认真学习领会决定精神，工会与劳动、财政、安全监管等部门要加强沟通，积极协调配合，共同做好企业职工基本养老保险制度的各项工作。

2011年3月10日，丽水市总工会《工会信息》刊发区总工会撰写的《莲都区总工会实施在职职工住院医疗互助活动，为农民工撑起医疗保障伞》的信息专报，介绍莲都区各级工会组织积极推行在职职工住院医疗互助活动，以此作为医疗保障制度的重要补充。

2013年，在推行医疗互助保障制度的同时，针对莲都区基本医疗保险参保率过低的特点，会同有关部门在南山工业园区进行基本医疗保险试点工作，加快推进职工基本医疗保险制度改革，提高职工参保率。至年底，参保率达62%。

2015年4月，区总工会转发中华全国总工会等四部门联合印发的《关于进一步做好建筑业工伤保险工作的意见》，结合莲都区实际，提出四点意见，要求一并贯彻实施：一是全面依法参加工伤保险;二是依法合理确定缴费标准;三是明确工伤保险责任主体;四是明确工伤保险保障范围、待遇基数。

2020年,全区开展职工医疗互助活动的基层工会278个,占基层工会单位数的23%,参加互助活动的人数16700人,其中,本年度享受职工医疗互助活动149人,资助金额547000元。

退休职工管理　搞好退休职工的管理服务工作,使他们老有所养、老有所医、老有所学、老有所为、老有所乐,是工会一项重要工作。1979年,贯彻执行国务院《关于安置老弱病残干部的暂行办法》和《关于工人退休、退职的暂行办法》。同年7月,执行省劳动局和省总工会通知,凡1970年9月20日以前参加并仍在本单位工作的计划内长期临时工可享受退休、退职待遇。

1979年8月,县总工会会同劳动部门和主管局经过调查研究,提出妥善安置长期亏损的民船、搬运两行业老工人的暂行方案,报请县政府批准实行。民船、计时工人退休时,按工龄长短分三个档次,每月发给本人标准工资65%、60%和50%的退休金,低于22元的按22元发给,22元以上不满25元的按25元发给;计件工人退休,每月发给退休保养费15元(均外加粮贴3元)。搬运计时工人退休时,按工龄分三个档次,发给本人标准工资70%、65%和55%的退休金;计件工人按工龄分三个档次,每月发31元、27元和25元(含粮贴),后来根据物价变动和企业经济效益等情况进行过相应调整。他们退休后的生活待遇虽然低于一般全民、集体企业的退休工人,但其晚年的基本生活得到了保障。

据1979年8月统计,全县有退休职工363人。1980年,贯彻国家劳动总局和全国总工会《关于整顿与加强劳动保险工作的通知》,基层工会劳动保险委员会组织有所发展,劳动保险工作相应加强。

1990年底,全市实施劳动保险条例的企业22个,享受劳保待遇职工6720人,有31个基层工会建立劳动保险委员会,10个单位建立群众性补充保险组织,享受补充保险待遇职工1315人。办理退休的职工4589人,办理离休职工562人。

1991年9月,丽水市总工会建立退休职工管理委员会(退管会)。

1994年,努力做好退休职工管理工作,共向退休职工发贺年卡15万张;开展登山、书画、老年运动会等活动参加人员共1100多人。

1995年,市总工会协助市政府搞好退休职工管理工作,供销社退管会被评为浙江省和全国"模范退休职工之家"。利用老人节召开70多名离退休职工代表座谈会;举办市退休职工书法绘画比赛和展出;建立和充实了市、系统、基层三级退管会组织。

1996年初,向全市3500名退休职工发贺年卡,评出市退休职工模范之家10个,退休职工管理先进工作者40名。市供销社退管会被评为全国、省、市模范退休职工之家,朱文虎、夏世康被评为全省退管工作先进个人。在老人节来到之际,市总工会、退管会组织300多人参加登南明山活动,10月召开80多名退休职工参加退管会工作经验交流会。

1997年,退管工作逐步形成了领导重视、任务明确、网络齐全、制度规范、活动内容丰富、维护力度加强的基本格局,全年共评选市退管工作先进单位10家,先进退管工作者39名,市退管会被评为省先进退管会。各基层退管会开展了丰富多彩的老年节庆祝会和娱乐活动,获离退休干部职工的好评。全年来共接待退休职工来信来访517人次。市总工会与市人大、市老龄办、市退管会组织的检查组，对《中华人民共和国老年人权益保障法》公布实施一年的情况进行检查。

1999年，贯彻执行国家劳动保障部、国家经贸委、财政部、全国总工会《关于建立国有企业下岗职工基本生活保障和企业离退休人员养老金发放情况通报及联合调查制度的通知》，每半年组织调研一次，并提出切实可行的改进措施，确保企业离退休人员基本养老金按时足额发放，确保国有企业下岗职工基本生活费按时足额发放。

2003—2020年，为了体现党和政府及工会组织对广大退休职工的爱护和关心，每年重阳佳节，在全区组织开展了一次慰问退休职工的活动。慰问对象为原在生产一线表现比较突出的技术骨干或科技人员；退休后仍在为社会公益事业作贡献的退休职工；生活比较困难的退休职工。

职工疗休养　1956年，全县首批劳动模范和先进生产（工作）者赴庐山休养。同时，组织教师20余人到莫干山休养。

1961年，县总工会分批组织职工食堂优秀炊事员和中小学教工到莫干山、雁荡山、江心寺疗休养。中国工会"九大"提出恢复职工疗休养制度以来，疗养院、休养所的服务范围比劳动保险条例的规定有所扩大，除实行劳动保险的企业外，尚未实行劳动保险的企业及事业单位、行政机关的职工，也可享受疗养和休养，对在企业、事业和机关工作的优秀科技人员等知识分子的疗养和休养，给予适当的照顾。

1979—1980年，县退管会组织丽水98人参加省总工会三台山疗养院疗休养。

1981—1990年，分期分批组织劳动模范，先进生产（工作）者和老职工1101人到北戴河、厦门、庐山、黄山、三台山、雁荡山、普陀山和双龙洞等地疗休养。

1994年，共安排249名职工参加疗休养。

1995年，市总工会组织9批共280人参加职工疗休养。

1996年，全年共安排301名职工参加疗休养。

1997年，全年共安排了150名职工参加疗休养。

1998年，共组织职工疗休养260多人次。

1999年，组织职工328人参加疗休养。

2001年，组织2批35人次参加职工疗休养。

2013年，区总工会在调研和听取基层职工建议的基础上，改变以往区总工会统一组团疗休养为由各基层工会选择疗休养协作单位，确定疗休养地点。区总工会择优确定市旅游集散中心等7家旅行社为2013年度区总工会职工疗休养协作单位，同时落实规章制度，确保疗休养工作安全，全年安排1000多名职工疗休养。

2015年6月，市区工会联合通过公开招投标，确定7家疗休养承办单位。全区有4000多名职工参加疗休养。10月，区总工会贯彻区委、区政府指示精神，增加莲都区范围内星级"农家乐"为疗休养承办单位，促进职工疗休养工作。

2016年，丰富疗休养内容，做好职工疗休养工作，委托10家旅行社承办疗休养工作并实行考核退出机制，确定184家"农家乐'（民宿）为承办单位。建立市级劳动模范（职工）休养基地1个，市级劳动模范（职工）休养基地接待站9个。鱼跃酿造和百兴菇业成为首家生态旅游疗休养之地。3月在利山召开莲都职工疗休养推介会，全市各县工会主席及市直各部门工会主席160多人参会，同时开通公众微信号，向省内外宣传莲都区疗休养政策。5月19日《浙江工人日报》头版头条报道了这一做法。同年，集美食、住宿、娱乐、文化于一体的西城广场被评为国家AAA级旅游景区，为探索商旅疗休养提供了样板。

2017年，区总工会把推动职工疗休养与工旅、农旅、商旅有机结合起来，为职工疗休养工作布新局。正式授牌鱼跃酿造和百兴菇业为区总工会职工疗休养的承办单位。鱼跃酿造打造以古酿造产业文化为主体的养生休闲度假景区；百兴菇业集亲子活动、养生体验、产品销售、养生餐饮于一体，平均日接待量已达600人，成为工旅的典型。委托14家旅行社承办疗休养并实行考核退出机制。216家"农家乐"（民宿）被定为职工疗休养承办单位，12月，联合莲都区乡村旅游办公室组成临时专家评审组，按照15%的比例评选出27家优秀承办单位，新增莲丰享庄园、西城广场和隐城市民宿2家为职工疗休养基地。市委书记史济锡等各级领导曾亲临丰享庄园考察，对其集养殖农业、水果采摘、休闲观光、"农家乐"餐饮、儿童娱乐、中小学田间课堂为一体的经营模式给予充分肯定。

2018年，确定16家旅行社为2018年度职工疗休养承办单位。莲都区职工疗休养继续鼓励和倡导职工在丽水市内就地、就近、便捷疗休养。区总工会和区农办确定了216家优质"农家乐"（民宿）作为首批职工疗休养承办单位。随着莲都区"农家乐"（民宿）的快速发展，为提升职工疗休养服务质量和承办范围，区总工会和区农办开展第二批莲都区"农家乐"（民宿）职工疗休养承办单位申报工作，并联合区农办、区旅委、区市场监管局等单位按照申报标准对"农家乐"民宿进行审核、实地查看，最终确定旺发民宿客栈等110家"农家乐"（民宿）新增为莲都区第二批职工疗休养承办单位。至年底，"农家乐"（民宿）疗休养承办单位已达326家。同时，区总工会顺利完成跨省组团8个[涉及青海、河北、福建、贵州、西藏、四川6个省自治区]，职工218人。赴四川剑阁县开展对口支援帮扶工作，签署疗休养合作协议，并与义乌市和宁波市江北区对接交流山海协作工作，签订工会疗休养合作协议。

2019年，共有18家单位获2019—2020年度莲都区职工疗休养承办资格，同时联合区农业农村局确定莲都区"农家乐"（民宿）疗休养承办单位350家。5月，与宁波江北区总工会签订职工疗休养协议，进一步加强了两地之间旅游交流合作。11月，工会"红+绿"融合发展理念教学基地在莲都正式成立。莲都利山村被授予浙江省省部属企事业职工乡村疗休养基地。莲都区总工会还分别与上海市金山区总工会、上海市浦东新区总工会、浙江省建设建材工会签订了疗休养协作协议。

2020年，面对新冠疫情的严峻形势，为助力莲都区市场经济复苏，助力旅游行业纾困解难，带动农文旅消费，实现疫情防控与旅游产业发展"两手硬、两战赢"，工会"促消费"工作全面行动。经区政府同意，莲都区总工会、莲都区财政局、莲都区文化和广电旅行体育局制定并下发《莲都区应对疫情支持旅游业发展的八条措施》和《关于鼓励机关和企事业单位在莲都区开展工会活动、职工疗休养的通知》，对莲都区非公企业开展工会活动给予1000元至5000元补助，共补助企业9家，补助金额1.7万元；要求全区各机关、事业单位及国有企业工会组织到莲都区内景区、产业融合基地或“农家乐”(民宿)特色村等地至少开展两次工会活动，为莲都区农旅经济快速复苏贡献工会力量，并将丽水城区9家星级酒店纳入疗休养承办单位。对外地到莲都区疗休养的团队给予优惠政策和优惠服务。7月初，区总工会又发布《关于2020年度职工疗休养的补充通知》，增加人均疗休养经费。同时组织52名抗疫一线职工，分2批在市内开展疗休养活动。在防疫期间，为了使民宿做好疗休养接待工作，10月15日，区总工会与区人力社保局联合举办民宿新媒体运营技巧和推广培训班，共51人参加培训。11月26日至27日，根据丽水市总工会第二届疗休养区域协作大会系列活动安排，莲都区总工会组织四川广元市、巴中市，江西上饶市、抚州市、鹰潭市，浙江杭州市、宁波市、温州市及山海协作地区50多位总工会领导来莲都区职工疗休养点踩线考察，做好服务工作，以此来推进莲都区与各地旅游产业和职工疗休养合作。

第五节　集体福利事业

职工生活福利工作在20世纪50—90年代主要包括兴办添置职工食堂等生活福利设施、幼儿入托入园、生活后勤服务、工人消费合作社等，至90年代末，集体福利事业逐渐衰微。

职工食堂　1951年，丽水运输处办起了职工食堂和理发室，为推广丽水运输处经验，丽水县总工会(筹)各工厂企业先后普遍办起职工食堂。

1961年，国家困难时期，工会贯彻中共中央“一手抓生产，一手抓生活”的方针，发动职工开荒种菜，生产自救，并以主要精力抓好以食堂为中心的集体福利事业，组织干部、工人、炊事人员三结合的食堂管理委员会，强调“政治到食堂，干部下伙房”，90%以上基层单位党、政、工领导经常参加食堂劳动，帮助研究解决问题。丽水农机厂规定干部下伙房四条任务：一是核算成本；二是参加劳动；三是解决问题；四是照顾病号。据37个厂矿企事业的职工食堂统计，养猪485头，羊19头，兔97只，鸡鸭361只，开荒扩种285亩，4个月中收获蔬菜14万多公斤，小麦4200公斤。丽水化工厂53名职工，食堂养猪27头，鸡26只，兔14只，开荒种地5亩多，1961年1—11月，收获各种蔬菜13000多公斤，马铃薯470公斤，番茄2100公斤，人均吃到自养猪肉10多公斤，职工伙食支出，由6月人均10元下降为6元。据县总工会对全县工厂企业抽样调查分析，6月以前人均月生活费用在6—9元的职工占全县职工的45.54%，至年底上升为63.36%，生活费用10元以上的职工由54.46%降为36.64%。

1980年，经县委同意，县总工会对全县职工生活工作进行一次全面检查，在基层工会自查、互查的基础上，县总工会会同计委，经委，财办、建委、教育等部门抽调13名干部于1981年初重点抽查了21个单位。是年，全县已办起了职工食堂56个。通过检查评比，丽水动力机械厂、丽水县饮食服务公司等8个单位的职工食堂评为先进食堂。20世纪90年代企业改制后，大部分食堂停办。

幼托组织　1955年，县工会帮助大东华火柴厂等基层单位整顿和开办哺乳室。

1956年，拨专款资助基层工会兴办托儿所，公私合营丽水火柴梗片厂首先创办，于是年

“六一”国际儿童节开始受托，深受女职工欢迎和企业行政的支持。

1985年，全县工厂企业已办起幼儿园9所，入园儿童273人；托儿所19所，入托幼儿306人，工作人员102人。

至1990年底，全市工厂企业办有幼托组织31个，受托儿童1680人，工作人员213人，其中保教人员182人。20世纪90年代中后期，企业、幼托班组织停办。

工人消费合作社　1949年下半年，省总工会（筹）丽水专区办事处，发动丽水城区工人自愿集股兴办城区工人消费合作社，以10斤大米为一股，入社工人至少参加1股，最多以10股为限，共筹集1670股。

1950年1月28日，召开第一次社员代表大会，有94名代表出席。会议通过了《城区工人消费合作社章程》，章程规定替工人服务为办社目的，以全年利润的70%为公积金，20%为公益金，5%为奖金，5%为股息。会议还选举产生委员13人组成社务委员会，李奎林、袁力行分任主任、副主任，林绍千、许叔丹任监察委员，寿炎青、郑甘林任正、副经理。于1950年2月8日开始营业，社址华光庙（现大众街142号），当时规模较小，聘用业务副经理、营业员、会计共3人。“三反”“五反”以后，营业扩大（后又两次增股增为每股4万元（旧币）），经营棉布，百货、糖、烟、酒、盐、酱和粮食等。

1952年6月，社员代表大会选举成立理、监事会，叶献祥任经理。

至1953年底，有会计、出纳、营业员等工作人员共15人。每年年终，社员按股分红利。

1954年1月，城区工人消费合作社并入城区供销合作社。

职工生活后勤“一条龙”竞赛　1979年12月，丽水针织厂等27个单位的职工食堂联合倡议在全县职工食堂之间开展社会主义劳动竞赛。

1981年，县总工会作出在全县工、建、交等系统开展职工食堂、幼儿园、托儿所、医务室、互助储金会、浴室等生活后勤“一条龙”竞赛活动的决定，提出竞赛条件和季自查、半年互查初评、年终组织互查、抽查的检查评比方法，由县总工会会同有关部门共同领导竞赛评比工作，各基层单位由工会和企业行政分管生活后勤的领导负责日常竞赛评比组织工作。

1982年，县总工会总结竞赛经验提出分项目竞赛条件，并牵头与县经委、财办、建委、教育局等五个部门联合建立丽水县职工生活后勤“一条龙”竞赛工作委员会，由郑爱和、李文戈、吴芝凤、王伯林、周荣斌、丁仁光、林培基、祝丽生、朱茂荣、池彩琴、张贝儿11人组成，委员会工作由县总工会副主席郑爱和主持。县总工会加强对竞赛工作的领导，参赛范围逐步扩大，由工建交财贸系统普及到文教卫生事业单位，从县城辐射到区、镇、社，由起步时的40多个单位发展为139个单位。竞赛项目由6个扩大为11个，竞赛条件也作了修改和补充，并根据地段和条件不同，把参赛的139个基层单位划分为3个大组15个小组，建立月自查、季互查、半年初评、年终总评的检查评比制度，使竞赛活动经常化、制度化，推进了职工生活后勤工作的发展，许多基层单位努力改善后勤工作条件，职工食堂先后添置电冰箱、棒冰机、蒸饭车、绞肉机、拌面机、包饺机和防蝇罩等设备，幼托组织和医务室等随着企业发展，职工队伍壮大，相应发展和完善。

1985年7月，丽水县总工会、丽水县纸箱厂、丽水羽绒厂、丽水地区汽车运输公司被评为丽水地区生活后勤工作先进单位。同年，把生活后勤竞赛活动与抓“两个文明”建设、开展“五讲四美”活动紧密结合，在生活后勤部门开展“创文明单位”活动，把生活后勤“一条龙”竞赛引向深入。

1981—1990年，共评出市（县）级职工生活后勤全面先进单位40个，单项先进单位246个，先进个人263人。20世纪90年代后，随着企业改制，职工生活后勤“一条龙”竞赛工作停止。

第六节　职工物价监督

1985年3月，国务院发出《关于加强物价管理和监督检查的通知》，丽水市总工会开始在全市范围内开展职工物价监督工作。

1986年5月，市总工会向市人民政府报送《关于开展物价监督工作和物价计量信得过活动的报告》后，由市总工会牵头，市物价局、工商局、地区计量局共同组建的丽水市职工物价监督总站，于1986年9月正式成立，市总工会副主席俞冬梅任站长，朱惠凡、施丽德、朱大华任副站长，下设办公室，拥有26个监督小组，167名职工物价监督员，这是在改革、开放新形势下，市总工会支持和协助政府搞好物价管理，维护国家和消费者利益参与国家和社会事务管理的一种形式。1990年6月市总工会副主席黄娇翠任站长、主持总站工作。

丽水市物价监督工作，实施全国总工会，国家物价局颁发的《职工物价监督暂行办法》和《浙江省职工物价监督试行办法》规定，执行治理经济环境，整顿经济秩序，全面深化改革的方针。几年来，除监督检查国营、集体企业外，突出农贸市场为重点，始终围绕“菜篮子”这个中心，抓住与人民群众日常生活密切相关的副食品、日常生活用品价格的监督管理，以国家有关物价、计量、工商行政管理等法规为武器，正确处理国家、生产者、消费者的利益。每逢与人民生活关系密切的商品价格需要调整时，就将价格、规格、质量标准在府前、仓前、城西三菜场广为张贴，发动和依靠群众实行监督。在检查方法上，采取任务到组，小组分片轮流查与总站统一组织查相结合，平时查与节日查相结合，经常查与突击查相结合。自总站成立以来至1990年底，共组织职工物价监督员出勤9514人次，查出价格违法行为5032件，作出经济制裁总额34378.16元，其中罚款31903.68元，退还消费者2474.48元，销毁假冒食用小苏打1.5吨，计金额3600元，收缴不合格杆秤464支，据府前菜场电子秤复秤统计，衡器使用的正确率从1985年的64.4%提高到1995年的96.7%。

丽水职工物价监督总站，从调查研究入手，加强宏观监督，从治本上维护群众利益。自成立5年以来，写出专题报告10多篇，编发《职工物价监督简报》40期。其中《必须制止屠商滥杀母猪》《关于加强市场猪肉管理的几点意见》引起市政府领导重视，市农业局为制止滥杀母猪影响畜牧业生产问题发了通报。《按五大特征识别猪肉》《不法商人秤上文章种种》等资料，对发动和依靠群众监督起了积极作用。总站加强职工物价监督队伍建设，《物价监督人员守则》人手一册外，采取查前培训，以查代训，长会短训等形式，帮助熟悉有关政策、掌握监督检查业务技术，5年来共培训职工物价监督员600多人次。

丽水市职工物价监督总站被评为1988年度地区职工物价监督工作先进集体。14个职工物价监督小组先后被评为地、市先进职工物价监督小组，105名职工物价监督员先后被评为全国和地、市先进（优秀）职工物价监督员。

20世纪90年代中后期，职工物价监督总站随着机构的撤并而自行撤销。

附录：

1986年度市先进职工物价监督小组名单：

丽水油嘴油泵厂职工物价监督小组

丽水市建筑工程公司职工物价监督小组

丽水市味精厂职工物价监督小组

丽水市塑料厂职工物价监督小组

1987年度全国先进职工物价监督员：

丽水油嘴油泵厂王发祥

1987年度市先进职工物价监督小组名单：

丽水地区汽车运输公司职工物价监督小组

丽水油嘴油泵厂职工物价监督小组

丽水市味精厂职工物价监督小组

1988年度地区先进职工物价监督小组名单：

丽水地区汽车运输公司职工物价监督小组

丽水电池厂职工物价监督小组

丽水油嘴油泵厂职工物价监督小组

1988年度地区优秀职工物价监督检查员名单：

谭尉林、瞿亮玄、李文戈、李宗岳、范献鸿、赵齐、樊津、林宝缙、王发祥

1988年度市先进职工物价监督小组名单：

丽水地区机关职工物价监督小组

丽水地区汽车运输公司职工物价监督小组

丽水动力机械厂职工物价监督小组

丽水油嘴油泵厂职工物价监督小组

丽水电池厂职工物价监督小组

1989年度市先进职工物价监督小组名单：

浙江油泵油嘴厂职工物价监督小组

丽水电池厂职工物价监督小组

丽水市塑料总厂职工物价监督小组

丽水市晶体管厂职工物价监督小组

1990年度市先进职工物价监督小组名单：

丽水电池厂职工物价监督小组

丽水地区汽车运输公司职工物价监督小组

丽水毛巾厂职工物价监督小组

丽水市塑料厂职工物价监督小组

第十一章　女工工作

女职工是工人阶级的重要组成部分，工会的女工工作，主要是维护女职工的合法权益，发挥女职工在社会主义物质文明和精神文明建设中的作用。随着市场经济的建立和不断完善，广大女职工发挥了自己的聪明才智，为经济建设和社会发展、进步作出了重大贡献。

第一节　组　织

由于地理条件的限制和历史的原因，在工人队伍中，女职工的数量一直很少。据1949年11月政府部门统计，丽水县城2181名工人中，女工只有280人，占职工总人数的13.25%。

丽水县总工会（筹）于1952年10月开始配备专职女工干部，至“文化大革命”前，县总工会没有设立女工工作部门。“文化大革命”后，女工人数逐渐增多，为了加强女工政治思想工作和特殊劳动保护，县总工会于1981年6月成立女工委员会，经基层工会女工委员民主协商，县总工会常委会审定，由16人组成，县总工会副主席郑爱和任主任，吴芝凤、王苏云、李文戈任副主任。1982年，17个有50名以上女职工的基层工会先后建立起女工委员会。1988年8月，参照外地经验，市总工会不设女工委员会，成立女工工作群众学习研究团体——丽水市女工工作协会，通过了《丽水市女工工作协会章程》，民主选举产生丽水市女工工作协会第一届理事会，理事54人。聘请省总工会丽水地区办事处副主任蓝梅英为顾问，副市长芮克善为名誉会长，市总工会副主席俞冬梅任会长，王麟英、李文戈、吴芝凤、陈丽娟任副会长，陈频任秘书长，吕慧芳任副秘书长。1989年4月，根据《浙江省工会女职工委员会暂行规定》的要求，将丽水市女工工作协会改建为丽水市总工会女职工委员会，各基层工会都进行了相应的组建或改名工作，至1990年底，全市共有93个基层工会女职工委员会。

1994—1997年，建立企业女职工委员会组织89个。

2003年，全区已建女职工组织239个，组建率100％，有女职工委员330人，非公企业组建女工委员会42个，有女工委员80人。其中，联合工会女职工组织23个，覆盖企业288个。是年，组织女职工干部培训13期，参加培训女职工干部512人。对下岗女职工培训6期，培训女职工268人。

2005年，顺利完成区总工会女职工委员会的换届选举工作。

2008年，有15家企业建立女工委员会，全区共建女工委535家，组建率100%。

2009年，贯彻落实《工会女职工委员会工作条例》《中华全国总工会关于加强企业工会女职工工作的意见》，按照“组织起来，切实维权”的方针，关心、促进非公企业中女农民入会工作，对有女职工10人以上的企业都建立企业女职工组织。

2010年，召开区女工委员会会议，根据工作需要对女职工委员进行组织调整。

2013年3月3日，区总工会召开女职工委员会全委会议，表彰莲都区“五一巾帼标兵”。同年，区总工会女工委员会抓住基层工会换届选举的有利契机，做好各级工会女职委的同步换届工作。9月15日，区总工会下发《关于学习贯彻〈工会女职工委员会工作条例〉进一步加强工会女职工工作的意见》，要求各级工会坚持同步组建的原则，夯实女职工工作基础，凡没有建立女职工委员会的要尽快建立。

2015年9月18日，区总工会下发《关于进一步加强全区工会女职工干部培训工作的意见》，确定在3年内基本完成所辖范围工会女职工干部轮训一次，进一步提升工会女职工干部的综合素质和创新能力。9月22日，区总工会在区委党校举办女职工干部培训班，近80名基层工会女职工干部参加培训。

2018年，各级工会女职工组织切实加强新经济组织和新社会组织中女职工组织建设，以女职工10人为组建条件，扩大女职工组织覆盖面，把工作重点放在区域性、行业性女职工组织建设上，构建基础稳固、工作活跃、作用显著的工会女职工工作体系。

2020年，全区各级工会组织以抓基层、打基础、强机制、增活力为工作着力点，将女职工组织建设工作纳入工会组织建设整体规划，大力推进非公企业女职工组织建设，要求女职工组织组建率始终保持在95%以上。截至2020年底，全区共有179家私营企业，建立企业女职工委员会165家，占比92.18%。

第二节　工　作

1952年10月，县工会开始配备女专职工干事，在女职工中进行了主人翁思想教育，宣传《中国人民政治协商会议共同纲领》《中华人民共和国婚姻法》，男女平等，同工同酬；贯彻劳动保险条例和劳动保护法规，做好女工特殊劳动保护和督促行政和资方兴办幼托事业等。是年，私营大东华火柴盒片厂通过劳资协商会议作出规定，女工产期给假一个月，工资照付；因工受伤除给药费外工资照付，女工吴珠英刀伤手指，资方负责全部医药费，休息一个月工资照付。

1980年末统计，全县职工总人数18758人，其中女工7277人，占职工总人数的38.79%。

1981年，县总工会建立女工工作委员会后，重视女工干部的选拔培养，举办基层女工干部培训班5期，进行女工工作业务培训及妇幼保健、计划生育和有关保护妇女儿童法律常识等的教育，有300余人次接受培训。注意做好女工“四期”保护，抓好计划生育，发展幼托事业，并把基层工会的女工工作、计划生育、幼托组织纳入职工生活后勤“一条龙”竞赛活动内容，定期检查评比，促进了工作的均衡展开。

1984年2月，县总工会举办“坚决维护妇女儿童合法权益”法制讲座，邀请法律工作者讲述《中华人民共和国宪法》《中华人民共和国刑事诉讼法》《中华人民共和国刑诉法》和《中华人民共和国婚姻法》有关保护妇女儿童权益的条款，阐明保护妇女儿童权益的法律依据，增强女工干部做好妇女工作的法律常识，县委常委蓝仙翠到会讲话，部分基层工会主席和女工委员会主任100余人到会听讲。是年6月，县总工会对全县8个系统近100个单位进行调查，据42个单位统计，有25岁以上大龄未婚青年169人，其中女职工46人。为关心和解决大龄青年婚姻问题，县总工会与团县委、县妇联报请县人民政府同意，于是年8月10日恢复婚姻介绍所(兼办介绍保姆工作)，在全县64个基层工会建立了68个“红娘小组”，有157名女职工充当“红娘”，为大龄青年牵线搭桥，当年就有20对大龄青年建立联系，并有两对喜结良缘。为帮助县烟糖公司一个失去父母又无兄弟姐妹，既矮又聋的36岁大龄男青年，婚姻介绍所负责人先后到11个单位物色过12个对象，终于在县五金厂找到一个31岁未婚女职工，经过介绍搭上鹊桥，终成眷属。至年底，共为38名大龄青年找到了伴侣，488个双职工家庭聘到保姆，解除了后顾之忧。

1985年以来，运用多种形式，在女职工中开展“四自”(自尊、自爱、自重、自强)教育，使广大女工在改革开放的新形势下，增强跻身社会的才干和自强不息的精神。同年，市总工会同团市委、市妇联多次举办集体婚礼，为移风易俗，提倡婚事简办作出努力。市总工会还在每年“三八”节邀请女劳模、三八红旗手等各方面代表人物举行座谈会。

1987年9月，市总工会举办了一次女工工作知识竞赛，有214名基层工会的女工委员参赛，获一等奖6名，二等奖20名，三等奖30名。

1989年，丽水市女职工工作委员会接待女职工信访145件，处理133件，做到“件件有登记、事事有着落、桩桩有答复”。

1990年“三八”节，市总工会女职工委员会召开130余人参加的女职工工作研讨会，展示1988年以来女职工工作目标管理考核制度实施成果，收到以女职工劳动保护、婚姻家庭、女性成才及改革中出现的新问题等为题材的论文和调查报告28篇，其中9篇获优秀奖，并在会上进行了即兴演讲。

1991年3月5日，市总工会举行庆祝“三八”妇女节女劳模、女先进工作者座谈会。

1993年9月1日至10日，丽水市总工会女职工委员会举办基层女职工委员会干部培训班，各基层女工委正副主任、女工委员、优秀女职工参加。培训采用讲座、授课与外出考察相结合的形式进行。

1994年，全市女职工开展“巾帼奉献、建功立业”竞赛，开展多形式岗位练兵、技术比武、巧手奉献等活动，组织全市2.9万名女职工参加妇女病普查。开展女职工知识竞赛6次。接待女职工上访578人次。

1995年，为迎接在北京召开的世界妇女大会，市总女职工委员会在工人文化宫召开“庆‘三八’、迎‘四大’”一线女职工座谈会，听取女职工意见。举办制作“当今女职工宣传栏”，用90多幅图片展示丽水市各条战线女劳模女职工风采。9月上旬，与地区工会办事处女职委一起，组织39个女职工为民服务队，300多名女职工上街为民服务，为民活动21772件次，各种咨询达2976人。组织6550名女职工参加全总举办的“迪康杯世界妇女大会”知识竞赛，被地区工会评为特等组织奖。

1996年，市女职工委员会组织“三八”联欢晚会，表彰十佳女工工作者。

2001年，区总工会女职工委员会在维护女职工权益，提高女职工政治文化素质方面发挥了重要作用。全区已建女职工委员会56个，其中非公企业19个；区总工会女职工委员会积极开展女职工岗位练兵、岗位成才活动，区女职委开展双文明立功竞赛21项，参加女职工1491人；各所属系统女职工委员会根据本系统的实际开展活动。区商业局系统参加岗位培训726人，区农业局系统开展《中华人民共和国婚姻法》学习，鼓励女职工参电大、函大学习，水电局系统开展法律咨询活动。区总工会女职工委员会开展“三八”节活动，培养女职工“自尊、自重、自强、自立”的品质。至年底，全区女职委建立扶贫基金会2个、联系特困女职工7人，慰问失学女童9人，捐款4.63万元，捐物506件。是年，针对全区下岗女职工占职工总数的48.5%这个特点，区政府、区有关部门、区总工会十分关心和重视，全年共举办转岗技能培训5期；区总工会职工业余学校举办下岗女职工培训班12期，培训下岗女职工1120人次。同年，全区女职工来信来访32件(次)，处理28件(次)。大多数女职委参加集体合同签订工作，集体合同中已写进女职工劳动保护内容的有85家，参加女职工生育统筹的企业6家，全区妇女病普查人数2156人。

2003年，全区女职工开展“双文明”立功竞赛活动50余次，参加女职工1432人次。在职工经济技术创新活动中，提合理化建议的女职工669人次，提合理化建议491条，实施380条。全区260个单位6163名女职工参加妇女病普查，处理女职工来信来访13件(次)，安置下岗女职工52人，6012人参加生育统筹。

2008年，签订女职工专项合同146家；举办女职工建功立业活动214次，参加8823人次；举办女职工培训138期，参加人数1165人；开展巾帼建功竞赛98次，举办培训班102期。全面开展女职工“建功立业”活动，丽水市百货大楼有限公司床品柜组荣获全国“建功立业”标兵岗称号。

2009年，继续深入开展女职工“一学二争三创”活动，全年各级女职工委员会共举办各种内容的女职工培训221期，参加培训4148人次。浙江乾麟缝制设备有限公司女职工吴丽荷被评为莲都区“勇克时艰杰出职工”。

2010年3月8日，发放“一学二争三创”倡议书，在全区女职工中掀起“学、赶、超”活动。举办全区女职工礼仪培训，有200多人参加。

2012年，区总工会团结动员全区女职工开展“创先争优”活动。积极开展多方位、多层次女职工技能培训，增强女职工自身竞争能力。全区各级女职委共举办各类女职工培训141期4415人次，全年全区开展女职工建功立业活动，参加17500人次，企业女职工人数的。教育工会女职工徐华燕荣获“丽水市女职工建功立业标兵”称号；莲都区碧湖镇总工会女工委荣获“丽水市先进女职工组织”称号，区总工会尤恒芳荣获“丽水市先进女职工工作者”称号。联合妇联、卫生等单位开展女职工健康保健知识专题讲座。全年全区女职委共筹集帮困资金27.41万元，为困难、失业单亲困难女职工解决了实际困难。

2013年，岩泉街道女职工委员会获“浙江省工会先进女职工组织”称号。

2014年，莲都区人民医院荣获“浙省先进女职工组织”称号。

2015年，利用“三八”妇女节，举办女职工劳动保护特别规定知识讲座，全区各系统(局)、乡镇(街道)、部分规上企业女工委主任近100人参加培训。

2020年，开展女职工权益保护法律法规知识线上答题送福利活动，累计参与职工近500人。开展丽水市“十大女职工特色工作品牌”选荐活动，通过前期摸排调研，区总工会推荐3个单位参加，最终“96345”民生热线被正式入选，被命名为“十大女职工特色工作品牌”。

第三节　女职工特殊保护

女职工特殊保护是针对女性的生理特点，在女职工生理机能变化过程中进行的特殊保护。主要指月经期、怀孕期、生育期、哺乳期的保护，1986年又增加了更年期的劳动保护。旧社会女工深受多重的压迫，根本没有对女工的特殊保护。中华人民共和国成立后，各级党委、政府关心妇女，保护妇女的合法权益，重视女职工特殊保护。1951年，政务院颁布《中华人民共和国劳动保险条例》，丽水全县实行劳保企业女职工享受生育产假56天，工资照发，结束了女职工孕期、产期生活无保障的局面。

1953年，公布《劳动保险实施细则修正草案》，对女职工生育待遇和在企业中设立妇幼保健、托儿组织、女职工哺孕期保护等都有明确规定。20世纪50年代，丽水县总工会与企业行政协商，根据女性生理特点，在工种分配上予以照顾，并规定女职工经期内不得从事高空、高温、高强度及野外作业。

1981年，丽水县总工会女职工委员会建立后，就举办了5期女职工培训班，进行女工工作业务、妇幼保健、计划生育知识的教育，有300余人次接受培训。

1996年，组织全市8000多名女职工参加妇女病普查。

2005年，认真学习贯彻落实女职工特殊劳动保护有关条例，对8个行业17家单位女职工特殊权益保障情况进行检查。举办6期妇女保健讲座。

2007年，签订女职工权益保护专项集体合同229家，建女职工组织293个，有专兼职女职工委员372人。实施“女职工建功立业工程”和“女职工素质提升工程”。签订全区职工参加生育统筹的企业31个，享受生育保险待遇的156人，参加妇女病普查单位267家，参加普查人数达3987人。全年专访女职工案件25件。同年11月，由网程网主办，市人民医院协办的“关爱妇女、倡导无胸罩日大型文艺晚会”在纳爱斯广场举行，宣传妇女健康知识。

2008年，全区参加生育统筹的企业138家，享受待遇的女职工达5386人，参加妇女病普查5000多人。

2009年，建立和完善帮扶困难女职工长效机制，开展女职工健康保健知识专题讲座，加大生育统筹工作力度，同时积极吸收广大女职工加入工会。推进《女职工权益保护专项合同》，在签订女职工权益保护专项集体合同中，规模以上企业达100%，中小企业75%。女农民工劳动合同签订率96%。进一步加强帮扶困难女职工工作，全区各级女职工共筹集帮困资金19.7万元，为困难女职工解决实际困难。营造“关爱女性，呵护健康的良好氛围”，全区参加生育统筹企业179家，享受待遇的女职工8566人次，继续开展妇女病普查工作，全区参加妇女病普查的女职工6000多人，女职工特殊保护权益得到落实。

2013年，要求各企事业单位将女职工“四期保护”及女职工在孕期、产期、哺乳期间不得与其解除劳动合同条例写入集体合同和女职工专项集体合同，保护女职工特殊权益。开展女职工法律法规宣传，发放《女职工劳动保护特别规定》300余册。加强困难女职工帮扶工作，全年共走访慰问困难女职工52人次，帮扶困难女职工171人次，其中单亲困难女职工16人次，女农民工104人次，组织50名困难女职工参加妇女病及“两癌”筛查。

2017年，女职工“妈咪暖心小屋”建设全面开花，区教育工会实现让900多位育龄女教师尊严体面哺乳，区教育工会代表莲都区在全市女工会议上作经验交流，省总工会女工部长赴处州中学现场考察并给予高度赞扬。

2018年，为保障女职工合法权益，浙江省总工会女职工委员会正式在全省范围内推广“妈咪暖心小屋”建设，区总工会女职工委员会投入补助资金2万元建设“妈咪暖心小屋”。

2020年，经过4年的努力，在全区共建“妈咪暖心小屋”34家，处州中学“妈咪暖心小屋”和水东小学“妈咪暖心小屋”被评为省级示范“妈咪暖心小屋”。

第四节　巾帼奉献

丽水市总工会把提高女职工的思想政治水平和文化技术素质，组织女职工积极参加社会主义建设作为一项重要工作。组织女职工在各个历史时期积极参与增产节约、增收节支和各项社会主义劳动竞赛活动，充分发挥女职工应有的作用。

1990年3月8日，市总工会女职工委员会开展“三八为民服务一条街”活动，组织400余名女职工到城关镇中山街摆摊设点，开展为民服务活动，各基层女职工委员会根据行业特点和女职工本人特长安排服务项目，有理发、裁剪、修理电器、自行车和缝纫、医疗、农技、林业咨询等20个项目，仅3月5日一天，为民服务达7000余人次。

1991年，是“八五”计划的第一年，省女工委向全省女职工发出开展“巾帼奉献活动”的号召。3月5日，丽水地、市女工委召开纪念“三八”妇女节座谈会，会上有10名女劳模向全市女职工发出“巾帼奉献”建功立业倡议，各行各业女职工积极响应，在该年度开展的“质量、品种、效益年”竞赛活动中，增强质量意识，严把质量关，发扬勤俭节约的优良传统，增收节支，开展技术比武等活动，以高标准的工作质量和工作效益为人民服务，为“八五”计划的实现建功立业。

1993年，根据省总工会女职工委员会提出的“巾帼奉献”的要求，丽水市总工会在女职工中开展各种竞赛活动，有17人获评省(部)级先进，28人评获市级先进，120人评获区级先进。

2009年，开展“巾帼建功”竞赛133次，全区开展女职工建功立业活动179次，参赛女职工9957人次，占企业女职工的91%。女职工建功立业活动中，有17人获评省(部)级先进，31人获评市级先进，142人获评区级先进。

2010年底，全区女职工组织380家，有专职女职工工作人员3人，兼职516人。是年，在“一学二争三创”活动中，开展女职工建功立业活动145次，参加人员10320人次。19人获评省(部)级先进，33人获评市级先进，156人获评区级先进。举办各类培训班221期，参加培训5525人次。在“金锤奖”杰出职工评选中，农村银行女职工郑玢邡获市级“金锤奖”杰出职工称号。

2015年，全年开展女职工建功立业活动180次，参加活动112318人次，占企业女职工总数的94.27%。24人获评省(部)级先进，35人获评市级先进，176人获评区级先进。举办各类培训班221期，参加培训5525人次。

第十二章　财务经审

工会财务工作是工会工作的一个重要组成部分，依照《中华人民共和国工会法》和《中国工会章程》的规定，工会实行独立自主的经费、财产管理，各级工会组织建立财务管理组织机构，贯彻工会财务为职工群众服务、为工会建设服务、为生产服务的方针，收好、管理好、使用好工会经费，还要管理好，使用好工会财产。同时，根据《中华人民共和国工会法》《中国工会章程》的规定，各级工会代表大会选举产生同级经费审查委员会，负责审查同级工会组织及其直属企业、事业单位的经费收支和资产管理情况，监督财经法纪的贯彻执行和工会经费的使用，并接受上级工会经费审查委员会的指导。

第一节　工会经费

1951年初，各企事业单位都按职工工资总额2%拨交工会经费。

1956年3月，改由建有基层工会的企事业单位拨交，工会会员按工资总额1%交纳会费。

1969年5月，执行浙江省革命委员会的通知，停止拨交工会经费和收取会员会费。

1977年10月，恢复县总工会后，经费由地方政府划拨。

1979年1月起，执行《关于企业、事业、机关行政方面拨交工会经费的联合通知》和《补充通知》的规定，建立工会组织的企事业单位行政方面按职工工资总额2%拨交，国家机关按工资总额1%拨交，会员按工资总额的0.5%交纳会费。

1985年10月至1988年11月，市总工会深化工会财务改革收到了良好效果，共收行政拨交经费81.2万元，平均年递增率为35.6%，其中1987年人均10.24元，居全区首位。1988年，本着"统一领导，分级管理，简政放权，管好用活"精神，扩大事业单位、委局工委、产业工会和基层工会的经费管理使用自主权。市职工业余学校实行学费收入"核定基数，超收按规定比例分配（事业发展基金60%，集体福利基金20%，奖励基金20%）"；市工人文化宫实行"包死基数，确保上交（固定资产折旧费），按规定比例分配（事业发展基金60%，集体福利基金20%，奖励基金20%），歉收自补"个人承包，全员共担风险的"双文明"经营承包责任制，承包期内承包人对文化宫两个文明建设，两种效益，以及发展后劲和职工生活负全部责任；市教育工会经济自主，独立建账，从2%行政拨交经费中回拨10%作为活动经费；委局工委"核定上解定额，超收回拨市总留成（25%）中的50%作为奖励"；职工较多，单位分散，管理健全的基层工会将一部分经费分配到车间工会或小组使用。针对全市商业系统110个独立核算单位有96个实行租赁承包经营，并一度出现部分企业工会经费收交"难"的新情况，重申坚持执行《中华人民共和国工会法》，落实"无论何种承包形式都应将工会经费包进去"的精神，采取不同承包形式不同计提办法健全拨交经费手续，协助承包、租赁企业工会解决经费收交"难"，努力收足行政拨交工会经费，丽水市总工会《做好租赁承包企业工会经费计提和上缴工作》的经验，曾于1988年11月在华东地区第四次工会财务协作会议上介绍。

1990年10月起，根据《中华人民共和国工会法》规定，凡已成立工会组织的机关行政单位改为一律按工资总额2%拨交工会经费。实行“统一领导，分级管理”，行政拨交经费的60%留基层使用，40%上交县（市）工会（其中25%留县，15%上交上级工会），会费收入全部留基层工会使用。

1992年，由于体制改革特别是撤区扩镇并乡后，给工会经费的收缴带来困难，市总工会根据上级工会的有关精神，下发了丽市总工〔1992〕22号文件《关于对乡镇工会拨交工会经费实行新办法的通知》。规范乡镇工会经费拨交工作。

1997年，在企业经营和效益不景气的情况下，市总工会千方百计抓好工会经费的收、管、用工作，财务人员下企业、抓管理、抓预算、量入为出，坚持把好经费使用关，为工会工作顺利进行提供经费保障。

2000年5月20日，丽水进行撤地设市建区工作，原属丽水市（县级）管辖50个单位上划市管，莲都区基层工会也面临组织整顿，面对这样的情况，给莲都区工会经费收缴带来一定的难度，区总发动全区工会组织团结一心，共同努力，工会经费的收缴工作创区总历史最高水平。

2001年，在工会经费收缴难度仍很大的情况下，至年底统计共收工会经费70万元。

2013年开始，全区行政事业单位工会经费实行财政统一划拨，企事业单位工会经费实行委托税务代征，经费收缴较上年有所增长，进一步增强了工会实力，为各级工会开展工作和组织活动提供了物质保证。

2015年1月，举办全区基层工会经费收支管理工作培训班，并开展区属基层工会财务互查互评，做好各乡镇（街道）工会、系统（局）工委工会经费回拨和工作经费补助工作，收到良好效果。

2020年，做好为企业减负担降成本工作。根据《浙江省总工会关于缓解企业上缴工会经费的意见》文件精神，继续实行企业拨缴上级工会经费缓解20%审批备案工作。截至第三季度，已为企业减负56万元，涉企业175家。莲都区总工会利用“三服务”活动开展的契机，始终不断创新推进以更加高效优质服务保障水平，让企业轻装上阵积极为企排忧解难。

1979年至1982年6月（第八届）经费收支一览表

表2-12-1-1　　单位：元

项目	收 入	项目	支 出
各项经费总收入	375615	各项经费总支出	319722
行政拨交经费	251510	上解省总工会	92467
各项事业收入	54105	行政费支出	40266
县财政补助	30000	事业支出	183922
省总工会补助	40000	其他支出	3067
收支相抵结余	55893		

三年来，用于职工业余学校、电影队建设、群众文体活动和建文化宫活动室等事业支出占经费总支出的57.53%，行政费支出占12.59%。

1982年7月至1985年9月（第九届）经费收支一览表

表2-12-1-2　单位：元

项目	收 入	项目	支 出
各项经费总收入	868626	各项经费总支出	760291
上届经费结余	55893	上解省总工会	127744
行政拨交经费	342218	行政费支出	65713
各项事业收入	149898	事业支出	566834
地县财政补助	175000		
省总工会补助	112770		
收支相抵结余	108335		

三年来，用于职工业余学校、电影电视建设、建造文化宫活动楼及添置设备和群众文化活动等事业支出方面占经费总支出的74.5%，用于行政费支出占经费总支出的8.6%。1984年，省总工会丽水地区办事处对丽水县总工会1983年经费开支及执行财务制度方面进行了检查，认为基本做到开支执行预算，报销符合手续，单据齐全，账目清楚，账表相符。是年，县总工会对企事业单位行政拨交工会经费情况进行了调查核算，全县161个应拨交工会经费的单位中只有31个单位按工资总额2%计提，仅占19.24%，全年欠提工会经费6万元左右，对此县总工会进行了追补和清欠。

1985年10月至1988年11月（第十届）经费收支一览表

表2-12-1-3　单位：元

项目	收 入	项目	支 出
各项经费总收入	1302384.85	各项经费总支出	1192458.95
上届经费结余	108335.00	事业活动费支出	151265.41
基建款筹集	196652.00	工会建设费支出	35754.17
行政拨交经费收入	812008.99	基本建设费支出	523780.44
政府补助	40000.00	补助下级支出	33294.40
上级工会补助	130877.93	上解经费	307093.01
其他收入	14510.14		
收支相抵结余	109925.90		

第二节　工会财产

文化宫财产　中华人民共和国成立初县总工会(筹)和城区区工会使用政府调配的产权属房管部门的公房办公,没有固定资产。

1951年3月,报经丽水专员公署批准在城区三衙后兴建工人俱乐部用房,并将该处东至环城公路、南至继光街、西至丽水县人民医院、北至枣山庙约3万平方米空地全部划归工会使用。是年下半年破土动工建设工会用房。

1952年5月,建成工人俱乐部工人大会堂一座,活动室21间,建筑面积1250平方米,共耗资人民币2000余万元(旧币,不含拆运旧城砖、搬运木材等建材义务劳动工)。

1953年12月,工人俱乐部改名丽水县工人文化宫。县工会先后将东、北向空地辟为工人体育场。

1973年,开始对原工人大会堂进行拆建,扩建了门厅、放映室、楼座、舞台和化妆室,历时3年,于1976年完成土建工程。

1978年,县总工会恢复后,进行了内部装修和添置设备,成为全县职工开会、放映电影、文艺演出的综合活动场所。建筑面积为1185.66平方米,耗资10.51万元。

“文化大革命”期间,工人文化宫东侧简易灯光球场和北面工人体育场共约25000平方米被县体委修建改建为体育场、馆。

1981年2月,拆除工人文化宫图书室和办公室平房(危房)建造工人文化宫职工活动室,钢筋混凝土结构四层楼屋一幢,建筑面积1046.41平方米。

1983年8月,工人文化宫活动室落成,耗资11.9806万元,其中省总工会补助7万元,省总工会丽水地区办事处补助1.5万元,县财政补助3万元,县总工会自筹4806元。

1984年元旦,文化宫活动室正式开放。是年下半年,改作县职工业余学校教室和总工会办公室使用。根据省总工会财字{1983}35号文件批复,于1983年上半年着手筹建工人文化宫职工活动中心。县委和县人民政府领导召集县计委、建委、财政、体委和县总工会负责人现场察看集体研究,确定以工人文化宫篮球场向北推移,西起丽水县人民医院围墙向东33米,南起县总工会原围墙向北15米共495平方米地基作为兴建工人文化宫职工活动中心楼(后定名“同乐楼”)地基,报经省总工会批准总造价34万元。省总工会补助18万元,县财政补助10万元。于同年底破土动工兴建。

1985年3月,县总工会九届六次会议作出《关于工人文化宫同乐楼集资的决定》,为解决资金缺口,发动企事业单位和会员个人捐资赞助,1986年9月建成钢筋混凝土结构6层楼屋一幢,建筑面积2060平方米,因建材大幅度提价和添置配套设备等原因,实际耗资45.6876万元,除省总工会补助21万元,市政府补助14万元,省总工会丽水地区办事处补助1万元外,市总工会自筹4.0576万元,集资5.63万元。

2014年底迁往位于大洋路与庆春路之交叉口东南侧的新址。

2020年,严格落实各项固定资产管理制度。制订年初计划和做好年终总结,严格执行文化宫资产、岗位责任制等各项管理制度,明确职责,理顺关系,加强管理。严格执行规定,职责分工明确,同事团结协作,完成各项工作。加强与工会一楼、二楼动岚健身中心、三楼睿达资优教育的合作管理，完善合作协议，落实消防管理责任书，每月定期检查，节假日重点检查，发现隐患及时整改，确保安全。做好工会资产日常经营和管理。区工人文化宫定位公益，服务职工，通过对文化宫固定资产保值增值的经营等进行不断改良、管理，保持文化宫院内交通秩序有序，环境卫生清洁，做到安全第一。通过市场化运营，盘活和激发新形势下文化宫的发展，新的运动场地、健身器材、管理模式顺应时下文化宫的长远发展。

职工业余学校财产　20世纪50年代初创办职校时，借用小学校舍和其他公房，1954年7月，省总工会批准在县工人文化宫工人大会堂北侧建造职工业余学校，校舍砖木结构平屋14间(6个教室)，共约300平方米。

1984年下半年，根据省总工会批复，将1983年8月落成的县工人文化宫职工活动室钢筋混凝土结构四层楼屋，建筑面积1046.41平方米中的一层、三层两层调拨给县职校使用，二层、四层两层是市总工会办公用房。

1989年5月，经省总工会同意，拆除市工人文化宫东侧原职工活动室砖木结构平房(危房)11间，建造职校教学楼，钢筋混凝土结构建筑面积2288平方米。

1991年9月动工兴建职校教学楼。

1992年10月职校教学楼建成，共耗资89万元。2014年底迁往莲都区总工会位于大洋路与庆春路之交叉口东南侧的新址。

干部宿舍　1984年6月，省总工会批准建造职工宿舍，拆除县工人文化宫影剧院北侧原职校12间教室260平方米危房，建造4层16套职工宿舍楼一幢。

1985年8月建成干部宿舍，实际建筑面积1047.6平方米，耗资14.9356万元，县财政补助2万元，县总工会自筹12.94万元。

1995年12月，工会干部宿舍进行房改，房产权属工会职工个人所有。

工会迁建　经过几年的酝酿和市委、市政府、区委、区政府安排，作为莲都区委、区政府重点建设项目之一的区总工会迁建工程于2010年被提到议事日程。规划中的莲都区总工会位于大洋路与庆春路之交叉口东南侧，用地面积7847平方米，总建筑面积10830平方米，核定工程概算5738.88万元，沿庆春路为8层主体，沿大洋路为2层附属房，东侧布置羽毛球场和篮球场。

2013年1月，区总工会迁建项目正式开工后，区总工会高度重视，主要领导亲自抓，省总工会派专人来莲都调研，给莲都区总工会迁建工程200万元专项资金支持。经多方共同努力，迁建工程按时、优质、高效、安全地完成。主体大楼于10月19日结顶，2013年全年累计完成投资2000万元。

2014年底，区总工会、区工人文化宫、区职工业余学校迁建工程基本一并完成，已于2015年初投入使用。新大楼的建成不仅为区总工会及下属事业单位提供办公需要，还将承担全区职工文化学习、业务技能培训、休闲娱乐等职能。

2015年，区总工会大楼迁建项目完成，区总严格按照有关程序向上级工会报批并做好后续相关工作。

2016年，做好工会资产移交管理工作，8月11日正式与市人民医院办理财产置换手续，同时做好工会新大楼双证办理。

其他 1989年，因拓宽继光街，市工人文化宫南面围墙拆除向北后退，市总工会自筹资金7.5737万元，沿街建造砖混结构商业平房8间及值班室、影剧院售票房各1间，有围墙，计210平方米。

截至1990年底，市总工会拥有固定资产原值113.6269万元。

另有4处房屋由于长期失管，产权无形消失。这4处房屋都是1958年后省总工会拨款为劳模、先进办好事实事建造的职工宿舍，分别为：

(1)灯塔街75号，即原丽水行署大院内，建有砖木结构平屋7幢，每幢6间，每间约20平方米，共840平方米左右，原分配给县以上劳动模范和先进生产(工作)者免租使用。1963年丽水行署恢复后，被无偿调用，1985年建行署办公大楼。其中，73幢被拆除，后建食堂又拆去2幢，目前尚留2幢已翻修为两层楼屋。

(2)中山街435号，砖木结构平屋2幢，每幢20间，每间约18平方米，约720平方米，原为分配给劳模和先进生产(工作)者及2位县总工会干部免租使用。1981年因拓宽街道、建造处州商场和县工商局干部宿舍而拆除，当时由县工商局付给县房屋经营公司补偿费10.5万元。

(3)太保庙背4号，泥木结构平屋12间，建筑面积共300多平方米。有电池厂、印刷厂、火柴厂等12户职工居住，“文化大革命”期间被县房管会接管。

(4)高井弄43—52号，砖木结构两层楼屋一幢共11间，建筑面积400多平方米，有火柴厂15户职工居住，“文化大革命”期间被县房管会接管。

第三节 经费审查

1952年12月10日至12日，在丽水县总工会工人俱乐部召开丽水县工会第一次代表大会，民主选举产生丽水县总工会第一届委员会委员29名；丽水县第一届经费审查委员会委员5名，经审主任：包子光；副主任：李福云；委员：陈安民、张碎儿、杨联青。从此，县工会每次代表大会都要产生县总工会委员会和经费审查委员会。每届区总工会经审会每年都要对区总工会财务经费收、管、用进行审查。

2013年，工会经费审查监督进一步加强。

2015年，区总工会经审会对区总工会本级2014年工会预算执行情况和2015年度预算安排情况进行审计，并提出审计意见；还审查了职校、文化宫财务，出具审查报告；同时对4家基层工会财务也进行审计。

2016年，重点做好基层工会经费收管用的自查自纠工作。分别于3月、7月、9月组织开展基层工会经费收支情况的自查自纠，重点自查单位有联城街道、碧湖镇、区交通局、区农业局、区教育局5家单位工会，自查时间为2014年以来的工会经费收支情况，要求上述单位在自查的基础上进行自纠。同时组织经审会对白云街道机关工会、区教育局机关工会、区基层水利服务中心站工会、区丽云卫生院工会、雅溪镇机关工会5家基层工会经费收支情况进行经费审查。对违反者督促其整改清退。

2017年3月，组织开展全区行政事业单位2016年度工会经费使用情况自查自纠，并联合区纪委、区审计局重点抽查了19家基层工会，对发现的问题要求基层单位进行整改，并要求整改到位。为使基层工会更加了解上级工会的经费政策，制定并下发《关于加强和规范全区行政事业工会经费收支管理的通知》，进一步规范基层工会管好、用好工会经费。

2018年6月，组织召开基层工会经费收支管理培训会议，基层工会260名工会干部参会。对6家基层工会开展经费审查，提出了28条审计意见，严肃了工会财经纪律。通过走访基层，摸清家底，夯实经费收缴基础，解决经费收缴难问题。至10月底，收缴行政事业单位工会经费461万元，企业工会经费70万元。同时完成区总会经费上解任务。

2020年12月初，莲都区总工会经审委组成审计小组对瓯江度假委员会、区旅投公司、区委党校、老竹镇政府、白云街道总工会等基层工会的2019年工会经费管理使用情况进行审计。审计人员对基层工会的会计账册、凭证、报表等逐一进行查阅审查，审查了支出项目是否正确，审批手续是否规范完备，原始凭证是否符合要求等。经过审计，审计人员对基层工会2019年工会经费管理使用情况给予了充分肯定。他们认为，基层工会工作在原来的基础上有了新发展，在资金使用和管理方面符合要求，资金如实规范发放，财务管理制度健全，账目明晰，档案规范。审计人员针对基层工会经费管理使用工作中存在的薄弱环节，提出了进一步加强年度预决算和完善规章制度等建议、要求。基层工会人员听取后将按照审计人员的建议和要求，进一步制订整改方案，落实整改措施，合理使用经费，确保把现有的工会经费充分利用起来，为职工开展各项活动提供有力保障。

第四节　财务管理

丽水县总工会1950年末设财务管理机构，配备专职财务干部，各基层工会设财务工作委员会和配备兼职财务人员，层层建立经费审查组织，实行群众监督制度。丽水县工会于1952年12月10日至12日在丽水县工人俱乐部召开丽水县工会第一次工会代表大会，民主选举产生了丽水县总工会第一届委员会，委员29名；丽水县第一届经费审查委员会委员5名。

1953年，针对私营企业工会在经费收缴管理上的问题和国营单位工会在执行财务制度上的问题，进行了基层工会财务整顿，制定经费、会费收缴办法和开支制度，纠正了收、管、用混乱状况。是年10月，省工会温州专区办事处推广丽水县工会整顿基层工会财务工作经验，12月，又转发《丽水县工会联合会经费审查委员会10月份的审查情况报告》，认为“及时审查工会经费收缴与使用和建议县工会常委会对财务工作加强领导；县工会财务部门应深入基层检查督促基层工会及时公布账目，防止贪污、挪用的意见好”。

1979年，县总工会建立财务工作委员会。

1982年，执行《浙江省基层工会财务工作互助组暂行规定》，将全县151个基层工会组建为9个财务互助组，建立了基层工会财务互审、会审和经验交流、业务培训制度，财务会计工作检查评比制度。认真贯彻全总《基层工会会计制度(试行)》和浙江省总工会《关于基层工会经费使用原则、开支范围的试行规定》。

1984年，机构改革后，县总工会设立财务办公室。

1985年，被省总工会评为财务工作先进单位。

1987年9月，财务办公室调整更名为财务部。

1988年，连续5年被省总工会丽水地区办事处评为财务工作先进单位。

1990年，随着基层工会组织发展，全市374个基层工会组建为23个财务互助组。是年，在开展基层工会财务会计工作竞赛活动中，对照年度竞赛条件，通过互查、会审和联评，累计有279人获得一等奖，443人获得二等奖。

1991年，市总工会为贯彻国家和上级工会有关方针政策和财务制度，进一步收好、管好、用好工会经费，下发《关于实行基层工会财务检查制度的通知》，规定从1991年起，每年4—5月，对市基层工会的财务进行一年一次的检查。检查内容为各项经费的收入、管理和支出，重点检查"三个是否相符"（账册、账务、账实是否相符）。

1995年，根据上级工会和财税部门要求，针对部分基层工会重钱轻物的思想，于10月底对基层工会所属企事业单位进行一次财产清理登记、改变过去家底不清、资产管理混乱的现象。

1998年12月，召开基层工会财务工作会议，以经验交流为主，进一步强化健全各级工会的财务制度。

2000年，区总工会针对不同所有制企业、不同层次的不同对象，采取多种形式宣传《中华人民共和国工会法》和有关拨交工会经费的方针政策，使有关部门、企事业单位行政领导和职工群众提高拨交工会经费的自觉性。同时，还将经费收缴工作作为对基层进行年终考核的项目之一，有力调动了工会干部收缴工会经费的积极性，工会经费大有增长。

2003年，转发全国总工会印发的《工会经费呆账处理办法》，执行省总工会对呆账的确认、呆账处理的原则、呆账处理审批程序、呆账的账务处理等具体规定。

2006年，根据省总工会印发的《关于乡镇（街道）工会财务工作的意见》和《关于基层工会财务规范化建设的意见》，进一步加强乡镇（街道）工会的财务管理，加强对基层工会财务规范化建设工作的指导和检查，强化基层工会财务的各项基础工作。

2010年，为加强全区基层工会财务管理工作，实现管理规范化。6月份，区总工会制定《基层工会财务规范化建设实施意见》，要求在3年内，全区基层工会财务工作基本达到规范化建设的要求。同时，要求以非公企业工会财务管理规范化建设为工作重点，70%以上规模非公企业工会财务工作达到规范化建设。是年经考核，首批57家企业基础财务工作达到规范化建设标准。

2014年，遵照执行省、市印发的《关于转发全国总工会办公厅〔2014〕14号文件停止执行〈增收留成基金管理办法〉〈财务专用基金管理办法〉和〈经审专用管理办法〉的通知》。

2015年，认真贯彻落实浙江省总工会办公室关于印发《浙江省总工会关于加强和规范乡镇街道工会经费管理的意见（试行）的通知》精神，针对乡镇街道工会的工作经费、工会经费监督管理以及规范工会财务管理等具体问题提出意见，切实指导监督乡镇街道管好用好工会经费。

2018年,根据浙江省总工会《关于加强和规范基层工会经费收支管理的实施细则》(浙总工发〔2018〕11号)文件精神,加强对基层工会财务工作的指导和检查监督,加强调查研究,组织开展财会人员业务培训,提高基层工会财会人员的整体素质,推进乡镇街道、园区和基层工会财务工作规范化建设工作。

2019年,区总工会收缴经费653.48万元。同年配合做好巡察审计工作并积极做好财务方面的整改,包括:区委第一巡察组对区总工会2013-2018年巡察工作,市总工会对区总工会2017-2018两年的经审工作,好区总工会对区工人文化宫2018年的内审工作。加强工会财务规范化建设,完成行政事业单位工会财务培训工作,参会人员90余人;完成财政授权支付电子化,银行账户大于2万元支出绑定单位领导、分管领导短信通知,加强了资金流动监管;完成工会财务日常工作,把好经费报销审核第一关。做好市总工会、区财政局、区审计局要求报送的各类报表和自查工作,报送政府财务报告,内部控制建设,财政供养等系统,配合做好单位公款竞争性存放检查,及时完成无债务申报、个税、五险一金、房产税、增值税等申报工作。

2020年,由浙江同方会计师事务所对区总工会的工会财务会计规范化管理评价、预算绩效评价以及对区总工会2019年工会经费等进行了专项检查。同年11月,对所有乡镇街道工会和基层工会委员会的经费计拨上缴情况进行了审计。同年12月,为进一步做好工会经费收缴工作,切实保障工会经费取之于职工、服务于职工,区总工会联合区税务局开展2020年度企业工会经费上缴情况自查自纠活动。

第三编　人物与荣誉

莲都工运史上人才辈出，本编设人物与荣誉予以记入。人物传按照“生不立传”的原则，不以人的地位、等级立传，共记载民国至2018年6月间故世的在莲都工运史上有较大贡献或起较大作用的知名人士共10人。人物简介共收录全国和省级劳动模范34人。

第十三章　人　物

人物入志是人们关注的重点，也是修志者的难点之一。本章的人物传和人物简介秉持实事求是的原则，力求客观、公正，以事系人，以此展现莲都工运杰出人物的精神风貌。

第一节　人物传

何子华

何子华（不详—1914），男，字佩印，丽水县城人，光复会会员。清光绪三十一年（1905），和魏兰等人创办利用织布学堂，后改织布公司，任经理。同年夏秋间，与阙麟书等组织处州拒约会，推动抵制美货运动。民国元年（1912）被选为县商会会长，次年“二次革命”失败后，被指名为“反袁会党”，遭捕入狱，气愤而死。

郑宝琳

郑宝琳（1882—1941），男，字楚臣，原籍瑞安金岙村。幼年丧父，依母帮工度日，17岁帮船家拉纤来丽水，入陈益美南货号当学徒，后自办源康南货号。民国8年（1919）集资创办普明电灯公司，兼营石印、碾米业务，开丽水电力工业先河。民国12年（1923），被推为县商会会长。民国13年（1924），集资创办普昌火柴梗盒片厂，有工人300余人，利用当地松树资源生产梗盒片，销往温州、宁波、上海等地。民国15年（1926），集资创办燧昌火柴股份有限公司，任总经理，注册资金24万元（银圆），厂房面积50多亩，有工人500多人，日产安全火柴400箩，远销北至天津、青岛，南到潮州、汕头等地。民国16年（1927），国民革命军第十四军第一师北上路过丽水，在丽水县征集民夫100人挑运物资，郑宝琳主持组织北伐军过境招待工作，脚穿草鞋，与民夫一起跋涉至缙云县，率领民夫安全返回。同年2月，郑宝琳任国民党丽水县党部监察委员。民国20世纪30年代始，帝国主义对华侵略加剧，日本、瑞士火柴倾销，燧昌火柴厂白蜡、磷硝进口价格上涨，产品滞销，资金亏损，停工停产。民国26年(1937)，抗日战争全面爆发，京、沪、杭相继沦陷，丽水成为浙江抗战的大后方，燧昌火柴厂成为浙、闽、赣边区日用火柴生产基地。郑宝琳任县抗敌后援委员会副主席，让出厂房给省建设厅办公；接待中共浙南特别工作委员会领导的浙江同乡回乡服务团，解决近百名青年的食宿问题。民国27年(1938)，燧昌火柴厂房遭日军飞机轰炸，工厂疏散到官桥、苏埠，继续生产，并将普明电灯公司全部资产，折股投入浙东电力厂建设；在张村街、下林、高坑一带开办萤石开采场；在苏埠创办南明茶叶厂，聘请皖南技工，制茶改烘晒为炒青。1941年病逝。

张新锦

张新锦(1899—1927)，男，又名张金钱、张有钱。浦江县和禅村人。丽水县早期工人运动领导人。1922年在杭州浙江公立法政专门学校读书时加入中国共产党，1925年参加并领导了杭州学生运动，代表浙江学生联合会出席在沪召开的全国学生代表大会，是年10月，当选为中国共产主义青年团杭州地委书记，兼管学生运动和工人运动。

1926年下半年，赴广州参加北伐军，在北伐军东路军政治部工作。翌年春，随军回杭，奉命帮助整顿国民党浙江省党部。1927年3月，以国民党省党部处州政治监察员身份到达丽水，开展工农革命运动，发动群众组织工会，建立起丽水县总工会及8个职业工会。“四•一二”反革命政变后，于5月中旬去金华，6月被捕，8月被害，终年28岁。

李春娇

李春娇(1889—1970)，女，丽水市城关镇人。利用织布厂工人。民国28年(1939)春，物价上涨，张春娇被织布女工推举为代表，向厂方提出“织布一机(30丈)，增加工资一元五角”的要求，遭拒绝，李即发动女工停机进行抗争，资方以“非常时期”“滋乱闹事”为名召来警员弹压，并将为首的李春娇及孙刘氏逮捕关押，激起群愤，全厂罢工，200余名女工上街游行，散发传单，在国民党县党部、县政府门前静坐抗议，当局慑于社会舆论，释放李、孙。工潮持续一周，以资方被迫同意增资要求宣告结束后，李春娇为资方所解雇。1970年病逝。

赵雨亭

赵雨亭(1899—1964)，男，宁波市人。15岁入宁波铁工厂当学徒，曾在上海、松江、苏州等地电厂当技工，民国13年(1924)携眷到丽水，先后受雇于普明电灯厂、浙东电力厂、燧昌火柴厂、普昌梗盒厂为电工技师。

解放后，任地方国营丽水第二碾米厂内燃机司机，1953年起，多次被评为县劳动模范和先进生产者，1958年4月，被省人民委员会命名为浙江省第一个五年计划劳动模范，1959年11月，被国务院命名为全国先进生产者。在厂期间，他设计改装引柴炉为炭炉，年节约1253.4万元，并两次改装和加大袭谷机皮带盘，改换引擎过桥天轴，使碾米机和砻谷机的台时产量，分别由625公斤提高到1250公斤。1956年，为提高出米率和米质，推广“轻机多碾”等5项先进经验，使出米率从73.8%提高到74.93%，每百斤稻谷多出米0.6公斤，含碎率也从27%下降为18%，自1956年5月到1957年9月，多产大米7万多公斤。由于赵雨亭不断进行技术革新，5年中多产大米21500公斤，节约机油192公斤，木炭12000公斤，增加各项收入11121元。1958年，丽水县工会联合会作出《关于组织全县职工学习赵雨亭的决定》。1964年病逝。

王继武

王继武（1917—1990），男，又名王一五，安徽凤阳人，省劳模，曾任丽水县总工会主席，1950年2月加入中国共产党。1938年进汉口大汉晚报做工，1940年—1951年先后在重庆南岸七桥复兴公司货运站、贵州龙里县运输公司、贵阳汽车站、浙江衢州公路联运处、丽水汽车运输处保养场任汽车驾驶员。1949年，衢州解放不久，主动协助公安部门缉获解放前曾任衢州保安司令的匪首。同时，还置生命于度外，积极带头参加军运和其他物资运输。1950年5月，调丽水运输处保养场任驾驶员和基层工会主席，并兼任浙江省交通公司工会副主席。彼时，丽水至缙云一带土匪活动仍很猖獗，王继武不顾个人安危，为领导驾车赴杭开会，运送各种物资，并带头开笨重的十轮大卡车，提高了货车的运输效率。同时，主动团结全厂工人，响应马恒昌小组的挑战，投入社会主义劳动竞赛。1951年5月，被浙江省人民政府命名为浙江省一等劳动模范。1951年9月以后，走上领导岗位，历任浙江省交通局丽水运输处工会主席，运输公司保养场场长，丽水城区工会副主席，丽水县总工会副主席、主席，中共丽水县委工交部副部长，中共丽水铁工厂支部书记，中共丽水县机关党委书记，中共丽水动力机械厂党委书记。1990年病逝。

袁均惠

袁均惠（1921—1990），男，江苏省连云港赣榆县人，中共党员，1946年参加革命，在家乡从事地下工作，任村干部。1949年南下到仙居县任县委常委，参加土地改革、镇压反革命、剿匪、减租减息，后任县手工业部部长。1955年调任温州平阳县矾矿改造公私合营联合公司，任联合公司副经理；1958年调任温州地委公交部办公室主任；1959年调任温州地质大队，任大队常委、党委书记；1962年调任丽水县城工部、统建部任部长；1963年任丽水县政协第四届委员会秘书长；1967年调任丽水县雅一电站总指挥；1972年任丽水县水电局局长；1977年任丽水县总工会主席，在任职期间，勇于改革，开创工会工作新局面，使因“文化大革命”十年被中断的工会工作焕发出新的生机。1990年病逝。

章庆霞

章庆霞（1927—2019），女，丽水市城关镇人，1979年调县总工会工作，1982年任丽水县职工业余学校校长，1983年10月，被全国总工会授予全国优秀工会工作者称号。

1979年初接受恢复职工业余学校的任务，在师资、场地、教材极为困难的条件下，于3月办起了3个职工班。1981年组织职工参加“双补”学习，当时职校只有她一个专职人员和3间教室，她克服困难，借校舍办学，开设了高中、初中和“双补”学习等16个班级，学员905人。为拓展办学渠道，还主动协助基层单位办学，仅囿山小学教室就办起了13个班，学员600多人。她年过半百，体弱多病，经常带病坚持工作岗位，为聘到一位好教师，经常奔走联系好几个单位。她善于集中群众智慧办学，虚心听取教师意见，及时采纳学员建议，努力改进教学。并为职校制定了一套行之有效的规章制度，带出了一个较好的校风，培养出一批优秀学员，成了企业的骨干。丽水县职工业余学校，1980—1986年，多次被评为省、地职工教育先进单位。2019年病逝。

庄启传

庄启传（1952—2019），男，汉族，浙江丽水人，中共党员，纳爱斯集团公司创始人。1971年进入纳爱斯集团前身地方国营丽水“五七”化工厂。1984年经职工民主选举为厂长，在任期间，他率领全厂从“无品牌”到拥有“雕”“超能”“纳爱斯”等十多个品牌，成为国家日化行业领军企业。1987年起连续当选丽水市（县）第九、十、十一、十二届人大代表，浙江省第七、八、十二届、十三届人大代表。1998年、2003年、2008年分别当选第九届、第十届、第十一届全国人大代表。曾先后获中国洗涤用品行业领军人物、影响中国品牌领军人物、中国化妆品工业终身成就奖、全国劳动模范、浙江省优秀企业家等称号。曾兼任中国洗涤协会副理事长，全国肥皂专业委员会主任委员。

首届世界丽水人大会授予庄启传“丽水市发展贡献杰出人物”称号，对他的评价是：他的产品进入千家万户，他的市场比肩国际巨头，四十七年坚守实业，六十六载驻守家乡，他是中国民企的一棵参天大树，根深植于秀山丽水，叶伸展在广袤蓝天。

庄启传的一生，是以奋斗改变命运、以智慧创造奇迹、以匠心赢取未来的一生。他作为丽水人，一生热爱并坚守家乡，为这片浙西南革命热土的经济发展作出巨大贡献，闪耀着敢闯敢干敢为天下先的企业家精神光辉。他作为党员，一生爱党爱国，坚持振兴实体经济，做大做强中国日化事业，带领纳爱斯成为日化行业领军企业，为中国企业国际化、现代化和可持续发展树立了典范。2019年病逝。

王岳成

王岳成（1951—2018），男，汉族，浙江丽水老竹镇梁村人，中共党员，大学学历，高级经济师。曾任丽水市第三届人大常委会委员，丽水市（县）人大常委会副主任，浙江省房地产业协会副会长、丽水市房地产协会会长、丽水市慈善总会副会长、丽水市企业家协会副会长、浙江金龙房地产投资集团有限公司董事局主席。

王岳成创建的浙江金龙房地产投资集团有限公司，具有国家房地产开发一级资质，公司在丽水市先后开发永晖新村、金龙商厦、紫金豪庭等十多个住宅小区，并在杭州、青岛、常熟等地有多个大型综合性地产项目。2012—2014年连续多年被评为中国房地产百强企业。王岳成本人不忘创业初心，尽最大努力奉献爱心，回报社会、家乡，主动参与社会公益、慈善事业等，据不完全统计，30多年来，王岳成同志用于社会公益慈善事业等共计善款累计超过4000万元。除了在丽水本地，王岳成还在广东清远捐资建设希望小学，在青岛资助文化设施建设等。2008年获省慈善总会、浙江日报报业集团、浙江广播电视集团和浙江在线联合授予的省第二届“十大慈善之星”称号。2018年病逝。

第二节　人物简介

叶开兴

叶开兴(1902—1979),男,丽水大港头河边人。民国28年(1939)加入中国共产党后,长期担任党组织交通联络员。民国36年(1947),参加中共浙江壮丁抗暴自救军三总队袭击大港头兵工厂战斗,缴获枪支80多支,叶开兴不辞艰苦危险,将所获枪支弹药埋藏在自家后院菜地,后安全运达游击区。解放后任河边村村长,后组织的农业生产合作社,成为全县规模最大的高级社。1952年被评为浙江省农业劳动模范。

邓陈仁

邓陈仁,男,汉族,浙江遂昌人。中共党员,大学文化。1957年8月毕业于南京林学院后,同年去北京林学院进修,跟随苏联专家学习。参与新中国第一部《森林昆虫学》编纂工作,为期2年,对乌桕卷叶蛾有过专门研究,并有专著。后调回浙江林业科学研究所任森林病虫害研究室负责人。他一生工作认真负责,不怕吃苦,长期蹲点常山(青田)油茶产区开展科学研究工作,对油茶疾病防治有专门研究并有专著。1962年在浙江省林科所被评为省劳动模范。后调丽水县工作,历任丽水县林业局副局长、局长、县科委主任之职。1995年退休。

叶敏君

叶敏君,男,汉族,丽水碧湖高溪村人。中共党员,大专文化。改革开放后,他承包了郎奇水库,高溪水库,开始了养鱼生涯。在养殖实践中,他拓宽思路,推行立体养殖模式,水里养鱼,湖面养鸭,周边山地种水果,还建场养猪,连续数年取得较好收成,荣获淡水养殖高级职称。在任村党支部书记村长岗位上,致富不忘乡亲,带领村民发展生产筹建企业,整治村容村貌,使他所在的高溪村从负债村走进文明小康村行列。本人获地(市)县(区)荣誉数十项。2010年被评为全国劳动模范。

周文平

周文平(1946—2016),男,汉族,浙江丽水长乐村人,中共党员。自参军入伍以来,在部队连续三年被评为“五好”战士。1976年起连续6年被评为安全驾驶员;连续7年被评为丽水县先进共产党员。1979年、1981年两次被评为省粮食系统先进生产工作者,1980年受到国家粮食部表彰。1982年获省劳动模范光荣称号。同年获国家商业部劳动模范称号。周文平身为驾驶员因公受伤后,带病坚持工作,他所驾驶的单车,行程、利润、载货、节油多年排名车队第一。

阮爱珍

阮爱珍，女，汉族，浙江温州人。中共党员，大专文化。20世纪70年代初进厂当学徒，从普通挡车工做起，工作兢兢业业，任劳任怨。在厂里开展“万条毛巾无次巾”的活动中，她第一个“创下万条毛巾无次巾”的纪录。成为“万条毛巾无次巾”纪录的第一位创造者。走上厂质检科长、厂质检办主任领导岗位后，处处发挥共产党员先锋模范带头作用，获得领导与群众一致好评。1979年荣获省劳动模范光荣称号。

叶雪萍

叶雪萍，女，汉族，浙江丽水人。中共党员，省委党校研究生学历。1976年12月进入国营丽水毛巾厂当学徒以后，刻苦钻研操作技术，1977—1981年连续5年被评为厂先进生产者。1980年完成计划产量110.6%，内销产品下机率达100%。1981年获全省毛巾织造挡车操作比赛第一名，同时获全国“三八”红旗手、国家新长征突击手等多项光荣称号。1982年获省劳动模范称号。1987年任生产计划科长后，虚心好学，深入一线，工作踏实。后经组织选送培养，先后任毛巾厂党委书记、丽水县外贸局副局长，丽水市(县)“两办”副主任、信访局局长、丽水市(县)经济贸易局局长等职。

雷马树

雷马树，男，畲族，丽水城关人。中共党员，初小文化。该同志自1961年国家困难时期起，担任丽水县丽阳乡凉塘村民主任以来，连续26年任村主任、村支部书记，从未间断。26年来带领村民多种粮、种好粮，支援国家建设。改革开放以后带领群众发展多种经营，全村种柑橘239亩，茉莉花1.3万盆，发展村办企业5家。茉莉花一项收入达1.2万元。在他任职期间村集体收入达14万余元，村民人均收入达2300元。1982年获浙江省劳动模范称号。

朱广华

朱广华(1933—2019)，男，汉族，浙江丽水市人。中共党员，特级教师。1950年1月毕业于浙江省立处州中学，同年9月开始从教。初为民办教师，1952年转为公办。有教龄44年。1955年开始任乡、区、县中心小学教导主任30余年，曾兼任浙江省小学数学教师研究会理事，丽水地区教育学会常务理事，小学数学研究会副会长，县小学数学研究会会长等职。在省级以上刊物发表论文70余篇。参与编写浙江省义务教育小学数学课本第二版，并合作编写了与教材配套的《教学参照书》共5册，供全省小学使用。1981年被评为浙江省特级教师，1983年获全国“五讲四美”为人师表优秀教师，同年获省劳动模范称号，1985年、1986年连续两年被评为浙江省优秀教师。

吕迪轩

吕迪轩，男，汉族，浙江丽水人，小学文化，中国民主建国会会员。该同志原从事农机具小五金修理，由于其努力学习，刻苦钻研，自学成才。1986年、1989年两次获全国工商总局先进个体劳动者称号。先后研制出MSO-11型可调式金属头颅咬合架等多个医学教学产品和国家专利产品，填补了国内空白。1985年被省政府授予优秀科学技术成果奖，当年获省劳动模范称号。被省工商局、省科委、省科协授予科学成果致富奖，被评为工程师。是全国唯一被载入《中国当代科技发明家大辞典》的个体手工业劳动者。

从20世纪80年代起，连续当选县人大八至十二届人大常委，政协七、十二、十三届常委。丽水市（地级）一届人大代表等职。

张学明

张学明（1932—2018），女，汉族，浙江丽水人。中共党员，中学文化。张学明是丽水市丽阳乡民政助理员，几十年如一日，兢兢业业，尽心尽责，为“最可爱的人，最困难的人，最需要帮助”的人办实事，办好事。她出色的工作受到了当地群众一致好评。所在乡1985年被评为市民政工作先进集体。1986年被评为市民政工作一等乡、省“双扶”工作先进集体。张学明连续5年被评为市（县）先进工作者。1987年荣获省劳动模范称号。

潘森仁

泮森仁，男，汉族，浙江省东阳市人。中共党员，中专文化。自1970年进丽水市毛巾厂工作以来，认真好学，力求上进。历任毛巾厂工艺员、生产科长、副厂长、厂长等职，带领全厂1200多名员工，为国家创利年均达145万元。由于其工作表现突出，1987年获评省劳动模范，1988年获评纺织部劳动模范。退休后受聘浙江纳爱斯集团任总监多年。

舒里红

舒里红，女，汉族，浙江省青田人。中共党员，大学文化。舒里红大学毕业后曾分配西北农学院任教达12年，后调回丽水工作。她一辈子从事教育，把育人归纳为“热爱、研究、严格、宽厚”8个字；把教学总结为“调、明、实、复、合”5个字。施行了“五个字”教育法后，她执教的化学课成绩跃居6个班之首。“五字教学法”论文曾参加1988年全国中学化学教改经验研讨大会交流，得到了全国专家们的肯定，该文曾在全国性刊物《化学教学》上发表。1989年个人获全国先进工作者称号（享受省级劳模待遇），同年获得浙江省“优秀论文奖”。舒里红在省级刊物上共发表了32篇论文，在平凡的岗位上作出不平凡的事迹。她还多次被聘为省中小学教材编委会成员等。

付学勤

付学勤，男，汉族，浙江丽水人。中共党员，初中文化。

付学勤是丽水城关太平坊粮站站长，负责供应1万多名居民及周边单位食堂的粮油等食品，单位平凡工作业绩却不平凡，每天上班脏活、重活、累活几乎一人全包着干。如打扫升降机堵塞、清理，滚油桶、倒粮仓、打油等。他工作认真负责，任劳任怨，常常带病坚持工作，早开门，迟关门，粮站内还备有便民“袋”“瓶”“药”“针线包”等。他还带头开展增产节约运动，勤扫“地上粮”等。太平坊粮站连续数年被评为省、地、市先进单位。1986—1990年，付学勤个人多次被评为省、地、市先进个人。1989年，获商业部劳动模范称号（享受省级劳模待遇）。

江君佐

江君佐，男，汉族，浙江丽水太平乡人。中共党员，高中文化。

1983年，突如其来的一场大洪水，冲毁了太平乡沙河村87亩良田，全村人正陷入绝望之际，江君佐站了出来，拿出自家的几亩良田，带领村民，战天斗地，恢复良田，发展生产自救。1984年任村民主任以来，带领村民积极发展种养殖业，把1983年村民人均收入不到百元的落后村，建成村民人均收入达万元的先进村。1988年获省劳动模范称号。连续四届任职丽水市（莲都区）人大常委会委员、政协委员。个人集资建小水电站多个，为社会公益事业捐资近百万元，获得群众一致好评，2009年获得全国新农村建设十大新闻人物称号。

周立火

周立火，男，汉族，浙江丽水人，大专学历，经济师。曾任丽水县越剧团演员班长，丽水县图书馆副馆长、馆长，县电影公司总经理、支部书记，县文化局办公室主任等职。县人大十二届、十三届人民代表。

无论在哪个岗位上，工作认真负责，密切联系群众，干一行爱一行，踏实肯干，群众有口皆碑。1991年11月参加北京人民大会堂举行的首届表彰大会，荣获文化部、人事部颁发的“全国文化系统先进工作者”称号（享受省级劳模待遇），受到江泽民总书记接见并合影留念，文化部主编《文化群英录》一书，登载了周立火事迹，标题为《歌吟困境丽水人》。

雷薛华

雷薛华，男，畲族，浙江丽水人。中共党员，大学文化，中学高级教师。1991年6月，雷薛华接受组建丽水青少年游泳队任务后，刻苦工作，克服家庭困难，尽心尽责。组队以来，在他带领培养下，向省队输送了6位队员。在全国青少年游泳比赛中，他带训的学生获得金牌16块，银牌25块，铜牌26块。由于成绩突出，2004年被评为省劳动劳模。他带训的学员蔡余庆燕，在2010年“亚残运动会”比赛中，获400米自由泳金牌，为中国队获得第一块金牌。蔡余庆燕创造的成绩破亚洲纪录。

潜国平

潜国平，男，汉族，浙江丽水人。中共党员，高中文化。

潜国平在群文园地工作37年，收获多多。创作的歌曲《畲家的歌》获浙江省畲族新歌大赛金奖。他作曲的表演唱《凤凰社区喜事多》获全省社区文艺大赛金奖。舞蹈音乐《哺》《喜蛋》等荣获省大赛奖。为抢救文化遗产，十多年来共搜集了《望乡台》《将军令》《柳条径》《道教音乐》等共100多首民间曲牌及曲艺音乐。莲都文化馆在他带领下，连续4年被省文化厅授予特级文化馆称号，被文化部命名为标准文化馆。本人于2005年被文化部、人事部评为全国文化系统先进工作者。同年被省总工会确认为省劳动模范。

乔　毅

乔毅，男，汉族，山东省泰安市人，中共党员。在任浙江百山食品有限公司董事长、总经理期间，锐意进取，积极开拓产品市场，使公司所产生的冷食食品成为同行业翘楚。曾任莲都区十二届人大代表、十三届人大常委会委员、浙江省制冷学会理事、专业委员会副主任，2000年获评商业部，国家国内贸易局劳动模范，同年被确认为省劳动模范。

李 涛

李涛，男，汉族，浙江丽水人。中共党员，大专文化。在区殡仪馆工作的20多年时间里，他默默无闻地为逝者送行、为丧户送安慰，获得群众一致好评。数年来获得荣誉多项。2006年，荣获人事部、民政部授予的全国民政系统先进工作者称号。2010年，获省优秀共产党员、省十大时代先锋称号。2012年，参加民政部先进表彰会，受到胡锦涛总书记接见，并与其合影留念。

邱丽美

邱丽美，女，汉族，高中文化，浙江丽水人。

邱丽美是浙江雁皇羽绒制品有限公司一名普通员工。她在厂里工作兢兢业业，真正做到爱厂、爱岗、爱业。她勤于钻研，刻苦磨炼专业技能，数次荣获"先进生产者""生产标兵""优秀组长"等称号。在销售旺季，为了完成工作任务，她加班加点，保证质量，为企业赢得了效益和信誉，是工友们一致好评的"好工人"。2006年，获全国纺织工业部劳动模范称号(享受省级劳模待遇)。

刘守平

刘守平，男，汉族，浙江丽水人。中共党员，大学文化。从警18年来，本着对法律负责，为人民服务的态度，忘我工作，特别是担任基层派出所所长8年来，他一手抓队伍、一手抓业务，团结带领全所干警先后攻克了浅田投毒杀人案、双坑口投毒杀人案、赤坑恶性绑架案、东西岩系列抢劫案、黄岗村杀人案等一大批恶性案件。铲除了钟××、周××、黄××、郑××等为首的多个流氓黑恶势力团伙，维护了当地社会稳定，促进了农村经济发展。2007年，获全国"五一"劳动奖章荣誉(享受省级劳模待遇)。

詹 军

詹军，男，汉族，浙江丽水人。中共党员，大学文化，经济师。历任丽水市大港头镇镇长、书记。丽水市(县)二轻局局长、书记、总经理。丽水市(县)计经委主任，丽水市莲都区总工会主席、党组书记。

詹军同志在莲都区总工会主席的岗位上，一干就是7年。在他的带领下，莲都区工会事业取得长足发展。2004年以来，连续4年在全市工会重点工作目标考核中获一等奖，2005—2006年连续两年获第一名。2006年3月，被市委组织部、市总工会命名为市级"党建带工建、三级联创"先进县(市、区)工会，同年被省委组织部、省总工会命名为省级"党建带工建、三级联创"先进县(市、区)工会。2005年获全国工会系统"四五"普法先进单位称号。2004年，《以创新思维推动工会工作》获省工会工作创新奖优秀奖。2006年，《莲都区创新劳模管理建立劳模管理后备库》获省工会工作创新奖三等奖。2007年4月，获全省工会党建工作先进集体称号。他视维护职工合法权益为己任，在维权工作中亲力亲为，成绩突出，被职工群众亲切地称为“维权主席”。2005年，被评为省工会维权先进工作者。他坚持理论联系实际，深入基层，深入职工群众，加强调查研究，收获颇丰，完成了数篇工作论文和调研文章。其中《试论工会在非公企业党建中的作用》一文，获求是杂志社举办的全国非公党建论文评比一等奖，入编红旗出版社出版的《非公领域党旗飘》一书。2009年，获评省级劳动模范、全国工会系统先进工作者。

赵　涌

赵涌，男，汉族，河南省开封市人。中共党员，大学本科文化，高级工程师。在任莲都农机管理站长(兼任区农机监理站站长，区农机校长)25年来，他一直从事农机工作，为莲都区农机化事业发展作出了贡献。他一抓安全管理，使本区近几年无特大农机事故发生，被省农业厅评为2005年度拖拉机道路交通安全专项整治工作先进个人。他二抓农机推广，2006年开展有史以来最大一次农机普查工作，由于工作突出，所在站被省农业厅评为全省农机普查先进单位。他三抓服务，树立形象，提出“民办公助，民工建勤”的模式，共建机耕路517条，1480公里，在平凡的岗位上作出不平凡成绩。2008年获省“五一”劳动奖章。

魏国培

魏国培，男，汉族，浙江丽水。中共党员，中专文化。

20世纪90年代起开始办企业，依靠党的政策和科学技术带头致富。作为一名农民企业家，自己富了不忘乡亲，于2000年毅然决定把一手创办的企业交给了妻子掌管，自己则一心扑在村党支部书记工作岗位上。高溪乡苍坑村在魏国培兼任了支部书记期间共建成4.6公里康庄公路，开通了程控电话、有线电视和移动通信，兴建了村办公楼160多平方米、改造农田300多亩、发展水果5000多亩、修建防洪堤2000多米，投入200多万元兴办了苍坑生态养殖场等等。平时他还乐善于各种公益事业(助老、助学、助困、助残)，数年来捐款达数十万元，深受群众好评与拥护。他连续数届当选市、区人大代表，政协委员，获得市、区荣誉数项，2009年获省劳动模范光荣称号。

朱贤俊

朱贤俊，男，汉族，浙江省龙泉市人。中共党员，大学文化。在任职武警浙江省总队丽水市支队、龙泉市中队长期间，他工作认真负责，身先士卒。2010年5月，龙泉市普降暴雨，驻地多处村庄被洪水围困，近百间房屋被冲毁，朱贤俊带领官兵抢险救灾十余次，挖掘出被埋遇难群众尸体5具，成功救助被困群众590多人，挽回损失200多万元。2010年7月30日，驻地中心小学教学楼倒塌事件，他顾不得生病住院的妻子，带领官兵，为了不伤及被掩埋的群众，他用双手刨挖，磨出血泡，手指被石头刺破而全然不顾。由于成绩突出，个人获国家防汛总指挥部、人事部、中国人民解放军总政治部于2010年12月联合授予的“全国防汛抗旱先进个人”荣誉称号。

吴淑莲

吴淑莲，女，汉族，浙江庆元人。大学文化，三级主任科员。曾任青田县安监局党组成员兼行政审批科科长，莲都区质量技术监督局办公室主任等职。

吴淑莲自参加工作以来，在平凡的工作岗位上始终如一，恪尽职守，无私奉献，爱岗敬业，以身作则，彰显着一名共产党员的作用。用责任担当重大使命，把保障人民群众生命财产安全放在首位。参加工作以来，她参与检查的特种设备超1500台，查出并督促整改到位隐患200多条，确保了特种设备安全使用。她数年如一日，2013年被评为市劳动模范，2014年被评为浙江省劳动模范。

熊金平

熊金平，男，汉族，浙江丽水人。中共党员，大学文化，省十二届、十三届人大代表。

熊金平从2000年开始，带领农民兴办农民专业合作社，组织农民走合作之路，解决了碧湖镇蔬菜难卖问题。合作社从组办之初有5名社员，迅速发展到320多名，股金由26万元发展到70多万元，资产从26万元发展到350多万元，交易场所由原来的6000多平方米扩展到2万多平方米，年销售量从0.5万吨扩大到6万吨，年销售额从300万元上升到6500多万元，旺季每天需用工400多人，解决了农村富余劳力出路。2002年获共青团中央、农业部授予的“全国农村青年创业致富带头人”称号，2004年获“浙江省农村杰出青年”称号，2005年获全国“光彩之星”称号，2006年获省“十大合作社社长带头人”称号，2014年被评为省劳动模范。

纪旭红

纪旭红，女，汉族，浙江丽水人。中共党员，大学本科文化，高级经济师。现任中共丽水市第四届委员会委员、丽水市妇联副主席、莲都区婚姻登记服务中心主任。

纪旭红自担任莲都区“96345”市民服务中心党支部书记、主任以来，立足岗位、扎实奉献，成功打造“96345”社会管理新模式，提出群众满意为第一标准的服务理念和“内增素质、外塑形象”的工作要求，以及责、权、利分明的考核办法。在她带领下，“96345”从设立之初日均几十个电话到现在日均500个电话，且求助件办结率100%的服务、满意率99.8%的工作业绩，获得时任省委书记赵洪祝的批示肯定，本人先后被评为省“三八”红旗手、浙江省优秀党务工作者、省“五一”巾帼标兵等及市区多项荣誉。2014年，获省劳动模范称号。

孙黎明

孙黎明，男，汉族，浙江丽水人。中共党员，大学文化。1975年11月至1978年12月知青插队下乡。1979年至1981年4月在浙江省国防技工学校读书。1981年参加工作以来，干一行、学一行、爱一行，刻苦钻研，勤于奉献。历任处州针织厂厂长兼党委书记，莲都区经贸局安全监管科长、党组成员、区安委办副主任等职。2011年，被评为全国安监系统先进工作者。2014年，获省劳动模范光荣称号。

蔡　昱

蔡昱，女，汉族，浙江省龙泉市（县）人。中共党员，大学文化，莲都区纪律检查委员会书记。自进入“纪委”系统工作以来，思想过硬，政治素质好，努力学习，业务精通，开拓创新意识强。根据组织安排，牵头或参与查办了丽水市公安系统天网工程腐败窝案，为国家及集体挽回经济损失几千万元。多次抽调中央纪委参与省部级领导干部案件查处，调查取证细致、缜密，谈话突破富有成效。由于成绩突出，2017年获全国纪检监察系统先进工作者称号。

刘娅青

刘娅青，女，汉族，浙江丽水人，初中文化。1993年进入浙江方正电机股份有限公司以来，工作兢兢业业，任劳任怨，服从公司安排，不管在什么岗位上，都能做得非常出色。2007年4月，因汽车马达事业部生产需要调入电机噪音检测工作岗位，汽车电机监测是公司重点开发的一个项目，在检测中她发现换向器表面烧伤会引起马达音频偏高的问题，立即向科研组汇报，使这个问题得到解决，电机合格率从70%提高到95%。“平凡中见伟大，普通中见崇高”，她能在基层检测中做得如此出色，靠的是她自己努力。作为一名普通工人，她却以公司主人公的姿态对待工作中每一个微小的细节，十分可贵。2008年，获人事部、机械工业部劳动模范称号。

金伟建

金伟建，男，汉族，丽水人。中共党员，1995年毕业于杭州师范学院，任莲都区处州中学体育老师。

他是丽水市青少年足球发展第一人。1997年开始组建丽水青少年足球队，20多年坚持不懈刻苦努力，使丽水青少年足球队从无到有、从弱到强，成为浙江省青少年足球强队。20多名队员输送到浙江省队，4名队员入选国少、国青女足。他曾获浙江省体育业余训练先进工作者、全国优秀教练员、莲都区最美教师、莲都区发展贡献杰出人物、丽水之干先锋人物等荣誉称号。2019年获省劳动模范光荣称号。

金林美

金林美，女，汉族，浙江丽水人。中共党员，高中文化，高级农艺师。现任丽水郎奇农家乐农产品专业合作社理事长、莲都区总工会副主席、丽水市农民专业合作社联合会副会长、丽水市蔬菜产业协会会长。

“诚信经营，踏实惠农民”这是她的人生信条。90年代，3000元起步的郎奇农家乐农产品专业合作社经过她20多年打拼，2010年实现销售蔬菜4.2万吨，销售额达58200多万元。由于她对农民与客户的诚信，使得金林美在温州蔬菜市场成为“大名人”，合作社社员户均收入2020年达5万多元，合作社员达300多户。2008年，她所在的专业合作社被评为省示范性专业合作社，2011年获省第三届“创业浙江”青年创业创新项目金奖，2012年获省个体劳动者“创业之星”金奖。2019年获省劳动模范称号。

解永年

解永年，男，汉族，浙江丽水人。中共党员，大学文化。该同志1961年毕业于山西太原工学院，同年分配至山西省运城地区新泽机械厂工作。先后任厂技术员、技术科副科长、科长、总工程师、厂长兼总工程师，1973—1975年参加播种中耕道通用系列设计并担任试制组长，该课题荣获第一次全国科技大会奖。个人在1976年获山西省劳动模范光荣称号。1983年设计气收式精出播种机获山西省科技三等奖。1986年调入浙江丽水油泵油咀厂后，历任副厂长，刻苦钻研技术，在企业管理整体优化活动中成绩突出，1990年获浙江省企业管理现代化应用成果三等奖。

第十四章　荣誉名录

本章荣誉名录以表格方式录载莲都区（县、市）历届全国、省、市、县劳动模范及若干年份区总工会本级及基层工会获省部级以上先进荣誉称号。

第一节　莲都区历届（全国省、市、县）劳模名录

莲都区历届劳模共记载196人，其中全国劳动模范7人，浙江省劳动模范58人，市、省五一劳模20人，丽水市级劳动模范（省级选出）11人，莲都区（丽水市（县级）级劳动模范）（市级先进）有97人。

全国劳动模范一览表

表3-14-1-1

序号	姓名	性别	评选时工作单位	荣誉称号	获得荣誉时间	备注
1	孟宪琨	男	浙江省公路局丽水运输处	全国先进生产者	1956年5月	
2	赵雨亭	男	丽水城关碾米厂	全国先进生产者	1959年11月	
3	孙明标	男	缙云中学（后调丽水）	全国先进教育工作者	1960年6月	
4	舒里红	女	原丽水市（县级）三中	全国先进工作者	1989年10月	
5	蓝伟亮（畲）	男	原丽水地区汽运公司客运分公司	全国劳动模范	1989年10月	
6	叶敏君	男	莲都区碧湖镇高溪村	全国劳模	2010年	
7	洪健萍	女	丽水市技师学院	全国劳模	2021年	

浙江省劳动模范一览表

表3-14-1-2

序号	姓名	性别	评选时工作单位	荣誉称号	获得荣誉时间	备注
1	王继武	男	原丽水交通公司保养场	一等劳动模范	1951年5月	
2	胡德洽	男	原丽水鼠疫防治站	二等劳动模范	1951年5月	
3	茅阿忠	男	原丽水黄梅记修理厂	二等劳动模范	1951年5月	
4	金少余	男	原丽水交通公司保养场	二等劳动模范	1951年5月	
5	裘长根	男	丽水电信局	三等劳动模范	1951年5月	
6	柴真根	男	原丽水交通公司保养场	三等劳动模范	1951年5月	
7	林光发	男	原丽水县联城中学	三等劳动模范	1951年5月	
8	罗海林	男	原丽水百货公司	省国营商业模范工作者	1955年	

续表3-14-1-2

序号	姓名	性别	评选时工作单位	荣誉称号	获得荣誉时间	备注
9	赵雨亭	男	原丽水县国营第二碾米厂	省五一劳模	1958年4月	
10	邓陈仁	男	浙江省林科所（后调丽水县科委）	省劳动模范	1962年	
11	阮爱珍	女	原丽水县针织厂	省劳动模范	1979年7月	
12	叶雪萍	女	原丽水县毛巾厂	省劳动模范	1982年10月	
13	周文平		丽水县粮食局汽车队	省劳动模范（1983年5月至1985年8月分别获商业部劳模）	1982年10月	
14	蓝光谅	男	遂昌县交通局（后调丽水）	省劳动模范	1982年10月	
15	雷马树（畲）	男	原丽水县丽阳公社凉塘大队	省劳动模范	1982年10月	
16	朱广华	男	丽水县囿山小学	省劳动模范、五讲四美为人师表优秀教师	1983年	
17	吴品禾	男	原丽水地区群艺馆	省劳动模范	1985年12月	
18	陈春平	男	原丽水师范专科学校	省劳动模范	1985年12月	
19	许绍朴	女	原丽水地区农科所	省劳动模范	1985年12月	
20	叶丽萍	女	原丽水金笔厂	省劳动模范	1985年12月	
21	吕迪轩	男	个体工业户	省劳动模范	1985年12月	
22	黄路生	男	原丽水县大众电器厂	省劳动模范	1985年12月	
23	张学明	女	原丽水市城关镇政府	省劳动模范	1987年12月	
24	潘森仁	男	原丽水毛巾厂	省劳动模范	1988年11月	
25	董芳黛	女	丽水市人民医院	省劳模、卫生部劳模	1988年	
26	蓝伟亮（畲）	男	丽水地区汽运公司客运分公司	省劳动模范	1989年	
27	江君佐	男	原莲乐乡沙河村	省劳模模范	1989年	
28	解永年	男	原浙江丽水油泵油嘴厂	省劳模模范	1989年	
29	付学勤	男	原丽水市城关粮管所	省劳动模范、全国商业系统劳动模范	1989年	
30	庄志清	男	原丽水地区少体校	省劳动模范	1990年4月	
31	周立火	男	丽水市图书馆（区级）	全国文化系统先进工作者	1991年11月	
32	陈爱香	女	地区液化石油气贮灌站	省劳动模范	1995年3月	
33	庄启传	男	浙江纳爱斯公司	省劳动模范	1995年3月	
34	胡爱华	男	丽水市公安局（区级）	省劳动模范	2000年	
35	雷薛华	男	城北小学	省劳动模范	2004年9月	
36	叶敏君	男	高溪乡高溪村	省劳动模范	2004年9月	

续表3-14-1-2

序号	姓名	性别	评选时工作单位	荣誉称号	获得荣誉时间	备注
37	潜国平	男	区文化馆	省劳动模范、人事部、文化部先进工作者	2005年9月	
38	乔　毅	男	浙江润晟食品公司	省劳动模范（2000年6月获评人事部、国家国内贸易局劳模）	2006年6月	
39	李　涛	男	区民政局	省劳动模范、人事部、民政部先进工作者	2006年10月	
40	邱丽美	女	雁皇羽绒有限公司	省劳动模范、全国纺织工业劳摸	2006年	
41	刘守平	男	莲都公安分局万象派出所	全国五一劳动奖章获得者	2007年4月	
42	詹　军	男	区总工会	省劳动模范、全国工会先进工作者	2008年4月	
43	赵　涌	男	区农业局	省五一劳动奖章获得者	2008年4月	
44	魏国培	男	莲都区碧湖镇苍坑村	省劳动模范	2009年	
45	熊金平	男	丽水碧湖绿源长豇豆专业合作社	省劳动模范	2014年	
46	纪旭红	女	莲都区婚姻登记处	省劳动模范	2014年	
47	孙黎明	男	莲都区安全生产监督管理局	省劳动模范	2014年	
48	吴淑莲	女	莲都区市场监督管理局	省劳动模范	2014年	
49	金伟建	男	莲都区处州中学	省劳动模范	2019年	
50	金林美	女	丽水郎奇农家乐专业合作社	省劳动模范	2019年	
51	陈旭东	男	丽水鱼跃酿造食品有限公司	省劳动模范	2019年	
52	蔡　昱	女	莲都区纪委监察书记	全国纪检监察系统先进工作者	2017年	
53	刘娅青	女	莲都区九里弄和村	全国机械工业劳动模范	2018年	
54	朱贤俊	男	莲都区紫金街道	全国防汛抗旱指挥部劳模	2010年	
55	褚如文	男	原丽水市城关灯塔村	省劳动模范	1987年12月	后被撤销劳模称号
56	吴子健	男	原服装厂	省劳动模范		后被撤销劳模称号
57	沈良安	男	原油泵厂	省劳动模范		后被撤销劳模称号
58	麻祥兴	男	原羽绒厂	省劳动模范		后被撤销劳模称号

市、省五一劳模(市劳模待遇)一览表

表3-14-1-3

序号	姓名	性别	评选时工作单位	荣誉称号	获得荣誉时间	备注
1	陈海丽	女	莲都区富岭街道	市劳模	2008年	
2	叶景昌	男	莲都区机关事务管理局	市劳模	2013年	
3	李东青	男	莲都区大港头林业工作中心站	市劳模	2013年	
4	纪伟锋	男	莲都区高铁办	市劳模	2013年	
5	陈晓建	男	瓯宝安防科技股份有限公司	市劳模	2013年	
6	王金华	男	莲都区联城街道路湾村	市劳模	2013年	
7	陈志伟	男	莲都区双溪镇上陈村	哈尔滨市劳模	2008年	
8	尤贤福	男	金丽温铁路扩能指挥部	省五一	2015年	
9	赵　涌	男	莲都区残联	省五一	2008年	
10	李晓明	女	莲都区雅一电站	省五一	2012年	
11	叶晓燕	女	丽水莲城宾馆	省五一	2013年	
12	樊　颖	女	莲都区广电新闻中心	市劳模	2018年	
13	梁一波	男	丽水市莲都区花园中学	市劳模	2018年	
14	谢　力	男	国网浙江丽水莲都供电公司	市劳模	2018年	
15	叶红梅	女	丽水市绿果蔬专业合作社	市劳模	2018年	
16	夏秀娇	女	丽水市莲都区农业行政执法大队	市劳模	2018年	
17	赵夏钗	女	莲都区紫金街道社区卫生服务中心	市劳模	2018年	
18	沈香女当	女	莲都区来料加工经纪人协会	市劳模	2018年	
19	高益春	男	丽水市莲都区亿隆养殖专业合作社	市劳模	2018年	
20	宋武龙	男	浙江丽水莲都农村商业银行股份有限公司	市劳模	2018年	

丽水市级劳动模范(省级选出)一览表

表3-14-1-4

序号	姓名	性别	评选时工作单位	荣誉称号	获得荣誉时间	备注
1	黄小毛	男	浙江省中信建筑有限公司	市级劳动模范	2003年4月	
2	朱建华	男	原丽水碧湖啤酒厂	市级劳动模范	2003年4月	
3	叶敏君	男	高溪乡高溪村	市级劳动模范	2003年4月	
4	刘荣军	男	梅山中学	市级劳动模范	2008年4月	
5	徐海勇	男	浙江丽威油泵油嘴有限公司	市级劳动模范	2008年4月	
6	熊金平	男	碧湖农产品合作社	市级劳动模范	2008年4月	
7	魏国培	男	高溪乡苍坑村	市级劳动模范	2008年4月	
8	李　佐	男	浙江飞雁羽绒制品有限公司	市级劳动模范	2008年4月	
9	黄卿平	男	区政府办公室	市级劳动模范	2008年4月	
10	李小平	男	金儿登机电制造有限公司	市级劳动模范	2008年4月	
11	张立军	男	丽水市金土地生态休闲农业专业合作社	市级劳动模范		后被撤销劳模称号

莲都区【丽水市(县级)】级劳动模范、市级先进一览表

表3-14-1-5

序号	姓名	性别	评选时工作单位	荣誉称号	获得荣誉时间	备注
1	庄启传	男	纳爱斯公司	丽水市(县级)级劳模	1987年4月	
2	余凤花	女	原丽水毛巾厂	丽水市(县级)级劳模	1987年4月	
3	黄增瑞	男	原丽水市(县级)工具厂	丽水市(县级)级劳模	1987年4月	
4	郑国境	男	原丽水市(县级)建筑工程公司	丽水市(县级)级劳模	1987年4月	
5	何荣连	男	丽水市(县级)供销社	丽水市(县级)级劳模	1987年4月	
6	陈建伟	男	丽水市(县级)油泵油嘴厂	丽水市(县级)级劳模	1987年4月	
7	李朝进	男	丽水市(县级)粮食局	丽水市(县级)级劳模	1987年4月	
8	赖丽宁	男	原丽水医药公司	丽水市(县级)级劳模	1987年4月	
9	潘森仁	男	原丽水毛巾厂	丽水市(县级)级劳模	1988年4月	
10	詹鸿鹏	男	丽水市人民医院	丽水市(县级)级劳模	1988年4月	
11	杨积品	男	原丽水油泵油嘴厂	丽水市(县级)级劳模	1988年4月	
12	陈爱香	女	原乐味商店	丽水市(县级)级劳动模范	1988年月	
13	陈雪芬	女	原市粮食局	丽水市(县级)级劳动模范	1989年4月	
14	江君佐	男	原莲乐乡沙河村	丽水市(县级)级劳动模范	1989年4月	
15	阙祖福	男	原碧湖粮管所	丽水市(县级)级劳动模范	1989年4月	
16	李祖福	男	原丽水玻纤厂	丽水市(县级)级劳动模范	1989年4月	
17	方至津	男	原南山中学	丽水市(县级)级劳动模范	1989年4月	
18	陈兰有	男	丽水峰源林场	丽水市(县级)级劳动模范	1990年4月	
19	梁金祥	男	丽水碧湖供销社新合分社	丽水市(县级)级劳动模范	1990年4月	
20	应书法	男	老竹畲族镇大片村	丽水市(县级)级劳动模范	1991年4月	
21	王志超	男	丽水市人民医院	丽水市(县级)级劳动模范	1991年4月	
22	张菊方	女	丽水市环卫处	丽水市(县级)级劳动模范	1991年4月	
23	程作林	男	原丽水烟糖酒公司	丽水市(县级)级劳动模范	1991年4月	
24	金钦淼	男	丽水建筑工程公司	丽水市(县级)级劳动模范	1991年4月	
25	杜建英	女	丽水市(县级)物资局	丽水市(县级)级劳动模范	1992年4月	
26	刘敏春	女	原丽水金笔厂	丽水市(县级)级劳动模范	1992年4月	
27	林　桓	男	原供销社	丽水市(县级)级劳动模范	1992年4月	
28	林叶平	男	原啤酒厂	丽水市(县级)级劳动模范	1992年4月	
29	朱章宝	男	丽水中学	丽水市(县级)级劳动模范	1992年4月	
30	吴松平	男	原丽水物资局	丽水市(县级)级劳动模范	1993年4月	
31	刘绍钧	男	丽水中学	丽水市(县级)级劳动模范	1993年4月	
32	王仁官	女	丽水中医院	丽水市(县级)级劳动模范	1993年4月	
33	徐为民	男	原市公安局城中派出所	丽水市(县级)级劳动模范	1995年4月	

续表3-14-1-5

序号	姓名	性别	评选时工作单位	荣誉称号	获得荣誉时间	备注
34	梁玉富	男	水阁白光村	丽水市(县级)级劳动模范	1995年4月	
35	陈　蘋	女	原羽绒厂	丽水市(县级)级劳动模范	1995年4月	
36	滕伟林	男	纳爱斯公司	丽水市(县级)级劳动模范	1995年4月	
37	李建平	男	丽水市(县级)交通局	丽水市(县级)级劳动模范	1997年4月	
38	何丽明	男	纳爱斯公司	丽水市(县级)级劳动模范	1997年4月	
39	孙建忠	男	原丽水金笔厂	丽水市(县级)级劳动模范	1997年4月	
40	梁银香	女	莲都区儿童福利院	丽水市(县级)级劳动模范	1999年4月	
41	卞建国	男	丽水市环卫处	丽水市(县级)级劳动模范	1999年4月	
42	蒋仁松	男	黄村乡岭根村	丽水市(县级)级劳动模范	1999年4月	
43	马育翎	男	原丽水金笔厂	丽水市(县级)级劳动模范	1999年4月	
44	洪自友	男	原丽水化工厂	丽水市(县级)级劳动模范	1999年4月	
45	朱建华	男	原丽水啤酒厂	莲都区级劳模	2001年4月	
46	黄小毛	男	浙江中信建筑工程有限公司	莲都区级劳模	2001年4月	
47	邹人龙	男	区农村信用社	莲都区级劳模	2001年4月	
48	雷薛华	男	城北小学	莲都区级劳模	2001年4月	
49	刘守平	男	万象派出所	莲都区级劳模	2001年4月	
50	熊金平	男	碧湖农副产品合作社	莲都区级劳模	2004年4月	
51	李　涛	男	区殡仪馆	莲都区级劳模	2004年4月	
52	杨　杰	男	丽水英雄金笔厂	莲都区级劳模	2004年4月	
53	江勇明	男	依莱特纺织有限公司	莲都区级劳模	2004年4月	
54	叶时权	男	峰源乡小岭根村	莲都区级劳模	2004年4月	
55	魏国培	男	高溪乡苍坑村	莲都区级劳模	2007年4月	
56	陈宗光	男	区文联	莲都区级劳模	2007年4月	
57	李　佐	男	浙江飞雁羽绒制品有限公司	莲都区级劳模	2007年4月	
58	叶伟春	男	市公安局莲都分局	莲都区级劳模	2007年4月	
59	邱　华	男	莲都供电局	莲都区级劳模	2007年4月	
60	叶惠萍	女	丽水百货大楼有限公司	莲都区级劳模	2007年4月	
61	赵　涌	男	区农业局农机站	莲都区级劳模	2007年4月	
62	徐海勇	男	浙江丽威油泵油嘴有限公司	莲都区级劳模	2007年4月	
63	刘荣军	男	区梅山中学	莲都区级劳模	2007年4月	
64	赵乾麟	男	浙江进乾缝制设备有限公司	区劳模	2012年	

续表3-14-1-5

序号	姓名	性别	评选时工作单位	荣誉称号	获得荣誉时间	备注
65	梅良青	男	丽水万控电气有限公司	区劳模	2012年	
66	叶　旺	男	燕京啤酒(浙江丽水)有限公司	区劳模	2017年	
67	周国强	男	丽水市中立建筑有限公司	区劳模	2017年	
68	黄　庆	男	莲都区委党校	区劳模	2017年	
69	陶莉霞	女	莲都区环卫局	区劳模	2017年	
70	尚　阳	男	莲都区人民法院	区劳模	2017年	
71	陈　虹	女	莲都区96345市民服务中心	区劳模	2017年	
72	姜　雷	男	瓯宝安防科技股份有限公司	区劳模	2017年	
73	桑荣生	男	莲都区农业局	区劳模	2017年	
74	王秀华		丽水市宏盛生猪养殖专业合作社	区劳模	2017年	
75	程巧俐	女	尤象街道大水门社区	区劳模	2017年	
76	季伟华	男	莲都区残联	区劳模	2017年	
77	夏锦文	男	燕京啤酒(浙江丽水)有限公司	年五一劳模	2016年	
78	张春龙	男	燕京啤酒(浙江丽水)有限公司	年五一劳模	2016年	
79	李才荣	男	莲都区纪委监察局	市五一劳模	2017年	
80	项慧钦	女	浙江丽水莲都农村商业银行股份有限公司	市五一劳模	2017年	
81	沈彩调	女	国网浙江丽水莲都区有限公司	省先进工作者	1958年	
82	陈和祥	男	丽水粮食收储公司	省先进工作者	1963年	
83	陈国良	男	莲都区人民政府	年省先进工作者	1962年	
84	夏金凤	女	丽水市棉织厂退休	年省先进工作者	1963年	
85	丁仁光	男	丽水市莲都区委党校	省先进工作者	1963年	
86	翁康明	男	莲都信孝区黄村小学	省先进工作者	1963年	
87	吕云丹	女	莲都区农商银行	省先进工作者	1963年	
88	叶美隆	男	莲都区农商银行	省先进工作者	1963年	
89	郑宝钗	男	丽水市莲都区人民检察院	省先进工作者	1963年	
90	朱吉圣	男	丽水市莲都区审计局	省先进工作者	1963年	
91	张廉镛	男	丽水市(县级)电力公司	丽水市(县级)级劳模	1987年4月	后被撤销劳模称号
92	陈钦贵	男	大港头小山村	丽水市(县级)级劳动模范	1995年4月	后被撤销劳模称号

续表3-14-1-5

序号	姓名	性别	评选时工作单位	荣誉称号	获得荣誉时间	备注
93	赖祖祥	男	联城镇九坑村	丽水市(县级)级劳动模范	1997年4月	后被撤销劳模称号
94	黄卿平	男	区政府行政科	莲都区级劳模	2007年4月	后被撤销劳模称号
95	胡国富	男	莲都区老竹镇政府	省先进工作者	1959年	后被撤销劳模称号
96	叶乐生	男	原农场	省劳动模范		后被撤销劳模称号
97	江珠英	女	中山小学	省劳动模范		后被撤销劳模称号

第二节　莲都区总工会和基层工会获省(部)级表彰名录

部分莲都区总工会本级和莲都区基层工会获省(部)级表彰情况，以表格形式予以载录。

莲都区总工会获省(部)级表彰情况表

表3-14-2-1

时间	内容	颁发单位
1994年1月	全省工会财会、经审工作先进集体和先进工作者表彰会光荣册	浙江省总工会
1997年4月	全省工会财会工作先进集体和先进工作者大会光荣册	浙江省总工会
2004年4月	《以创新思维推动工会工作》获省工会工作创新奖优秀奖	浙江省总工会
2005年1月	工会工作创新奖——优秀奖	浙江省总工会
2005年	“三级联创”省级先进县	浙江省总工会
2005年2月	浙江省工会工作创新奖	浙江省总工会
2005年6月	《莲都区破产企业工会经费依法移交上级工会》——2004年度全省工会信息三等奖	浙江省总工会
2005年11月	全国工会系统“四五普法”先进单位	浙江省总工会
2006年3月	党建带工建　三级联创先进县(市、区)工会	浙江省总工会
2007年3月	2006年度浙江省工会工作——创新三等奖	浙江省总工会
2007年4月	获全省工会组建工作先进集体	浙江省总工会
2007年9月	全省工会财会工作先进集体和先进工作者表彰大会光荣册	浙江省总工会
2008年	省抗震救灾先进集体	浙江省总工会
2008年	“党建带工建、推优促党建、全国创新工会工作”三等奖	浙江省总工会
2009年	基层工会代表大会例会制度获全国创新工作三等奖	
2010年12月	“强化生活后勤保障、促进劳动关系和谐”活动优秀组织单位	浙江省总工会
2011年4月	2010年度浙江省“百佳”关爱农民工先进单位	省政府农民工工作联席会议
2011年11月	全国职工教育培训优秀示范点	中华全国总工会

续表3-14-2-1

时间	内容	颁发单位
2013年3月	2012年度全国“安康杯”竞赛活动优秀组织单位	中华全国总工会 国家安全生产 监督管理总局
2013年12月	工会财务先进单位	浙江省总工会
2017年12月	中国梦 劳动美 浙江省首届职工微影视大赛中获得故事类优秀奖	浙江省总工会
2018年8月	在“浙工悦读同读一本书”活动中荣获优秀组织奖	

基层工会获省(部)级先进一览表

表3-14-2-2

获奖单位	获奖时间	名誉称号
丽水动力厂工会委员会	1979年	省工会先进集体
丽水市(县)工人文化宫	1985年	省工会先进集体
丽水动力机械厂工人俱乐部	1985年	省工会先进集体
丽水啤酒厂工会委员会	1987年	省工会先进集体
丽水毛巾厂工会委员会	1990年	省模范职工之家
雅溪一级电站工会委员会	2004年	省级模范职工之家
联城镇工会委员会	2004年	省级“示范乡镇工会”
碧湖镇工会委员会	2005年	“三级联创”省级示范乡镇工会
中山小学工会委员会	2006年	“三级联创”省级模范职工之家
雅溪一级电站工会委员会	2006年	“安康杯”竞赛活动先进集体
区安全监督局委员会	2006年	“安康杯”竞赛活动优秀组织奖
碧湖镇中心小学委员会	2007年	创建新型组织,争做知识型职工先进单位
碧湖镇工会委员会	2007年	“三级联创”全国百家示范乡镇工会
老竹林业中心站委员会	2008年	省“工人先锋号”
碧湖小学委员会	2008年	省争创活动先进单位
莲都区供电局工会委员会	2008年	省级职工书屋
碧湖镇工会委员会	2008年	全国百家示范乡镇工会

附　件

2021年中华人民共和国工会法【全文】

根据2021年12月24日第十三届全国人民代表大会常务委员会第三十二次会议《关于修改〈中华人民共和国工会法〉的决定》第三次修正，中华人民共和国主席令第一〇七号予以公布，自2022年1月1日起施行。

第一章　总　则

第一条　为保障工会在国家政治、经济和社会生活中的地位，确定工会的权利与义务，发挥工会在社会主义现代化建设事业中的作用，根据宪法，制定本法。

第二条　工会是中国共产党领导的职工自愿结合的工人阶级群众组织，是中国共产党联系职工群众的桥梁和纽带。

中华全国总工会及其各工会组织代表职工的利益，依法维护职工的合法权益。

第三条　在中国境内的企业、事业单位、机关、社会组织（以下统称用人单位）中以工资收入为主要生活来源的劳动者，不分民族、种族、性别、职业、宗教信仰、教育程度，都有依法参加和组织工会的权利。任何组织和个人不得阻挠和限制。

工会适应企业组织形式、职工队伍结构、劳动关系、就业形态等方面的发展变化，依法维护劳动者参加和组织工会的权利。

第四条　工会必须遵守和维护宪法，以宪法为根本的活动准则，以经济建设为中心，坚持社会主义道路，坚持人民民主专政，坚持中国共产党的领导，坚持马克思列宁主义、毛泽东思想、邓小平理论、"三个代表"重要思想、科学发展观、习近平新时代中国特色社会主义思想，坚持改革开放，保持和增强政治性、先进性、群众性，依照工会章程独立自主地开展工作。

工会会员全国代表大会制定或者修改《中国工会章程》，章程不得与宪法和法律相抵触。

国家保护工会的合法权益不受侵犯。

第五条　工会组织和教育职工依照宪法和法律的规定行使民主权利，发挥国家主人翁的作用，通过各种途径和形式，参与管理国家事务、管理经济和文化事业、管理社会事务；协助人民政府开展工作，维护工人阶级领导的、以工农联盟为基础的人民民主专政的社会主义国家政权。

第六条 维护职工合法权益、竭诚服务职工群众是工会的基本职责。工会在维护全国人民总体利益的同时，代表和维护职工的合法权益。

工会通过平等协商和集体合同制度等，推动健全劳动关系协调机制，维护职工劳动权益，构建和谐劳动关系。

工会依照法律规定通过职工代表大会或者其他形式，组织职工参与本单位的民主选举、民主协商、民主决策、民主管理和民主监督。

工会建立联系广泛、服务职工的工会工作体系，密切联系职工，听取和反映职工的意见和要求，关心职工的生活，帮助职工解决困难，全心全意为职工服务。

第七条 工会动员和组织职工积极参加经济建设，努力完成生产任务和工作任务。教育职工不断提高思想道德、技术业务和科学文化素质，建设有理想、有道德、有文化、有纪律的职工队伍。

第八条 工会推动产业工人队伍建设改革，提高产业工人队伍整体素质，发挥产业工人骨干作用，维护产业工人合法权益，保障产业工人主人翁地位，造就一支有理想守信念、懂技术会创新、敢担当讲奉献的宏大产业工人队伍。

第九条 中华全国总工会根据独立、平等、互相尊重、互不干涉内部事务的原则，加强同各国工会组织的友好合作关系。

第二章 工会组织

第十条 工会各级组织按照民主集中制原则建立。

各级工会委员会由会员大会或者会员代表大会民主选举产生。企业主要负责人的近亲属不得作为本企业基层工会委员会成员的人选。

各级工会委员会向同级会员大会或者会员代表大会负责并报告工作，接受其监督。

工会会员大会或者会员代表大会有权撤换或者罢免其所选举的代表或者工会委员会组成人员。

上级工会组织领导下级工会组织。

第十一条 用人单位有会员二十五人以上的，应当建立基层工会委员会；不足二十五人的，可以单独建立基层工会委员会，也可以由两个以上单位的会员联合建立基层工会委员会，也可以选举组织员一人，组织会员开展活动。女职工人数较多的，可以建立工会女职工委员会，在同级工会领导下开展工作；女职工人数较少的，可以在工会委员会中设女职工委员。

企业职工较多的乡镇、城市街道，可以建立基层工会的联合会。

县级以上地方建立地方各级总工会。

同一行业或者性质相近的几个行业，可以根据需要建立全国的或者地方的产业工会。

全国建立统一的中华全国总工会。

第十二条 基层工会、地方各级总工会、全国或者地方产业工会组织的建立，必须报上一级工会批准。

上级工会可以派员帮助和指导企业职工组建工会，任何单位和个人不得阻挠。

第十三条　任何组织和个人不得随意撤销、合并工会组织。

基层工会所在的用人单位终止或者被撤销，该工会组织相应撤销，并报告上一级工会。

依前款规定被撤销的工会，其会员的会籍可以继续保留，具体管理办法由中华全国总工会制定。

第十四条　职工二百人以上的企业、事业单位、社会组织的工会，可以设专职工会主席。工会专职工作人员的人数由工会与企业、事业单位、社会组织协商确定。

第十五条　中华全国总工会、地方总工会、产业工会具有社会团体法人资格。

基层工会组织具备民法典规定的法人条件的，依法取得社会团体法人资格。

第十六条　基层工会委员会每届任期三年或者五年。各级地方总工会委员会和产业工会委员会每届任期五年。

第十七条　基层工会委员会定期召开会员大会或者会员代表大会，讨论决定工会工作的重大问题。经基层工会委员会或者1/3以上的工会会员提议，可以临时召开会员大会或者会员代表大会。

第十八条　工会主席、副主席任期未满时，不得随意调动其工作。因工作需要调动时，应当征得本级工会委员会和上一级工会的同意。

罢免工会主席、副主席必须召开会员大会或者会员代表大会讨论，非经会员大会全体会员或者会员代表大会全体代表过半数通过，不得罢免。

第十九条　基层工会专职主席、副主席或者委员自任职之日起，其劳动合同期限自动延长，延长期限相当于其任职期间；非专职主席、副主席或者委员自任职之日起，其尚未履行的劳动合同期限短于任期的，劳动合同期限自动延长至任期期满。但是，任职期间个人严重过失或者达到法定退休年龄的除外。

第三章　工会的权利和义务

第二十条　企业、事业单位、社会组织违反职工代表大会制度和其他民主管理制度，工会有权要求纠正，保障职工依法行使民主管理的权利。

法律、法规规定应当提交职工大会或者职工代表大会审议、通过、决定的事项，企业、事业单位、社会组织应当依法办理。

第二十一条　工会帮助、指导职工与企业、实行企业化管理的事业单位、社会组织签订劳动合同。

工会代表职工与企业、实行企业化管理的事业单位、社会组织进行平等协商，依法签订集体合同。集体合同草案应当提交职工代表大会或者全体职工讨论通过。

工会签订集体合同，上级工会应当给予支持和帮助。

企业、事业单位、社会组织违反集体合同，侵犯职工劳动权益的，工会可以依法要求企业、事业单位、社会组织予以改正并承担责任；因履行集体合同发生争议，经协商解决不成的，工会可以向劳动争议仲裁机构提请仲裁，仲裁机构不予受理或者对仲裁裁决不服的，可以向人民法院提起诉讼。

第二十二条 企业、事业单位、社会组织处分职工，工会认为不适当的，有权提出意见。

用人单位单方面解除职工劳动合同时，应当事先将理由通知工会，工会认为用人单位违反法律、法规和有关合同，要求重新研究处理时，用人单位应当研究工会的意见，并将处理结果书面通知工会。

职工认为用人单位侵犯其劳动权益而申请劳动争议仲裁或者向人民法院提起诉讼的，工会应当给予支持和帮助。

第二十三条 企业、事业单位、社会组织违反劳动法律法规规定，有下列侵犯职工劳动权益情形，工会应当代表职工与企业、事业单位、社会组织交涉，要求企业、事业单位、社会组织采取措施予以改正；企业、事业单位、社会组织应当予以研究处理，并向工会作出答复；企业、事业单位、社会组织拒不改正的，工会可以提请当地人民政府依法作出处理：

（一）克扣、拖欠职工工资的；

（二）不提供劳动安全卫生条件的；

（三）随意延长劳动时间的；

（四）侵犯女职工和未成年工特殊权益的；

（五）其他严重侵犯职工劳动权益的。

第二十四条 工会依照国家规定对新建、扩建企业和技术改造工程中的劳动条件和安全卫生设施与主体工程同时设计、同时施工、同时投产使用进行监督。对工会提出的意见，企业或者主管部门应当认真处理，并将处理结果书面通知工会。

第二十五条 工会发现企业违章指挥、强令工人冒险作业，或者生产过程中发现明显重大事故隐患和职业危害，有权提出解决的建议，企业应当及时研究答复；发现危及职工生命安全的情况时，工会有权向企业建议组织职工撤离危险现场，企业必须及时作出处理决定。

第二十六条 工会有权对企业、事业单位、社会组织侵犯职工合法权益的问题进行调查，有关单位应当予以协助。

第二十七条 职工因工伤亡事故和其他严重危害职工健康问题的调查处理，必须有工会参加。工会应当向有关部门提出处理意见，并有权要求追究直接负责的主管人员和有关责任人员的责任。对工会提出的意见，应当及时研究，给予答复。

第二十八条 企业、事业单位、社会组织发生停工、怠工事件，工会应当代表职工同企业、事业单位、社会组织或者有关方面协商，反映职工的意见和要求并提出解决意见。对于职工的合理要求，企业、事业单位、社会组织应当予以解决。工会协助企业、事业单位、社会组织做好工作，尽快恢复生产、工作秩序。

第二十九条 工会参加企业的劳动争议调解工作。

地方劳动争议仲裁组织应当有同级工会代表参加。

第三十条 县级以上各级总工会依法为所属工会和职工提供法律援助等法律服务。

第三十一条 工会协助用人单位办好职工集体福利事业，做好工资、劳动安全卫生和社会保险工作。

第三十二条　工会会同用人单位加强对职工的思想政治引领，教育职工以国家主人翁态度对待劳动，爱护国家和单位的财产；组织职工开展群众性的合理化建议、技术革新、劳动和技能竞赛活动，进行业余文化技术学习和职工培训，参加职业教育和文化体育活动，推进职业安全健康教育和劳动保护工作。

第三十三条　根据政府委托，工会与有关部门共同做好劳动模范和先进生产（工作）者的评选、表彰、培养和管理工作。

第三十四条　国家机关在组织起草或者修改直接涉及职工切身利益的法律、法规、规章时，应当听取工会意见。

县级以上各级人民政府制定国民经济和社会发展计划，对涉及职工利益的重大问题，应当听取同级工会的意见。

县级以上各级人民政府及其有关部门研究制定劳动就业、工资、劳动安全卫生、社会保险等涉及职工切身利益的政策、措施时，应当吸收同级工会参加研究，听取工会意见。

第三十五条　县级以上地方各级人民政府可以召开会议或者采取适当方式，向同级工会通报政府的重要的工作部署和与工会工作有关的行政措施，研究解决工会反映的职工群众的意见和要求。

各级人民政府劳动行政部门应当会同同级工会和企业方面代表，建立劳动关系三方协商机制，共同研究解决劳动关系方面的重大问题。

第四章　基层工会组织

第三十六条　国有企业职工代表大会是企业实行民主管理的基本形式，是职工行使民主管理权力的机构，依照法律规定行使职权。

国有企业的工会委员会是职工代表大会的工作机构，负责职工代表大会的日常工作，检查、督促职工代表大会决议的执行。

第三十七条　集体企业的工会委员会，应当支持和组织职工参加民主管理和民主监督，维护职工选举和罢免管理人员、决定经营管理的重大问题的权力。

第三十八条　本法第三十六条、第三十七条规定以外的其他企业、事业单位的工会委员会，依照法律规定组织职工采取与企业、事业单位相适应的形式，参与企业、事业单位民主管理。

第三十九条　企业、事业单位、社会组织研究经营管理和发展的重大问题应当听取工会的意见；召开会议讨论有关工资、福利、劳动安全卫生、工作时间、休息休假、女职工保护和社会保险等涉及职工切身利益的问题，必须有工会代表参加。

企业、事业单位、社会组织应当支持工会依法开展工作，工会应当支持企业、事业单位、社会组织依法行使经营管理权。

第四十条　公司的董事会、监事会中职工代表的产生，依照公司法有关规定执行。

第四十一条　基层工会委员会召开会议或者组织职工活动，应当在生产或者工作时间以外进行，需要占用生产或者工作时间的，应当事先征得企业、事业单位、社会组织的同意。

基层工会的非专职委员占用生产或者工作时间参加会议或者从事工会工作，每月不超过三个工作日，其工资照发，其他待遇不受影响。

第四十二条 用人单位工会委员会的专职工作人员的工资、奖励、补贴，由所在单位支付。社会保险和其他福利待遇等，享受本单位职工同等待遇。

第五章　工会的经费和财产

第四十三条 工会经费的来源：

（一）工会会员缴纳的会费；

（二）建立工会组织的用人单位按每月全部职工工资总额的百分之二向工会拨缴的经费；

（三）工会所属的企业、事业单位上缴的收入；

（四）人民政府的补助；

（五）其他收入。

前款第二项规定的企业、事业单位、社会组织拨缴的经费在税前列支。

工会经费主要用于为职工服务和工会活动。经费使用的具体办法由中华全国总工会制定。

第四十四条 企业、事业单位、社会组织无正当理由拖延或者拒不拨缴工会经费，基层工会或者上级工会可以向当地人民法院申请支付令；拒不执行支付令的，工会可以依法申请人民法院强制执行。

第四十五条 工会应当根据经费独立原则，建立预算、决算和经费审查监督制度。

各级工会建立经费审查委员会。

各级工会经费收支情况应当由同级工会经费审查委员会审查，并且定期向会员大会或者会员代表大会报告，接受监督。工会会员大会或者会员代表大会有权对经费使用情况提出意见。

工会经费的使用应当依法接受国家的监督。

第四十六条 各级人民政府和用人单位应当为工会办公和开展活动，提供必要的设施和活动场所等物质条件。

第四十七条 工会的财产、经费和国家拨给工会使用的不动产，任何组织和个人不得侵占、挪用和任意调拨。

第四十八条 工会所属的为职工服务的企业、事业单位，其隶属关系不得随意改变。

第四十九条 县级以上各级工会的离休、退休人员的待遇，与国家机关工作人员同等对待。

第六章 法律责任

第五十条 工会对违反本法规定侵犯其合法权益的，有权提请人民政府或者有关部门予以处理，或者向人民法院提起诉讼。

第五十一条　违反本法第三条、第十二条规定，阻挠职工依法参加和组织工会或者阻挠上级工会帮助、指导职工筹建工会的，由劳动行政部门责令其改正；拒不改正的，由劳动行政部门提请县级以上人民政府处理；以暴力、威胁等手段阻挠造成严重后果，构成犯罪的，依法追究刑事责任。

第五十二条　违反本法规定，对依法履行职责的工会工作人员无正当理由调动工作岗位，进行打击报复的，由劳动行政部门责令改正、恢复原工作；造成损失的，给予赔偿。

对依法履行职责的工会工作人员进行侮辱、诽谤或者进行人身伤害，构成犯罪的，依法追究刑事责任；尚未构成犯罪的，由公安机关依照治安管理处罚法的规定处罚。

第五十三条　违反本法规定，有下列情形之一的，由劳动行政部门责令恢复其工作，并补发被解除劳动合同期间应得的报酬，或者责令给予本人年收入二倍的赔偿：

（一）职工因参加工会活动而被解除劳动合同的；

（二）工会工作人员因履行本法规定的职责而被解除劳动合同的。

第五十四条　违反本法规定，有下列情形之一的，由县级以上人民政府责令改正，依法处理：

（一）妨碍工会组织职工通过职工代表大会和其他形式依法行使民主权利的；

（二）非法撤销、合并工会组织的；

（三）妨碍工会参加职工因工伤亡事故以及其他侵犯职工合法权益问题的调查处理的；

（四）无正当理由拒绝进行平等协商的。

第五十五条　违反本法第四十七条规定，侵占工会经费和财产拒不返还的，工会可以向人民法院提起诉讼，要求返还，并赔偿损失。

第五十六条　工会工作人员违反本法规定，损害职工或者工会权益的，由同级工会或者上级工会责令改正，或者予以处分；情节严重的，依照《中国工会章程》予以罢免；造成损失的，应当承担赔偿责任；构成犯罪的，依法追究刑事责任。

第七章　附　则

第五十七条　中华全国总工会会同有关国家机关制定机关工会实施本法的具体办法。

第五十八条　本法自公布之日起施行。1950年6月29日中央人民政府颁布的《中华人民共和国工会法》同时废止。

后 记

《丽水市莲都区工会志》编纂工作始于2021年5月，在区总工会工会志编纂委员会的领导下，历时二年，参加编纂的编志人员广征博采，精心编修，终于付梓出版。

《丽水市莲都区工会志》历经准备阶段、收集资料、专章编纂、编纂合成、征求意见、送审修改和校核定稿等环节。2021年5月，区总工会成立编纂工作委员会和编纂办公室，审核确定结构体例和编目大纲，并征求有关部门和市、区史志办公室的意见，对纲目进行完善修改。2021年7月进入起草编纂阶段，各具体承编人员和有关科室根据各章节编纂要求，收集整理提供相关资料，进行专编专章编写工作，由编纂办公室进行编纂合成。2022年10月，开始广泛征求意见并召集部分老师和方志专家进行初审工作，对初稿进行进一步的修改和完善，在此基础上，于2023年2月召开复审会议，对志稿又进行补充完善，最终定稿。

《丽水市莲都区工会志》共分3编14章，计46.8万字。本志的纲目和概述及大事记由叶剑平撰写；第一编由孙慧君撰写；第二编由吴伯卿撰写；第三篇由叶松青撰写。叶剑平负责全志各编的资料补充、文字梳理及最后统稿定稿工作。潘贵铭为本志提供大量的图片，在次表示感谢！

本志能够顺利编写完成，得益于区总工会领导的高度重视与大力支持；得力于区总工会各科室的大力配合与协助；得力于编写人员的辛勤劳动。在此，向各所有关心支持莲都工会事业各位专家、同仁和社会各界人士，表示衷心的感谢和崇高的敬意！

由于编写的水平所限，本志难免有不少问题和缺点。加之区总工会几度搬迁，部分历史资料遗失，造成本志在记叙中时有断代、断档出现，恳请广大读者批评见谅。

《丽水市莲都区工会志》编委会

2023年10月